社会文物管理法规政策汇编

国家文物局博物馆与社会文物司　编

文物出版社

图书在版编目（CIP）数据

社会文物管理法规政策汇编／国家文物局博物馆与

社会文物司编．－－北京：文物出版社，2024.12.

ISBN 978－7－5010－8497－5

Ⅰ.G264

中国国家版本馆 CIP 数据核字第 2024XX8247 号

社会文物管理法规政策汇编

编　　者：国家文物局博物馆与社会文物司

责任编辑：吴　然
封面设计：程星涛
责任印制：张　丽

出版发行：文物出版社
社　　址：北京市东城区东直门内北小街 2 号楼
邮　　编：100007
网　　址：http：//www.wenwu.com
邮　　箱：wenwu1957@126.com
经　　销：新华书店
印　　刷：宝蕾元仁浩（天津）印刷有限公司
开　　本：710mm×1000mm　1/16
印　　张：36.5
版　　次：2024 年 12 月第 1 版
印　　次：2024 年 12 月第 1 次印刷
书　　号：ISBN 978－7－5010－8497－5
定　　价：128.00 元

编辑说明

社会文物管理是文物事业的重要组成部分。党的十八大以来，党中央、国务院高度重视社会文物保护利用，社会文物管理的制度建设不断加强，政策体系更加完善，形成了涵盖文物市场、文物进出境、文物鉴定、文物移交管理等多个方面的制度规范和政策文件，为社会文物管理提供了有力的法制保障。

为适应日新月异的社会文物领域改革发展需要，推动文物行政部门、文物经营主体、民间文物收藏者，以及参与社会文物保护利用的相关单位和个人更好地尊规学规守规用规，我们编辑了《社会文物管理法规政策汇编》（以下简称《汇编》），收录社会文物领域可向社会公开的、现行有效的法律10部、行政法规6部、部门规章11部、规范性文件38件、国际公约7项，供广大读者学习、参考、使用。

《汇编》由国家文物局博物馆与社会文物司汇集整理，由文物出版社编印出版。错误和不当之处，敬请广大读者批评指正。

国家文物局博物馆与社会文物司

2024 年 12 月

目录

法律法规

部门规章

司法解释

规范性文件

标准规程

行业自律

国际公约

法律法规

中华人民共和国文物保护法

(1982 年 11 月 19 日第五届全国人民代表大会常务委员会第二十五次会议通过 根据 1991 年 6 月 29 日第七届全国人民代表大会常务委员会第二十次会议《关于修改〈中华人民共和国文物保护法〉第三十条、第三十一条的决定》第一次修正 2002 年 10 月 28 日第九届全国人民代表大会常务委员会第三十次会议第一次修订 根据 2007 年 12 月 29 日第十届全国人民代表大会常务委员会第三十一次会议《关于修改〈中华人民共和国文物保护法〉的决定》第二次修正 根据 2013 年 6 月 29 日第十二届全国人民代表大会常务委员会第三次会议《关于修改〈中华人民共和国文物保护法〉等十二部法律的决定》第三次修正 根据 2015 年 4 月 24 日第十二届全国人民代表大会常务委员会第十四次会议《关于修改〈中华人民共和国文物保护法〉的决定》第四次修正 根据 2017 年 11 月 4 日第十二届全国人民代表大会常务委员会第三十次会议《关于修改〈中华人民共和国会计法〉等十一部法律的决定》第五次修正 2024 年 11 月 8 日第十四届全国人民代表大会常务委员会第十二次会议第二次修订)

目　录

第八章　附　则

第一章　总　则

第一条　为了加强对文物的保护，传承中华民族优秀历史文化遗产，促进科学研究工作，进行爱国主义和革命传统教育，增强历史自觉、坚定文化自信，建设社会主义精神文明和物质文明，根据宪法，制定本法。

第二条　文物受国家保护。本法所称文物，是指人类创造的或者与人类活动有关的，具有历史、艺术、科学价值的下列物质遗存：

（一）古文化遗址、古墓葬、古建筑、石窟寺和古石刻、古壁画；

（二）与重大历史事件、革命运动或者著名人物有关的以及具有重要纪念意义、教育意义或者史料价值的近代现代重要史迹、实物、代表性建筑；

（三）历史上各时代珍贵的艺术品、工艺美术品；

（四）历史上各时代重要的文献资料、手稿和图书资料等；

（五）反映历史上各时代、各民族社会制度、社会生产、社会生活的代表性实物。

文物认定的主体、标准和程序，由国务院规定并公布。

具有科学价值的古脊椎动物化石和古人类化石同文物一样受国家保护。

第三条　文物分为不可移动文物和可移动文物。

古文化遗址、古墓葬、古建筑、石窟寺、古石刻、古壁画、近代现代重要史迹和代表性建筑等不可移动文物，分为文物保护单位和未核定公布为文物保护单位的不可移动文物（以下称未定级不可移动文物）；文物保护单位分为全国重点文物保护单位，省级文物保护单位，设区的市级、县级文物保护单位。

历史上各时代重要实物、艺术品、工艺美术品、文献资料、手稿、图书资料、代表性实物等可移动文物，分为珍贵文物和一般文物；珍贵文物分为一级文物、二级文物、三级文物。

第四条　文物工作坚持中国共产党的领导，坚持以社会主义核心价值观为引领，贯彻保护为主、抢救第一、合理利用、加强管理的方针。

第五条　中华人民共和国境内地下、内水和领海中遗存的一切文物，以及中国管辖的其他海域内遗存的起源于中国的和起源国不明的文物，属于国家所有。

古文化遗址、古墓葬、石窟寺属于国家所有。国家指定保护的纪念建筑物、古建筑、古石刻、古壁画、近代现代代表性建筑等不可移动文物，除国家另有规定的以外，属于国家所有。

国有不可移动义物的所有权不因其所依附的土地的所有权或者使用权的改变而改变。

第六条 下列可移动文物，属于国家所有：

（一）中国境内地下、内水和领海以及中国管辖的其他海域内出土、出水的文物，国家另有规定的除外；

（二）国有文物收藏单位以及其他国家机关、部队和国有企业、事业单位等收藏、保管的文物；

（三）国家征集、购买或者依法没收的文物；

（四）公民、组织捐赠给国家的文物；

（五）法律规定属于国家所有的其他文物。

国有可移动文物的所有权不因其收藏、保管单位的终止或者变更而改变。

第七条 国有文物所有权受法律保护，不容侵犯。

属于集体所有和私人所有的纪念建筑物、古建筑和祖传文物以及依法取得的其他文物，其所有权受法律保护。文物的所有者必须遵守国家有关文物保护的法律、法规的规定。

第八条 一切机关、组织和个人都有依法保护文物的义务。

第九条 国务院文物行政部门主管全国文物保护工作。

地方各级人民政府负责本行政区域内的文物保护工作。县级以上地方人民政府文物行政部门对本行政区域内的文物保护实施监督管理。

县级以上人民政府有关部门在各自的职责范围内，负责有关的文物保护工作。

第十条 国家发展文物保护事业，贯彻落实保护第一、加强管理、挖掘价值、有效利用、让文物活起来的工作要求。

第十一条 文物是不可再生的文化资源。各级人民政府应当重视文物保护，正确处理经济建设、社会发展与文物保护的关系，确保文物安全。

基本建设、旅游发展必须把文物保护放在第一位，严格落实文物保护与安全管理规定，防止建设性破坏和过度商业化。

第十二条 对与中国共产党各个历史时期重大事件、重要会议、重要人物和伟大建党精神等有关的文物，各级人民政府应当采取措施加强保护。

第十三条 县级以上人民政府应当将文物保护事业纳入本级国民经济和社会发展规划，所需经费列入本级预算，确保文物保护事业发展与国民经济和社会发展水平相适应。

国有博物馆、纪念馆、文物保护单位等的事业性收入，纳入预算管理，用于文物保护事业，任何单位或者个人不得侵占、挪用。

国家鼓励通过捐赠等方式设立文物保护社会基金，专门用于文物保护，任何单位或者个人不得侵占、挪用。

第十四条 县级以上人民政府及其文物行政部门应当加强文物普查和专项调查，全面掌握文物资源及保护情况。

县级以上人民政府文物行政部门加强对国有文物资源资产的动态管理，按照国家有关规定，及时报送国有文物资源资产管理情况的报告。

第十五条 国家支持和规范文物价值挖掘阐释，促进中华文明起源与发展研究，传承中华优秀传统文化，弘扬革命文化，发展社会主义先进文化，铸牢中华民族共同体意识，提升中华文化影响力。

第十六条 国家加强文物保护的宣传教育，创新传播方式，增强全民文物保护的意识，营造自觉传承中华民族优秀历史文化遗产的社会氛围。

新闻媒体应当开展文物保护法律法规和文物保护知识的宣传报道，并依法对危害文物安全、破坏文物的行为进行舆论监督。

博物馆、纪念馆、文物保管所、考古遗址公园等有关单位应当结合参观游览内容有针对性地开展文物保护宣传教育活动。

第十七条 国家鼓励开展文物保护的科学研究，推广先进适用的文物保护技术，提高文物保护的科学技术水平。

国家加强文物保护信息化建设，鼓励开展文物保护数字化工作，推进文物资源数字化采集和展示利用。

国家加大考古、修缮、修复等文物保护专业人才培养力度，健全人才培养、使用、评价和激励机制。

第十八条 国家鼓励开展文物利用研究，在确保文物安全的前提下，坚持社会效益优先，有效利用文物资源，提供多样化多层次的文化产品与服务。

第十九条 国家健全社会参与机制，调动社会力量参与文化遗产保护的积极性，鼓励引导社会力量投入文化遗产保护。

第二十条 国家支持开展考古、修缮、修复、展览、科学研究、执法、司法等文物保护国际交流与合作，促进人类文明交流互鉴。

第二十一条 县级以上人民政府文物行政部门或者有关部门应当公开投诉、举报方式等信息，及时受理并处理涉及文物保护的投诉、举报。

第二十二条 有下列事迹之一的单位或者个人，按照国家有关规定给予表彰、奖励：

（一）认真执行文物保护法律、法规，保护文物成绩显著的；

（二）为保护文物与违法犯罪行为作坚决斗争的；

（三）将收藏的重要文物捐献给国家或者向文物保护事业捐赠的；

（四）发现文物及时上报或者上交，使文物得到保护的；

（五）在考古发掘、文物价值挖掘阐释等工作中做出重大贡献的；

（六）在文物保护科学技术方面有重要发明创造或者其他重要贡献的；

（七）在文物面临破坏危险时，抢救文物有功的；

（八）长期从事文物工作，做出显著成绩的；

（九）组织、参与文物保护志愿服务，做出显著成绩的；

（十）在文物保护国际交流与合作中做出重大贡献的。

第二章　不可移动文物

第二十三条 在文物普查、专项调查或者其他相关工作中发现的不可移动文物，应当及时核定公布为文物保护单位或者登记公布为未定级不可移动文物。公民、组织可以提出核定公布文物保护单位或者登记公布未定级不可移动文物的建议。

国务院文物行政部门在省级和设区的市级、县级文物保护单位中，选择具有重大历史、艺术、科学价值的确定为全国重点文物保护单位，或者直接确定为全国重点文物保护单位，报国务院核定公布。

省级文物保护单位，由省、自治区、直辖市人民政府核定公布，并报国务院备案。

设区的市级和县级文物保护单位，分别由设区的市、自治州人民政府和县级人民政府核定公布，并报省、自治区、直辖市人民政府备案。

未定级不可移动文物，由县级人民政府文物行政部门登记，报本级人民政府和上一级人民政府文物行政部门备案，并向社会公布。

第二十四条 在旧城区改建、土地成片开发中，县级以上人民政府应当事先组织进行相关区域内不可移动文物调查，及时开展核定、登记、公布工作，并依法采取保护措施。未经调查，任何单位不得开工建设，防止建设性破坏。

第二十五条 保存文物特别丰富并且具有重大历史价值或者革命纪念意义的城市，由国务院核定公布为历史文化名城。

保存文物特别丰富并且具有重大历史价值或者革命纪念意义的城镇、街道、村庄，由省、自治区、直辖市人民政府核定公布为历史文化街区、村镇，并报国务院备案。

历史文化名城和历史文化街区、村镇所在地县级以上地方人民政府应当组织编制专门的历史文化名城和历史文化街区、村镇保护规划，并纳入有关规划。

历史文化名城和历史文化街区、村镇的保护办法，由国务院制定。

第二十六条 各级文物保护单位，分别由省、自治区、直辖市人民政府和设区的市级、县级人民政府划定公布必要的保护范围，作出标志说明，建立记录档案，并区别情况分别设置专门机构或者专人负责管理。全国重点文物保护单位的保护范围和记录档案，由省、自治区、直辖市人民政府文物行政部门报国务院文物行政部门备案。

未定级不可移动文物，由县级人民政府文物行政部门作出标志说明，建立记录档案，明确管理责任人。

县级以上地方人民政府文物行政部门应当根据不同文物的保护需要，制定文物保护单位和未定级不可移动文物的具体保护措施，向本级人民政府报告，并公告施行。

文物行政部门应当指导、鼓励基层群众性自治组织、志愿者等参与不可移动文物保护工作。

第二十七条 各级人民政府制定有关规划，应当根据文物保护的需要，事先由有关部门会同文物行政部门商定本行政区域内不可移动文物的保护措施，并纳入规划。

县级以上地方人民政府文物行政部门根据文物保护需要，组织编制本行政区域内不可移动文物的保护规划，经本级人民政府批准后公布实施，并报上一级人民政府文物行政部门备案；全国重点文物保护单位的保护规划由省、自治区、直辖市人民政府批准后公布实施，并报国务院文物行政部门备案。

第二十八条 在文物保护单位的保护范围内不得进行文物保护工程以外的其他建设工程或者爆破、钻探、挖掘等作业；因特殊情况需要进行的，必须保证文物保护单位的安全。

因特殊情况需要在省级或者设区的市级、县级文物保护单位的保护范围内进行前款规定的建设工程或者作业的，必须经核定公布该文物保护单位的人民政府批准，在批准前应当征得上一级人民政府文物行政部门同意；在全国重点文物保护单位的保护范围内进行前款规定的建设工程或者作业的，必须经省、自治区、直辖市人民政府批准，在批准前应当征得国务院文物行政部门同意。

第二十九条 根据保护文物的实际需要，经省、自治区、直辖市人民政府批准，可以在文物保护单位的周围划出一定的建设控制地带，并予以公布。

在文物保护单位的建设控制地带内进行建设工程，不得破坏文物保护单位的历史风貌；工程设计方案应当根据文物保护单位的级别和建设工程对文物保护单位历史风貌的影响程度，经国家规定的文物行政部门同意后，依法取得建设工程规划许可。

第三十条 在文物保护单位的保护范围和建设控制地带内，不得建设污染文物保护单位及其环境的设施，不得进行可能影响文物保护单位安全及其环境的活动。对已有的污染文物保护单位及其环境的设施，依照生态环境有关法律法规的规定处理。

第三十一条 建设工程选址，应当尽可能避开不可移动文物；因特殊情况不能避开的，应当尽可能实施原址保护。

实施原址保护的，建设单位应当事先确定原址保护措施，根据文物保护单位的级别报相应的文物行政部门批准；未定级不可移动文物的原址保护措施，报县级人民政府文物行政部门批准；未经批准的，不得开工建设。

无法实施原址保护，省级或者设区的市级、县级文物保护单位需要迁移异地保护或者拆除的，应当报省、自治区、直辖市人民政府批准；迁移或者拆除省级文物保护单位的，批准前必须征得国务院文物行政部门同意。全国重点文物保护单位不得拆除；需要迁移的，必须由省、自治区、直辖市人民政府报国务院批准。未定级不可移动文物需要迁移异地保护或者拆除的，应当报省、自治区、直辖市人民政府文物行政部门批准。

依照前款规定拆除国有不可移动文物，由文物行政部门监督实施，对具有收藏价值的壁画、雕塑、建筑构件等，由文物行政部门指定的文物收藏单位收藏。

本条规定的原址保护、迁移、拆除所需费用，由建设单位列入建设工程预算。

第三十二条 国有不可移动文物由使用人负责修缮、保养；非国有不可移动文物由所有人或者使用人负责修缮、保养，县级以上人民政府可以予以补助。

不可移动文物有损毁危险，所有人或者使用人不具备修缮能力的，县级以上人民政府应当给予帮助；所有人或者使用人具备修缮能力但拒不依法履行修缮义务的，县级以上人民政府可以给予抢救修缮，所需费用由所有人或者使用人承担。

对文物保护单位进行修缮，应当根据文物保护单位的级别报相应的文物行政部门批准；对未定级不可移动文物进行修缮，应当报县级人民政府文物行政部门批准。

文物保护单位的修缮、迁移、重建，由取得文物保护工程资质证书的单位承担。

对不可移动文物进行修缮、保养、迁移，必须遵守不改变文物原状和最小干预的原则，确保文物的真实性和完整性。

县级以上人民政府文物行政部门应当加强对不可移动文物保护的监督检查，及时发现问题隐患，防范安全风险，并督促指导不可移动文物所有人或者使用人履行保护职责。

第三十三条 不可移动文物已经全部毁坏的，应当严格实施遗址保护，不得在原址重建。因文物保护等特殊情况需要在原址重建的，由省、自治区、直辖市人民政府文物行政部门报省、自治区、直辖市人民政府批准；全国重点文物保护单位需要在原址重建的，由省、自治区、直辖市人民政府征得国务院文物行政部门同意后报国务院批准。

第三十四条　国有文物保护单位中的纪念建筑物或者古建筑，除可以建立博物馆、文物保管所或者辟为参观游览场所外，改作其他用途的，设区的市级、县级文物保护单位应当经核定公布该文物保护单位的人民政府文物行政部门征得上一级人民政府文物行政部门同意后，报核定公布该文物保护单位的人民政府批准；省级文物保护单位应当经核定公布该文物保护单位的省、自治区、直辖市人民政府文物行政部门审核同意后，报省、自治区、直辖市人民政府批准；全国重点文物保护单位应当由省、自治区、直辖市人民政府报国务院批准。国有未定级不可移动文物改作其他用途的，应当报告县级人民政府文物行政部门。

第三十五条　国有不可移动文物不得转让、抵押，国家另有规定的，依照其规定。建立博物馆、文物保管所或者辟为参观游览场所的国有不可移动文物，不得改作企业资产经营；其管理机构不得改由企业管理。

依托历史文化街区、村镇进行旅游等开发建设活动的，应当严格落实相关保护规划和保护措施，控制大规模搬迁，防止过度开发，加强整体保护和活态传承。

第三十六条　非国有不可移动文物不得转让、抵押给外国人、外国组织或者国际组织。

非国有不可移动文物转让、抵押或者改变用途的，应当报相应的文物行政部门备案。

第三十七条　县级以上人民政府及其有关部门应当采取措施，在确保文物安全的前提下，因地制宜推动不可移动文物有效利用。

文物保护单位应当尽可能向社会开放。文物保护单位向社会开放，应当合理确定开放时间和游客承载量，并向社会公布，积极为游客提供必要的便利。

为保护不可移动文物建立的博物馆、纪念馆、文物保管所、考古遗址公园等单位，应当加强对不可移动文物价值的挖掘阐释，开展有针对性的宣传讲解。

第三十八条　使用不可移动文物，必须遵守不改变文物原状和最小干预的原则，负责保护文物本体及其附属文物的安全，不得损毁、改建、添建或者拆除不可移动文物。

对危害不可移动文物安全、破坏不可移动文物历史风貌的建筑物、构筑物，当地人民政府应当及时调查处理；必要时，对该建筑物、构筑物依法予以拆除、迁移。

第三十九条　不可移动文物的所有人或者使用人应当加强用火、用电、用气等的消防安全管理，根据不可移动文物的特点，采取有针对性的消防安全措施，提高火灾预防和应急处置能力，确保文物安全。

第四十条　省、自治区、直辖市人民政府可以将地下埋藏、水下遗存的文物分布较为集中，需要整体保护的区域划定为地下文物埋藏区、水下文物保护区，制定具体保护措施，并公告施行。

地下文物埋藏区、水下文物保护区涉及两个以上省、自治区、直辖市的，或者涉及中国领海以外由中国管辖的其他海域的，由国务院文物行政部门划定并制定具体保护措施，报国务院核定公布。

第三章　考古发掘

第四十一条　一切考古发掘工作，必须履行报批手续；从事考古发掘的单位，应当取得国务院文物行政部门颁发的考古发掘资质证书。

地下埋藏和水下遗存的文物，任何单位或者个人都不得私自发掘。

第四十二条　从事考古发掘的单位，为了科学研究进行考古发掘，应当提出发掘计划，报国务院文物行政部门批准；对全国重点文物保护单位的考古发掘计划，应当经国务院文物行政部门审核后报国务院批准。国务院文物行政部门在批准或者审核前，应当征求社会科学研究机构及其他科研机构和有关专家的意见。

第四十三条　在可能存在地下文物的区域，县级以上地方人民政府进行土地出让或者划拨前，应当由省、自治区、直辖市人民政府文物行政部门组织从事考古发掘的单位进行考古调查、勘探。可能存在地下文物的区域，由省、自治区、直辖市人民政府文物行政部门及时划定并动态调整。

进行大型基本建设工程，或者在文物保护单位的保护范围、建设控制地带内进行建设工程，未依照前款规定进行考古调查、勘探的，建设单位应当事先报请省、自治区、直辖市人民政府文物行政部门组织从事考古发掘的单位在工程范围内有可能埋藏文物的地方进行考古调查、勘探。

考古调查、勘探中发现文物的，由省、自治区、直辖市人民政府文物行政部门根据文物保护的要求与建设单位共同商定保护措施；遇有重要发现的，由省、自治区、直辖市人民政府文物行政部门及时报国务院文物行政部门处理。由此导致停工或者工期延长，造成建设单位损失的，由县级以上地方人民政府文物行政部门会同有关部门听取建设单位意见后，提出处理意见，报本级人民政府批准。

第四十四条　需要配合进行考古发掘工作的，省、自治区、直辖市人民政府文物行政部门应当在勘探工作的基础上提出发掘计划，报国务院文物行政部门批准。国务院文物行政部门在批准前，应当征求社会科学研究机构及其他科研机构和有关专家的意见。

确因建设工期紧迫或者有自然破坏危险，对古文化遗址、古墓葬急需进行抢救发掘的，由省、自治区、直辖市人民政府文物行政部门组织发掘，并同时补办审批手续。

第四十五条　凡因进行基本建设和生产建设需要的考古调查、勘探、发掘，所需费用由建设单位列入建设工程预算。

县级以上人民政府可以通过适当方式对考古调查、勘探、发掘工作给予支持。

第四十六条　在建设工程、农业生产等活动中，任何单位或者个人发现文物或者疑似文物的，应当保护现场，立即报告当地文物行政部门；文物行政部门应当在接到报告后二十四小时内赶赴现场，并在七日内提出处理意见。文物行政部门应当采取措施保护现场，必要时可以通知公安机关或者海上执法机关协助；发现重要文物的，应当立即上报国务院文物行政部门，国务院文物行政部门应当在接到报告后十五日内提出处理意见。

依照前款规定发现的文物属于国家所有，任何单位或者个人不得哄抢、私分、藏匿。

第四十七条　未经国务院文物行政部门报国务院特别许可，任何外国人、外国组织或者国际组织不得在中国境内进行考古调查、勘探、发掘。

第四十八条 考古调查、勘探、发掘的结果，应当如实报告国务院文物行政部门和省、自治区、直辖市人民政府文物行政部门。

考古发掘的文物，应当登记造册，妥善保管，按照国家有关规定及时移交给由省、自治区、直辖市人民政府文物行政部门或者国务院文物行政部门指定的国有博物馆、图书馆或者其他国有收藏文物的单位收藏。经省、自治区、直辖市人民政府文物行政部门批准，从事考古发掘的单位可以保留少量出土、出水文物作为科研标本。

考古发掘的文物和考古发掘资料，任何单位或者个人不得侵占。

第四十九条 根据保证文物安全、进行科学研究和充分发挥文物作用的需要，省、自治区、直辖市人民政府文物行政部门经本级人民政府批准，可以调用本行政区域内的出土、出水文物；国务院文物行政部门经国务院批准，可以调用全国的重要出土、出水文物。

第四章　馆藏文物

第五十条 国家鼓励和支持文物收藏单位收藏、保护可移动文物，开展文物展览展示、宣传教育和科学研究等活动。

有关部门应当在设立条件、社会服务要求、财税扶持政策等方面，公平对待国有文物收藏单位和非国有文物收藏单位。

第五十一条 博物馆、图书馆和其他文物收藏单位对其收藏的文物（以下称馆藏文物），必须按照国家有关文物定级标准区分文物等级，设置档案，建立严格的管理制度，并报主管的文物行政部门备案。

县级以上地方人民政府文物行政部门应当建立本行政区域内的馆藏文物档案；国务院文物行政部门应当建立全国馆藏一级文物档案和其主管的国有文物收藏单位馆藏文物档案。

第五十二条 文物收藏单位可以通过下列方式取得文物：

（一）购买；

（二）接受捐赠；

（三）依法交换；

（四）法律、行政法规规定的其他方式。

国有文物收藏单位还可以通过文物行政部门指定收藏或者调拨方式取得文物。

文物收藏单位应当依法履行合理注意义务，对拟征集、购买文物来源的合法性进行了解、识别。

第五十三条　文物收藏单位应当根据馆藏文物的保护需要，按照国家有关规定建立、健全管理制度，并报主管的文物行政部门备案。未经批准，任何单位或者个人不得调取馆藏文物。

文物收藏单位的法定代表人或者主要负责人对馆藏文物的安全负责。文物收藏单位的法定代表人或者主要负责人离任时，应当按照馆藏文物档案办理馆藏文物移交手续。

第五十四条　国务院文物行政部门可以调拨全国的国有馆藏文物。省、自治区、直辖市人民政府文物行政部门可以调拨本行政区域内其主管的国有文物收藏单位馆藏文物；调拨国有馆藏一级文物，应当报国务院文物行政部门备案。

国有文物收藏单位可以申请调拨国有馆藏文物。

第五十五条　文物收藏单位应当改善服务条件，提高服务水平，充分发挥馆藏文物的作用，通过举办展览、科学研究、文化创意等活动，加强对中华民族优秀的历史文化和革命传统的宣传教育；通过借用、交换、在线展览等方式，提高馆藏文物利用效率。

文物收藏单位应当为学校、科研机构开展有关教育教学、科学研究等活动提供支持和帮助。

博物馆应当按照国家有关规定向公众开放，合理确定开放时间和接待人数并向社会公布，采用多种形式提供科学、准确、生动的文字说明和讲解服务。

第五十六条　国有文物收藏单位之间因举办展览、科学研究等需借用馆藏文物的，应当报主管的文物行政部门备案；借用馆藏一级文物的，应当同时报国务院文物行政部门备案。

非国有文物收藏单位和其他单位举办展览需借用国有馆藏文物的，应当报主管的文物行政部门批准；借用国有馆藏一级文物的，应当经国务院文物行政部门批准。

文物收藏单位之间借用文物的，应当签订借用协议，协议约定的期限不得超过三年。

第五十七条 已经依照本法规定建立馆藏文物档案、管理制度的国有文物收藏单位之间可以交换馆藏文物；交换馆藏文物的，应当经省、自治区、直辖市人民政府文物行政部门批准，并报国务院文物行政部门备案。

第五十八条 未依照本法规定建立馆藏文物档案、管理制度的国有文物收藏单位，不得依照本法第五十五条至第五十七条的规定借用、交换其馆藏文物。

第五十九条 依法调拨、交换、借用馆藏文物，取得文物的文物收藏单位可以对提供文物的文物收藏单位给予合理补偿。

文物收藏单位调拨、交换、出借文物所得的补偿费用，必须用于改善文物的收藏条件和收集新的文物，不得挪作他用；任何单位或者个人不得侵占。

调拨、交换、借用的文物必须严格保管，不得丢失、损毁。

第六十条 禁止国有文物收藏单位将馆藏文物赠与、出租、出售或者抵押、质押给其他单位、个人。

第六十一条 国有文物收藏单位不再收藏的文物退出馆藏的办法，由国务院文物行政部门制定并公布。

第六十二条 修复馆藏文物，不得改变馆藏文物的原状；复制、拍摄、拓印馆藏文物，不得对馆藏文物造成损害。修复、复制、拓印馆藏二级文物和馆藏三级文物的，应当报省、自治区、直辖市人民政府文物行政部门批准；修复、复制、拓印馆藏一级文物的，应当报国务院文物行政部门批准。

不可移动文物的单体文物的修复、复制、拍摄、拓印，适用前款规定。

第六十三条 博物馆、图书馆和其他收藏文物的单位应当按照国家有关规定配备防火、防盗、防自然损坏的设施，并采取相应措施，确保收藏文物的安全。

第六十四条 馆藏一级文物损毁的，应当报国务院文物行政部门核查处理。其他馆藏文物损毁的，应当报省、自治区、直辖市人民政府文物行政部门核查处理；省、自治区、直辖市人民政府文物行政部门应当将核查处理结果报国务院文物行政部门备案。

馆藏文物被盗、被抢或者丢失的，文物收藏单位应当立即向公安机关报案，并同时向主管的文物行政部门报告。

第六十五条 文物行政部门和国有文物收藏单位的工作人员不得借用国有文物，不得非法侵占国有文物。

第五章　民间收藏文物

第六十六条 国家鼓励公民、组织合法收藏，加强对民间收藏活动的指导、管理和服务。

第六十七条 文物收藏单位以外的公民、组织可以收藏通过下列方式取得的文物：

（一）依法继承或者接受赠与；

（二）从文物销售单位购买；

（三）通过经营文物拍卖的拍卖企业（以下称文物拍卖企业）购买；

（四）公民个人合法所有的文物相互交换或者依法转让；

（五）国家规定的其他合法方式。

文物收藏单位以外的公民、组织收藏的前款文物可以依法流通。

第六十八条 禁止买卖下列文物：

（一）国有文物，但是国家允许的除外；

（二）国有不可移动文物中的壁画、雕塑、建筑构件等，但是依法拆除的国有不可移动文物中的壁画、雕塑、建筑构件等不属于本法第三十一条第四款规定的应由文物收藏单位收藏的除外；

（三）非国有馆藏珍贵文物；

（四）国务院有关部门通报或者公告的被盗文物以及其他来源不符合本法第六十七条规定的文物；

（五）外国政府、相关国际组织按照有关国际公约通报或者公告的流失文物。

第六十九条 国家鼓励文物收藏单位以外的公民、组织将其收藏的文物捐赠给文物收藏单位或者出借给文物收藏单位展览和研究。

文物收藏单位应当尊重并按照捐赠人的意愿，对受赠的文物妥善收藏、保管和展示。

国家禁止出境的文物，不得转让、出租、抵押、质押给境外组织或者个人。

第七十条　文物销售单位应当取得省、自治区、直辖市人民政府文物行政部门颁发的文物销售许可证。

文物销售单位不得从事文物拍卖经营活动，不得设立文物拍卖企业。

第七十一条　依法设立的拍卖企业经营文物拍卖的，应当取得省、自治区、直辖市人民政府文物行政部门颁发的文物拍卖许可证。

文物拍卖企业不得从事文物销售经营活动，不得设立文物销售单位。

第七十二条　文物行政部门的工作人员不得举办或者参与举办文物销售单位或者文物拍卖企业。

文物收藏单位及其工作人员不得举办或者参与举办文物销售单位或者文物拍卖企业。

禁止设立外商投资的文物销售单位或者文物拍卖企业。

除文物销售单位、文物拍卖企业外，其他单位或者个人不得从事文物商业经营活动。

第七十三条　文物销售单位不得销售、文物拍卖企业不得拍卖本法第六十八条规定的文物。

文物拍卖企业拍卖的文物，在拍卖前应当经省、自治区、直辖市人民政府文物行政部门依照前款规定进行审核，并报国务院文物行政部门备案。

文物销售单位销售文物、文物拍卖企业拍卖文物，应当如实表述文物的相关信息，不得进行虚假宣传。

第七十四条　省、自治区、直辖市人民政府文物行政部门应当建立文物购销、拍卖信息与信用管理系统，推动文物流通领域诚信建设。文物销售单位购买、销售文物，文物拍卖企业拍卖文物，应当按照国家有关规定作出记录，并于销售、拍卖文物后三十日内报省、自治区、直辖市人民政府文物行政部门备案。

拍卖文物时，委托人、买受人要求对其身份保密的，文物行政部门应当为其保密；法律、行政法规另有规定的除外。

第七十五条　文物行政部门在审核拟拍卖的文物时，可以指定国有文物收藏单位优先购买其中的珍贵文物。购买价格由国有文物收藏单位的代表与文物的委托人协商确定。

第七十六条　银行、冶炼厂、造纸厂以及废旧物资回收单位，应当与当地文物行政部门共同负责拣选掺杂在金银器和废旧物资中的文物。拣选文物除供银行研究所必需的历史货币可以由中国人民银行留用外，应当移交当地文物行政部门。移交拣选文物，应当给予合理补偿。

第六章　文物出境进境

第七十七条　国有文物、非国有文物中的珍贵文物和国家禁止出境的其他文物，不得出境；依照本法规定出境展览，或者因特殊需要经国务院批准出境的除外。

国家禁止出境的文物的具体范围，由国务院文物行政部门规定并公布。

第七十八条　文物出境，应当经国务院文物行政部门指定的文物进出境审核机构审核。经审核允许出境的文物，由国务院文物行政部门颁发文物出境许可证，从国务院文物行政部门指定的口岸出境。

任何单位或者个人运送、邮寄、携带文物出境，应当向海关申报；海关凭文物出境许可证放行。

第七十九条　文物出境展览，应当报国务院文物行政部门批准；一级文物超过国务院规定数量的，应当报国务院批准。

一级文物中的孤品和易损品，禁止出境展览。

出境展览的文物出境，由文物进出境审核机构审核、登记。海关凭国务院文物行政部门或者国务院的批准文件放行。出境展览的文物复进境，由原审核、登记的文物进出境审核机构审核查验。

第八十条　文物临时进境，应当向海关申报，并报文物进出境审核机构审核、登记。文物进出境审核机构发现临时进境的文物属于本法第六十八条规定的文物的，应当向国务院文物行政部门报告并通报海关。

临时进境的文物复出境，必须经原审核、登记的文物进出境审核机构审核查验；经审核查验无误的，由国务院文物行政部门颁发文物出境许可证，海关凭文物出境许可证放行。

第八十一条　国家加强文物追索返还领域的国际合作。国务院文物行政部门依法会同有关部门对因被盗、非法出境等流失境外的文物开展追索；对非法流入中国境内的外国文物，根据有关条约、协定、协议或者对等原则与相关国家开展返还合作。

国家对于因被盗、非法出境等流失境外的文物，保留收回的权利，且该权利不受时效限制。

第七章　法律责任

第八十二条　违反本法规定，地方各级人民政府和县级以上人民政府有关部门及其工作人员，以及其他依法履行公职的人员，滥用职权、玩忽职守、徇私舞弊的，对负有责任的领导人员和直接责任人员依法给予处分。

第八十三条　有下列行为之一的，由县级以上人民政府文物行政部门责令改正，给予警告；造成文物损坏或者其他严重后果的，对单位处五十万元以上五百万元以下的罚款，对个人处五万元以上五十万元以下的罚款，责令承担相关文物修缮和复原费用，由原发证机关降低资质等级；情节严重的，对单位可以处五百万元以上一千万元以下的罚款，由原发证机关吊销资质证书：

（一）擅自在文物保护单位的保护范围内进行文物保护工程以外的其他建设工程或者爆破、钻探、挖掘等作业；

（二）工程设计方案未经文物行政部门同意，擅自在文物保护单位的建设控制地带内进行建设工程；

（三）未制定不可移动文物原址保护措施，或者不可移动文物原址保护措施未经文物行政部门批准，擅自开工建设；

（四）擅自迁移、拆除不可移动文物；

（五）擅自修缮不可移动文物，明显改变文物原状；

（六）擅自在原址重建已经全部毁坏的不可移动文物；

（七）未取得文物保护工程资质证书，擅自从事文物修缮、迁移、重建；

（八）进行大型基本建设工程，或者在文物保护单位的保护范围、建设控制地带内进行建设工程，未依法进行考古调查、勘探。

损毁依照本法规定设立的不可移动文物保护标志的，由县级以上人民政府文物行政部门给予警告，可以并处五百元以下的罚款。

第八十四条　在文物保护单位的保护范围或者建设控制地带内建设污染文物保护单位及其环境的设施的，由生态环境主管部门依法给予处罚。

第八十五条　违反本法规定，有下列行为之一的，由县级以上人民政府文物行政部门责令改正，给予警告或者通报批评，没收违法所得；违法所得五千元以上的，并处违法所得二倍以上十倍以下的罚款；没有违法所得或者违法所得不足五千元的，并处一万元以上五万元以下的罚款：

（一）转让或者抵押国有不可移动文物；

（二）将建立博物馆、文物保管所或者辟为参观游览场所的国有不可移动文物改作企业资产经营，或者将其管理机构改由企业管理；

（三）将非国有不可移动文物转让或者抵押给外国人、外国组织或者国际组织；

（四）擅自改变国有文物保护单位中的纪念建筑物或者古建筑的用途。

第八十六条 历史文化名城的布局、环境、历史风貌等遭到严重破坏的，由国务院撤销其历史文化名城称号；历史文化街区、村镇的布局、环境、历史风貌等遭到严重破坏的，由省、自治区、直辖市人民政府撤销其历史文化街区、村镇称号；对负有责任的领导人员和直接责任人员依法给予处分。

第八十七条 有下列行为之一的，由县级以上人民政府文物行政部门责令改正，给予警告或者通报批评，没收违法所得；违法所得五千元以上的，并处违法所得二倍以上十倍以下的罚款；没有违法所得或者违法所得不足五千元的，可以并处五万元以下的罚款：

（一）文物收藏单位未按照国家有关规定配备防火、防盗、防自然损坏的设施；

（二）文物收藏单位法定代表人或者主要负责人离任时未按照馆藏文物档案移交馆藏文物，或者所移交的馆藏文物与馆藏文物档案不符；

（三）国有文物收藏单位将馆藏文物赠与、出租、出售或者抵押、质押给其他单位、个人；

（四）违反本法规定借用、交换馆藏文物；

（五）挪用或者侵占依法调拨、交换、出借文物所得的补偿费用。

第八十八条 买卖国家禁止买卖的文物或者将国家禁止出境的文物转让、出租、抵押、质押给境外组织或者个人的，由县级以上人民政府文物行政部门责令改正，没收违法所得、非法经营的文物；违法经营额五千元以上的，并处违法经营额二倍以上十倍以下的罚款；没有违法经营额或者违法经营额不足五千元的，并处一万元以上五万元以下的罚款。

文物销售单位、文物拍卖企业有前款规定的违法行为的，由县级以上人民政府文物行政部门没收违法所得、非法经营的文物；违法经营额三万元以上的，并处违法经营额二倍以上十倍以下的罚款；没有违法经营额或者违法经营额不足三万元的，并处五万元以上二十五万元以下的罚款；情节严重的，由原发证机关吊销许可证书。

第八十九条 未经许可擅自从事文物商业经营活动的，由县级以上人民政府文物行政部门责令改正，给予警告或者通报批评，没收违法所得、非法经营的文物；违法经营额三万元以上的，并处违法经营额二倍以上十倍以下的罚款；没有违法经营额或者违法经营额不足三万元的，并处五万元以上二十五万元以下的罚款。

第九十条 有下列情形之一的，由县级以上人民政府文物行政部门责令改正，给予警告或者通报批评，没收违法所得、非法经营的文物；违法经营额三万元以上的，并处违法经营额二倍以上十倍以下的罚款；没有违法经营额或者违法经营额不足三万元的，并处五万元以上二十五万元以下的罚款；情节严重的，由原发证机关吊销许可证书：

（一）文物销售单位从事文物拍卖经营活动；

（二）文物拍卖企业从事文物销售经营活动；

（三）文物拍卖企业拍卖的文物，未经审核；

（四）文物收藏单位从事文物商业经营活动；

（五）文物销售单位、文物拍卖企业知假售假、知假拍假或者进行虚假宣传。

第九十一条 有下列行为之一的，由县级以上人民政府文物行政部门会同公安机关、海上执法机关追缴文物，给予警告；情节严重的，对单位处十万元以上三百万元以下的罚款，对个人处五千元以上五万元以下的罚款：

（一）发现文物隐匿不报或者拒不上交；

（二）未按照规定移交拣选文物。

第九十二条 文物进出境未依照本法规定申报的，由海关或者海上执法机关依法给予处罚。

第九十三条 有下列行为之一的，由县级以上人民政府文物行政部门责令改正；情节严重的，对单位处十万元以上三百万元以下的罚款，限制业务活动或者由原发证机关吊销许可证书，对个人处五千元以上五万元以下的罚款：

（一）改变国有未定级不可移动文物的用途，未依照本法规定报告；

（二）转让、抵押非国有不可移动文物或者改变其用途，未依照本法规定备案；

（三）国有不可移动文物的使用人具备修缮能力但拒不依法履行修缮义务；

（四）从事考古发掘的单位未经批准擅自进行考古发掘，或者不如实报告考古调查、勘探、发掘结果，或者未按照规定移交考古发掘的文物；

（五）文物收藏单位未按照国家有关规定建立馆藏文物档案、管理制度，或者未将馆藏文物档案、管理制度备案；

（六）未经批准擅自调取馆藏文物；

（七）未经批准擅自修复、复制、拓印文物；

（八）馆藏文物损毁未报文物行政部门核查处理，或者馆藏文物被盗、被抢或者丢失，文物收藏单位未及时向公安机关或者文物行政部门报告；

（九）文物销售单位销售文物或者文物拍卖企业拍卖文物，未按照国家有关规定作出记录或者未将所作记录报文物行政部门备案。

第九十四条　文物行政部门、文物收藏单位、文物销售单位、文物拍卖企业的工作人员，有下列行为之一的，依法给予处分；情节严重的，依法开除公职或者吊销其从业资格证书：

（一）文物行政部门和国有文物收藏单位的工作人员借用或者非法侵占国有文物；

（二）文物行政部门、文物收藏单位的工作人员举办或者参与举办文物销售单位或者文物拍卖企业；

（三）因不负责任造成文物保护单位、珍贵文物损毁或者流失；

（四）贪污、挪用文物保护经费。

前款被开除公职或者被吊销从业资格证书的人员，自被开除公职或者被吊销从业资格证书之日起十年内不得担任文物管理人员或者从事文物经营活动。

第九十五条　单位违反本法规定受到行政处罚，情节严重的，对单位直接负责的主管人员和其他直接责任人员处五千元以上五万元以下的罚款。

第九十六条 违反本法规定，损害他人民事权益的，依法承担民事责任；构成违反治安管理行为的，由公安机关依法给予治安管理处罚；构成犯罪的，依法追究刑事责任。

第九十七条 县级以上人民政府文物行政部门依法实施监督检查，可以采取下列措施：

（一）进入现场进行检查；

（二）查阅、复制有关文件资料，询问有关人员，对可能被转移、销毁或者篡改的文件资料予以封存；

（三）查封、扣押涉嫌违法活动的场所、设施或者财物；

（四）责令行为人停止侵害文物的行为。

第九十八条 监察委员会、人民法院、人民检察院、公安机关、海关、市场监督管理部门和海上执法机关依法没收的文物应当登记造册，妥善保管，结案后无偿移交文物行政部门，由文物行政部门指定的国有文物收藏单位收藏。

第九十九条 因违反本法规定造成文物严重损害或者存在严重损害风险，致使社会公共利益受到侵害的，人民检察院可以依照有关诉讼法的规定提起公益诉讼。

第八章　附　则

第一百条 文物保护有关行政许可的条件、期限等，本法未作规定的，适用《中华人民共和国行政许可法》和有关法律、行政法规的规定。

第一百零一条 本法自 2025 年 3 月 1 日起施行。

中华人民共和国拍卖法

(1996 年 7 月 5 日第八届全国人民代表大会常务委员会第二十次会议通过 根据 2004 年 8 月 28 日第十届全国人民代表大会常务委员会第十一次会议《关于修改〈中华人民共和国拍卖法〉的决定》第一次修正 根据 2015 年 4 月 24 日第十二届全国人民代表大会常务委员会第十四次会议《关于修改〈中华人民共和国电力法〉等六部法律的决定》第二次修正)

目 录

第一章 总 则

第一条 为了规范拍卖行为，维护拍卖秩序，保护拍卖活动各方当事人的合法权益，制定本法。

　　第二条　本法适用于中华人民共和国境内拍卖企业进行的拍卖活动。

　　第三条　拍卖是指以公开竞价的形式，将特定物品或者财产权利转让给最高应价者的买卖方式。

　　第四条　拍卖活动应当遵守有关法律、行政法规，遵循公开、公平、公正、诚实信用的原则。

　　第五条　国务院负责管理拍卖业的部门对全国拍卖业实施监督管理。

　　省、自治区、直辖市的人民政府和设区的市的人民政府负责管理拍卖业的部门对本行政区域内的拍卖业实施监督管理。

第二章　拍卖标的

　　第六条　拍卖标的应当是委托人所有或者依法可以处分的物品或者财产权利。

　　第七条　法律、行政法规禁止买卖的物品或者财产权利，不得作为拍卖标的。

　　第八条　依照法律或者按照国务院规定需经审批才能转让的物品或者财产权利，在拍卖前，应当依法办理审批手续。

　　委托拍卖的文物，在拍卖前，应当经拍卖人住所地的文物行政管理部门依法鉴定、许可。

　　第九条　国家行政机关依法没收的物品，充抵税款、罚款的物品和其他物品，按照国务院规定应当委托拍卖的，由财产所在地的省、自治区、直辖市的人民政府和设区的市的人民政府指定的拍卖人进行拍卖。

　　拍卖由人民法院依法没收的物品，充抵罚金、罚款的物品以及无法返还的追回物品，适用前款规定。

第三章　拍卖当事人

第一节　拍卖人

　　第十条　拍卖人是指依照本法和《中华人民共和国公司法》设立的从事拍卖活动的企业法人。

第十一条　企业取得从事拍卖业务的许可必须经所在地的省、自治区、直辖市人民政府负责管理拍卖业的部门审核批准。拍卖企业可以在设区的市设立。

第十二条　企业申请取得从事拍卖业务的许可，应当具备下列条件：

（一）有一百万元人民币以上的注册资本；

（二）有自己的名称、组织机构、住所和章程；

（三）有与从事拍卖业务相适应的拍卖师和其他工作人员；

（四）有符合本法和其他有关法律规定的拍卖业务规则；

（五）符合国务院有关拍卖业发展的规定；

（六）法律、行政法规规定的其他条件。

第十三条　拍卖企业经营文物拍卖的，应当有一千万元人民币以上的注册资本，有具有文物拍卖专业知识的人员。

第十四条　拍卖活动应当由拍卖师主持。

第十五条　拍卖师应当具备下列条件：

（一）具有高等院校专科以上学历和拍卖专业知识；

（二）在拍卖企业工作两年以上；

（三）品行良好。

被开除公职或者吊销拍卖师资格证书未满五年的，或者因故意犯罪受过刑事处罚的，不得担任拍卖师。

第十六条　拍卖师资格考核，由拍卖行业协会统一组织。经考核合格的，由拍卖行业协会发给拍卖师资格证书。

第十七条　拍卖行业协会是依法成立的社会团体法人，是拍卖业的自律性组织。拍卖行业协会依照本法并根据章程，对拍卖企业和拍卖师进行监督。

第十八条　拍卖人有权要求委托人说明拍卖标的的来源和瑕疵。

拍卖人应当向竞买人说明拍卖标的的瑕疵。

第十九条　拍卖人对委托人交付拍卖的物品负有保管义务。

第二十条　拍卖人接受委托后，未经委托人同意，不得委托其他拍卖人拍卖。

第二十一条　委托人、买受人要求对其身份保密的，拍卖人应当为其保密。

第二十二条　拍卖人及其工作人员不得以竞买人的身份参与自己组织的拍卖活动，并不得委托他人代为竞买。

第二十三条　拍卖人不得在自己组织的拍卖活动中拍卖自己的物品或者财产权利。

第二十四条　拍卖成交后，拍卖人应当按照约定向委托人交付拍卖标的的价款，并按照约定将拍卖标的移交给买受人。

第二节　委托人

第二十五条　委托人是指委托拍卖人拍卖物品或者财产权利的公民、法人或者其他组织。

第二十六条　委托人可以自行办理委托拍卖手续，也可以由其代理人代为办理委托拍卖手续。

第二十七条　委托人应当向拍卖人说明拍卖标的的来源和瑕疵。

第二十八条　委托人有权确定拍卖标的的保留价并要求拍卖人保密。

拍卖国有资产，依照法律或者按照国务院规定需要评估的，应当经依法设立的评估机构评估，并根据评估结果确定拍卖标的的保留价。

第二十九条　委托人在拍卖开始前可以撤回拍卖标的。委托人撤回拍卖标的的，应当向拍卖人支付约定的费用；未作约定的，应当向拍卖人支付为拍卖支出的合理费用。

第三十条　委托人不得参与竞买，也不得委托他人代为竞买。

第三十一条　按照约定由委托人移交拍卖标的的，拍卖成交后，委托人应当将拍卖标的移交给买受人。

第三节　竞买人

第三十二条　竞买人是指参加竞购拍卖标的的公民、法人或者其他组织。

第三十三条　法律、行政法规对拍卖标的的买卖条件有规定的，竞买人应当具备规定的条件。

第三十四条　竞买人可以自行参加竞买，也可以委托其代理人参加竞买。

第三十五条　竞买人有权了解拍卖标的的瑕疵，有权查验拍卖标的和查阅有关拍卖资料。

第三十六条　竞买人一经应价，不得撤回，当其他竞买人有更高应价时，其应价即丧失约束力。

第三十七条 竞买人之间、竞买人与拍卖人之间不得恶意串通，损害他人利益。

第四节 买受人

第三十八条 买受人是指以最高应价购得拍卖标的的竞买人。

第三十九条 买受人应当按照约定支付拍卖标的的价款，未按照约定支付价款的，应当承担违约责任，或者由拍卖人征得委托人的同意，将拍卖标的再行拍卖。

拍卖标的再行拍卖的，原买受人应当支付第一次拍卖中本人及委托人应当支付的佣金。再行拍卖的价款低于原拍卖价款的，原买受人应当补足差额。

第四十条 买受人未能按照约定取得拍卖标的的，有权要求拍卖人或者委托人承担违约责任。

买受人未按照约定受领拍卖标的的，应当支付由此产生的保管费用。

第四章 拍卖程序

第一节 拍卖委托

第四十一条 委托人委托拍卖物品或者财产权利，应当提供身份证明和拍卖人要求提供的拍卖标的的所有权证明或者依法可以处分拍卖标的的证明及其他资料。

第四十二条 拍卖人应当对委托人提供的有关文件、资料进行核实。拍卖人接受委托的，应当与委托人签订书面委托拍卖合同。

第四十三条 拍卖人认为需要对拍卖标的进行鉴定的，可以进行鉴定。

鉴定结论与委托拍卖合同载明的拍卖标的的状况不相符的，拍卖人有权要求变更或者解除合同。

第四十四条 委托拍卖合同应当载明以下事项：

（一）委托人、拍卖人的姓名或者名称、住所；

（二）拍卖标的的名称、规格、数量、质量；

（三）委托人提出的保留价；

（四）拍卖的时间、地点；

（五）拍卖标的交付或者转移的时间、方式；

（六）佣金及其支付的方式、期限；

（七）价款的支付方式、期限；

（八）违约责任；

（九）双方约定的其他事项。

第二节　拍卖公告与展示

第四十五条　拍卖人应当于拍卖日七日前发布拍卖公告。

第四十六条　拍卖公告应当载明下列事项：

（一）拍卖的时间、地点；

（二）拍卖标的；

（三）拍卖标的展示时间、地点；

（四）参与竞买应当办理的手续；

（五）需要公告的其他事项。

第四十七条　拍卖公告应当通过报纸或者其他新闻媒介发布。

第四十八条　拍卖人应当在拍卖前展示拍卖标的，并提供查看拍卖标的的条件及有关资料。拍卖标的的展示时间不得少于两日。

第三节　拍卖的实施

第四十九条　拍卖师应当于拍卖前宣布拍卖规则和注意事项。

第五十条　拍卖标的无保留价的，拍卖师应当在拍卖前予以说明。

拍卖标的有保留价的，竞买人的最高应价未达到保留价时，该应价不发生效力，拍卖师应当停止拍卖标的的拍卖。

第五十一条　竞买人的最高应价经拍卖师落槌或者以其他公开表示买定的方式确认后，拍卖成交。

第五十二条　拍卖成交后，买受人和拍卖人应当签署成交确认书。

第五十三条　拍卖人进行拍卖时，应当制作拍卖笔录。拍卖笔录应当由拍卖师、记录人签名；拍卖成交的，还应当由买受人签名。

第五十四条　拍卖人应当妥善保管有关业务经营活动的完整账簿、拍卖笔录和其他有关资料。

前款规定的账簿、拍卖笔录和其他有关资料的保管期限，自委托拍卖合同终止之日起计算，不得少于五年。

第五十五条　拍卖标的需要依法办理证照变更、产权过户手续的，委托人、买受人应当持拍卖人出具的成交证明和有关材料，向有关行政管理机关办理手续。

第四节　佣　金

第五十六条　委托人、买受人可以与拍卖人约定佣金的比例。

委托人、买受人与拍卖人对佣金比例未作约定，拍卖成交的，拍卖人可以向委托人、买受人各收取不超过拍卖成交价百分之五的佣金。收取佣金的比例按照同拍卖成交价成反比的原则确定。

拍卖未成交的，拍卖人可以向委托人收取约定的费用；未作约定的，可以向委托人收取为拍卖支出的合理费用。

第五十七条　拍卖本法第九条规定的物品成交的，拍卖人可以向买受人收取不超过拍卖成交价百分之五的佣金。收取佣金的比例按照同拍卖成交价成反比的原则确定。

拍卖未成交的，适用本法第五十六条第三款的规定。

第五章　法律责任

第五十八条　委托人违反本法第六条的规定，委托拍卖其没有所有权或者依法不得处分的物品或者财产权利的，应当依法承担责任。拍卖人明知委托人对拍卖的物品或者财产权利没有所有权或者依法不得处分的，应当承担连带责任。

第五十九条　国家机关违反本法第九条的规定，将应当委托财产所在地的省、自治区、直辖市的人民政府或者设区的市的人民政府指定的拍卖人拍卖的物品擅自处理的，对负有直接责任的主管人员和其他直接责任人员依法给予行政处分，给国家造成损失的，还应当承担赔偿责任。

第六十条　违反本法第十一条的规定，未经许可从事拍卖业务的，由工商行政管理部门予以取缔，没收违法所得，并可以处违法所得一倍以上五倍以下的罚款。

第六十一条 拍卖人、委托人违反本法第十八条第二款、第二十七条的规定，未说明拍卖标的的瑕疵，给买受人造成损害的，买受人有权向拍卖人要求赔偿；属于委托人责任的，拍卖人有权向委托人追偿。

拍卖人、委托人在拍卖前声明不能保证拍卖标的的真伪或者品质的，不承担瑕疵担保责任。

因拍卖标的存在瑕疵未声明的，请求赔偿的诉讼时效期间为一年，自当事人知道或者应当知道权利受到损害之日起计算。

因拍卖标的存在缺陷造成人身、财产损害请求赔偿的诉讼时效期间，适用《中华人民共和国产品质量法》和其他法律的有关规定。

第六十二条 拍卖人及其工作人员违反本法第二十二条的规定，参与竞买或者委托他人代为竞买的，由工商行政管理部门对拍卖人给予警告，可以处拍卖佣金一倍以上五倍以下的罚款；情节严重的，吊销营业执照。

第六十三条 违反本法第二十三条的规定，拍卖人在自己组织的拍卖活动中拍卖自己的物品或者财产权利的，由工商行政管理部门没收拍卖所得。

第六十四条 违反本法第三十条的规定，委托人参与竞买或者委托他人代为竞买的，工商行政管理部门可以对委托人处拍卖成交价百分之三十以下的罚款。

第六十五条 违反本法第三十七条的规定，竞买人之间、竞买人与拍卖人之间恶意串通，给他人造成损害的，拍卖无效，应当依法承担赔偿责任。由工商行政管理部门对参与恶意串通的竞买人处最高应价百分之十以上百分之三十以下的罚款；对参与恶意串通的拍卖人处最高应价百分之十以上百分之五十以下的罚款。

第六十六条 违反本法第四章第四节关于佣金比例的规定收取佣金的，拍卖人应当将超收部分返还委托人、买受人。物价管理部门可以对拍卖人处拍卖佣金一倍以上五倍以下的罚款。

第六章 附 则

第六十七条 外国人、外国企业和组织在中华人民共和国境内委托拍卖或者参加竞买的，适用本法。

第六十八条 本法自 1997 年 1 月 1 日起施行。

中华人民共和国电子商务法

（2018 年 8 月 31 日第十三届全国人民代表大会常务委员会第五次会议通过）

目　录

第一章　总　则

第一条　为了保障电子商务各方主体的合法权益，规范电子商务行为，维护市场秩序，促进电子商务持续健康发展，制定本法。

第二条　中华人民共和国境内的电子商务活动，适用本法。

本法所称电子商务，是指通过互联网等信息网络销售商品或者提供服务的经营活动。

法律、行政法规对销售商品或者提供服务有规定的，适用其规定。金融类产品和服务，利用信息网络提供新闻信息、音视频节目、出版以及文化产品等内容方面的服务，不适用本法。

第三条　国家鼓励发展电子商务新业态，创新商业模式，促进电子商技术研发和推广应用，推进电子商务诚信体系建设，营造有利于电子商务创新发展的市场环境，充分发挥电子商务在推动高质量发展、满足人民日益增长的美好生活需要、构建开放型经济方面的重要作用。

第四条　国家平等对待线上线下商务活动，促进线上线下融合发展，各级人民政府和有关部门不得采取歧视性的政策措施，不得滥用行政权力排除、限制市场竞争。

第五条　电子商务经营者从事经营活动，应当遵循自愿、平等、公平、诚信的原则，遵守法律和商业道德，公平参与市场竞争，履行消费者权益保护、环境保护、知识产权保护、网络安全与个人信息保护等方面的义务，承担产品和服务质量责任，接受政府和社会的监督。

第六条　国务院有关部门按照职责分工负责电子商务发展促进、监督管理等工作。县级以上地方各级人民政府可以根据本行政区域的实际情况，确定本行政区域内电子商务的部门职责划分。

第七条　国家建立符合电子商务特点的协同管理体系，推动形成有关部门、电子商务行业组织、电子商务经营者、消费者等共同参与的电子商务市场治理体系。

第八条　电子商务行业组织按照本组织章程开展行业自律，建立健全行业规范，推动行业诚信建设，监督、引导本行业经营者公平参与市场竞争。

第二章　电子商务经营者

第一节　一般规定

第九条　本法所称电子商务经营者，是指通过互联网等信息网络从事销售商品或者提供服务的经营活动的自然人、法人和非法人组织，包括电子商务平台经营者、平台内经营者以及通过自建网站、其他网络服务销售商品或者提供服务的电子商务经营者。

本法所称电子商务平台经营者，是指在电子商务中为交易双方或者多方提供网络经营场所、交易撮合、信息发布等服务，供交易双方或者多方独立开展交易活动的法人或者非法人组织。

本法所称平台内经营者，是指通过电子商务平台销售商品或者提供服务的电子商务经营者。

第十条　电子商务经营者应当依法办理市场主体登记。但是，个人销售自产农副产品、家庭手工业产品，个人利用自己的技能从事依法无须取得许可的便民劳务活动和零星小额交易活动，以及依照法律、行政法规不需要进行登记的除外。

第十一条　电子商务经营者应当依法履行纳税义务，并依法享受税收优惠。

依照前条规定不需要办理市场主体登记的电子商务经营者在首次纳税义务发生后，应当依照税收征收管理法律、行政法规的规定申请办理税务登记，并如实申报纳税。

第十二条　电子商务经营者从事经营活动，依法需要取得相关行政许可的，应当依法取得行政许可。

第十三条　电子商务经营者销售的商品或者提供的服务应当符合保障人身、财产安全的要求和环境保护要求，不得销售或者提供法律、行政法规禁止交易的商品或者服务。

第十四条　电子商务经营者销售商品或者提供服务应当依法出具纸质发票或者电子发票等购货凭证或者服务单据。电子发票与纸质发票具有同等法律效力。

第十五条　电子商务经营者应当在其首页显著位置，持续公示营业执照信息、与其经营业务有关的行政许可信息、属于依照本法第十条规定的不需要办理市场主体登记情形等信息，或者上述信息的链接标识。

前款规定的信息发生变更的，电子商务经营者应当及时更新公示信息。

第十六条　电子商务经营者自行终止从事电子商务的，应当提前三十日在首页显著位置持续公示有关信息。

第十七条　电子商务经营者应当全面、真实、准确、及时地披露商品或者服务信息，保障消费者的知情权和选择权。电子商务经营者不得以虚构交易、编造用户评价等方式进行虚假或者引人误解的商业宣传，欺骗、误导消费者。

第十八条　电子商务经营者根据消费者的兴趣爱好、消费习惯等特征向其提供商品或者服务的搜索结果的，应当同时向该消费者提供不针对其个人特征的选项，尊重和平等保护消费者合法权益。

电子商务经营者向消费者发送广告的，应当遵守《中华人民共和国广告法》的有关规定。

第十九条 电子商务经营者搭售商品或者服务，应当以显著方式提请消费者注意，不得将搭售商品或者服务作为默认同意的选项。

第二十条 电子商务经营者应当按照承诺或者与消费者约定的方式、时限向消费者交付商品或者服务，并承担商品运输中的风险和责任。但是，消费者另行选择快递物流服务提供者的除外。

第二十一条 电子商务经营者按照约定向消费者收取押金的，应当明示押金退还的方式、程序，不得对押金退还设置不合理条件。消费者申请退还押金，符合押金退还条件的，电子商务经营者应当及时退还。

第二十二条 电子商务经营者因其技术优势、用户数量、对相关行业的控制能力以及其他经营者对该电子商务经营者在交易上的依赖程度等因素而具有市场支配地位的，不得滥用市场支配地位，排除、限制竞争。

第二十三条 电子商务经营者收集、使用其用户的个人信息，应当遵守法律、行政法规有关个人信息保护的规定。

第二十四条 电子商务经营者应当明示用户信息查询、更正、删除以及用户注销的方式、程序，不得对用户信息查询、更正、删除以及用户注销设置不合理条件。

电子商务经营者收到用户信息查询或者更正、删除的申请的，应当在核实身份后及时提供查询或者更正、删除用户信息。用户注销的，电子商务经营者应当立即删除该用户的信息；依照法律、行政法规的规定或者双方约定保存的，依照其规定。

第二十五条 有关主管部门依照法律、行政法规的规定要求电子商务经营者提供有关电子商务数据信息的，电子商务经营者应当提供。有关主管部门应当采取必要措施保护电子商务经营者提供的数据信息的安全，并对其中的个人信息、隐私和商业秘密严格保密，不得泄露、出售或者非法向他人提供。

第二十六条 电子商务经营者从事跨境电子商务，应当遵守进出口监督管理的法律、行政法规和国家有关规定。

第二节　电子商务平台经营者

第二十七条　电子商务平台经营者应当要求申请进入平台销售商品或者提供服务的经营者提交其身份、地址、联系方式、行政许可等真实信息，进行核验、登记，建立登记档案，并定期核验更新。

电子商务平台经营者为进入平台销售商品或者提供服务的非经营用户提供服务，应当遵守本节有关规定。

第二十八条　电子商务平台经营者应当按照规定向市场监督管理部门报送平台内经营者的身份信息，提示未办理市场主体登记的经营者依法办理登记，并配合市场监督管理部门，针对电子商务的特点，为应当办理市场主体登记的经营者办理登记提供便利。

电子商务平台经营者应当依照税收征收管理法律、行政法规的规定，向税务部门报送平台内经营者的身份信息和与纳税有关的信息，并应当提示依照本法第十条规定不需要办理市场主体登记的电子商务经营者依照本法第十一条第二款的规定办理税务登记。

第二十九条　电子商务平台经营者发现平台内的商品或者服务信息存在违反本法第十二条、第十三条规定情形的，应当依法采取必要的处置措施，并向有关主管部门报告。

第三十条　电子商务平台经营者应当采取技术措施和其他必要措施保证其网络安全、稳定运行，防范网络违法犯罪活动，有效应对网络安全事件，保障电子商务交易安全。

电子商务平台经营者应当制定网络安全事件应急预案，发生网络安全事件时，应当立即启动应急预案，采取相应的补救措施，并向有关主管部门报告。

第三十一条　电子商务平台经营者应当记录、保存平台上发布的商品和服务信息、交易信息，并确保信息的完整性、保密性、可用性。商品和服务信息、交易信息保存时间自交易完成之日起不少于三年；法律、行政法规另有规定的，依照其规定。

第三十二条　电子商务平台经营者应当遵循公开、公平、公正的原则，制定平台服务协议和交易规则，明确进入和退出平台、商品和服务质量保障、消费者权益保护、个人信息保护等方面的权利和义务。

第三十三条 电子商务平台经营者应当在其首页显著位置持续公示平台服务协议和交易规则信息或者上述信息的链接标识，并保证经营者和消费者能够便利、完整地阅览和下载。

第三十四条 电子商务平台经营者修改平台服务协议和交易规则，应当在其首页显著位置公开征求意见，采取合理措施确保有关各方能够及时充分表达意见。修改内容应当至少在实施前七日予以公示。

平台内经营者不接受修改内容，要求退出平台的，电子商务平台经营者不得阻止，并按照修改前的服务协议和交易规则承担相关责任。

第三十五条 电子商务平台经营者不得利用服务协议、交易规则以及技术等手段，对平台内经营者在平台内的交易、交易价格以及与其他经营者的交易等进行不合理限制或者附加不合理条件，或者向平台内经营者收取不合理费用。

第三十六条 电子商务平台经营者依据平台服务协议和交易规则对平台内经营者违反法律、法规的行为实施警示、暂停或者终止服务等措施的，应当及时公示。

第三十七条 电子商务平台经营者在其平台上开展自营业务的，应当以显著方式区分标记自营业务和平台内经营者开展的业务，不得误导消费者。

电子商务平台经营者对其标记为自营的业务依法承担商品销售者或者服务提供者的民事责任。

第三十八条 电子商务平台经营者知道或者应当知道平台内经营者销售的商品或者提供的服务不符合保障人身、财产安全的要求，或者有其他侵害消费者合法权益行为，未采取必要措施的，依法与该平台内经营者承担连带责任。

对关系消费者生命健康的商品或者服务，电子商务平台经营者对平台内经营者的资质资格未尽到审核义务，或者对消费者未尽到安全保障义务，造成消费者损害的，依法承担相应的责任。

第三十九条 电子商务平台经营者应当建立健全信用评价制度，公示信用评价规则，为消费者提供对平台内销售的商品或者提供的服务进行评价的途径。

电子商务平台经营者不得删除消费者对其平台内销售的商品或者提供的

服务的评价。

第四十条 电子商务平台经营者应当根据商品或者服务的价格、销量、信用等以多种方式向消费者显示商品或者服务的搜索结果；对于竞价排名的商品或者服务，应当显著标明"广告"。

第四十一条 电子商务平台经营者应当建立知识产权保护规则，与知识产权权利人加强合作，依法保护知识产权。

第四十二条 知识产权权利人认为其知识产权受到侵害的，有权通知电子商务平台经营者采取删除、屏蔽、断开链接、终止交易和服务等必要措施。通知应当包括构成侵权的初步证据。

电子商务平台经营者接到通知后，应当及时采取必要措施，并将该通知转送平台内经营者；未及时采取必要措施的，对损害的扩大部分与平台内经营者承担连带责任。

因通知错误造成平台内经营者损害的，依法承担民事责任。恶意发出错误通知，造成平台内经营者损失的，加倍承担赔偿责任。

第四十三条 平台内经营者接到转送的通知后，可以向电子商务平台经营者提交不存在侵权行为的声明。声明应当包括不存在侵权行为的初步证据。

电子商务平台经营者接到声明后，应当将该声明转送发出通知的知识产权权利人，并告知其可以向有关主管部门投诉或者向人民法院起诉。电子商务平台经营者在转送声明到达知识产权权利人后十五日内，未收到权利人已经投诉或者起诉通知的，应当及时终止所采取的措施。

第四十四条 电子商务平台经营者应当及时公示收到的本法第四十二条、第四十三条规定的通知、声明及处理结果。

第四十五条 电子商务平台经营者知道或者应当知道平台内经营者侵犯知识产权的，应当采取删除、屏蔽、断开链接、终止交易和服务等必要措施；未采取必要措施的，与侵权人承担连带责任。

第四十六条 除本法第九条第二款规定的服务外，电子商务平台经营者可以按照平台服务协议和交易规则，为经营者之间的电子商务提供仓储、物流、支付结算、交收等服务。电子商务平台经营者为经营者之间的电子商务提供服务，应当遵守法律、行政法规和国家有关规定，不得采取集中竞价、做市商等集中交易方式进行交易，不得进行标准化合约交易。

第三章　电子商务合同的订立与履行

第四十七条　电子商务当事人订立和履行合同，适用本章和《中华人民共和国民法总则》《中华人民共和国合同法》《中华人民共和国电子签名法》等法律的规定。

第四十八条　电子商务当事人使用自动信息系统订立或者履行合同的行为对使用该系统的当事人具有法律效力。

在电子商务中推定当事人具有相应的民事行为能力。但是，有相反证据足以推翻的除外。

第四十九条　电子商务经营者发布的商品或者服务信息符合要约条件的，用户选择该商品或者服务并提交订单成功，合同成立。当事人另有约定的，从其约定。

电子商务经营者不得以格式条款等方式约定消费者支付价款后合同不成立；格式条款等含有该内容的，其内容无效。

第五十条　电子商务经营者应当清晰、全面、明确地告知用户订立合同的步骤、注意事项、下载方法等事项，并保证用户能够便利、完整地阅览和下载。

电子商务经营者应当保证用户在提交订单前可以更正输入错误。

第五十一条　合同标的为交付商品并采用快递物流方式交付的，收货人签收时间为交付时间。合同标的为提供服务的，生成的电子凭证或者实物凭证中载明的时间为交付时间；前述凭证没有载明时间或者载明时间与实际提供服务时间不一致的，实际提供服务的时间为交付时间。

合同标的为采用在线传输方式交付的，合同标的进入对方当事人指定的特定系统并且能够检索识别的时间为交付时间。

合同当事人对交付方式、交付时间另有约定的，从其约定。

第五十二条　电子商务当事人可以约定采用快递物流方式交付商品。

快递物流服务提供者为电子商务提供快递物流服务，应当遵守法律、行政法规，并应当符合承诺的服务规范和时限。快递物流服务提供者在交付商品时，应当提示收货人当面查验；交由他人代收的，应当经收货人同意。

快递物流服务提供者应当按照规定使用环保包装材料，实现包装材料的减量化和再利用。

快递物流服务提供者在提供快递物流服务的同时，可以接受电子商务经营者的委托提供代收货款服务。

第五十三条 电子商务当事人可以约定采用电子支付方式支付价款。

电子支付服务提供者为电子商务提供电子支付服务，应当遵守国家规定，告知用户电子支付服务的功能、使用方法、注意事项、相关风险和收费标准等事项，不得附加不合理交易条件。电子支付服务提供者应当确保电子支付指令的完整性、一致性、可跟踪稽核和不可篡改。

电子支付服务提供者应当向用户免费提供对账服务以及最近三年的交易记录。

第五十四条 电子支付服务提供者提供电子支付服务不符合国家有关支付安全管理要求，造成用户损失的，应当承担赔偿责任。

第五十五条 用户在发出支付指令前，应当核对支付指令所包含的金额、收款人等完整信息。

支付指令发生错误的，电子支付服务提供者应当及时查找原因，并采取相关措施予以纠正。造成用户损失的，电子支付服务提供者应当承担赔偿责任，但能够证明支付错误非自身原因造成的除外。

第五十六条 电子支付服务提供者完成电子支付后，应当及时准确地向用户提供符合约定方式的确认支付的信息。

第五十七条 用户应当妥善保管交易密码、电子签名数据等安全工具。用户发现安全工具遗失、被盗用或者未经授权的支付的，应当及时通知电子支付服务提供者。

未经授权的支付造成的损失，由电子支付服务提供者承担；电子支付服务提供者能够证明未经授权的支付是因用户的过错造成的，不承担责任。

电子支付服务提供者发现支付指令未经授权，或者收到用户支付指令未经授权的通知时，应当立即采取措施防止损失扩大。电子支付服务提供者未及时采取措施导致损失扩大的，对损失扩大部分承担责任。

第四章 电子商务争议解决

第五十八条 国家鼓励电子商务平台经营者建立有利于电子商务发展和

消费者权益保护的商品、服务质量担保机制。

电子商务平台经营者与平台内经营者协议设立消费者权益保证金的，双方应当就消费者权益保证金的提取数额、管理、使用和退还办法等作出明确约定。

消费者要求电子商务平台经营者承担先行赔偿责任以及电子商务平台经营者赔偿后向平台内经营者的追偿，适用《中华人民共和国消费者权益保护法》的有关规定。

第五十九条 电子商务经营者应当建立便捷、有效的投诉、举报机制，公开投诉、举报方式等信息，及时受理并处理投诉、举报。

第六十条 电子商务争议可以通过协商和解，请求消费者组织、行业协会或者其他依法成立的调解组织调解，向有关部门投诉，提请仲裁，或者提起诉讼等方式解决。

第六十一条 消费者在电子商务平台购买商品或者接受服务，与平台内经营者发生争议时，电子商务平台经营者应当积极协助消费者维护合法权益。

第六十二条 在电子商务争议处理中，电子商务经营者应当提供原始合同和交易记录。因电子商务经营者丢失、伪造、篡改、销毁、隐匿或者拒绝提供前述资料，致使人民法院、仲裁机构或者有关机关无法查明事实的，电子商务经营者应当承担相应的法律责任。

第六十三条 电子商务平台经营者可以建立争议在线解决机制，制定并公示争议解决规则，根据自愿原则，公平、公正地解决当事人的争议。

第五章　电子商务促进

第六十四条 国务院和省、自治区、直辖市人民政府应当将电子商务发展纳入国民经济和社会发展规划，制定科学合理的产业政策，促进电子商务创新发展。

第六十五条 国务院和县级以上地方人民政府及其有关部门应当采取措施，支持、推动绿色包装、仓储、运输，促进电子商务绿色发展。

第六十六条 国家推动电子商务基础设施和物流网络建设，完善电子商务统计制度，加强电子商务标准体系建设。

第六十七条 国家推动电子商务在国民经济各个领域的应用，支持电子商务与各产业融合发展。

第六十八条 国家促进农业生产、加工、流通等环节的互联网技术应用，鼓励各类社会资源加强合作，促进农村电子商务发展，发挥电子商务在精准扶贫中的作用。

第六十九条 国家维护电子商务交易安全，保护电子商务用户信息，鼓励电子商务数据开发应用，保障电子商务数据依法有序自由流动。

国家采取措施推动建立公共数据共享机制，促进电子商务经营者依法利用公共数据。

第七十条 国家支持依法设立的信用评价机构开展电子商务信用评价，向社会提供电子商务信用评价服务。

第七十一条 国家促进跨境电子商务发展，建立健全适应跨境电子商务特点的海关、税收、进出境检验检疫、支付结算等管理制度，提高跨境电子商务各环节便利化水平，支持跨境电子商务平台经营者等为跨境电子商务提供仓储物流、报关、报检等服务。

国家支持小型微型企业从事跨境电子商务。

第七十二条 国家进出口管理部门应当推进跨境电子商务海关申报、纳税、检验检疫等环节的综合服务和监管体系建设，优化监管流程，推动实现信息共享、监管互认、执法互助，提高跨境电子商务服务和监管效率。跨境电子商务经营者可以凭电子单证向国家进出口管理部门办理有关手续。

第七十三条 国家推动建立与不同国家、地区之间跨境电子商务的交流合作，参与电子商务国际规则的制定，促进电子签名、电子身份等国际互认。

国家推动建立与不同国家、地区之间的跨境电子商务争议解决机制。

第六章　法律责任

第七十四条 电子商务经营者销售商品或者提供服务，不履行合同义务或者履行合同义务不符合约定，或者造成他人损害的，依法承担民事责任。

第七十五条 电子商务经营者违反本法第十二条、第十三条规定，未取得相关行政许可从事经营活动，或者销售、提供法律、行政法规禁止交易的商品、服务，或者不履行本法第二十五条规定的信息提供义务，电子商务平台经营者违反本法第四十六条规定，采取集中交易方式进行交易，或者进行标准化合约交易的，依照有关法律、行政法规的规定处罚。

第七十六条 电子商务经营者违反本法规定，有下列行为之一的，由市场监督管理部门责令限期改正，可以处一万元以下的罚款，对其中的电子商务平台经营者，依照本法第八十一条第一款的规定处罚：

（一）未在首页显著位置公示营业执照信息、行政许可信息、属于不需要办理市场主体登记情形等信息，或者上述信息的链接标识的；

（二）未在首页显著位置持续公示终止电子商务的有关信息的；

（三）未明示用户信息查询、更正、删除以及用户注销的方式、程序，或者对用户信息查询、更正、删除以及用户注销设置不合理条件的。

电子商务平台经营者对违反前款规定的平台内经营者未采取必要措施的，由市场监督管理部门责令限期改正，可以处二万元以上十万元以下的罚款。

第七十七条 电子商务经营者违反本法第十八条第一款规定提供搜索结果，或者违反本法第十九条规定搭售商品、服务的，由市场监督管理部门责令限期改正，没收违法所得，可以并处五万元以上二十万元以下的罚款；情节严重的，并处二十万元以上五十万元以下的罚款。

第七十八条 电子商务经营者违反本法第二十一条规定，未向消费者明示押金退还的方式、程序，对押金退还设置不合理条件，或者不及时退还押金的，由有关主管部门责令限期改正，可以处五万元以上二十万元以下的罚款；情节严重的，处二十万元以上五十万元以下的罚款。

第七十九条 电子商务经营者违反法律、行政法规有关个人信息保护的规定，或者不履行本法第三十条和有关法律、行政法规规定的网络安全保障义务的，依照《中华人民共和国网络安全法》等法律、行政法规的规定处罚。

第八十条 电子商务平台经营者有下列行为之一的，由有关主管部门责令限期改正；逾期不改正的，处二万元以上十万元以下的罚款；情节严重的，责令停业整顿，并处十万元以上五十万元以下的罚款：

（一）不履行本法第二十七条规定的核验、登记义务的；

（二）不按照本法第二十八条规定向市场监督管理部门、税务部门报送有关信息的；

（三）不按照本法第二十九条规定对违法情形采取必要的处置措施，或者未向有关主管部门报告的；

（四）不履行本法第三十一条规定的商品和服务信息、交易信息保存义务的。

法律、行政法规对前款规定的违法行为的处罚另有规定的，依照其规定。

第八十一条　电子商务平台经营者违反本法规定，有下列行为之一的，由市场监督管理部门责令限期改正，可以处二万元以上十万元以下的罚款；情节严重的，处十万元以上五十万元以下的罚款：

（一）未在首页显著位置持续公示平台服务协议、交易规则信息或者上述信息的链接标识的；

（二）修改交易规则未在首页显著位置公开征求意见，未按照规定的时间提前公示修改内容，或者阻止平台内经营者退出的；

（三）未以显著方式区分标记自营业务和平台内经营者开展的业务的；

（四）未为消费者提供对平台内销售的商品或者提供的服务进行评价的途径，或者擅自删除消费者的评价的。

电子商务平台经营者违反本法第四十条规定，对竞价排名的商品或者服务未显著标明"广告"的，依照《中华人民共和国广告法》的规定处罚。

第八十二条　电子商务平台经营者违反本法第三十五条规定，对平台内经营者在平台内的交易、交易价格或者与其他经营者的交易等进行不合理限制或者附加不合理条件，或者向平台内经营者收取不合理费用的，由市场监督管理部门责令限期改正，可以处五万元以上五十万元以下的罚款；情节严重的，处五十万元以上二百万元以下的罚款。

第八十三条　电子商务平台经营者违反本法第三十八条规定，对平台内经营者侵害消费者合法权益行为未采取必要措施，或者对平台内经营者未尽到资质资格审核义务，或者对消费者未尽到安全保障义务的，由市场监督管理部门责令限期改正，可以处五万元以上五十万元以下的罚款；情节严重的，责令停业整顿，并处五十万元以上二百万元以下的罚款。

第八十四条　电子商务平台经营者违反本法第四十二条、第四十五条规定，对平台内经营者实施侵犯知识产权行为未依法采取必要措施的，由有关知识产权行政部门责令限期改正；逾期不改正的，处五万元以上五十万元以下的罚款；情节严重的，处五十万元以上二百万元以下的罚款。

第八十五条　电子商务经营者违反本法规定，销售的商品或者提供的服务不符合保障人身、财产安全的要求，实施虚假或者引人误解的商业宣传等不正当竞争行为，滥用市场支配地位，或者实施侵犯知识产权、侵害消费者权益等行为的，依照有关法律的规定处罚。

第八十六条　电子商务经营者有本法规定的违法行为的，依照有关法律、行政法规的规定记入信用档案，并予以公示。

第八十七条　依法负有电子商务监督管理职责的部门的工作人员，玩忽职守、滥用职权、徇私舞弊，或者泄露、出售或者非法向他人提供在履行职责中所知悉的个人信息、隐私和商业秘密的，依法追究法律责任。

第八十八条　违反本法规定，构成违反治安管理行为的，依法给予治安管理处罚；构成犯罪的，依法追究刑事责任。

第七章　附　则

第八十九条　本法自 2019 年 1 月 1 日起施行。

中华人民共和国海关法

（1987 年 1 月 22 日第六届全国人民代表大会常务委员会第十九次会议通过 根据 2000 年 7 月 8 日第九届全国人民代表大会常务委员会第十六次会议《关于修改〈中华人民共和国海关法〉的决定》第一次修正 根据 2013 年 6 月 29 日第十二届全国人民代表大会常务委员会第三次会议《关于修改〈中华人民共和国文物保护法〉等十二部法律的决定》第二次修正 根据 2013 年 12 月 28 日第十二届全国人民代表大会常务委员会第六次会议《关于修改〈中华人民共和国海洋环境保护法〉等七部法律的决定》第三次修正 根据 2016 年 11 月 7 日第十二届全国人民代表大会常务委员会第二十四次会议《关于修改〈中华人民共和国对外贸易法〉等十二部法律的决定》第四次修正 根据 2017 年 11 月 4 日第十二届全国人民代表大会常务委员会第三十次会议《关于修改〈中华人民共和国会计法〉等十一部法律的决定》第五次修正 根据 2021 年 4 月 29 日第十三届全国人民代表大会常务委员会第二十八次会议《关于修改〈中华人民共和国道路交通安全法〉等八部法律的决定》第六次修正）

目 录

第八章　法律责任

第九章　附　则

第一章　总　则

第一条　为了维护国家的主权和利益，加强海关监督管理，促进对外经济贸易和科技文化交往，保障社会主义现代化建设，特制定本法。

第二条　中华人民共和国海关是国家的进出关境（以下简称进出境）监督管理机关。海关依照本法和其他有关法律、行政法规，监管进出境的运输工具、货物、行李物品、邮递物品和其他物品（以下简称进出境运输工具、货物、物品），征收关税和其他税、费，查缉走私，并编制海关统计和办理其他海关业务。

第三条　国务院设立海关总署，统一管理全国海关。

国家在对外开放的口岸和海关监管业务集中的地点设立海关。海关的隶属关系，不受行政区划的限制。

海关依法独立行使职权，向海关总署负责。

第四条　国家在海关总署设立专门侦查走私犯罪的公安机构，配备专职缉私警察，负责对其管辖的走私犯罪案件的侦查、拘留、执行逮捕、预审。

海关侦查走私犯罪公安机构履行侦查、拘留、执行逮捕、预审职责，应当按照《中华人民共和国刑事诉讼法》的规定办理。

海关侦查走私犯罪公安机构根据国家有关规定，可以设立分支机构。各分支机构办理其管辖的走私犯罪案件，应当依法向有管辖权的人民检察院移送起诉。

地方各级公安机关应当配合海关侦查走私犯罪公安机构依法履行职责。

第五条　国家实行联合缉私、统一处理、综合治理的缉私体制。海关负责组织、协调、管理查缉走私工作。有关规定由国务院另行制定。

各有关行政执法部门查获的走私案件，应当给予行政处罚的，移送海关依法处理；涉嫌犯罪的，应当移送海关侦查走私犯罪公安机构、地方公安机关依据案件管辖分工和法定程序办理。

第六条　海关可以行使下列权力：

（一）检查进出境运输工具，查验进出境货物、物品；对违反本法或者其他有关法律、行政法规的，可以扣留。

（二）查阅进出境人员的证件；查问违反本法或者其他有关法律、行政法规的嫌疑人，调查其违法行为。

（三）查阅、复制与进出境运输工具、货物、物品有关的合同、发票、帐册、单据、记录、文件、业务函电、录音录像制品和其他资料；对其中与违反本法或者其他有关法律、行政法规的进出境运输工具、货物、物品有牵连的，可以扣留。

（四）在海关监管区和海关附近沿海沿边规定地区，检查有走私嫌疑的运输工具和有藏匿走私货物、物品嫌疑的场所，检查走私嫌疑人的身体；对有走私嫌疑的运输工具、货物、物品和走私犯罪嫌疑人，经直属海关关长或者其授权的隶属海关关长批准，可以扣留；对走私犯罪嫌疑人，扣留时间不超过二十四小时，在特殊情况下可以延长至四十八小时。

在海关监管区和海关附近沿海沿边规定地区以外，海关在调查走私案件时，对有走私嫌疑的运输工具和除公民住处以外的有藏匿走私货物、物品嫌疑的场所，经直属海关关长或者其授权的隶属海关关长批准，可以进行检查，有关当事人应当到场；当事人未到场的，在有见证人在场的情况下，可以径行检查；对其中有证据证明有走私嫌疑的运输工具、货物、物品，可以扣留。

海关附近沿海沿边规定地区的范围，由海关总署和国务院公安部门会同有关省级人民政府确定。

（五）在调查走私案件时，经直属海关关长或者其授权的隶属海关关长批准，可以查询案件涉嫌单位和涉嫌人员在金融机构、邮政企业的存款、汇款。

（六）进出境运输工具或者个人违抗海关监管逃逸的，海关可以连续追至海关监管区和海关附近沿海沿边规定地区以外，将其带回处理。

（七）海关为履行职责，可以配备武器。海关工作人员佩带和使用武器的规则，由海关总署会同国务院公安部门制定，报国务院批准。

（八）法律、行政法规规定由海关行使的其他权力。

第七条 各地方、各部门应当支持海关依法行使职权，不得非法干预海关的执法活动。

第八条 进出境运输工具、货物、物品，必须通过设立海关的地点进境或者出境。在特殊情况下，需要经过未设立海关的地点临时进境或者出境的，必须经国务院或者国务院授权的机关批准，并依照本法规定办理海关手续。

第九条 进出口货物，除另有规定的外，可以由进出口货物收发货人自行办理报关纳税手续，也可以由进出口货物收发货人委托报关企业办理报关纳税手续。

进出境物品的所有人可以自行办理报关纳税手续，也可以委托他人办理报关纳税手续。

第十条 报关企业接受进出口货物收发货人的委托，以委托人的名义办理报关手续的，应当向海关提交由委托人签署的授权委托书，遵守本法对委托人的各项规定。

报关企业接受进出口货物收发货人的委托，以自己的名义办理报关手续的，应当承担与收发货人相同的法律责任。

委托人委托报关企业办理报关手续的，应当向报关企业提供所委托报关事项的真实情况；报关企业接受委托人的委托办理报关手续的，应当对委托人所提供情况的真实性进行合理审查。

第十一条 进出口货物收发货人、报关企业办理报关手续，应当依法向海关备案。

报关企业和报关人员不得非法代理他人报关。

第十二条 海关依法执行职务，有关单位和个人应当如实回答询问，并予以配合，任何单位和个人不得阻挠。

海关执行职务受到暴力抗拒时，执行有关任务的公安机关和人民武装警察部队应当予以协助。

第十三条 海关建立对违反本法规定逃避海关监管行为的举报制度。

任何单位和个人均有权对违反本法规定逃避海关监管的行为进行举报。

海关对举报或者协助查获违反本法案件的有功单位和个人，应当给予精神的或者物质的奖励。

海关应当为举报人保密。

第二章　进出境运输工具

第十四条 进出境运输工具到达或者驶离设立海关的地点时，运输工具负责人应当向海关如实申报，交验单证，并接受海关监管和检查。

停留在设立海关的地点的进出境运输工具，未经海关同意，不得擅自驶离。

进出境运输工具从一个设立海关的地点驶往另一个设立海关的地点的，应当符合海关监管要求，办理海关手续，未办结海关手续的，不得改驶境外。

第十五条 进境运输工具在进境以后向海关申报以前，出境运输工具在办结海关手续以后出境以前，应当按照交通主管机关规定的路线行进；交通主管机关没有规定的，由海关指定。

第十六条 进出境船舶、火车、航空器到达和驶离时间、停留地点、停留期间更换地点以及装卸货物、物品时间，运输工具负责人或者有关交通运输部门应当事先通知海关。

第十七条 运输工具装卸进出境货物、物品或者上下进出境旅客，应当接受海关监管。

货物、物品装卸完毕，运输工具负责人应当向海关递交反映实际装卸情况的交接单据和记录。

上下进出境运输工具的人员携带物品的，应当向海关如实申报，并接受海关检查。

第十八条 海关检查进出境运输工具时，运输工具负责人应当到场，并根据海关的要求开启舱室、房间、车门；有走私嫌疑的，并应当开拆可能藏匿走私货物、物品的部位，搬移货物、物料。

海关根据工作需要，可以派员随运输工具执行职务，运输工具负责人应当提供方便。

第十九条 进境的境外运输工具和出境的境内运输工具，未向海关办理手续并缴纳关税，不得转让或者移作他用。

第二十条 进出境船舶和航空器兼营境内客、货运输，应当符合海关监管要求。

进出境运输工具改营境内运输，需向海关办理手续。

第二十一条 沿海运输船舶、渔船和从事海上作业的特种船舶，未经海关同意，不得载运或者换取、买卖、转让进出境货物、物品。

第二十二条 进出境船舶和航空器，由于不可抗力的原因，被迫在未设立海关的地点停泊、降落或者抛掷、起卸货物、物品，运输工具负责人应当立即报告附近海关。

第三章　进出境货物

第二十三条　进口货物自进境起到办结海关手续止，出口货物自向海关申报起到出境止，过境、转运和通运货物自进境起到出境止，应当接受海关监管。

第二十四条　进口货物的收货人、出口货物的发货人应当向海关如实申报，交验进出口许可证件和有关单证。国家限制进出口的货物，没有进出口许可证件的，不予放行，具体处理办法由国务院规定。

进口货物的收货人应当自运输工具申报进境之日起十四日内，出口货物的发货人除海关特准的外应当在货物运抵海关监管区后、装货的二十四小时以前，向海关申报。

进口货物的收货人超过前款规定期限向海关申报的，由海关征收滞报金。

第二十五条　办理进出口货物的海关申报手续，应当采用纸质报关单和电子数据报关单的形式。

第二十六条　海关接受申报后，报关单证及其内容不得修改或者撤销，但符合海关规定情形的除外。

第二十七条　进口货物的收货人经海关同意，可以在申报前查看货物或者提取货样。需要依法检疫的货物，应当在检疫合格后提取货样。

第二十八条　进出口货物应当接受海关查验。海关查验货物时，进口货物的收货人、出口货物的发货人应当到场，并负责搬移货物，开拆和重封货物的包装。海关认为必要时，可以径行开验、复验或者提取货样。

海关在特殊情况下对进出口货物予以免验，具体办法由海关总署制定。

第二十九条　除海关特准的外，进出口货物在收发货人缴清税款或者提供担保后，由海关签印放行。

第三十条　进口货物的收货人自运输工具申报进境之日起超过三个月未向海关申报的，其进口货物由海关提取依法变卖处理，所得价款在扣除运输、装卸、储存等费用和税款后，尚有余款的，自货物依法变卖之日起一年内，经收货人申请，予以发还；其中属于国家对进口有限制性规定，应当提交许可证件而不能提供的，不予发还。逾期无人申请或者不予发还的，上缴国库。

确属误卸或者溢卸的进境货物，经海关审定，由原运输工具负责人或者货物的收发货人自该运输工具卸货之日起三个月内，办理退运或者进口手续；必要时，经海关批准，可以延期三个月。逾期未办手续的，由海关按前款规定处理。

前两款所列货物不宜长期保存的，海关可以根据实际情况提前处理。

收货人或者货物所有人声明放弃的进口货物，由海关提取依法变卖处理；所得价款在扣除运输、装卸、储存等费用后，上缴国库。

第三十一条　按照法律、行政法规、国务院或者海关总署规定暂时进口或者暂时出口的货物，应当在六个月内复运出境或者复运进境；需要延长复运出境或者复运进境期限的，应当根据海关总署的规定办理延期手续。

第三十二条　经营保税货物的储存、加工、装配、展示、运输、寄售业务和经营免税商店，应当符合海关监管要求，经海关批准，并办理注册手续。

保税货物的转让、转移以及进出保税场所，应当向海关办理有关手续，接受海关监管和查验。

第三十三条　企业从事加工贸易，应当按照海关总署的规定向海关备案。加工贸易制成品单位耗料量由海关按照有关规定核定。

加工贸易制成品应当在规定的期限内复出口。其中使用的进口料件，属于国家规定准予保税的，应当向海关办理核销手续；属于先征收税款的，依法向海关办理退税手续。

加工贸易保税进口料件或者制成品内销的，海关对保税的进口料件依法征税；属于国家对进口有限制性规定的，还应当向海关提交进口许可证件。

第三十四条　经国务院批准在中华人民共和国境内设立的保税区等海关特殊监管区域，由海关按照国家有关规定实施监管。

第三十五条　进口货物应当由收货人在货物的进境地海关办理海关手续，出口货物应当由发货人在货物的出境地海关办理海关手续。

经收发货人申请，海关同意，进口货物的收货人可以在设有海关的指运地、出口货物的发货人可以在设有海关的启运地办理海关手续。上述货物的转关运输，应当符合海关监管要求；必要时，海关可以派员押运。

经电缆、管道或者其他特殊方式输送进出境的货物，经营单位应当定期向指定的海关申报和办理海关手续。

第三十六条 过境、转运和通运货物，运输工具负责人应当向进境地海关如实申报，并应当在规定期限内运输出境。

海关认为必要时，可以查验过境、转运和通运货物。

第三十七条 海关监管货物，未经海关许可，不得开拆、提取、交付、发运、调换、改装、抵押、质押、留置、转让、更换标记、移作他用或者进行其他处置。

海关加施的封志，任何人不得擅自开启或者损毁。

人民法院判决、裁定或者有关行政执法部门决定处理海关监管货物的，应当责令当事人办结海关手续。

第三十八条 经营海关监管货物仓储业务的企业，应当经海关注册，并按照海关规定，办理收存、交付手续。

在海关监管区外存放海关监管货物，应当经海关同意，并接受海关监管。

违反前两款规定或者在保管海关监管货物期间造成海关监管货物损毁或者灭失的，除不可抗力外，对海关监管货物负有保管义务的人应当承担相应的纳税义务和法律责任。

第三十九条 进出境集装箱的监管办法、打捞进出境货物和沉船的监管办法、边境小额贸易进出口货物的监管办法，以及本法未具体列明的其他进出境货物的监管办法，由海关总署或者由海关总署会同国务院有关部门另行制定。

第四十条 国家对进出境货物、物品有禁止性或者限制性规定的，海关依据法律、行政法规、国务院的规定或者国务院有关部门依据法律、行政法规的授权作出的规定实施监管。具体监管办法由海关总署制定。

第四十一条 进出口货物的原产地按照国家有关原产地规则的规定确定。

第四十二条 进出口货物的商品归类按照国家有关商品归类的规定确定。

海关可以要求进出口货物的收发货人提供确定商品归类所需的有关资料；必要时，海关可以组织化验、检验，并将海关认定的化验、检验结果作为商品归类的依据。

第四十三条 海关可以根据对外贸易经营者提出的书面申请，对拟作进口或者出口的货物预先作出商品归类等行政裁定。

进口或者出口相同货物，应当适用相同的商品归类行政裁定。

海关对所作出的商品归类等行政裁定，应当予以公布。

第四十四条 海关依照法律、行政法规的规定，对与进出境货物有关的知识产权实施保护。

需要向海关申报知识产权状况的，进出口货物收发货人及其代理人应当按照国家规定向海关如实申报有关知识产权状况，并提交合法使用有关知识产权的证明文件。

第四十五条 自进出口货物放行之日起三年内或者在保税货物、减免税进口货物的海关监管期限内及其后的三年内，海关可以对与进出口货物直接有关的企业、单位的会计帐簿、会计凭证、报关单证以及其他有关资料和有关进出口货物实施稽查。具体办法由国务院规定。

第四章　进出境物品

第四十六条 个人携带进出境的行李物品、邮寄进出境的物品，应当以自用、合理数量为限，并接受海关监管。

第四十七条 进出境物品的所有人应当向海关如实申报，并接受海关查验。

海关加施的封志，任何人不得擅自开启或者损毁。

第四十八条 进出境邮袋的装卸、转运和过境，应当接受海关监管。邮政企业应当向海关递交邮件路单。

邮政企业应当将开拆及封发国际邮袋的时间事先通知海关，海关应当按时派员到场监管查验。

第四十九条 邮运进出境的物品，经海关查验放行后，有关经营单位方可投递或者交付。

第五十条 经海关登记准予暂时免税进境或者暂时免税出境的物品，应当由本人复带出境或者复带进境。

过境人员未经海关批准，不得将其所带物品留在境内。

第五十一条 进出境物品所有人声明放弃的物品、在海关规定期限内未办理海关手续或者无人认领的物品，以及无法投递又无法退回的进境邮递物品，由海关依照本法第三十条的规定处理。

第五十二条 享有外交特权和豁免的外国机构或者人员的公务用品或者自用物品进出境，依照有关法律、行政法规的规定办理。

第五章 关 税

第五十三条 准许进出口的货物、进出境物品，由海关依法征收关税。

第五十四条 进口货物的收货人、出口货物的发货人、进出境物品的所有人，是关税的纳税义务人。

第五十五条 进出口货物的完税价格，由海关以该货物的成交价格为基础审查确定。成交价格不能确定时，完税价格由海关依法估定。

进口货物的完税价格包括货物的货价、货物运抵中华人民共和国境内输入地点起卸前的运输及其相关费用、保险费；出口货物的完税价格包括货物的货价、货物运至中华人民共和国境内输出地点装载前的运输及其相关费用、保险费，但是其中包含的出口关税税额，应当予以扣除。

进出境物品的完税价格，由海关依法确定。

第五十六条 下列进出口货物、进出境物品，减征或者免征关税：

（一）无商业价值的广告品和货样；

（二）外国政府、国际组织无偿赠送的物资；

（三）在海关放行前遭受损坏或者损失的货物；

（四）规定数额以内的物品；

（五）法律规定减征、免征关税的其他货物、物品；

（六）中华人民共和国缔结或者参加的国际条约规定减征、免征关税的货物、物品。

第五十七条 特定地区、特定企业或者有特定用途的进出口货物，可以减征或者免征关税。特定减税或者免税的范围和办法由国务院规定。

依照前款规定减征或者免征关税进口的货物，只能用于特定地区、特定企业或者特定用途，未经海关核准并补缴关税，不得移作他用。

第五十八条 本法第五十六条、第五十七条第一款规定范围以外的临时减征或者免征关税，由国务院决定。

第五十九条 暂时进口或者暂时出口的货物，以及特准进口的保税货物，在货物收发货人向海关缴纳相当于税款的保证金或者提供担保后，准予暂时免纳关税。

第六十条 进出口货物的纳税义务人，应当自海关填发税款缴款书之日起十五日内缴纳税款；逾期缴纳的，由海关征收滞纳金。纳税义务人、担保人超过三个月仍未缴纳的，经直属海关关长或者其授权的隶属海关关长批准，海关可以采取下列强制措施：

（一）书面通知其开户银行或者其他金融机构从其存款中扣缴税款；

（二）将应税货物依法变卖，以变卖所得抵缴税款；

（三）扣留并依法变卖其价值相当于应纳税款的货物或者其他财产，以变卖所得抵缴税款。

海关采取强制措施时，对前款所列纳税义务人、担保人未缴纳的滞纳金同时强制执行。

进出境物品的纳税义务人，应当在物品放行前缴纳税款。

第六十一条 进出口货物的纳税义务人在规定的纳税期限内有明显的转移、藏匿其应税货物以及其他财产迹象的，海关可以责令纳税义务人提供担保；纳税义务人不能提供纳税担保的，经直属海关关长或者其授权的隶属海关关长批准，海关可以采取下列税收保全措施：

（一）书面通知纳税义务人开户银行或者其他金融机构暂停支付纳税义务人相当于应纳税款的存款；

（二）扣留纳税义务人价值相当于应纳税款的货物或者其他财产。

纳税义务人在规定的纳税期限内缴纳税款的，海关必须立即解除税收保全措施；期限届满仍未缴纳税款的，经直属海关关长或者其授权的隶属海关关长批准，海关可以书面通知纳税义务人开户银行或者其他金融机构从其暂停支付的存款中扣缴税款，或者依法变卖所扣留的货物或者其他财产，以变卖所得抵缴税款。

采取税收保全措施不当，或者纳税义务人在规定期限内已缴纳税款，海关未立即解除税收保全措施，致使纳税义务人的合法权益受到损失的，海关应当依法承担赔偿责任。

第六十二条 进出口货物、进出境物品放行后，海关发现少征或者漏征税款，应当自缴纳税款或者货物、物品放行之日起一年内，向纳税义务人补征。因纳税义务人违反规定而造成的少征或者漏征，海关在三年以内可以追征。

第六十三条　海关多征的税款，海关发现后应当立即退还；纳税义务人自缴纳税款之日起一年内，可以要求海关退还。

第六十四条　纳税义务人同海关发生纳税争议时，应当缴纳税款，并可以依法申请行政复议；对复议决定仍不服的，可以依法向人民法院提起诉讼。

第六十五条　进口环节海关代征税的征收管理，适用关税征收管理的规定。

第六章　海关事务担保

第六十六条　在确定货物的商品归类、估价和提供有效报关单证或者办结其他海关手续前，收发货人要求放行货物的，海关应当在其提供与其依法应当履行的法律义务相适应的担保后放行。法律、行政法规规定可以免除担保的除外。

法律、行政法规对履行海关义务的担保另有规定的，从其规定。

国家对进出境货物、物品有限制性规定，应当提供许可证件而不能提供的，以及法律、行政法规规定不得担保的其他情形，海关不得办理担保放行。

第六十七条　具有履行海关事务担保能力的法人、其他组织或者公民，可以成为担保人。法律规定不得为担保人的除外。

第六十八条　担保人可以以下列财产、权利提供担保：

（一）人民币、可自由兑换货币；

（二）汇票、本票、支票、债券、存单；

（三）银行或者非银行金融机构的保函；

（四）海关依法认可的其他财产、权利。

第六十九条　担保人应当在担保期限内承担担保责任。担保人履行担保责任的，不免除被担保人应当办理有关海关手续的义务。

第七十条　海关事务担保管理办法，由国务院规定。

第七章　执法监督

第七十一条　海关履行职责，必须遵守法律，维护国家利益，依照法定职权和法定程序严格执法，接受监督。

第七十二条　海关工作人员必须秉公执法，廉洁自律，忠于职守，文明服务，不得有下列行为：

（一）包庇、纵容走私或者与他人串通进行走私；

（二）非法限制他人人身自由，非法检查他人身体、住所或者场所，非法检查、扣留进出境运输工具、货物、物品；

（三）利用职权为自己或者他人谋取私利；

（四）索取、收受贿赂；

（五）泄露国家秘密、商业秘密和海关工作秘密；

（六）滥用职权，故意刁难，拖延监管、查验；

（七）购买、私分、占用没收的走私货物、物品；

（八）参与或者变相参与营利性经营活动；

（九）违反法定程序或者超越权限执行职务；

（十）其他违法行为。

第七十三条　海关应当根据依法履行职责的需要，加强队伍建设，使海关工作人员具有良好的政治、业务素质。

海关专业人员应当具有法律和相关专业知识，符合海关规定的专业岗位任职要求。

海关招收工作人员应当按照国家规定，公开考试，严格考核，择优录用。

海关应当有计划地对其工作人员进行政治思想、法制、海关业务培训和考核。海关工作人员必须定期接受培训和考核，经考核不合格的，不得继续上岗执行职务。

第七十四条　海关总署应当实行海关关长定期交流制度。

海关关长定期向上一级海关述职，如实陈述其执行职务情况。海关总署应当定期对直属海关关长进行考核，直属海关应当定期对隶属海关关长进行考核。

第七十五条　海关及其工作人员的行政执法活动，依法接受监察机关的监督；缉私警察进行侦查活动，依法接受人民检察院的监督。

第七十六条　审计机关依法对海关的财政收支进行审计监督，对海关办理的与国家财政收支有关的事项，有权进行专项审计调查。

第七十七条　上级海关应当对下级海关的执法活动依法进行监督。上级海关认为下级海关作出的处理或者决定不适当的，可以依法予以变更或者撤销。

第七十八条 海关应当依照本法和其他有关法律、行政法规的规定，建立健全内部监督制度，对其工作人员执行法律、行政法规和遵守纪律的情况，进行监督检查。

第七十九条 海关内部负责审单、查验、放行、稽查和调查等主要岗位的职责权限应当明确，并相互分离、相互制约。

第八十条 任何单位和个人均有权对海关及其工作人员的违法、违纪行为进行控告、检举。收到控告、检举的机关有权处理的，应当依法按照职责分工及时查处。收到控告、检举的机关和负责查处的机关应当为控告人、检举人保密。

第八十一条 海关工作人员在调查处理违法案件时，遇有下列情形之一的，应当回避：

（一）是本案的当事人或者是当事人的近亲属；

（二）本人或者其近亲属与本案有利害关系；

（三）与本案当事人有其他关系，可能影响案件公正处理的。

第八章　法律责任

第八十二条 违反本法及有关法律、行政法规，逃避海关监管，偷逃应纳税款、逃避国家有关进出境的禁止性或者限制性管理，有下列情形之一的，是走私行为：

（一）运输、携带、邮寄国家禁止或者限制进出境货物、物品或者依法应当缴纳税款的货物、物品进出境的；

（二）未经海关许可并且未缴纳应纳税款、交验有关许可证件，擅自将保税货物、特定减免税货物以及其他海关监管货物、物品、进境的境外运输工具，在境内销售的；

（三）有逃避海关监管，构成走私的其他行为的。

有前款所列行为之一，尚不构成犯罪的，由海关没收走私货物、物品及违法所得，可以并处罚款；专门或者多次用于掩护走私的货物、物品，专门或者多次用于走私的运输工具，予以没收，藏匿走私货物、物品的特制设备，责令拆毁或者没收。

有第一款所列行为之一，构成犯罪的，依法追究刑事责任。

第八十三条 有下列行为之一的，按走私行为论处，依照本法第八十二条的规定处罚：

（一）直接向走私人非法收购走私进口的货物、物品的；

（二）在内海、领海、界河、界湖，船舶及所载人员运输、收购、贩卖国家禁止或者限制进出境的货物、物品，或者运输、收购、贩卖依法应当缴纳税款的货物，没有合法证明的。

第八十四条 伪造、变造、买卖海关单证，与走私人通谋为走私人提供贷款、资金、帐号、发票、证明、海关单证，与走私人通谋为走私人提供运输、保管、邮寄或者其他方便，构成犯罪的，依法追究刑事责任；尚不构成犯罪的，由海关没收违法所得，并处罚款。

第八十五条 个人携带、邮寄超过合理数量的自用物品进出境，未依法向海关申报的，责令补缴关税，可以处以罚款。

第八十六条 违反本法规定有下列行为之一的，可以处以罚款，有违法所得的，没收违法所得：

（一）运输工具不经设立海关的地点进出境的；

（二）不将进出境运输工具到达的时间、停留的地点或者更换的地点通知海关的；

（三）进出口货物、物品或者过境、转运、通运货物向海关申报不实的；

（四）不按照规定接受海关对进出境运输工具、货物、物品进行检查、查验的；

（五）进出境运输工具未经海关同意，擅自装卸进出境货物、物品或者上下进出境旅客的；

（六）在设立海关的地点停留的进出境运输工具未经海关同意，擅自驶离的；

（七）进出境运输工具从一个设立海关的地点驶往另一个设立海关的地点，尚未办结海关手续又未经海关批准，中途擅自改驶境外或者境内未立海关的地点的；

（八）进出境运输工具，不符合海关监管要求或者未向海关办理手续，擅自兼营或者改营境内运输的；

（九）由于不可抗力的原因，进出境船舶和航空器被迫在未设立海关的地点停泊、降落或者在境内抛掷、起卸货物、物品，无正当理由，不向附近海关报告的；

（十）未经海关许可，擅自将海关监管货物开拆、提取、交付、发运、调换、改装、抵押、质押、留置、转让、更换标记、移作他用或者进行其他处置的；

（十一）擅自开启或者损毁海关封志的；

（十二）经营海关监管货物的运输、储存、加工等业务，有关货物灭失或者有关记录不真实，不能提供正当理由的；

（十三）有违反海关监管规定的其他行为的。

第八十七条 海关准予从事有关业务的企业，违反本法有关规定的，由海关责令改正，可以给予警告，暂停其从事有关业务，直至撤销注册。

第八十八条 未向海关备案从事报关业务的，海关可以处以罚款。

第八十九条 报关企业非法代理他人报关的，由海关责令改正，处以罚款；情节严重的，禁止其从事报关活动。

报关人员非法代理他人报关的，由海关责令改正，处以罚款。

第九十条 进出口货物收发货人、报关企业向海关工作人员行贿的，由海关禁止其从事报关活动，并处以罚款；构成犯罪的，依法追究刑事责任。

报关人员向海关工作人员行贿的，处以罚款；构成犯罪的，依法追究刑事责任。

第九十一条 违反本法规定进出口侵犯中华人民共和国法律、行政法规保护的知识产权的货物的，由海关依法没收侵权货物，并处以罚款；构成犯罪的，依法追究刑事责任。

第九十二条 海关依法扣留的货物、物品、运输工具，在人民法院判决或者海关处罚决定作出之前，不得处理。但是，危险品或者鲜活、易腐、易失效等不宜长期保存的货物、物品以及所有人申请先行变卖的货物、物品、运输工具，经直属海关关长或者其授权的隶属海关关长批准，可以先行依法变卖，变卖所得价款由海关保存，并通知其所有人。

人民法院判决没收或者海关决定没收的走私货物、物品、违法所得、走私运输工具、特制设备，由海关依法统一处理，所得价款和海关决定处以的罚款，全部上缴中央国库。

第九十三条　当事人逾期不履行海关的处罚决定又不申请复议或者向人民法院提起诉讼的,作出处罚决定的海关可以将其保证金抵缴或者将其被扣留的货物、物品、运输工具依法变价抵缴,也可以申请人民法院强制执行。

第九十四条　海关在查验进出境货物、物品时,损坏被查验的货物、物品的,应当赔偿实际损失。

第九十五条　海关违法扣留货物、物品、运输工具,致使当事人的合法权益受到损失的,应当依法承担赔偿责任。

第九十六条　海关工作人员有本法第七十二条所列行为之一的,依法给予行政处分;有违法所得的,依法没收违法所得;构成犯罪的,依法追究刑事责任。

第九十七条　海关的财政收支违反法律、行政法规规定的,由审计机关以及有关部门依照法律、行政法规的规定作出处理;对直接负责的主管人员和其他直接责任人员,依法给予行政处分;构成犯罪的,依法追究刑事责任。

第九十八条　未按照本法规定为控告人、检举人、举报人保密的,对直接负责的主管人员和其他直接责任人员,由所在单位或者有关单位依法给予行政处分。

第九十九条　海关工作人员在调查处理违法案件时,未按照本法规定进行回避的,对直接负责的主管人员和其他直接责任人员,依法给予行政处分。

第九章　附　则

第一百条　本法下列用语的含义:

直属海关,是指直接由海关总署领导,负责管理一定区域范围内的海关业务的海关;隶属海关,是指由直属海关领导,负责办理具体海关业务的海关。

进出境运输工具,是指用以载运人员、货物、物品进出境的各种船舶、车辆、航空器和驮畜。

过境、转运和通运货物,是指由境外启运、通过中国境内继续运往境外的货物。其中,通过境内陆路运输的,称过境货物;在境内设立海关的地点换装运输工具,而不通过境内陆路运输的,称转运货物;由船舶、航空器载运进境并由原装运输工具载运出境的,称通运货物。

海关监管货物，是指本法第二十三条所列的进出口货物，过境、转运、通运货物，特定减免税货物，以及暂时进出口货物、保税货物和其他尚未办结海关手续的进出境货物。

保税货物，是指经海关批准未办理纳税手续进境，在境内储存、加工、装配后复运出境的货物。

海关监管区，是指设立海关的港口、车站、机场、国界孔道、国际邮件互换局（交换站）和其他有海关监管业务的场所，以及虽未设立海关，但是经国务院批准的进出境地点。

第一百零一条 经济特区等特定地区同境内其他地区之间往来的运输工具、货物、物品的监管办法，由国务院另行规定。

第一百零二条 本法自 1987 年 7 月 1 日起施行。1951 年 4 月 18 日中央人民政府公布的《中华人民共和国暂行海关法》同时废止。

中华人民共和国广告法

(1994 年 10 月 27 日第八届全国人民代表大会常务委员会第十次会议通过　2015 年 4 月 24 日第十二届全国人民代表大会常务委员会第十四次会议修订　根据 2018 年 10 月 26 日第十三届全国人民代表大会常务委员会第六次会议《关于修改〈中华人民共和国野生动物保护法〉等十五部法律的决定》第一次修正　根据 2021 年 4 月 29 日第十三届全国人民代表大会常务委员会第二十八次会议《关于修改〈中华人民共和国道路交通安全法〉等八部法律的决定》第二次修正)

目　录

第一章　总　则

第一条　为了规范广告活动，保护消费者的合法权益，促进广告业的健康发展，维护社会经济秩序，制定本法。

第二条　在中华人民共和国境内，商品经营者或者服务提供者通过一定媒介和形式直接或者间接地介绍自己所推销的商品或者服务的商业广告活动，适用本法。

本法所称广告主，是指为推销商品或者服务，自行或者委托他人设计、制作、发布广告的自然人、法人或者其他组织。

本法所称广告经营者，是指接受委托提供广告设计、制作、代理服务的自然人、法人或者其他组织。

本法所称广告发布者，是指为广告主或者广告主委托的广告经营者发布广告的自然人、法人或者其他组织。

本法所称广告代言人，是指广告主以外的，在广告中以自己的名义或者形象对商品、服务作推荐、证明的自然人、法人或者其他组织。

第三条 广告应当真实、合法，以健康的表现形式表达广告内容，符合社会主义精神文明建设和弘扬中华民族优秀传统文化的要求。

第四条 广告不得含有虚假或者引人误解的内容，不得欺骗、误导消费者。

广告主应当对广告内容的真实性负责。

第五条 广告主、广告经营者、广告发布者从事广告活动，应当遵守法律、法规，诚实信用，公平竞争。

第六条 国务院市场监督管理部门主管全国的广告监督管理工作，国务院有关部门在各自的职责范围内负责广告管理相关工作。

县级以上地方市场监督管理部门主管本行政区域的广告监督管理工作，县级以上地方人民政府有关部门在各自的职责范围内负责广告管理相关工作。

第七条 广告行业组织依照法律、法规和章程的规定，制定行业规范，加强行业自律，促进行业发展，引导会员依法从事广告活动，推动广告行业诚信建设。

第二章 广告内容准则

第八条 广告中对商品的性能、功能、产地、用途、质量、成分、价格、生产者、有效期限、允诺等或者对服务的内容、提供者、形式、质量、价格、允诺等有表示的，应当准确、清楚、明白。

广告中表明推销的商品或者服务附带赠送的，应当明示所附带赠送商品或者服务的品种、规格、数量、期限和方式。

法律、行政法规规定广告中应当明示的内容，应当显著、清晰表示。

第九条 广告不得有下列情形：

（一）使用或者变相使用中华人民共和国的国旗、国歌、国徽，军旗、军歌、军徽；

（二）使用或者变相使用国家机关、国家机关工作人员的名义或者形象；

（三）使用"国家级""最高级""最佳"等用语；

（四）损害国家的尊严或者利益，泄露国家秘密；

（五）妨碍社会安定，损害社会公共利益；

（六）危害人身、财产安全，泄露个人隐私；

（七）妨碍社会公共秩序或者违背社会良好风尚；

（八）含有淫秽、色情、赌博、迷信、恐怖、暴力的内容；

（九）含有民族、种族、宗教、性别歧视的内容；

（十）妨碍环境、自然资源或者文化遗产保护；

（十一）法律、行政法规规定禁止的其他情形。

第十条 广告不得损害未成年人和残疾人的身心健康。

第十一条 广告内容涉及的事项需要取得行政许可的，应当与许可的内容相符合。

广告使用数据、统计资料、调查结果、文摘、引用语等引证内容的，应当真实、准确，并表明出处。引证内容有适用范围和有效期限的，应当明确表示。

第十二条 广告中涉及专利产品或者专利方法的，应当标明专利号和专利种类。

未取得专利权的，不得在广告中谎称取得专利权。

禁止使用未授予专利权的专利申请和已经终止、撤销、无效的专利作广告。

第十三条 广告不得贬低其他生产经营者的商品或者服务。

第十四条 广告应当具有可识别性，能够使消费者辨明其为广告。

大众传播媒介不得以新闻报道形式变相发布广告。通过大众传播媒介发布的广告应当显著标明"广告"，与其他非广告信息相区别，不得使消费者产生误解。

广播电台、电视台发布广告，应当遵守国务院有关部门关于时长、方式的规定，并应当对广告时长作出明显提示。

第十五条 麻醉药品、精神药品、医疗用毒性药品、放射性药品等特殊药品，药品类易制毒化学品，以及戒毒治疗的药品、医疗器械和治疗方法，不得作广告。

前款规定以外的处方药，只能在国务院卫生行政部门和国务院药品监督管理部门共同指定的医学、药学专业刊物上作广告。

第十六条 医疗、药品、医疗器械广告不得含有下列内容：

（一）表示功效、安全性的断言或者保证；

（二）说明治愈率或者有效率；

（三）与其他药品、医疗器械的功效和安全性或者其他医疗机构比较；

（四）利用广告代言人作推荐、证明；

（五）法律、行政法规规定禁止的其他内容。

药品广告的内容不得与国务院药品监督管理部门批准的说明书不一致，并应当显著标明禁忌、不良反应。处方药广告应当显著标明"本广告仅供医学药学专业人士阅读"，非处方药广告应当显著标明"请按药品说明书或者在药师指导下购买和使用"。

推荐给个人自用的医疗器械的广告，应当显著标明"请仔细阅读产品说明书或者在医务人员的指导下购买和使用"。医疗器械产品注册证明文件中有禁忌内容、注意事项的，广告中应当显著标明"禁忌内容或者注意事项详见说明书"。

第十七条 除医疗、药品、医疗器械广告外，禁止其他任何广告涉及疾病治疗功能，并不得使用医疗用语或者易使推销的商品与药品、医疗器械相混淆的用语。

第十八条 保健食品广告不得含有下列内容：

（一）表示功效、安全性的断言或者保证；

（二）涉及疾病预防、治疗功能；

（三）声称或者暗示广告商品为保障健康所必需；

（四）与药品、其他保健食品进行比较；

（五）利用广告代言人作推荐、证明；

（六）法律、行政法规规定禁止的其他内容。

保健食品广告应当显著标明"本品不能代替药物"。

第十九条 广播电台、电视台、报刊音像出版单位、互联网信息服务提供者不得以介绍健康、养生知识等形式变相发布医疗、药品、医疗器械、保健食品广告。

第二十条 禁止在大众传播媒介或者公共场所发布声称全部或者部分替代母乳的婴儿乳制品、饮料和其他食品广告。

第二十一条 农药、兽药、饲料和饲料添加剂广告不得含有下列内容：

（一）表示功效、安全性的断言或者保证；

（二）利用科研单位、学术机构、技术推广机构、行业协会或者专业人士、用户的名义或者形象作推荐、证明；

（三）说明有效率；

（四）违反安全使用规程的文字、语言或者画面；

（五）法律、行政法规规定禁止的其他内容。

第二十二条 禁止在大众传播媒介或者公共场所、公共交通工具、户外发布烟草广告。禁止向未成年人发送任何形式的烟草广告。

禁止利用其他商品或者服务的广告、公益广告，宣传烟草制品名称、商标、包装、装潢以及类似内容。

烟草制品生产者或者销售者发布的迁址、更名、招聘等启事中，不得含有烟草制品名称、商标、包装、装潢以及类似内容。

第二十三条 酒类广告不得含有下列内容：

（一）诱导、怂恿饮酒或者宣传无节制饮酒；

（二）出现饮酒的动作；

（三）表现驾驶车、船、飞机等活动；

（四）明示或者暗示饮酒有消除紧张和焦虑、增加体力等功效。

第二十四条 教育、培训广告不得含有下列内容：

（一）对升学、通过考试、获得学位学历或者合格证书，或者对教育、培训的效果作出明示或者暗示的保证性承诺；

（二）明示或者暗示有相关考试机构或者其工作人员、考试命题人员参与教育、培训；

（三）利用科研单位、学术机构、教育机构、行业协会、专业人士、受益者的名义或者形象作推荐、证明。

第二十五条 招商等有投资回报预期的商品或者服务广告，应当对可能存在的风险以及风险责任承担有合理提示或者警示，并不得含有下列内容：

（一）对未来效果、收益或者与其相关的情况作出保证性承诺，明示或者暗示保本、无风险或者保收益等，国家另有规定的除外；

（二）利用学术机构、行业协会、专业人士、受益者的名义或者形象作推荐、证明。

第二十六条 房地产广告，房源信息应当真实，面积应当表明为建筑面积或者套内建筑面积，并不得含有下列内容：

（一）升值或者投资回报的承诺；

（二）以项目到达某一具体参照物的所需时间表示项目位置；

（三）违反国家有关价格管理的规定；

（四）对规划或者建设中的交通、商业、文化教育设施以及其他市政条件作误导宣传。

第二十七条 农作物种子、林木种子、草种子、种畜禽、水产苗种和种养殖广告关于品种名称、生产性能、生长量或者产量、品质、抗性、特殊使用价值、经济价值、适宜种植或者养殖的范围和条件等方面的表述应当真实、清楚、明白，并不得含有下列内容：

（一）作科学上无法验证的断言；

（二）表示功效的断言或者保证；

（三）对经济效益进行分析、预测或者作保证性承诺；

（四）利用科研单位、学术机构、技术推广机构、行业协会或者专业人士、用户的名义或者形象作推荐、证明。

第二十八条 广告以虚假或者引人误解的内容欺骗、误导消费者的，构成虚假广告。

广告有下列情形之一的，为虚假广告：

（一）商品或者服务不存在的；

（二）商品的性能、功能、产地、用途、质量、规格、成分、价格、生产者、有效期限、销售状况、曾获荣誉等信息，或者服务的内容、提供者、形式、质量、价格、销售状况、曾获荣誉等信息，以及与商品或者服务有关的允诺等信息与实际情况不符，对购买行为有实质性影响的；

（三）使用虚构、伪造或者无法验证的科研成果、统计资料、调查结果、文摘、引用语等信息作证明材料的；

（四）虚构使用商品或者接受服务的效果的；

（五）以虚假或者引人误解的内容欺骗、误导消费者的其他情形。

第三章　广告行为规范

第二十九条　广播电台、电视台、报刊出版单位从事广告发布业务的，应当设有专门从事广告业务的机构，配备必要的人员，具有与发布广告相适应的场所、设备。

第三十条　广告主、广告经营者、广告发布者之间在广告活动中应当依法订立书面合同。

第三十一条　广告主、广告经营者、广告发布者不得在广告活动中进行任何形式的不正当竞争。

第三十二条　广告主委托设计、制作、发布广告，应当委托具有合法经营资格的广告经营者、广告发布者。

第三十三条　广告主或者广告经营者在广告中使用他人名义或者形象的，应当事先取得其书面同意；使用无民事行为能力人、限制民事行为能力人的名义或者形象的，应当事先取得其监护人的书面同意。

第三十四条　广告经营者、广告发布者应当按照国家有关规定，建立、健全广告业务的承接登记、审核、档案管理制度。

广告经营者、广告发布者依据法律、行政法规查验有关证明文件，核对广告内容。对内容不符或者证明文件不全的广告，广告经营者不得提供设计、制作、代理服务，广告发布者不得发布。

第三十五条　广告经营者、广告发布者应当公布其收费标准和收费办法。

第三十六条　广告发布者向广告主、广告经营者提供的覆盖率、收视率、点击率、发行量等资料应当真实。

第三十七条　法律、行政法规规定禁止生产、销售的产品或者提供的服务，以及禁止发布广告的商品或者服务，任何单位或者个人不得设计、制作、代理、发布广告。

第三十八条　广告代言人在广告中对商品、服务作推荐、证明，应当依据事实，符合本法和有关法律、行政法规规定，并不得为其未使用过的商品或者未接受过的服务作推荐、证明。

不得利用不满十周岁的未成年人作为广告代言人。

对在虚假广告中作推荐、证明受到行政处罚未满三年的自然人、法人或者其他组织，不得利用其作为广告代言人。

第三十九条　不得在中小学校、幼儿园内开展广告活动，不得利用中小学生和幼儿的教材、教辅材料、练习册、文具、教具、校服、校车等发布或者变相发布广告，但公益广告除外。

第四十条　在针对未成年人的大众传播媒介上不得发布医疗、药品、保健食品、医疗器械、化妆品、酒类、美容广告，以及不利于未成年人身心健康的网络游戏广告。

针对不满十四周岁的未成年人的商品或者服务的广告不得含有下列内容：

（一）劝诱其要求家长购买广告商品或者服务；

（二）可能引发其模仿不安全行为。

第四十一条　县级以上地方人民政府应当组织有关部门加强对利用户外场所、空间、设施等发布户外广告的监督管理，制定户外广告设置规划和安全要求。

户外广告的管理办法，由地方性法规、地方政府规章规定。

第四十二条　有下列情形之一的，不得设置户外广告：

（一）利用交通安全设施、交通标志的；

（二）影响市政公共设施、交通安全设施、交通标志、消防设施、消防安全标志使用的；

（三）妨碍生产或者人民生活，损害市容市貌的；

（四）在国家机关、文物保护单位、风景名胜区等的建筑控制地带，或者县级以上地方人民政府禁止设置户外广告的区域设置的。

第四十三条　任何单位或者个人未经当事人同意或者请求，不得向其住宅、交通工具等发送广告，也不得以电子信息方式向其发送广告。

以电子信息方式发送广告的，应当明示发送者的真实身份和联系方式，并向接收者提供拒绝继续接收的方式。

第四十四条　利用互联网从事广告活动，适用本法的各项规定。

利用互联网发布、发送广告，不得影响用户正常使用网络。在互联网页面以弹出等形式发布的广告，应当显著标明关闭标志，确保一键关闭。

第四十五条　公共场所的管理者或者电信业务经营者、互联网信息服务提供者对其明知或者应知的利用其场所或者信息传输、发布平台发送、发布违法广告的，应当予以制止。

第四章　监督管理

第四十六条　发布医疗、药品、医疗器械、农药、兽药和保健食品广告，以及法律、行政法规规定应当进行审查的其他广告，应当在发布前由有关部门（以下称广告审查机关）对广告内容进行审查；未经审查，不得发布。

第四十七条　广告主申请广告审查，应当依照法律、行政法规向广告审查机关提交有关证明文件。

广告审查机关应当依照法律、行政法规规定作出审查决定，并应当将审查批准文件抄送同级市场监督管理部门。广告审查机关应当及时向社会公布批准的广告。

第四十八条　任何单位或者个人不得伪造、变造或者转让广告审查批准文件。

第四十九条　市场监督管理部门履行广告监督管理职责，可以行使下列职权：

（一）对涉嫌从事违法广告活动的场所实施现场检查；

（二）询问涉嫌违法当事人或者其法定代表人、主要负责人和其他有关人员，对有关单位或者个人进行调查；

（三）要求涉嫌违法当事人限期提供有关证明文件；

（四）查阅、复制与涉嫌违法广告有关的合同、票据、账簿、广告作品和其他有关资料；

（五）查封、扣押与涉嫌违法广告直接相关的广告物品、经营工具、设备等财物；

（六）责令暂停发布可能造成严重后果的涉嫌违法广告；

（七）法律、行政法规规定的其他职权。

市场监督管理部门应当建立健全广告监测制度，完善监测措施，及时发现和依法查处违法广告行为。

第五十条　国务院市场监督管理部门会同国务院有关部门，制定大众传播媒介广告发布行为规范。

第五十一条　市场监督管理部门依照本法规定行使职权，当事人应当协助、配合，不得拒绝、阻挠。

第五十二条　市场监督管理部门和有关部门及其工作人员对其在广告监督管理活动中知悉的商业秘密负有保密义务。

第五十三条　任何单位或者个人有权向市场监督管理部门和有关部门投诉、举报违反本法的行为。市场监督管理部门和有关部门应当向社会公开受理投诉、举报的电话、信箱或者电子邮件地址，接到投诉、举报的部门应当自收到投诉之日起七个工作日内，予以处理并告知投诉、举报人。

市场监督管理部门和有关部门不依法履行职责的，任何单位或者个人有权向其上级机关或者监察机关举报。接到举报的机关应当依法作出处理，并将处理结果及时告知举报人。

有关部门应当为投诉、举报人保密。

第五十四条　消费者协会和其他消费者组织对违反本法规定，发布虚假广告侵害消费者合法权益，以及其他损害社会公共利益的行为，依法进行社会监督。

第五章　法律责任

第五十五条　违反本法规定，发布虚假广告的，由市场监督管理部门责令停止发布广告，责令广告主在相应范围内消除影响，处广告费用三倍以上五倍以下的罚款，广告费用无法计算或者明显偏低的，处二十万元以上一百万元以下的罚款；两年内有三次以上违法行为或者有其他严重情节的，处广告费用五倍以上十倍以下的罚款，广告费用无法计算或者明显偏低的，处一百万元以上二百万元以下的罚款，可以吊销营业执照，并由广告审查机关撤销广告审查批准文件、一年内不受理其广告审查申请。

医疗机构有前款规定违法行为，情节严重的，除由市场监督管理部门依照本法处罚外，卫生行政部门可以吊销诊疗科目或者吊销医疗机构执业许可证。

广告经营者、广告发布者明知或者应知广告虚假仍设计、制作、代理、发布的，由市场监督管理部门没收广告费用，并处广告费用三倍以上五倍以下的罚款，广告费用无法计算或者明显偏低的，处二十万元以上一百万元以下的罚款；两年内有三次以上违法行为或者有其他严重情节的，处广告费用五倍以上十倍以下的罚款，广告费用无法计算或者明显偏低的，处一百万元以上二百万元以下的罚款，并可以由有关部门暂停广告发布业务、吊销营业执照。

广告主、广告经营者、广告发布者有本条第一款、第三款规定行为，构成犯罪的，依法追究刑事责任。

第五十六条 违反本法规定，发布虚假广告，欺骗、误导消费者，使购买商品或者接受服务的消费者的合法权益受到损害的，由广告主依法承担民事责任。广告经营者、广告发布者不能提供广告主的真实名称、地址和有效联系方式的，消费者可以要求广告经营者、广告发布者先行赔偿。

关系消费者生命健康的商品或者服务的虚假广告，造成消费者损害的，其广告经营者、广告发布者、广告代言人应当与广告主承担连带责任。

前款规定以外的商品或者服务的虚假广告，造成消费者损害的，其广告经营者、广告发布者、广告代言人，明知或者应知广告虚假仍设计、制作、代理、发布或者作推荐、证明的，应当与广告主承担连带责任。

第五十七条 有下列行为之一的，由市场监督管理部门责令停止发布广告，对广告主处二十万元以上一百万元以下的罚款，情节严重的，并可以吊销营业执照，由广告审查机关撤销广告审查批准文件、一年内不受理其广告审查申请；对广告经营者、广告发布者，由市场监督管理部门没收广告费用，处二十万元以上一百万元以下的罚款，情节严重的，并可以吊销营业执照：

（一）发布有本法第九条、第十条规定的禁止情形的广告的；

（二）违反本法第十五条规定发布处方药广告、药品类易制毒化学品广告、戒毒治疗的医疗器械和治疗方法广告的；

（三）违反本法第二十条规定，发布声称全部或者部分替代母乳的婴儿乳制品、饮料和其他食品广告的；

（四）违反本法第二十二条规定发布烟草广告的；

（五）违反本法第三十七条规定，利用广告推销禁止生产、销售的产品或者提供的服务，或者禁止发布广告的商品或者服务的；

（六）违反本法第四十条第一款规定，在针对未成年人的大众传播媒介上发布医疗、药品、保健食品、医疗器械、化妆品、酒类、美容广告，以及不利于未成年人身心健康的网络游戏广告的。

第五十八条 有下列行为之一的，由市场监督管理部门责令停止发布广告，责令广告主在相应范围内消除影响，处广告费用一倍以上三倍以下的罚款，广告费用无法计算或者明显偏低的，处十万元以上二十万元以下的罚款；情节严重的，处广告费用三倍以上五倍以下的罚款，广告费用无法计算或者明显偏低的，处二十万元以上一百万元以下的罚款，可以吊销营业执照，并由广告审查机关撤销广告审查批准文件、一年内不受理其广告审查申请：

（一）违反本法第十六条规定发布医疗、药品、医疗器械广告的；

（二）违反本法第十七条规定，在广告中涉及疾病治疗功能，以及使用医疗用语或者易使推销的商品与药品、医疗器械相混淆的用语的；

（三）违反本法第十八条规定发布保健食品广告的；

（四）违反本法第二十一条规定发布农药、兽药、饲料和饲料添加剂广告的；

（五）违反本法第二十三条规定发布酒类广告的；

（六）违反本法第二十四条规定发布教育、培训广告的；

（七）违反本法第二十五条规定发布招商等有投资回报预期的商品或者服务广告的；

（八）违反本法第二十六条规定发布房地产广告的；

（九）违反本法第二十七条规定发布农作物种子、林木种子、草种子、种畜禽、水产苗种和种养殖广告的；

（十）违反本法第三十八条第二款规定，利用不满十周岁的未成年人作为广告代言人的；

（十一）违反本法第三十八条第三款规定，利用自然人、法人或者其他组织作为广告代言人的；

（十二）违反本法第三十九条规定，在中小学校、幼儿园内或者利用与中小学生、幼儿有关的物品发布广告的；

（十三）违反本法第四十条第二款规定，发布针对不满十四周岁的未成年人的商品或者服务的广告的；

（十四）违反本法第四十六条规定，未经审查发布广告的。

医疗机构有前款规定违法行为，情节严重的，除由市场监督管理部门依照本法处罚外，卫生行政部门可以吊销诊疗科目或者吊销医疗机构执业许可证。

广告经营者、广告发布者明知或者应知有本条第一款规定违法行为仍设计、制作、代理、发布的，由市场监督管理部门没收广告费用，并处广告费用一倍以上三倍以下的罚款，广告费用无法计算或者明显偏低的，处十万元以上二十万元以下的罚款；情节严重的，处广告费用三倍以上五倍以下的罚款，广告费用无法计算或者明显偏低的，处二十万元以上一百万元以下的罚款，并可以由有关部门暂停广告发布业务、吊销营业执照。

第五十九条　有下列行为之一的，由市场监督管理部门责令停止发布广告，对广告主处十万元以下的罚款：

（一）广告内容违反本法第八条规定的；

（二）广告引证内容违反本法第十一条规定的；

（三）涉及专利的广告违反本法第十二条规定的；

（四）违反本法第十三条规定，广告贬低其他生产经营者的商品或者服务的。

广告经营者、广告发布者明知或者应知有前款规定违法行为仍设计、制作、代理、发布的，由市场监督管理部门处十万元以下的罚款。

广告违反本法第十四条规定，不具有可识别性的，或者违反本法第十九条规定，变相发布医疗、药品、医疗器械、保健食品广告的，由市场监督管理部门责令改正，对广告发布者处十万元以下的罚款。

第六十条　违反本法第三十四条规定，广告经营者、广告发布者未按照国家有关规定建立、健全广告业务管理制度的，或者未对广告内容进行核对的，由市场监督管理部门责令改正，可以处五万元以下的罚款。

违反本法第三十五条规定，广告经营者、广告发布者未公布其收费标准和收费办法的，由价格主管部门责令改正，可以处五万元以下的罚款。

第六十一条　广告代言人有下列情形之一的，由市场监督管理部门没收违法所得，并处违法所得一倍以上二倍以下的罚款：

（一）违反本法第十六条第一款第四项规定，在医疗、药品、医疗器械广告中作推荐、证明的；

（二）违反本法第十八条第一款第五项规定，在保健食品广告中作推荐、证明的；

（三）违反本法第三十八条第一款规定，为其未使用过的商品或者未接受过的服务作推荐、证明的；

（四）明知或者应知广告虚假仍在广告中对商品、服务作推荐、证明的。

第六十二条 违反本法第四十三条规定发送广告的，由有关部门责令停止违法行为，对广告主处五千元以上三万元以下的罚款。

违反本法第四十四条第二款规定，利用互联网发布广告，未显著标明关闭标志，确保一键关闭的，由市场监督管理部门责令改正，对广告主处五千元以上三万元以下的罚款。

第六十三条 违反本法第四十五条规定，公共场所的管理者和电信业务经营者、互联网信息服务提供者，明知或者应知广告活动违法不予制止的，由市场监督管理部门没收违法所得，违法所得五万元以上的，并处违法所得一倍以上三倍以下的罚款，违法所得不足五万元的，并处一万元以上五万元以下的罚款；情节严重的，由有关部门依法停止相关业务。

第六十四条 违反本法规定，隐瞒真实情况或者提供虚假材料申请广告审查的，广告审查机关不予受理或者不予批准，予以警告，一年内不受理该申请人的广告审查申请；以欺骗、贿赂等不正当手段取得广告审查批准的，广告审查机关予以撤销，处十万元以上二十万元以下的罚款，三年内不受理该申请人的广告审查申请。

第六十五条 违反本法规定，伪造、变造或者转让广告审查批准文件的，由市场监督管理部门没收违法所得，并处一万元以上十万元以下的罚款。

第六十六条 有本法规定的违法行为的，由市场监督管理部门记入信用档案，并依照有关法律、行政法规规定予以公示。

第六十七条 广播电台、电视台、报刊音像出版单位发布违法广告，或者以新闻报道形式变相发布广告，或者以介绍健康、养生知识等形式变相发布医疗、药品、医疗器械、保健食品广告，市场监督管理部门依照本法给予处罚的，应当通报新闻出版、广播电视主管部门以及其他有关部门。新闻出版、广播电视主管部门以及其他有关部门应当依法对负有责任的主管人员和直接责任人员给予处分；情节严重的，并可以暂停媒体的广告发布业务。

新闻出版、广播电视主管部门以及其他有关部门未依照前款规定对广播电台、电视台、报刊音像出版单位进行处理的，对负有责任的主管人员和直接责任人员，依法给予处分。

第六十八条 广告主、广告经营者、广告发布者违反本法规定，有下列侵权行为之一的，依法承担民事责任：

（一）在广告中损害未成年人或者残疾人的身心健康的；

（二）假冒他人专利的；

（三）贬低其他生产经营者的商品、服务的；

（四）在广告中未经同意使用他人名义或者形象的；

（五）其他侵犯他人合法民事权益的。

第六十九条 因发布虚假广告，或者有其他本法规定的违法行为，被吊销营业执照的公司、企业的法定代表人，对违法行为负有个人责任的，自该公司、企业被吊销营业执照之日起三年内不得担任公司、企业的董事、监事、高级管理人员。

第七十条 违反本法规定，拒绝、阻挠市场监督管理部门监督检查，或者有其他构成违反治安管理行为的，依法给予治安管理处罚；构成犯罪的，依法追究刑事责任。

第七十一条 广告审查机关对违法的广告内容作出审查批准决定的，对负有责任的主管人员和直接责任人员，由任免机关或者监察机关依法给予处分；构成犯罪的，依法追究刑事责任。

第七十二条 市场监督管理部门对在履行广告监测职责中发现的违法广告行为或者对经投诉、举报的违法广告行为，不依法予以查处的，对负有责任的主管人员和直接责任人员，依法给予处分。

市场监督管理部门和负责广告管理相关工作的有关部门的工作人员玩忽职守、滥用职权、徇私舞弊的，依法给予处分。

有前两款行为，构成犯罪的，依法追究刑事责任。

第六章　附　则

第七十三条 国家鼓励、支持开展公益广告宣传活动，传播社会主义核心价值观，倡导文明风尚。

　　大众传播媒介有义务发布公益广告。广播电台、电视台、报刊出版单位应当按照规定的版面、时段、时长发布公益广告。公益广告的管理办法，由国务院市场监督管理部门会同有关部门制定。

　　第七十四条　本法自 2015 年 9 月 1 日起施行。

中华人民共和国消费者权益保护法

(1993 年 10 月 31 日第八届全国人民代表大会常务委员会第四次会议通过　根据 2009 年 8 月 27 日第十一届全国人民代表大会常务委员会第十次会议《关于修改部分法律的决定》第一次修正　根据 2013 年 10 月 25 日第十二届全国人民代表大会常务委员会第五次会议《关于修改〈中华人民共和国消费者权益保护法〉的决定》第二次修正)

目　录

第一章　总　则

第一条　为保护消费者的合法权益，维护社会经济秩序，促进社会主义市场经济健康发展，制定本法。

第二条　消费者为生活消费需要购买、使用商品或者接受服务，其权益受本法保护；本法未作规定的，受其他有关法律、法规保护。

第三条　经营者为消费者提供其生产、销售的商品或者提供服务，应当遵守本法；本法未作规定的，应当遵守其他有关法律、法规。

第四条　经营者与消费者进行交易，应当遵循自愿、平等、公平、诚实信用的原则。

第五条　国家保护消费者的合法权益不受侵害。

国家采取措施，保障消费者依法行使权利，维护消费者的合法权益。

国家倡导文明、健康、节约资源和保护环境的消费方式，反对浪费。

第六条　保护消费者的合法权益是全社会的共同责任。

国家鼓励、支持一切组织和个人对损害消费者合法权益的行为进行社会监督。

大众传播媒介应当做好维护消费者合法权益的宣传，对损害消费者合法权益的行为进行舆论监督。

第二章　消费者的权利

第七条　消费者在购买、使用商品和接受服务时享有人身、财产安全不受损害的权利。

消费者有权要求经营者提供的商品和服务，符合保障人身、财产安全的要求。

第八条　消费者享有知悉其购买、使用的商品或者接受的服务的真实情况的权利。

消费者有权根据商品或者服务的不同情况，要求经营者提供商品的价格、产地、生产者、用途、性能、规格、等级、主要成份、生产日期、有效期限、检验合格证明、使用方法说明书、售后服务，或者服务的内容、规格、费用等有关情况。

第九条　消费者享有自主选择商品或者服务的权利。

消费者有权自主选择提供商品或者服务的经营者，自主选择商品品种或者服务方式，自主决定购买或者不购买任何一种商品、接受或者不接受任何一项服务。

消费者在自主选择商品或者服务时，有权进行比较、鉴别和挑选。

第十条　消费者享有公平交易的权利。

消费者在购买商品或者接受服务时，有权获得质量保障、价格合理、计量正确等公平交易条件，有权拒绝经营者的强制交易行为。

第十一条 消费者因购买、使用商品或者接受服务受到人身、财产损害的，享有依法获得赔偿的权利。

第十二条 消费者享有依法成立维护自身合法权益的社会组织的权利。

第十三条 消费者享有获得有关消费和消费者权益保护方面的知识的权利。

消费者应当努力掌握所需商品或者服务的知识和使用技能，正确使用商品，提高自我保护意识。

第十四条 消费者在购买、使用商品和接受服务时，享有人格尊严、民族风俗习惯得到尊重的权利，享有个人信息依法得到保护的权利。

第十五条 消费者享有对商品和服务以及保护消费者权益工作进行监督的权利。

消费者有权检举、控告侵害消费者权益的行为和国家机关及其工作人员在保护消费者权益工作中的违法失职行为，有权对保护消费者权益工作提出批评、建议。

第三章　经营者的义务

第十六条 经营者向消费者提供商品或者服务，应当依照本法和其他有关法律、法规的规定履行义务。

经营者和消费者有约定的，应当按照约定履行义务，但双方的约定不得违背法律、法规的规定。

经营者向消费者提供商品或者服务，应当恪守社会公德，诚信经营，保障消费者的合法权益；不得设定不公平、不合理的交易条件，不得强制交易。

第十七条 经营者应当听取消费者对其提供的商品或者服务的意见，接受消费者的监督。

第十八条 经营者应当保证其提供的商品或者服务符合保障人身、财产安全的要求。对可能危及人身、财产安全的商品和服务，应当向消费者作出真实的说明和明确的警示，并说明和标明正确使用商品或者接受服务的方法以及防止危害发生的方法。

宾馆、商场、餐馆、银行、机场、车站、港口、影剧院等经营场所的经营者，应当对消费者尽到安全保障义务。

第十九条 经营者发现其提供的商品或者服务存在缺陷，有危及人身、财产安全危险的，应当立即向有关行政部门报告和告知消费者，并采取停止销售、警示、召回、无害化处理、销毁、停止生产或者服务等措施。采取召回措施的，经营者应当承担消费者因商品被召回支出的必要费用。

第二十条 经营者向消费者提供有关商品或者服务的质量、性能、用途、有效期限等信息，应当真实、全面，不得作虚假或者引人误解的宣传。

经营者对消费者就其提供的商品或者服务的质量和使用方法等问题提出的询问，应当作出真实、明确的答复。

经营者提供商品或者服务应当明码标价。

第二十一条 经营者应当标明其真实名称和标记。

租赁他人柜台或者场地的经营者，应当标明其真实名称和标记。

第二十二条 经营者提供商品或者服务，应当按照国家有关规定或者商业惯例向消费者出具发票等购货凭证或者服务单据；消费者索要发票等购货凭证或者服务单据的，经营者必须出具。

第二十三条 经营者应当保证在正常使用商品或者接受服务的情况下其提供的商品或者服务应当具有的质量、性能、用途和有效期限；但消费者在购买该商品或者接受该服务前已经知道其存在瑕疵，且存在该瑕疵不违反法律强制性规定的除外。

经营者以广告、产品说明、实物样品或者其他方式表明商品或者服务的质量状况的，应当保证其提供的商品或者服务的实际质量与表明的质量状况相符。

经营者提供的机动车、计算机、电视机、电冰箱、空调器、洗衣机等耐用商品或者装饰装修等服务，消费者自接受商品或者服务之日起六个月内发现瑕疵，发生争议的，由经营者承担有关瑕疵的举证责任。

第二十四条 经营者提供的商品或者服务不符合质量要求的，消费者可以依照国家规定、当事人约定退货，或者要求经营者履行更换、修理等义务。没有国家规定和当事人约定的，消费者可以自收到商品之日起七日内退货；七日后符合法定解除合同条件的，消费者可以及时退货，不符合法定解除合同条件的，可以要求经营者履行更换、修理等义务。

依照前款规定进行退货、更换、修理的，经营者应当承担运输等必要费用。

第二十五条 经营者采用网络、电视、电话、邮购等方式销售商品，消费者有权自收到商品之日起七日内退货，且无需说明理由，但下列商品除外：

（一）消费者定作的；

（二）鲜活易腐的；

（三）在线下载或者消费者拆封的音像制品、计算机软件等数字化商品；

（四）交付的报纸、期刊。

除前款所列商品外，其他根据商品性质并经消费者在购买时确认不宜退货的商品，不适用无理由退货。

消费者退货的商品应当完好。经营者应当自收到退回商品之日起七日内返还消费者支付的商品价款。退回商品的运费由消费者承担；经营者和消费者另有约定的，按照约定。

第二十六条 经营者在经营活动中使用格式条款的，应当以显著方式提请消费者注意商品或者服务的数量和质量、价款或者费用、履行期限和方式、安全注意事项和风险警示、售后服务、民事责任等与消费者有重大利害关系的内容，并按照消费者的要求予以说明。

经营者不得以格式条款、通知、声明、店堂告示等方式，作出排除或者限制消费者权利、减轻或者免除经营者责任、加重消费者责任等对消费者不公平、不合理的规定，不得利用格式条款并借助技术手段强制交易。

格式条款、通知、声明、店堂告示等含有前款所列内容的，其内容无效。

第二十七条 经营者不得对消费者进行侮辱、诽谤，不得搜查消费者的身体及其携带的物品，不得侵犯消费者的人身自由。

第二十八条 采用网络、电视、电话、邮购等方式提供商品或者服务的经营者，以及提供证券、保险、银行等金融服务的经营者，应当向消费者提供经营地址、联系方式、商品或者服务的数量和质量、价款或者费用、履行期限和方式、安全注意事项和风险警示、售后服务、民事责任等信息。

第二十九条 经营者收集、使用消费者个人信息，应当遵循合法、正当、必要的原则，明示收集、使用信息的目的、方式和范围，并经消费者同意。经营者收集、使用消费者个人信息，应当公开其收集、使用规则，不得违反法律、法规的规定和双方的约定收集、使用信息。

经营者及其工作人员对收集的消费者个人信息必须严格保密，不得泄露、出售或者非法向他人提供。经营者应当采取技术措施和其他必要措施，确保信息安全，防止消费者个人信息泄露、丢失。在发生或者可能发生信息泄露、丢失的情况时，应当立即采取补救措施。

经营者未经消费者同意或者请求，或者消费者明确表示拒绝的，不得向其发送商业性信息。

第四章　国家对消费者合法权益的保护

第三十条　国家制定有关消费者权益的法律、法规、规章和强制性标准，应当听取消费者和消费者协会等组织的意见。

第三十一条　各级人民政府应当加强领导，组织、协调、督促有关行政部门做好保护消费者合法权益的工作，落实保护消费者合法权益的职责。

各级人民政府应当加强监督，预防危害消费者人身、财产安全行为的发生，及时制止危害消费者人身、财产安全的行为。

第三十二条　各级人民政府工商行政管理部门和其他有关行政部门应当依照法律、法规的规定，在各自的职责范围内，采取措施，保护消费者的合法权益。

有关行政部门应当听取消费者和消费者协会等组织对经营者交易行为、商品和服务质量问题的意见，及时调查处理。

第三十三条　有关行政部门在各自的职责范围内，应当定期或者不定期对经营者提供的商品和服务进行抽查检验，并及时向社会公布抽查检验结果。

有关行政部门发现并认定经营者提供的商品或者服务存在缺陷，有危及人身、财产安全危险的，应当立即责令经营者采取停止销售、警示、召回、无害化处理、销毁、停止生产或者服务等措施。

第三十四条　有关国家机关应当依照法律、法规的规定，惩处经营者在提供商品和服务中侵害消费者合法权益的违法犯罪行为。

第三十五条　人民法院应当采取措施，方便消费者提起诉讼。对符合《中华人民共和国民事诉讼法》起诉条件的消费者权益争议，必须受理，及时审理。

第五章　消费者组织

第三十六条　消费者协会和其他消费者组织是依法成立的对商品和服务

进行社会监督的保护消费者合法权益的社会组织。

第三十七条 消费者协会履行下列公益性职责：

（一）向消费者提供消费信息和咨询服务，提高消费者维护自身合法权益的能力，引导文明、健康、节约资源和保护环境的消费方式；

（二）参与制定有关消费者权益的法律、法规、规章和强制性标准；

（三）参与有关行政部门对商品和服务的监督、检查；

（四）就有关消费者合法权益的问题，向有关部门反映、查询，提出建议；

（五）受理消费者的投诉，并对投诉事项进行调查、调解；

（六）投诉事项涉及商品和服务质量问题的，可以委托具备资格的鉴定人鉴定，鉴定人应当告知鉴定意见；

（七）就损害消费者合法权益的行为，支持受损害的消费者提起诉讼或者依照本法提起诉讼；

（八）对损害消费者合法权益的行为，通过大众传播媒介予以揭露、批评。

各级人民政府对消费者协会履行职责应当予以必要的经费等支持。

消费者协会应当认真履行保护消费者合法权益的职责，听取消费者的意见和建议，接受社会监督。

依法成立的其他消费者组织依照法律、法规及其章程的规定，开展保护消费者合法权益的活动。

第三十八条 消费者组织不得从事商品经营和营利性服务，不得以收取费用或者其他牟取利益的方式向消费者推荐商品和服务。

第六章　争议的解决

第三十九条 消费者和经营者发生消费者权益争议的，可以通过下列途径解决：

（一）与经营者协商和解；

（二）请求消费者协会或者依法成立的其他调解组织调解；

（三）向有关行政部门投诉；

（四）根据与经营者达成的仲裁协议提请仲裁机构仲裁；

（五）向人民法院提起诉讼。

第四十条　消费者在购买、使用商品时，其合法权益受到损害的，可以向销售者要求赔偿。销售者赔偿后，属于生产者的责任或者属于向销售者提供商品的其他销售者的责任的，销售者有权向生产者或者其他销售者追偿。

消费者或者其他受害人因商品缺陷造成人身、财产损害的，可以向销售者要求赔偿，也可以向生产者要求赔偿。属于生产者责任的，销售者赔偿后，有权向生产者追偿。属于销售者责任的，生产者赔偿后，有权向销售者追偿。

消费者在接受服务时，其合法权益受到损害的，可以向服务者要求赔偿。

第四十一条　消费者在购买、使用商品或者接受服务时，其合法权益受到损害，因原企业分立、合并的，可以向变更后承受其权利义务的企业要求赔偿。

第四十二条　使用他人营业执照的违法经营者提供商品或者服务，损害消费者合法权益的，消费者可以向其要求赔偿，也可以向营业执照的持有人要求赔偿。

第四十三条　消费者在展销会、租赁柜台购买商品或者接受服务，其合法权益受到损害的，可以向销售者或者服务者要求赔偿。展销会结束或者柜台租赁期满后，也可以向展销会的举办者、柜台的出租者要求赔偿。展销会的举办者、柜台的出租者赔偿后，有权向销售者或者服务者追偿。

第四十四条　消费者通过网络交易平台购买商品或者接受服务，其合法权益受到损害的，可以向销售者或者服务者要求赔偿。网络交易平台提供者不能提供销售者或者服务者的真实名称、地址和有效联系方式的，消费者也可以向网络交易平台提供者要求赔偿；网络交易平台提供者作出更有利于消费者的承诺的，应当履行承诺。网络交易平台提供者赔偿后，有权向销售者或者服务者追偿。

网络交易平台提供者明知或者应知销售者或者服务者利用其平台侵害消费者合法权益，未采取必要措施的，依法与该销售者或者服务者承担连带责任。

第四十五条　消费者因经营者利用虚假广告或者其他虚假宣传方式提供商品或者服务，其合法权益受到损害的，可以向经营者要求赔偿。广告经营者、发布者发布虚假广告的，消费者可以请求行政主管部门予以惩处。广告经营者、发布者不能提供经营者的真实名称、地址和有效联系方式的，应当承担赔偿责任。

广告经营者、发布者设计、制作、发布关系消费者生命健康商品或者服务的虚假广告，造成消费者损害的，应当与提供该商品或者服务的经营者承担连带责任。

社会团体或者其他组织、个人在关系消费者生命健康商品或者服务的虚假广告或者其他虚假宣传中向消费者推荐商品或者服务，造成消费者损害的，应当与提供该商品或者服务的经营者承担连带责任。

第四十六条　消费者向有关行政部门投诉的，该部门应当自收到投诉之日起七个工作日内，予以处理并告知消费者。

第四十七条　对侵害众多消费者合法权益的行为，中国消费者协会以及在省、自治区、直辖市设立的消费者协会，可以向人民法院提起诉讼。

第七章　法律责任

第四十八条　经营者提供商品或者服务有下列情形之一的，除本法另有规定外，应当依照其他有关法律、法规的规定，承担民事责任：

（一）商品或者服务存在缺陷的；

（二）不具备商品应当具备的使用性能而出售时未作说明的；

（三）不符合在商品或者其包装上注明采用的商品标准的；

（四）不符合商品说明、实物样品等方式表明的质量状况的；

（五）生产国家明令淘汰的商品或者销售失效、变质的商品的；

（六）销售的商品数量不足的；

（七）服务的内容和费用违反约定的；

（八）对消费者提出的修理、重作、更换、退货、补足商品数量、退还货款和服务费用或者赔偿损失的要求，故意拖延或者无理拒绝的；

（九）法律、法规规定的其他损害消费者权益的情形。

经营者对消费者未尽到安全保障义务，造成消费者损害的，应当承担侵权责任。

第四十九条　经营者提供商品或者服务，造成消费者或者其他受害人人身伤害的，应当赔偿医疗费、护理费、交通费等为治疗和康复支出的合理费用，以及因误工减少的收入。造成残疾的，还应当赔偿残疾生活辅助具费和残疾赔偿金。造成死亡的，还应当赔偿丧葬费和死亡赔偿金。

第五十条　经营者侵害消费者的人格尊严、侵犯消费者人身自由或者侵害消费者个人信息依法得到保护的权利的，应当停止侵害、恢复名誉、消除影响、赔礼道歉，并赔偿损失。

第五十一条　经营者有侮辱诽谤、搜查身体、侵犯人身自由等侵害消费者或者其他受害人人身权益的行为，造成严重精神损害的，受害人可以要求精神损害赔偿。

第五十二条　经营者提供商品或者服务，造成消费者财产损害的，应当依照法律规定或者当事人约定承担修理、重作、更换、退货、补足商品数量、退还货款和服务费用或者赔偿损失等民事责任。

第五十三条　经营者以预收款方式提供商品或者服务的，应当按照约定提供。未按照约定提供的，应当按照消费者的要求履行约定或者退回预付款；并应当承担预付款的利息、消费者必须支付的合理费用。

第五十四条　依法经有关行政部门认定为不合格的商品，消费者要求退货的，经营者应当负责退货。

第五十五条　经营者提供商品或者服务有欺诈行为的，应当按照消费者的要求增加赔偿其受到的损失，增加赔偿的金额为消费者购买商品的价款或者接受服务的费用的三倍；增加赔偿的金额不足五百元的，为五百元。法律另有规定的，依照其规定。

经营者明知商品或者服务存在缺陷，仍然向消费者提供，造成消费者或者其他受害人死亡或者健康严重损害的，受害人有权要求经营者依照本法第四十九条、第五十一条等法律规定赔偿损失，并有权要求所受损失二倍以下的惩罚性赔偿。

第五十六条　经营者有下列情形之一，除承担相应的民事责任外，其他有关法律、法规对处罚机关和处罚方式有规定的，依照法律、法规的规定执行；法律、法规未作规定的，由工商行政管理部门或者其他有关行政部门责令改正，可以根据情节单处或者并处警告、没收违法所得、处以违法所得一倍以上十倍以下的罚款，没有违法所得的，处以五十万元以下的罚款；情节严重的，责令停业整顿、吊销营业执照：

（一）提供的商品或者服务不符合保障人身、财产安全要求的；

（二）在商品中掺杂、掺假，以假充真，以次充好，或者以不合格商品冒充合格商品的；

（三）生产国家明令淘汰的商品或者销售失效、变质的商品的；

（四）伪造商品的产地，伪造或者冒用他人的厂名、厂址，篡改生产日期，伪造或者冒用认证标志等质量标志的；

（五）销售的商品应当检验、检疫而未检验、检疫或者伪造检验、检疫结果的；

（六）对商品或者服务作虚假或者引人误解的宣传的；

（七）拒绝或者拖延有关行政部门责令对缺陷商品或者服务采取停止销售、警示、召回、无害化处理、销毁、停止生产或者服务等措施的；

（八）对消费者提出的修理、重作、更换、退货、补足商品数量、退还货款和服务费用或者赔偿损失的要求，故意拖延或者无理拒绝的；

（九）侵害消费者人格尊严、侵犯消费者人身自由或者侵害消费者个人信息依法得到保护的权利的；

（十）法律、法规规定的对损害消费者权益应当予以处罚的其他情形。

经营者有前款规定情形的，除依照法律、法规规定予以处罚外，处罚机关应当记入信用档案，向社会公布。

第五十七条 经营者违反本法规定提供商品或者服务，侵害消费者合法权益，构成犯罪的，依法追究刑事责任。

第五十八条 经营者违反本法规定，应当承担民事赔偿责任和缴纳罚款、罚金，其财产不足以同时支付的，先承担民事赔偿责任。

第五十九条 经营者对行政处罚决定不服的，可以依法申请行政复议或者提起行政诉讼。

第六十条 以暴力、威胁等方法阻碍有关行政部门工作人员依法执行职务的，依法追究刑事责任；拒绝、阻碍有关行政部门工作人员依法执行职务，未使用暴力、威胁方法的，由公安机关依照《中华人民共和国治安管理处罚法》的规定处罚。

第六十一条 国家机关工作人员玩忽职守或者包庇经营者侵害消费者合

法权益的行为的，由其所在单位或者上级机关给予行政处分；情节严重，构成犯罪的，依法追究刑事责任。

第八章　附　则

第六十二条　农民购买、使用直接用于农业生产的生产资料，参照本法执行。

第六十三条　本法自 1994 年 1 月 1 日起施行。

中华人民共和国野生动物保护法（节选）

（1988 年 11 月 8 日第七届全国人民代表大会常务委员会第四次会议通过 根据 2004 年 8 月 28 日第十届全国人民代表大会常务委员会第十一次会议《关于修改〈中华人民共和国野生动物保护法〉的决定》第一次修正 根据 2009 年 8 月 27 日第十一届全国人民代表大会常务委员会第十次会议《关于修改部分法律的决定》第二次修正 2016 年 7 月 2 日第十二届全国人民代表大会常务委员会第二十一次会议第一次修订 根据 2018 年 10 月 26 日第十三届全国人民代表大会常务委员会第六次会议《关于修改〈中华人民共和国野生动物保护法〉等十五部法律的决定》第三次修正 2022 年 12 月 30 日第十三届全国人民代表大会常务委员会第三十八次会议第二次修订）

第三章　野生动物管理

第二十八条　禁止出售、购买、利用国家重点保护野生动物及其制品。

因科学研究、人工繁育、公众展示展演、文物保护或者其他特殊情况，需要出售、购买、利用国家重点保护野生动物及其制品的，应当经省、自治区、直辖市人民政府野生动物保护主管部门批准，并按照规定取得和使用专用标识，保证可追溯，但国务院对批准机关另有规定的除外。

出售、利用有重要生态、科学、社会价值的陆生野生动物和地方重点保护野生动物及其制品的，应当提供狩猎、人工繁育、进出口等合法来源证明。

实行国家重点保护野生动物和有重要生态、科学、社会价值的陆生野生动物及其制品专用标识的范围和管理办法，由国务院野生动物保护主管部门规定。

出售本条第二款、第三款规定的野生动物的，还应当依法附有检疫证明。

利用野生动物进行公众展示展演应当采取安全管理措施，并保障野生动物健康状态，具体管理办法由国务院野生动物保护主管部门会同国务院有关部门制定。

第五章　附　则

第六十四条　本法自 2023 年 5 月 1 日起施行。

中华人民共和国刑法（节选）

（1979 年 7 月 1 日第五届全国人民代表大会第二次会议通过　1997 年 3 月 14 日第八届全国人民代表大会第五次会议修订　根据 1998 年 12 月 29 日第九届全国人民代表大会常务委员会第六次会议通过的《全国人民代表大会常务委员会关于惩治骗购外汇、逃汇和非法买卖外汇犯罪的决定》、1999 年 12 月 25 日第九届全国人民代表大会常务委员会第十三次会议通过的《中华人民共和国刑法修正案》、2001 年 8 月 31 日第九届全国人民代表大会常务委员会第二十三次会议通过的《中华人民共和国刑法修正案（二）》、2001 年 12 月 29 日第九届全国人民代表大会常务委员会第二十五次会议通过的《中华人民共和国刑法修正案（三）》、2002 年 12 月 28 日第九届全国人民代表大会常务委员会第三十一次会议通过的《中华人民共和国刑法修正案（四）》、2005 年 2 月 28 日第十届全国人民代表大会常务委员会第十四次会议通过的《中华人民共和国刑法修正案（五）》、2006 年 6 月 29 日第十届全国人民代表大会常务委员会第二十二次会议通过的《中华人民共和国刑法修正案（六）》、2009 年 2 月 28 日第十一届全国人民代表大会常务委员会第七次会议通过的《中华人民共和国刑法修正案（七）》、2009 年 8 月 27 日第十一届全国人民代表大会常务委员会第十次会议通过的《全国人民代表大会常务委员会关于修改部分法律的决定》、2011 年 2 月 25 日第十一届全国人民代表大会常务委员会第十九次会议通过的《中华人民共和国刑法修正案（八）》、2015 年 8 月 29 日第十二届全国人民代表大会常务委员会第十六次会议通过的《中华人民共和国刑法修正案（九）》、2017 年 11 月 4 日第十二届全国人民代表大会常务委员会第三十次会议通过的《中华人民共和国刑法修正案（十）》和 2020 年 12 月 26 日第十三届全国人民代表大会常务委员会第二十四次会议通过的《中华人民共和国刑法修正案（十一）》修正)[①]

---

①　刑法、历次刑法修正案、涉及修改刑法的决定的施行日期，分别依据各法律所规定的施行日期确定。

第三章 破坏社会主义市场经济秩序罪

第二节 走私罪

第一百五十一条 走私武器、弹药、核材料或者伪造的货币的，处七年以上有期徒刑，并处罚金或者没收财产；情节特别严重的，处无期徒刑，并处没收财产；情节较轻的，处三年以上七年以下有期徒刑，并处罚金。

走私国家禁止出口的文物、黄金、白银和其他贵重金属或者国家禁止进出口的珍贵动物及其制品的，处五年以上十年以下有期徒刑，并处罚金；情节特别严重的，处十年以上有期徒刑或者无期徒刑，并处没收财产；情节较轻的，处五年以下有期徒刑，并处罚金。

走私珍稀植物及其制品等国家禁止进出口的其他货物、物品的，处五年以下有期徒刑或者拘役，并处或者单处罚金；情节严重的，处五年以上有期徒刑，并处罚金。

单位犯本条规定之罪的，对单位判处罚金，并对其直接负责的主管人员和其他直接责任人员，依照本条各款的规定处罚。

第六章 妨害社会管理秩序罪

第四节 妨害文物管理罪

第三百二十四条 故意损毁国家保护的珍贵文物或者被确定为全国重点文物保护单位、省级文物保护单位的文物的，处三年以下有期徒刑或者拘役，并处或者单处罚金；情节严重的，处三年以上十年以下有期徒刑，并处罚金。

故意损毁国家保护的名胜古迹，情节严重的，处五年以下有期徒刑或者拘役，并处或者单处罚金。

过失损毁国家保护的珍贵文物或者被确定为全国重点文物保护单位、省级文物保护单位的文物，造成严重后果的，处三年以下有期徒刑或者拘役。

第三百二十五条 违反文物保护法规，将收藏的国家禁止出口的珍贵文物私自出售或者私自赠送给外国人的，处五年以下有期徒刑或者拘役，可以并处罚金。

单位犯前款罪的，对单位判处罚金，并对其直接负责的主管人员和其他直接责任人员，依照前款的规定处罚。

第三百二十六条 以牟利为目的，倒卖国家禁止经营的文物，情节严重的，处五年以下有期徒刑或者拘役，并处罚金；情节特别严重的，处五年以上十年以下有期徒刑，并处罚金。

单位犯前款罪的，对单位判处罚金，并对其直接负责的主管人员和其他直接责任人员，依照前款的规定处罚。

第三百二十七条 违反文物保护法规，国有博物馆、图书馆等单位将国家保护的文物藏品出售或者私自送给非国有单位或者个人的，对单位判处罚金，并对其直接负责的主管人员和其他直接责任人员，处三年以下有期徒刑或者拘役。

第三百二十八条 盗掘具有历史、艺术、科学价值的古文化遗址、古墓葬的，处三年以上十年以下有期徒刑，并处罚金；情节较轻的，处三年以下有期徒刑、拘役或者管制，并处罚金；有下列情形之一的，处十年以上有期徒刑或者无期徒刑，并处罚金或者没收财产：

（一）盗掘确定为全国重点文物保护单位和省级文物保护单位的古文化遗址、古墓葬的；

（二）盗掘古文化遗址、古墓葬集团的首要分子；

（三）多次盗掘古文化遗址、古墓葬的；

（四）盗掘古文化遗址、古墓葬，并盗窃珍贵文物或者造成珍贵文物严重破坏的。

盗掘国家保护的具有科学价值的古人类化石和古脊椎动物化石的，依照前款的规定处罚。

第三百二十九条 抢夺、窃取国家所有的档案的，处五年以下有期徒刑或者拘役。

违反档案法的规定，擅自出卖、转让国家所有的档案，情节严重的，处三年以下有期徒刑或者拘役。

有前两款行为，同时又构成本法规定的其他犯罪的，依照处罚较重的规定定罪处罚。

中华人民共和国关税法（节选）

（2024 年 4 月 26 日第十四届全国人民代表大会常务委员会第九次会议通过）

第四章　税收优惠和特殊情形关税征收

第三十二条　下列进出口货物、进境物品，免征关税：

（一）国务院规定的免征额度内的一票货物；

（二）无商业价值的广告品和货样；

（三）进出境运输工具装载的途中必需的燃料、物料和饮食用品；

（四）在海关放行前损毁或者灭失的货物、进境物品；

（五）外国政府、国际组织无偿赠送的物资；

（六）中华人民共和国缔结或者共同参加的国际条约、协定规定免征关税的货物、进境物品；

（七）依照有关法律规定免征关税的其他货物、进境物品。

第三十三条　下列进出口货物、进境物品，减征关税：

（一）在海关放行前遭受损坏的货物、进境物品；

（二）中华人民共和国缔结或者共同参加的国际条约、协定规定减征关税的货物、进境物品；

（三）依照有关法律规定减征关税的其他货物、进境物品。

前款第一项减征关税，应当根据海关认定的受损程度办理。

第三十四条　根据维护国家利益、促进对外交往、经济社会发展、科技创新需要或者由于突发事件等原因，国务院可以制定关税专项优惠政策，报全国人民代表大会常务委员会备案。

第三十五条　减免税货物应当依法办理手续。需由海关监管使用的减免税货物应当接受海关监管，在监管年限内转让、移作他用或者进行其他处置，按照国家有关规定需要补税的，应当补缴关税。

对需由海关监管使用的减免税进境物品，参照前款规定执行。

第三十六条　保税货物复运出境的，免征关税；不复运出境转为内销的，按照规定征收关税。加工贸易保税进口料件或者其制成品内销的，除按照规定征收关税外，还应当征收缓税利息。

第三十七条　暂时进境或者暂时出境的下列货物、物品，可以依法暂不缴纳关税，但该货物、物品应当自进境或者出境之日起六个月内复运出境或者复运进境；需要延长复运出境或者复运进境期限的，应当根据海关总署的规定向海关办理延期手续：

（一）在展览会、交易会、会议以及类似活动中展示或者使用的货物、物品；

（二）文化、体育交流活动中使用的表演、比赛用品；

（三）进行新闻报道或者摄制电影、电视节目使用的仪器、设备及用品；

（四）开展科研、教学、医疗卫生活动使用的仪器、设备及用品；

（五）在本款第一项至第四项所列活动中使用的交通工具及特种车辆；

（六）货样；

（七）供安装、调试、检测设备时使用的仪器、工具；

（八）盛装货物的包装材料；

（九）其他用于非商业目的的货物、物品。

前款所列货物、物品在规定期限内未复运出境或者未复运进境的，应当依法缴纳关税。

第三十八条　本法第三十七条规定以外的其他暂时进境的货物、物品，应当根据该货物、物品的计税价格和其在境内滞留时间与折旧时间的比例计算缴纳进口关税；该货物、物品在规定期限届满后未复运出境的，应当补足依法应缴纳的关税。

本法第三十七条规定以外的其他暂时出境货物，在规定期限届满后未复运进境的，应当依法缴纳关税。

第三十九条　因品质、规格原因或者不可抗力，出口货物自出口之日起一年内原状复运进境的，不征收进口关税。因品质、规格原因或者不可抗力，进口货物自进口之日起一年内原状复运出境的，不征收出口关税。

特殊情形下，经海关批准，可以适当延长前款规定的期限，具体办法由海关总署规定。

第四十条 因残损、短少、品质不良或者规格不符原因，进出口货物的发货人、承运人或者保险公司免费补偿或者更换的相同货物，进出口时不征收关税。被免费更换的原进口货物不退运出境或者原出口货物不退运进境的，海关应当对原进出口货物重新按照规定征收关税。

纳税人应当在原进出口合同约定的请求赔偿期限内且不超过原进出口放行之日起三年内，向海关申报办理免费补偿或者更换货物的进出口手续。

第七章 附 则

第六十九条 《中华人民共和国海南自由贸易港法》对海南自由贸易港的关税事宜另有规定的，依照其规定。

第七十条 进口环节海关代征税的征收管理，适用关税征收管理的规定。

船舶吨税的征收，《中华人民共和国船舶吨税法》未作规定的，适用关税征收管理的规定。

第七十一条 从事免税商品零售业务应当经过批准，具体办法由国务院规定。

第七十二条 本法自 2024 年 12 月 1 日起施行。《中华人民共和国进出口关税条例》同时废止。

中华人民共和国公益事业捐赠法（节选）

(1999 年 6 月 28 日第九届全国人民代表大会常务委员会第十次会议通过)

第一章　总　则

第二条　自然人、法人或者其他组织自愿无偿向依法成立的公益性社会团体和公益性非营利的事业单位捐赠财产，用于公益事业的，适用本法。

第三条　本法所称公益事业是指非营利的下列事项：

（一）救助灾害、救济贫困、扶助残疾人等困难的社会群体和个人的活动；

（二）教育、科学、文化、卫生、体育事业；

（三）环境保护、社会公共设施建设；

（四）促进社会发展和进步的其他社会公共和福利事业。

第八条　国家鼓励公益事业的发展，对公益性社会团体和公益性非营利的事业单位给予扶持和优待。

国家鼓励自然人、法人或者其他组织对公益事业进行捐赠。

对公益事业捐赠有突出贡献的自然人、法人或者其他组织，由人民政府或者有关部门予以表彰。对捐赠人进行公开表彰，应当事先征求捐赠人的意见。

第二章　捐赠和受赠

第九条　自然人、法人或者其他组织可以选择符合其捐赠意愿的公益性社会团体和公益性非营利的事业单位进行捐赠。捐赠的财产应当是其有权处分的合法财产。

第十五条　境外捐赠人捐赠的财产，由受赠人按照国家有关规定办理入境手续；捐赠实行许可证管理的物品，由受赠人按照国家有关规定办理许可证申领手续，海关凭许可证验放、监管。

华侨向境内捐赠的，县级以上人民政府侨务部门可以协助办理有关入境手续，为捐赠人实施捐赠项目提供帮助。

第四章　优惠措施

第二十四条　公司和其他企业依照本法的规定捐赠财产用于公益事业，依照法律、行政法规的规定享受企业所得税方面的优惠。

第二十五条　自然人和个体工商户依照本法的规定捐赠财产用于公益事业，依照法律、行政法规的规定享受个人所得税方面的优惠。

第二十六条　境外向公益性社会团体和公益性非营利的事业单位捐赠的用于公益事业的物资，依照法律、行政法规的规定减征或者免征进口关税和进口环节的增值税。

第六章　附　则

第三十二条　本法自 1999 年 9 月 1 日起施行。

中华人民共和国文物保护法实施条例

（2003 年 5 月 18 日中华人民共和国国务院令第 377 号公布 根据 2013 年 12 月 7 日《国务院关于修改部分行政法规的决定》第一次修订 根据 2016 年 2 月 6 日《国务院关于修改部分行政法规的决定》第二次修订 根据 2017 年 3 月 1 日《国务院关于修改和废止部分行政法规的决定》第三次修订 根据 2017 年 10 月 7 日《国务院关于修改部分行政法规的决定》第四次修订）

第一章 总 则

第一条 根据《中华人民共和国文物保护法》（以下简称文物保护法），制定本实施条例。

第二条 国家重点文物保护专项补助经费和地方文物保护专项经费，由县级以上人民政府文物行政主管部门、投资主管部门、财政部门按照国家有关规定共同实施管理。任何单位或者个人不得侵占、挪用。

第三条 国有的博物馆、纪念馆、文物保护单位等的事业性收入，应当用于下列用途：

（一）文物的保管、陈列、修复、征集；

（二）国有的博物馆、纪念馆、文物保护单位的修缮和建设；

（三）文物的安全防范；

（四）考古调查、勘探、发掘；

（五）文物保护的科学研究、宣传教育。

第四条 文物行政主管部门和教育、科技、新闻出版、广播电视行政主管部门，应当做好文物保护的宣传教育工作。

第五条 国务院文物行政主管部门和省、自治区、直辖市人民政府文物行政主管部门，应当制定文物保护的科学技术研究规划，采取有效措施，促进文物保护科技成果的推广和应用，提高文物保护的科学技术水平。

第六条 有文物保护法第十二条所列事迹之一的单位或者个人，由人民政府及其文物行政主管部门、有关部门给予精神鼓励或者物质奖励。

第二章 不可移动文物

第七条 历史文化名城，由国务院建设行政主管部门会同国务院文物行政主管部门报国务院核定公布。

历史文化街区、村镇，由省、自治区、直辖市人民政府城乡规划行政主管部门会同文物行政主管部门报本级人民政府核定公布。

县级以上地方人民政府组织编制的历史文化名城和历史文化街区、村镇的保护规划，应当符合文物保护的要求。

第八条 全国重点文物保护单位和省级文物保护单位自核定公布之日起1年内，由省、自治区、直辖市人民政府划定必要的保护范围，作出标志说明，建立记录档案，设置专门机构或者指定专人负责管理。

设区的市、自治州级和县级文物保护单位自核定公布之日起1年内，由核定公布该文物保护单位的人民政府划定保护范围，作出标志说明，建立记录档案，设置专门机构或者指定专人负责管理。

第九条 文物保护单位的保护范围，是指对文物保护单位本体及周围一定范围实施重点保护的区域。

文物保护单位的保护范围，应当根据文物保护单位的类别、规模、内容以及周围环境的历史和现实情况合理划定，并在文物保护单位本体之外保持一定的安全距离，确保文物保护单位的真实性和完整性。

第十条 文物保护单位的标志说明，应当包括文物保护单位的级别、名称、公布机关、公布日期、立标机关、立标日期等内容。民族自治地区的文物保护单位的标志说明，应当同时用规范汉字和当地通用的少数民族文字书写。

第十一条 文物保护单位的记录档案，应当包括文物保护单位本体记录等科学技术资料和有关文献记载、行政管理等内容。

文物保护单位的记录档案，应当充分利用文字、音像制品、图画、拓片、摹本、电子文本等形式，有效表现其所载内容。

第十二条　古文化遗址、古墓葬、石窟寺和属于国家所有的纪念建筑物、古建筑，被核定公布为文物保护单位的，由县级以上地方人民政府设置专门机构或者指定机构负责管理。其他文物保护单位，由县级以上地方人民政府设置专门机构或者指定机构、专人负责管理；指定专人负责管理的，可以采取聘请文物保护员的形式。

文物保护单位有使用单位的，使用单位应当设立群众性文物保护组织；没有使用单位的，文物保护单位所在地的村民委员会或者居民委员会可以设立群众性文物保护组织。文物行政主管部门应当对群众性文物保护组织的活动给予指导和支持。

负责管理文物保护单位的机构，应当建立健全规章制度，采取安全防范措施；其安全保卫人员，可以依法配备防卫器械。

第十三条　文物保护单位的建设控制地带，是指在文物保护单位的保护范围外，为保护文物保护单位的安全、环境、历史风貌对建设项目加以限制的区域。

文物保护单位的建设控制地带，应当根据文物保护单位的类别、规模、内容以及周围环境的历史和现实情况合理划定。

第十四条　全国重点文物保护单位的建设控制地带，经省、自治区、直辖市人民政府批准，由省、自治区、直辖市人民政府的文物行政主管部门会同城乡规划行政主管部门划定并公布。

省级、设区的市、自治州级和县级文物保护单位的建设控制地带，经省、自治区、直辖市人民政府批准，由核定公布该文物保护单位的人民政府的文物行政主管部门会同城乡规划行政主管部门划定并公布。

第十五条　承担文物保护单位的修缮、迁移、重建工程的单位，应当同时取得文物行政主管部门发给的相应等级的文物保护工程资质证书和建设行政主管部门发给的相应等级的资质证书。其中，不涉及建筑活动的文物保护单位的修缮、迁移、重建，应当由取得文物行政主管部门发给的相应等级的文物保护工程资质证书的单位承担。

第十六条　申领文物保护工程资质证书，应当具备下列条件：

（一）有取得文物博物专业技术职务的人员；

（二）有从事文物保护工程所需的技术设备；

（三）法律、行政法规规定的其他条件。

第十七条 申领文物保护工程资质证书，应当向省、自治区、直辖市人民政府文物行政主管部门或者国务院文物行政主管部门提出申请。省、自治区、直辖市人民政府文物行政主管部门或者国务院文物行政主管部门应当自收到申请之日起30个工作日内作出批准或者不批准的决定。决定批准的，发给相应等级的文物保护工程资质证书；决定不批准的，应当书面通知当事人并说明理由。文物保护工程资质等级的分级标准和审批办法，由国务院文物行政主管部门制定。

第十八条 文物行政主管部门在审批文物保护单位的修缮计划和工程设计方案前，应当征求上一级人民政府文物行政主管部门的意见。

第十九条 危害全国重点文物保护单位安全或者破坏其历史风貌的建筑物、构筑物，由省、自治区、直辖市人民政府负责调查处理。

危害省级、设区的市、自治州级、县级文物保护单位安全或者破坏其历史风貌的建筑物、构筑物，由核定公布该文物保护单位的人民政府负责调查处理。

危害尚未核定公布为文物保护单位的不可移动文物安全的建筑物、构筑物，由县级人民政府负责调查处理。

第三章　考古发掘

第二十条 申请从事考古发掘的单位，取得考古发掘资质证书，应当具备下列条件：

（一）有4名以上接受过考古专业训练且主持过考古发掘项目的人员；

（二）有取得文物博物专业技术职务的人员；

（三）有从事文物安全保卫的专业人员；

（四）有从事考古发掘所需的技术设备；

（五）有保障文物安全的设施和场所；

（六）法律、行政法规规定的其他条件。

第二十一条 申领考古发掘资质证书，应当向国务院文物行政主管部门提出申请。国务院文物行政主管部门应当自收到申请之日起30个工作日内作出批准或者不批准的决定。决定批准的，发给考古发掘资质证书；决定不批准的，应当书面通知当事人并说明理由。

第二十二条 考古发掘项目实行项目负责人负责制度。

第二十三条 配合建设工程进行的考古调查、勘探、发掘，由省、自治区、直辖市人民政府文物行政主管部门组织实施。跨省、自治区、直辖市的建设工程范围内的考古调查、勘探、发掘，由建设工程所在地的有关省、自治区、直辖市人民政府文物行政主管部门联合组织实施；其中，特别重要的建设工程范围内的考古调查、勘探、发掘，由国务院文物行政主管部门组织实施。

建设单位对配合建设工程进行的考古调查、勘探、发掘，应当予以协助，不得妨碍考古调查、勘探、发掘。

第二十四条 国务院文物行政主管部门应当自收到文物保护法第三十条第一款规定的发掘计划之日起30个工作日内作出批准或者不批准决定。决定批准的，发给批准文件；决定不批准的，应当书面通知当事人并说明理由。

文物保护法第三十条第二款规定的抢救性发掘，省、自治区、直辖市人民政府文物行政主管部门应当自开工之日起10个工作日内向国务院文物行政主管部门补办审批手续。

第二十五条 考古调查、勘探、发掘所需经费的范围和标准，按照国家有关规定执行。

第二十六条 从事考古发掘的单位应当在考古发掘完成之日起30个工作日内向省、自治区、直辖市人民政府文物行政主管部门和国务院文物行政主管部门提交结项报告，并于提交结项报告之日起3年内向省、自治区、直辖市人民政府文物行政主管部门和国务院文物行政主管部门提交考古发掘报告。

第二十七条 从事考古发掘的单位提交考古发掘报告后，经省、自治区、直辖市人民政府文物行政主管部门批准，可以保留少量出土文物作为科研标本，并应当于提交发掘报告之日起6个月内将其他出土文物移交给由省、自治区、直辖市人民政府文物行政主管部门指定的国有的博物馆、图书馆或者其他国有文物收藏单位收藏。

第四章　馆藏文物

第二十八条 文物收藏单位应当建立馆藏文物的接收、鉴定、登记、编目和档案制度，库房管理制度，出入库、注销和统计制度，保养、修复和复制制度。

第二十九条 县级人民政府文物行政主管部门应当将本行政区域内的馆藏文物档案，按照行政隶属关系报设区的市、自治州级人民政府文物行政主管部门或者省、自治区、直辖市人民政府文物行政主管部门备案；设区的市、自治州级人民政府文物行政主管部门应当将本行政区域内的馆藏文物档案，报省、自治区、直辖市人民政府文物行政主管部门备案；省、自治区、直辖市人民政府文物行政主管部门应当将本行政区域内的一级文物藏品档案，报国务院文物行政主管部门备案。

第三十条 文物收藏单位之间借用馆藏文物，借用人应当对借用的馆藏文物采取必要的保护措施，确保文物的安全。

借用的馆藏文物的灭失、损坏风险，除当事人另有约定外，由借用该馆藏文物的文物收藏单位承担。

第三十一条 国有文物收藏单位未依照文物保护法第三十六条的规定建立馆藏文物档案并将馆藏文物档案报主管的文物行政主管部门备案的，不得交换、借用馆藏文物。

第三十二条 修复、复制、拓印馆藏二级文物和馆藏三级文物的，应当报省、自治区、直辖市人民政府文物行政主管部门批准；修复、复制、拓印馆藏一级文物的，应当报国务院文物行政主管部门批准。

第三十三条 从事馆藏文物修复、复制、拓印的单位，应当具备下列条件：

（一）有取得中级以上文物博物专业技术职务的人员；

（二）有从事馆藏文物修复、复制、拓印所需的场所和技术设备；

（三）法律、行政法规规定的其他条件。

第三十四条 从事馆藏文物修复、复制、拓印，应当向省、自治区、直辖市人民政府文物行政主管部门提出申请。省、自治区、直辖市人民政府文物行政主管部门应当自收到申请之日起 30 个工作日内作出批准或者不批准的决定。决定批准的，发给相应等级的资质证书；决定不批准的，应当书面通知当事人并说明理由。

第三十五条 为制作出版物、音像制品等拍摄馆藏文物的，应当征得文物收藏单位同意，并签署拍摄协议，明确文物保护措施和责任。文物收藏单位应当自拍摄工作完成后 10 个工作日内，将拍摄情况向文物行政主管部门报告。

第三十六条　馆藏文物被盗、被抢或者丢失的，文物收藏单位应当立即向公安机关报案，并同时向主管的文物行政主管部门报告；主管的文物行政主管部门应当在接到文物收藏单位的报告后 24 小时内，将有关情况报告国务院文物行政主管部门。

第三十七条　国家机关和国有的企业、事业组织等收藏、保管国有文物的，应当履行下列义务：

（一）建立文物藏品档案制度，并将文物藏品档案报所在地省、自治区、直辖市人民政府文物行政主管部门备案；

（二）建立、健全文物藏品的保养、修复等管理制度，确保文物安全；

（三）文物藏品被盗、被抢或者丢失的，应当立即向公安机关报案，并同时向所在地省、自治区、直辖市人民政府文物行政主管部门报告。

第五章　民间收藏文物

第三十八条　文物收藏单位以外的公民、法人和其他组织，可以依法收藏文物，其依法收藏的文物的所有权受法律保护。

公民、法人和其他组织依法收藏文物的，可以要求文物行政主管部门对其收藏的文物提供鉴定、修复、保管等方面的咨询。

第三十九条　设立文物商店，应当具备下列条件：

（一）有 200 万元人民币以上的注册资本；

（二）有 5 名以上取得中级以上文物博物专业技术职务的人员；

（三）有保管文物的场所、设施和技术条件；

（四）法律、行政法规规定的其他条件。

第四十条　设立文物商店，应当向省、自治区、直辖市人民政府文物行政主管部门提出申请。省、自治区、直辖市人民政府文物行政主管部门应当自收到申请之日起 30 个工作日内作出批准或者不批准的决定。决定批准的，发给批准文件；决定不批准的，应当书面通知当事人并说明理由。

第四十一条 依法设立的拍卖企业，从事文物拍卖经营活动的，应当有5名以上取得高级文物博物专业技术职务的文物拍卖专业人员，并取得省、自治区、直辖市人民政府文物行政主管部门发给的文物拍卖许可证。

第四十二条 依法设立的拍卖企业申领文物拍卖许可证，应当向省、自治区、直辖市人民政府文物行政主管部门提出申请。省、自治区、直辖市人民政府文物行政主管部门应当自收到申请之日起30个工作日内作出批准或者不批准的决定。决定批准的，发给文物拍卖许可证；决定不批准的，应当书面通知当事人并说明理由。

第四十三条 文物商店购买、销售文物，经营文物拍卖的拍卖企业拍卖文物，应当记录文物的名称、图录、来源、文物的出卖人、委托人和买受人的姓名或者名称、住所、有效身份证件号码或者有效证照号码以及成交价格，并报省、自治区、直辖市人民政府文物行政主管部门备案。接受备案的文物行政主管部门应当依法为其保密，并将该记录保存75年。

文物行政主管部门应当加强对文物商店和经营文物拍卖的拍卖企业的监督检查。

第六章 文物出境进境

第四十四条 国务院文物行政主管部门指定的文物进出境审核机构，应当有5名以上取得中级以上文物博物专业技术职务的文物进出境责任鉴定人员。

第四十五条 运送、邮寄、携带文物出境，应当在文物出境前依法报文物进出境审核机构审核。文物进出境审核机构应当自收到申请之日起15个工作日内作出是否允许出境的决定。

文物进出境审核机构审核文物，应当有3名以上文物博物专业技术人员参加；其中，应当有2名以上文物进出境责任鉴定人员。

文物出境审核意见，由文物进出境责任鉴定员共同签署；对经审核，文物进出境责任鉴定员一致同意允许出境的文物，文物进出境审核机构方可作出允许出境的决定。

文物出境审核标准，由国务院文物行政主管部门制定。

第四十六条 文物进出境审核机构应当对所审核进出境文物的名称、质地、尺寸、级别，当事人的姓名或者名称、住所、有效身份证件号码或者有效证照号码，以及进出境口岸、文物去向和审核日期等内容进行登记。

第四十七条 经审核允许出境的文物，由国务院文物行政主管部门发给文物出境许可证，并由文物进出境审核机构标明文物出境标识。经审核允许出境的文物，应当从国务院文物行政主管部门指定的口岸出境。海关查验文物出境标识后，凭文物出境许可证放行。

经审核不允许出境的文物，由文物进出境审核机构发还当事人。

第四十八条 文物出境展览的承办单位，应当在举办展览前6个月向国务院文物行政主管部门提出申请。国务院文物行政主管部门应当自收到申请之日起30个工作日内作出批准或者不批准的决定。决定批准的，发给批准文件；决定不批准的，应当书面通知当事人并说明理由。

一级文物展品超过120件（套）的，或者一级文物展品超过展品总数的20%的，应当报国务院批准。

第四十九条 一级文物中的孤品和易损品，禁止出境展览。禁止出境展览文物的目录，由国务院文物行政主管部门定期公布。

未曾在国内正式展出的文物，不得出境展览。

第五十条 文物出境展览的期限不得超过1年。因特殊需要，经原审批机关批准可以延期；但是，延期最长不得超过1年。

第五十一条 文物出境展览期间，出现可能危及展览文物安全情形的，原审批机关可以决定中止或者撤销展览。

第五十二条 临时进境的文物，经海关将文物加封后，交由当事人报文物进出境审核机构审核、登记。文物进出境审核机构查验海关封志完好无损后，对每件临时进境文物标明文物临时进境标识，并登记拍照。

临时进境文物复出境时，应当由原审核、登记的文物进出境审核机构核对入境登记拍照记录，查验文物临时进境标识无误后标明文物出境标识，并由国务院文物行政主管部门发给文物出境许可证。

未履行本条第一款规定的手续临时进境的文物复出境的，依照本章关于文物出境的规定办理。

第五十三条 任何单位或者个人不得擅自剥除、更换、挪用或者损毁文物出境标识、文物临时进境标识。

第七章 法律责任

第五十四条 公安机关、工商行政管理、文物、海关、城乡规划、建设等有关部门及其工作人员，违反本条例规定，滥用审批权限、不履行职责或者发现违法行为不予查处的，对负有责任的主管人员和其他直接责任人员依法给予行政处分；构成犯罪的，依法追究刑事责任。

第五十五条 违反本条例规定，未取得相应等级的文物保护工程资质证书，擅自承担文物保护单位的修缮、迁移、重建工程的，由文物行政主管部门责令限期改正；逾期不改正，或者造成严重后果的，处 5 万元以上 50 万元以下的罚款；构成犯罪的，依法追究刑事责任。

违反本条例规定，未取得建设行政主管部门发给的相应等级的资质证书，擅自承担含有建筑活动的文物保护单位的修缮、迁移、重建工程的，由建设行政主管部门依照有关法律、行政法规的规定予以处罚。

第五十六条 违反本条例规定，未取得资质证书，擅自从事馆藏文物的修复、复制、拓印活动的，由文物行政主管部门责令停止违法活动；没收违法所得和从事违法活动的专用工具、设备；造成严重后果的，并处 1 万元以上 10 万元以下的罚款；构成犯罪的，依法追究刑事责任。

第五十七条 文物保护法第六十六条第二款规定的罚款，数额为 200 元以下。

第五十八条 违反本条例规定，未经批准擅自修复、复制、拓印馆藏珍贵文物的，由文物行政主管部门给予警告；造成严重后果的，处 2000 元以上 2 万元以下的罚款；对负有责任的主管人员和其他直接责任人员依法给予行政处分。

文物收藏单位违反本条例规定，未在规定期限内将文物拍摄情况向文物行政主管部门报告的，由文物行政主管部门责令限期改正；逾期不改正的，对负有责任的主管人员和其他直接责任人员依法给予行政处分。

第五十九条 考古发掘单位违反本条例规定，未在规定期限内提交结项报告或者考古发掘报告的，由省、自治区、直辖市人民政府文物行政主管部门或者国务院文物行政主管部门责令限期改正；逾期不改正的，对负有责任的主管人员和其他直接责任人员依法给予行政处分。

第六十条　考古发掘单位违反本条例规定，未在规定期限内移交文物的，由省、自治区、直辖市人民政府文物行政主管部门或者国务院文物行政主管部门责令限期改正；逾期不改正，或者造成严重后果的，对负有责任的主管人员和其他直接责任人员依法给予行政处分。

第六十一条　违反本条例规定，文物出境展览超过展览期限的，由国务院文物行政主管部门责令限期改正；对负有责任的主管人员和其他直接责任人员依法给予行政处分。

第六十二条　依照文物保护法第六十六条、第七十三条的规定，单位被处以吊销许可证行政处罚的，应当依法到工商行政管理部门办理变更登记或者注销登记；逾期未办理的，由工商行政管理部门吊销营业执照。

第六十三条　违反本条例规定，改变国有的博物馆、纪念馆、文物保护单位等的事业性收入的用途的，对负有责任的主管人员和其他直接责任人员依法给予行政处分；构成犯罪的，依法追究刑事责任。

第八章　附　则

第六十四条　本条例自 2003 年 7 月 1 日起施行。

博物馆条例

（2015 年 2 月 9 日中华人民共和国国务院令第 659 号公布）

第一章 总 则

第一条 为了促进博物馆事业发展，发挥博物馆功能，满足公民精神文化需求，提高公民思想道德和科学文化素质，制定本条例。

第二条 本条例所称博物馆，是指以教育、研究和欣赏为目的，收藏、保护并向公众展示人类活动和自然环境的见证物，经登记管理机关依法登记的非营利组织。

博物馆包括国有博物馆和非国有博物馆。利用或者主要利用国有资产设立的博物馆为国有博物馆；利用或者主要利用非国有资产设立的博物馆为非国有博物馆。

国家在博物馆的设立条件、提供社会服务、规范管理、专业技术职称评定、财税扶持政策等方面，公平对待国有和非国有博物馆。

第三条 博物馆开展社会服务应当坚持为人民服务、为社会主义服务的方向和贴近实际、贴近生活、贴近群众的原则，丰富人民群众精神文化生活。

第四条 国家制定博物馆事业发展规划，完善博物馆体系。

国家鼓励企业、事业单位、社会团体和公民等社会力量依法设立博物馆。

第五条 国有博物馆的正常运行经费列入本级财政预算；非国有博物馆的举办者应当保障博物馆的正常运行经费。

国家鼓励设立公益性基金为博物馆提供经费，鼓励博物馆多渠道筹措资金促进自身发展。

第六条 博物馆依法享受税收优惠。

依法设立博物馆或者向博物馆提供捐赠的，按照国家有关规定享受税收优惠。

第七条 国家文物主管部门负责全国博物馆监督管理工作。国务院其他有关部门在各自职责范围内负责有关的博物馆管理工作。

县级以上地方人民政府文物主管部门负责本行政区域的博物馆监督管理工作。县级以上地方人民政府其他有关部门在各自职责范围内负责本行政区域内有关的博物馆管理工作。

第八条 博物馆行业组织应当依法制定行业自律规范，维护会员的合法权益，指导、监督会员的业务活动，促进博物馆事业健康发展。

第九条 对为博物馆事业作出突出贡献的组织或者个人，按照国家有关规定给予表彰、奖励。

第二章 博物馆的设立、变更与终止

第十条 设立博物馆，应当具备下列条件：

（一）固定的馆址以及符合国家规定的展室、藏品保管场所；

（二）相应数量的藏品以及必要的研究资料，并能够形成陈列展览体系；

（三）与其规模和功能相适应的专业技术人员；

（四）必要的办馆资金和稳定的运行经费来源；

（五）确保观众人身安全的设施、制度及应急预案。

博物馆馆舍建设应当坚持新建馆舍和改造现有建筑相结合，鼓励利用名人故居、工业遗产等作为博物馆馆舍。新建、改建馆舍应当提高藏品展陈和保管面积占总面积的比重。

第十一条 设立博物馆，应当制定章程。博物馆章程应当包括下列事项：

（一）博物馆名称、馆址；

（二）办馆宗旨及业务范围；

（三）组织管理制度，包括理事会或者其他形式决策机构的产生办法、人员构成、任期、议事规则等；

（四）藏品展示、保护、管理、处置的规则；

（五）资产管理和使用规则；

（六）章程修改程序；

（七）终止程序和终止后资产的处理；

（八）其他需要由章程规定的事项。

第十二条 国有博物馆的设立、变更、终止依照有关事业单位登记管理法律、行政法规的规定办理，并应当向馆址所在地省、自治区、直辖市人民政府文物主管部门备案。

第十三条 藏品属于古生物化石的博物馆，其设立、变更、终止应当遵守有关古生物化石保护法律、行政法规的规定，并向馆址所在地省、自治区、直辖市人民政府文物主管部门备案。

第十四条 设立藏品不属于古生物化石的非国有博物馆的，应当向馆址所在地省、自治区、直辖市人民政府文物主管部门备案，并提交下列材料：

（一）博物馆章程草案；

（二）馆舍所有权或者使用权证明，展室和藏品保管场所的环境条件符合藏品展示、保护、管理需要的论证材料；

（三）藏品目录、藏品概述及藏品合法来源说明；

（四）出资证明或者验资报告；

（五）专业技术人员和管理人员的基本情况；

（六）陈列展览方案。

第十五条 设立藏品不属于古生物化石的非国有博物馆的，应当到有关登记管理机关依法办理法人登记手续。

前款规定的非国有博物馆变更、终止的，应当到有关登记管理机关依法办理变更登记、注销登记，并向馆址所在地省、自治区、直辖市人民政府文物主管部门备案。

第十六条 省、自治区、直辖市人民政府文物主管部门应当及时公布本行政区域内已备案的博物馆名称、地址、联系方式、主要藏品等信息。

第三章　博物馆管理

第十七条 博物馆应当完善法人治理结构，建立健全有关组织管理制度。

第十八条 博物馆专业技术人员按照国家有关规定评定专业技术职称。

第十九条 博物馆依法管理和使用的资产，任何组织或者个人不得侵占。

博物馆不得从事文物等藏品的商业经营活动。博物馆从事其他商业经营活动，不得违反办馆宗旨，不得损害观众利益。博物馆从事其他商业经营活动的具体办法由国家文物主管部门制定。

第二十条 博物馆接受捐赠的，应当遵守有关法律、行政法规的规定。

博物馆可以依法以举办者或者捐赠者的姓名、名称命名博物馆的馆舍或者其他设施；非国有博物馆还可以依法以举办者或者捐赠者的姓名、名称作为博物馆馆名。

第二十一条 博物馆可以通过购买、接受捐赠、依法交换等法律、行政法规规定的方式取得藏品，不得取得来源不明或者来源不合法的藏品。

第二十二条 博物馆应当建立藏品账目及档案。藏品属于文物的，应当区分文物等级，单独设置文物档案，建立严格的管理制度，并报文物主管部门备案。

未依照前款规定建账、建档的藏品，不得交换或者出借。

第二十三条 博物馆法定代表人对藏品安全负责。

博物馆法定代表人、藏品管理人员离任前，应当办结藏品移交手续。

第二十四条 博物馆应当加强对藏品的安全管理，定期对保障藏品安全的设备、设施进行检查、维护，保证其正常运行。对珍贵藏品和易损藏品应当设立专库或者专用设备保存，并由专人负责保管。

第二十五条 博物馆藏品属于国有文物、非国有文物中的珍贵文物和国家规定禁止出境的其他文物的，不得出境，不得转让、出租、质押给外国人。

国有博物馆藏品属于文物的，不得赠与、出租或者出售给其他单位和个人。

第二十六条 博物馆终止的，应当依照有关非营利组织法律、行政法规的规定处理藏品；藏品属于国家禁止买卖的文物的，应当依照有关文物保护法律、行政法规的规定处理。

第二十七条 博物馆藏品属于文物或者古生物化石的，其取得、保护、管理、展示、处置、进出境等还应当分别遵守有关文物保护、古生物化石保护的法律、行政法规的规定。

第四章　博物馆社会服务

第二十八条 博物馆应当自取得登记证书之日起 6 个月内向公众开放。

第二十九条 博物馆应当向公众公告具体开放时间。在国家法定节假日和学校寒暑假期间，博物馆应当开放。

第三十条 博物馆举办陈列展览，应当遵守下列规定：

（一）主题和内容应当符合宪法所确定的基本原则和维护国家安全与民族团结、弘扬爱国主义、倡导科学精神、普及科学知识、传播优秀文化、培养良好风尚、促进社会和谐、推动社会文明进步的要求；

（二）与办馆宗旨相适应，突出藏品特色；

（三）运用适当的技术、材料、工艺和表现手法，达到形式与内容的和谐统一；

（四）展品以原件为主，使用复制品、仿制品应当明示；

（五）采用多种形式提供科学、准确、生动的文字说明和讲解服务；

（六）法律、行政法规的其他有关规定。

陈列展览的主题和内容不适宜未成年人的，博物馆不得接纳未成年人。

第三十一条 博物馆举办陈列展览的，应当在陈列展览开始之日 10 个工作日前，将陈列展览主题、展品说明、讲解词等向陈列展览举办地的文物主管部门或者其他有关部门备案。

各级人民政府文物主管部门和博物馆行业组织应当加强对博物馆陈列展览的指导和监督。

第三十二条 博物馆应当配备适当的专业人员，根据不同年龄段的未成年人接受能力进行讲解；学校寒暑假期间，具备条件的博物馆应当增设适合学生特点的陈列展览项目。

第三十三条 国家鼓励博物馆向公众免费开放。县级以上人民政府应当对向公众免费开放的博物馆给予必要的经费支持。

博物馆未实行免费开放的，其门票、收费的项目和标准按照国家有关规定执行，并在收费地点的醒目位置予以公布。

博物馆未实行免费开放的，应当对未成年人、成年学生、教师、老年人、残疾人和军人等实行免费或者其他优惠。博物馆实行优惠的项目和标准应当向公众公告。

第三十四条 博物馆应当根据自身特点、条件，运用现代信息技术，开展形式多样、生动活泼的社会教育和服务活动，参与社区文化建设和对外文化交流与合作。

国家鼓励博物馆挖掘藏品内涵，与文化创意、旅游等产业相结合，开发衍生产品，增强博物馆发展能力。

第三十五条 国务院教育行政部门应当会同国家文物主管部门，制定利用博物馆资源开展教育教学、社会实践活动的政策措施。

地方各级人民政府教育行政部门应当鼓励学校结合课程设置和教学计划，组织学生到博物馆开展学习实践活动。

博物馆应当对学校开展各类相关教育教学活动提供支持和帮助。

第三十六条 博物馆应当发挥藏品优势，开展相关专业领域的理论及应用研究，提高业务水平，促进专业人才的成长。

博物馆应当为高等学校、科研机构和专家学者等开展科学研究工作提供支持和帮助。

第三十七条 公众应当爱护博物馆展品、设施及环境，不得损坏博物馆的展品、设施。

第三十八条 博物馆行业组织可以根据博物馆的教育、服务及藏品保护、研究和展示水平，对博物馆进行评估。具体办法由国家文物主管部门会同其他有关部门制定。

第五章　法律责任

第三十九条 博物馆取得来源不明或者来源不合法的藏品，或者陈列展览的主题、内容造成恶劣影响的，由省、自治区、直辖市人民政府文物主管部门或者有关登记管理机关按照职责分工，责令改正，有违法所得的，没收违法所得，并处违法所得 2 倍以上 5 倍以下罚款；没有违法所得的，处 5000元以上 2 万元以下罚款；情节严重的，由登记管理机关撤销登记。

第四十条 博物馆从事文物藏品的商业经营活动的，由工商行政管理部门依照有关文物保护法律、行政法规的规定处罚。

博物馆从事非文物藏品的商业经营活动，或者从事其他商业经营活动违反办馆宗旨、损害观众利益的，由省、自治区、直辖市人民政府文物主管部门或者有关登记管理机关按照职责分工，责令改正，有违法所得的，没收违法所得，并处违法所得 2 倍以上 5 倍以下罚款；没有违法所得的，处 5000 元以上 2 万元以下罚款；情节严重的，由登记管理机关撤销登记。

第四十一条　博物馆自取得登记证书之日起 6 个月内未向公众开放，或者未依照本条例的规定实行免费或者其他优惠的，由省、自治区、直辖市人民政府文物主管部门责令改正；拒不改正的，由登记管理机关撤销登记。

第四十二条　博物馆违反有关价格法律、行政法规规定的，由馆址所在地县级以上地方人民政府价格主管部门依法给予处罚。

第四十三条　县级以上人民政府文物主管部门或者其他有关部门及其工作人员玩忽职守、滥用职权、徇私舞弊或者利用职务上的便利索取或者收受他人财物的，由本级人民政府或者上级机关责令改正，通报批评；对直接负责的主管人员和其他直接责任人员依法给予处分。

第四十四条　违反本条例规定，构成犯罪的，依法追究刑事责任。

第六章　附　则

第四十五条　本条例所称博物馆不包括以普及科学技术为目的的科普场馆。

第四十六条　中国人民解放军所属博物馆依照军队有关规定进行管理。

第四十七条　本条例自 2015 年 3 月 20 日起施行。

古生物化石保护条例

(2010 年 9 月 5 日中华人民共和国国务院令第 580 号公布　根据 2019 年 3 月 2 日《国务院关于修改部分行政法规的决定》修订)

第一章　总　则

第一条　为了加强对古生物化石的保护，促进古生物化石的科学研究和合理利用，制定本条例。

第二条　在中华人民共和国领域和中华人民共和国管辖的其他海域从事古生物化石发掘、收藏等活动以及古生物化石进出境，应当遵守本条例。

本条例所称古生物化石，是指地质历史时期形成并赋存于地层中的动物和植物的实体化石及其遗迹化石。

古猿、古人类化石以及与人类活动有关的第四纪古脊椎动物化石的保护依照国家文物保护的有关规定执行。

第三条　中华人民共和国领域和中华人民共和国管辖的其他海域遗存的古生物化石属于国家所有。

国有的博物馆、科学研究单位、高等院校和其他收藏单位收藏的古生物化石，以及单位和个人捐赠给国家的古生物化石属于国家所有，不因其收藏单位的终止或者变更而改变其所有权。

第四条　国家对古生物化石实行分类管理、重点保护、科研优先、合理利用的原则。

第五条　国务院自然资源主管部门主管全国古生物化石保护工作。县级以上地方人民政府自然资源主管部门主管本行政区域古生物化石保护工作。

县级以上人民政府公安、市场监督管理等部门按照各自的职责负责古生物化石保护的有关工作。

第六条　国务院自然资源主管部门负责组织成立国家古生物化石专家委员会。国家古生物化石专家委员会由国务院有关部门和中国古生物学会推荐的专家组成，承担重点保护古生物化石名录的拟定、国家级古生物化石自然保护区建立的咨询、古生物化石发掘申请的评审、重点保护古生物化石进出境的鉴定等工作，具体办法由国务院自然资源主管部门制定。

第七条　按照在生物进化以及生物分类上的重要程度，将古生物化石划分为重点保护古生物化石和一般保护古生物化石。

具有重要科学研究价值或者数量稀少的下列古生物化石，应当列为重点保护古生物化石：

（一）已经命名的古生物化石种属的模式标本；

（二）保存完整或者较完整的古脊椎动物实体化石；

（三）大型的或者集中分布的高等植物化石、无脊椎动物化石和古脊椎动物的足迹等遗迹化石；

（四）国务院自然资源主管部门确定的其他需要重点保护的古生物化石。

重点保护古生物化石名录由国家古生物化石专家委员会拟定，由国务院自然资源主管部门批准并公布。

第八条　重点保护古生物化石集中的区域，应当建立国家级古生物化石自然保护区；一般保护古生物化石集中的区域，同时该区域已经发现重点保护古生物化石的，应当建立地方级古生物化石自然保护区。建立古生物化石自然保护区的程序，依照《中华人民共和国自然保护区条例》的规定执行。

建立国家级古生物化石自然保护区，应当征求国家古生物化石专家委员会的意见。

第九条　县级以上人民政府应当加强对古生物化石保护工作的领导，将古生物化石保护工作所需经费列入本级财政预算。

县级以上人民政府应当组织有关部门开展古生物化石保护知识的宣传教育，增强公众保护古生物化石的意识，并按照国家有关规定对在古生物化石保护工作中做出突出成绩的单位和个人给予奖励。

第二章　古生物化石发掘

第十条　因科学研究、教学、科学普及或者对古生物化石进行抢救性保护等需要，方可发掘古生物化石。发掘古生物化石的，应当符合本条例第十一条第二款规定的条件，并依照本条例的规定取得批准。

本条例所称发掘，是指有一定工作面，使用机械或者其他动力工具挖掘古生物化石的活动。

第十一条 在国家级古生物化石自然保护区内发掘古生物化石，或者在其他区域发掘重点保护古生物化石的，应当向国务院自然资源主管部门提出申请并取得批准；在国家级古生物化石自然保护区外发掘一般保护古生物化石的，应当向古生物化石所在地省、自治区、直辖市人民政府自然资源主管部门提出申请并取得批准。

申请发掘古生物化石的单位应当符合下列条件，并在提出申请时提交其符合下列条件的证明材料以及发掘项目概况、发掘方案、发掘标本保存方案和发掘区自然生态条件恢复方案：

（一）有 3 名以上拥有古生物专业或者相关专业技术职称，并有 3 年以上古生物化石发掘经历的技术人员（其中至少有 1 名技术人员具有古生物专业高级职称并作为发掘活动的领队）；

（二）有符合古生物化石发掘需要的设施、设备；

（三）有与古生物化石保护相适应的处理技术和工艺；

（四）有符合古生物化石保管需要的设施、设备和场所。

第十二条 国务院自然资源主管部门应当自受理申请之日起 3 个工作日内将申请材料送国家古生物化石专家委员会。国家古生物化石专家委员会应当自收到申请材料之日起 10 个工作日内出具书面评审意见。评审意见应当作为是否批准古生物化石发掘的重要依据。

国务院自然资源主管部门应当自受理申请之日起 30 个工作日内完成审查，对申请单位符合本条例第十一条第二款规定条件，同时古生物化石发掘方案、发掘标本保存方案和发掘区自然生态条件恢复方案切实可行的，予以批准；对不符合条件的，书面通知申请单位并说明理由。

国务院自然资源主管部门批准古生物化石发掘申请前，应当征求古生物化石所在地省、自治区、直辖市人民政府自然资源主管部门的意见；批准发掘申请后，应当将批准发掘古生物化石的情况通报古生物化石所在地省、自治区、直辖市人民政府自然资源主管部门。

第十三条 省、自治区、直辖市人民政府自然资源主管部门受理古生物化石发掘申请的，应当依照本条例第十二条第二款规定的期限和要求进行审查、批准，并听取古生物专家的意见。

第十四条 发掘古生物化石的单位，应当按照批准的发掘方案进行发掘；确需改变发掘方案的，应当报原批准发掘的自然资源主管部门批准。

第十五条 发掘古生物化石的单位，应当自发掘或者科学研究、教学等活动结束之日起 30 日内，对发掘的古生物化石登记造册，作出相应的描述与标注，并移交给批准发掘的自然资源主管部门指定的符合条件的收藏单位收藏。

第十六条 进行区域地质调查或者科学研究机构、高等院校等因科学研究、教学需要零星采集古生物化石标本的，不需要申请批准，但是，应当在采集活动开始前将采集时间、采集地点、采集数量等情况书面告知古生物化石所在地的省、自治区、直辖市人民政府自然资源主管部门。采集的古生物化石的收藏应当遵守本条例的规定。

本条例所称零星采集，是指使用手持非机械工具在地表挖掘极少量古生物化石，同时不对地表和其他资源造成影响的活动。

第十七条 外国人、外国组织因中外合作进行科学研究需要，方可在中华人民共和国领域和中华人民共和国管辖的其他海域发掘古生物化石。发掘古生物化石的，应当经国务院自然资源主管部门批准，采取与符合本条例第十一条第二款规定条件的中方单位合作的方式进行，并遵守本条例有关古生物化石发掘、收藏、进出境的规定。

第十八条 单位和个人在生产、建设等活动中发现古生物化石的，应当保护好现场，并立即报告所在地县级以上地方人民政府自然资源主管部门。

县级以上地方人民政府自然资源主管部门接到报告后，应当在 24 小时内赶赴现场，并在 7 日内提出处理意见。确有必要的，可以报请当地人民政府通知公安机关协助保护现场。发现重点保护古生物化石的，应当逐级上报至国务院自然资源主管部门，由国务院自然资源主管部门提出处理意见。

生产、建设等活动中发现的古生物化石需要进行抢救性发掘的，由提出处理意见的自然资源主管部门组织符合本条例第十一条第二款规定条件的单位发掘。

第十九条 县级以上人民政府自然资源主管部门应当加强对古生物化石发掘活动的监督检查，发现未经依法批准擅自发掘古生物化石，或者不按照批准的发掘方案发掘古生物化石的，应当依法予以处理。

第三章 古生物化石收藏

第二十条 古生物化石的收藏单位，应当符合下列条件：

（一）有固定的馆址、专用展室、相应面积的藏品保管场所；

（二）有相应数量的拥有相关研究成果的古生物专业或者相关专业的技术人员；

（三）有防止古生物化石自然损毁的技术、工艺和设备；

（四）有完备的防火、防盗等设施、设备和完善的安全保卫等管理制度；

（五）有维持正常运转所需的经费。

县级以上人民政府自然资源主管部门应当加强对古生物化石收藏单位的管理和监督检查。

第二十一条 国务院自然资源主管部门负责建立全国的重点保护古生物化石档案和数据库。县级以上地方人民政府自然资源主管部门负责建立本行政区域的重点保护古生物化石档案和数据库。

收藏单位应当建立本单位收藏的古生物化石档案，并如实对收藏的古生物化石作出描述与标注。

第二十二条 国家鼓励单位和个人将其收藏的重点保护古生物化石捐赠给符合条件的收藏单位收藏。

除收藏单位之间转让、交换、赠与其收藏的重点保护古生物化石外，其他任何单位和个人不得买卖重点保护古生物化石。买卖一般保护古生物化石的，应当在县级以上地方人民政府指定的场所进行。具体办法由省、自治区、直辖市人民政府制定。

第二十三条 国有收藏单位不得将其收藏的重点保护古生物化石转让、交换、赠与给非国有收藏单位或者个人。

任何单位和个人不得将其收藏的重点保护古生物化石转让、交换、赠与、质押给外国人或者外国组织。

第二十四条 收藏单位之间转让、交换、赠与其收藏的重点保护古生物化石的，应当在事后向国务院自然资源主管部门备案。具体办法由国务院自然资源主管部门制定。

第二十五条 公安、市场监督管理、海关等部门应当对依法没收的古生物化石登记造册、妥善保管，并在结案后 30 个工作日内移交给同级自然资源主管部门。接受移交的自然资源主管部门应当出具接收凭证，并将接收的古生物化石交符合条件的收藏单位收藏。

国有收藏单位不再收藏的一般保护古生物化石，应当按照国务院自然资源主管部门的规定处理。

第四章　古生物化石进出境

第二十六条 未命名的古生物化石不得出境。

重点保护古生物化石符合下列条件之一，经国务院自然资源主管部门批准，方可出境：

（一）因科学研究需要与国外有关研究机构进行合作的；

（二）因科学、文化交流需要在境外进行展览的。

一般保护古生物化石经所在地省、自治区、直辖市人民政府自然资源主管部门批准，方可出境。

第二十七条 申请古生物化石出境的，应当向国务院自然资源主管部门或者省、自治区、直辖市人民政府自然资源主管部门提出出境申请，并提交出境古生物化石的清单和照片。出境申请应当包括申请人的基本情况和古生物化石的出境地点、出境目的、出境时间等内容。

申请重点保护古生物化石出境的，申请人还应当提供外方合作单位的基本情况和合作科学研究合同或者展览合同，以及古生物化石的应急保护预案、保护措施、保险证明等材料。

第二十八条 申请重点保护古生物化石出境的，国务院自然资源主管部门应当自受理申请之日起 3 个工作日内将申请材料送国家古生物化石专家委员会。国家古生物化石专家委员会应当自收到申请材料之日起 10 个工作日内对申请出境的重点保护古生物化石进行鉴定，确认古生物化石的种属、数量和完好程度，并出具书面鉴定意见。鉴定意见应当作为是否批准重点保护古生物化石出境的重要依据。

国务院自然资源主管部门应当自受理申请之日起 20 个工作日内完成审查，符合规定条件的，作出批准出境的决定；不符合规定条件的，书面通知申请人并说明理由。

第二十九条　申请一般保护古生物化石出境的，省、自治区、直辖市人民政府自然资源主管部门应当自受理申请之日起 20 个工作日内完成审查，同意出境的，作出批准出境的决定；不同意出境的，书面通知申请人并说明理由。

第三十条　古生物化石出境批准文件的有效期为 90 日；超过有效期出境的，应当重新提出出境申请。

重点古生物化石在境外停留的期限一般不超过 6 个月；因特殊情况确需延长境外停留时间的，应当在境外停留期限届满 60 日前向国务院自然资源主管部门申请延期。延长期限最长不超过 6 个月。

第三十一条　经批准出境的重点保护古生物化石出境后进境的，申请人应当自办结进境海关手续之日起 5 日内向国务院自然资源主管部门申请进境核查。

国务院自然资源主管部门应当自受理申请之日起 3 个工作日内将申请材料送国家古生物化石专家委员会。国家古生物化石专家委员会应当自收到申请材料之日起 5 个工作日内对出境后进境的重点保护古生物化石进行鉴定，并出具书面鉴定意见。鉴定意见应当作为重点保护古生物化石进境核查结论的重要依据。

国务院自然资源主管部门应当自受理申请之日起 15 个工作日内完成核查，作出核查结论；对确认为非原出境重点保护古生物化石的，责令申请人追回原出境重点保护古生物化石。

第三十二条　境外古生物化石临时进境的，应当交由海关加封，由境内有关单位或者个人自办结进境海关手续之日起 5 日内向国务院自然资源主管部门申请核查、登记。国务院自然资源主管部门核查海关封志完好无损的，逐件进行拍照、登记。

临时进境的古生物化石进境后出境的，由境内有关单位或者个人向国务院自然资源主管部门申请核查。国务院自然资源主管部门应当依照本条例第三十一条第二款规定的程序，自受理申请之日起 15 个工作日内完成核查，对确认为原临时进境的古生物化石的，批准出境。

境内单位或者个人从境外取得的古生物化石进境的，应当向海关申报，按照海关管理的有关规定办理进境手续。

第三十三条 运送、邮寄、携带古生物化石出境的，应当如实向海关申报，并向海关提交国务院自然资源主管部门或者省、自治区、直辖市人民政府自然资源主管部门的出境批准文件。

对有理由怀疑属于古生物化石的物品出境的，海关可以要求有关单位或者个人向国务院自然资源主管部门或者出境口岸所在地的省、自治区、直辖市人民政府自然资源主管部门申请办理是否属于古生物化石的证明文件。

第三十四条 国家对违法出境的古生物化石有权进行追索。

国务院自然资源主管部门代表国家具体负责追索工作。国务院外交、公安、海关等部门应当配合国务院自然资源主管部门做好违法出境古生物化石的追索工作。

第五章　法律责任

第三十五条 县级以上人民政府自然资源主管部门及其工作人员有下列行为之一的，对直接负责的主管人员和其他直接责任人员依法给予处分；直接负责的主管人员和其他直接责任人员构成犯罪的，依法追究刑事责任：

（一）未依照本条例规定批准古生物化石发掘的；

（二）未依照本条例规定批准古生物化石出境的；

（三）发现违反本条例规定的行为不予查处，或者接到举报不依法处理的；

（四）其他不依法履行监督管理职责的行为。

第三十六条 单位或者个人有下列行为之一的，由县级以上人民政府自然资源主管部门责令停止发掘，限期改正，没收发掘的古生物化石，并处 20 万元以上 50 万元以下的罚款；构成违反治安管理行为的，由公安机关依法给予治安管理处罚；构成犯罪的，依法追究刑事责任：

（一）未经批准发掘古生物化石的；

（二）未按照批准的发掘方案发掘古生物化石的。

有前款第（二）项行为，情节严重的，由批准古生物化石发掘的自然资源主管部门撤销批准发掘的决定。

第三十七条　古生物化石发掘单位未按照规定移交发掘的古生物化石的，由批准古生物化石发掘的自然资源主管部门责令限期改正；逾期不改正，或者造成古生物化石损毁的，处 10 万元以上 50 万元以下的罚款；直接负责的主管人员和其他直接责任人员构成犯罪的，依法追究刑事责任。

第三十八条　古生物化石收藏单位不符合收藏条件收藏古生物化石的，由县级以上人民政府自然资源主管部门责令限期改正；逾期不改正的，处 5 万元以上 10 万元以下的罚款；已严重影响其收藏的重点保护古生物化石安全的，由国务院自然资源主管部门指定符合条件的收藏单位代为收藏，代为收藏的费用由原收藏单位承担。

第三十九条　古生物化石收藏单位未按照规定建立本单位收藏的古生物化石档案的，由县级以上人民政府自然资源主管部门责令限期改正；逾期不改正的，没收有关古生物化石，并处 2 万元的罚款。

第四十条　单位或者个人违反规定买卖重点保护古生物化石的，由市场监督管理部门责令限期改正，没收违法所得，并处 5 万元以上 20 万元以下的罚款；构成违反治安管理行为的，由公安机关依法给予治安管理处罚；构成犯罪的，依法追究刑事责任。

第四十一条　国有收藏单位将其收藏的重点保护古生物化石违法转让、交换、赠与给非国有收藏单位或者个人的，由县级以上人民政府自然资源主管部门对国有收藏单位处 20 万元以上 50 万元以下的罚款，对直接负责的主管人员和其他直接责任人员依法给予处分；构成犯罪的，依法追究刑事责任。

第四十二条　单位或者个人将其收藏的重点保护古生物化石转让、交换、赠与、质押给外国人或者外国组织的，由县级以上人民政府自然资源主管部门责令限期追回，对个人处 2 万元以上 10 万元以下的罚款，对单位处 10 万元以上 50 万元以下的罚款；有违法所得的，没收违法所得；构成犯罪的，依法追究刑事责任。

第四十三条　单位或者个人未取得批准运送、邮寄、携带古生物化石出境的，由海关依照有关法律、行政法规的规定予以处理；构成犯罪的，依法追究刑事责任。

第四十四条　县级以上人民政府自然资源主管部门、其他有关部门的工作人员，或者国有的博物馆、科学研究单位、高等院校、其他收藏单位以及发掘单位的工作人员，利用职务上的便利，将国有古生物化石非法占为己有的，依法给予处分，由县级以上人民政府自然资源主管部门追回非法占有的古生物化石；有违法所得的，没收违法所得；构成犯罪的，依法追究刑事责任。

第六章　附　则

第四十五条　本条例自 2011 年 1 月 1 日起施行。

中华人民共和国濒危野生动植物进出口管理条例

（2006 年 4 月 29 日中华人民共和国国务院令第 465 号公布　根据 2018 年 3 月 19 日《国务院关于修改和废止部分行政法规的决定》第一次修订　根据 2019 年 3 月 2 日《国务院关于修改部分行政法规的决定》第二次修订）

第一条　为了加强对濒危野生动植物及其产品的进出口管理，保护和合理利用野生动植物资源，履行《濒危野生动植物种国际贸易公约》（以下简称公约），制定本条例。

第二条　进口或者出口公约限制进出口的濒危野生动植物及其产品，应当遵守本条例。

出口国家重点保护的野生动植物及其产品，依照本条例有关出口濒危野生动植物及其产品的规定办理。

第三条　国务院林业、农业（渔业）主管部门（以下称国务院野生动植物主管部门），按照职责分工主管全国濒危野生动植物及其产品的进出口管理工作，并做好与履行公约有关的工作。

国务院其他有关部门依照有关法律、行政法规的规定，在各自的职责范围内负责做好相关工作。

第四条　国家濒危物种进出口管理机构代表中国政府履行公约，依照本条例的规定对经国务院野生动植物主管部门批准出口的国家重点保护的野生动植物及其产品、批准进口或者出口的公约限制进出口的濒危野生动植物及其产品，核发允许进出口证明书。

第五条　国家濒危物种进出口科学机构依照本条例，组织陆生野生动物、水生野生动物和野生植物等方面的专家，从事有关濒危野生动植物及其产品进出口的科学咨询工作。

第六条　禁止进口或者出口公约禁止以商业贸易为目的进出口的濒危野

生动植物及其产品，因科学研究、驯养繁殖、人工培育、文化交流等特殊情况，需要进口或者出口的，应当经国务院野生动植物主管部门批准；按照有关规定由国务院批准的，应当报经国务院批准。

禁止出口未定名的或者新发现并有重要价值的野生动植物及其产品以及国务院或者国务院野生动植物主管部门禁止出口的濒危野生动植物及其产品。

第七条 进口或者出口公约限制进出口的濒危野生动植物及其产品，出口国务院或者国务院野生动植物主管部门限制出口的野生动植物及其产品，应当经国务院野生动植物主管部门批准。

第八条 进口濒危野生动植物及其产品的，必须具备下列条件：

（一）对濒危野生动植物及其产品的使用符合国家有关规定；

（二）具有有效控制措施并符合生态安全要求；

（三）申请人提供的材料真实有效；

（四）国务院野生动植物主管部门公示的其他条件。

第九条 出口濒危野生动植物及其产品的，必须具备下列条件：

（一）符合生态安全要求和公共利益；

（二）来源合法；

（三）申请人提供的材料真实有效；

（四）不属于国务院或者国务院野生动植物主管部门禁止出口的；

（五）国务院野生动植物主管部门公示的其他条件。

第十条 进口或者出口濒危野生动植物及其产品的，申请人应当按照管理权限，向其所在地的省、自治区、直辖市人民政府农业（渔业）主管部门提出申请，或者向国务院林业主管部门提出申请，并提交下列材料：

（一）进口或者出口合同；

（二）濒危野生动植物及其产品的名称、种类、数量和用途；

（三）活体濒危野生动物装运设施的说明资料；

（四）国务院野生动植物主管部门公示的其他应当提交的材料。

省、自治区、直辖市人民政府农业（渔业）主管部门应当自收到申请之日起10个工作日内签署意见，并将全部申请材料转报国务院农业（渔业）主管部门。

第十一条 国务院野生动植物主管部门应当自收到申请之日起20个工作

日内，作出批准或者不予批准的决定，并书面通知申请人。在 20 个工作日内不能作出决定的，经本行政机关负责人批准，可以延长 10 个工作日，延长的期限和理由应当通知申请人。

第十二条　申请人取得国务院野生动植物主管部门的进出口批准文件后，应当在批准文件规定的有效期内，向国家濒危物种进出口管理机构申请核发允许进出口证明书。

申请核发允许进出口证明书时应当提交下列材料：

（一）允许进出口证明书申请表；

（二）进出口批准文件；

（三）进口或者出口合同。

进口公约限制进出口的濒危野生动植物及其产品的，申请人还应当提交出口国（地区）濒危物种进出口管理机构核发的允许出口证明材料；出口公约禁止以商业贸易为目的进出口的濒危野生动植物及其产品的，申请人还应当提交进口国（地区）濒危物种进出口管理机构核发的允许进口证明材料；进口的濒危野生动植物及其产品再出口时，申请人还应当提交海关进口货物报关单和海关签注的允许进口证明书。

第十三条　国家濒危物种进出口管理机构应当自收到申请之日起 20 个工作日内，作出审核决定。对申请材料齐全、符合本条例规定和公约要求的，应当核发允许进出口证明书；对不予核发允许进出口证明书的，应当书面通知申请人和国务院野生动植物主管部门并说明理由。在 20 个工作日内不能作出决定的，经本机构负责人批准，可以延长 10 个工作日，延长的期限和理由应当通知申请人。

国家濒危物种进出口管理机构在审核时，对申请材料不符合要求的，应当在 5 个工作日内一次性通知申请人需要补正的全部内容。

第十四条　国家濒危物种进出口管理机构在核发允许进出口证明书时，需要咨询国家濒危物种进出口科学机构的意见，或者需要向境外相关机构核实允许进出口证明材料等有关内容的，应当自收到申请之日起 5 个工作日内，将有关材料送国家濒危物种进出口科学机构咨询意见或者向境外相关机构核实有关内容。咨询意见、核实内容所需时间不计入核发允许进出口证明书工作日之内。

第十五条 国务院野生动植物主管部门和省、自治区、直辖市人民政府野生动植物主管部门以及国家濒危物种进出口管理机构，在审批濒危野生动植物及其产品进出口时，除收取国家规定的费用外，不得收取其他费用。

第十六条 因进口或者出口濒危野生动植物及其产品对野生动植物资源、生态安全造成或者可能造成严重危害和影响的，由国务院野生动植物主管部门提出临时禁止或者限制濒危野生动植物及其产品进出口的措施，报国务院批准后执行。

第十七条 从不属于任何国家管辖的海域获得的濒危野生动植物及其产品，进入中国领域的，参照本条例有关进口的规定管理。

第十八条 进口濒危野生动植物及其产品涉及外来物种管理的，出口濒危野生动植物及其产品涉及种质资源管理的，应当遵守国家有关规定。

第十九条 进口或者出口濒危野生动植物及其产品的，应当在国务院野生动植物主管部门会同海关总署指定并经国务院批准的口岸进行。

第二十条 进口或者出口濒危野生动植物及其产品的，应当按照允许进出口证明书规定的种类、数量、口岸、期限完成进出口活动。

第二十一条 进口或者出口濒危野生动植物及其产品的，应当向海关提交允许进出口证明书，接受海关监管，并自海关放行之日起30日内，将海关验讫的允许进出口证明书副本交国家濒危物种进出口管理机构备案。

过境、转运和通运的濒危野生动植物及其产品，自入境起至出境前由海关监管。

进出保税区、出口加工区等海关特定监管区域和保税场所的濒危野生动植物及其产品，应当接受海关监管，并按照海关总署和国家濒危物种进出口管理机构的规定办理进出口手续。

进口或者出口濒危野生动植物及其产品的，应当凭允许进出口证明书向海关报检，并接受检验检疫。

第二十二条 国家濒危物种进出口管理机构应当将核发允许进出口证明书的有关资料和濒危野生动植物及其产品年度进出口情况，及时抄送国务院野生动植物主管部门及其他有关主管部门。

第二十三条 进出口批准文件由国务院野生动植物主管部门组织统一印制；允许进出口证明书及申请表由国家濒危物种进出口管理机构组织统一印制。

第二十四条 野生动植物主管部门、国家濒危物种进出口管理机构的工作人员，利用职务上的便利收取他人财物或者谋取其他利益，不依照本条例的规定批准进出口、核发允许进出口证明书，情节严重，构成犯罪的，依法追究刑事责任；尚不构成犯罪的，依法给予处分。

第二十五条 国家濒危物种进出口科学机构的工作人员，利用职务上的便利收取他人财物或者谋取其他利益，出具虚假意见，情节严重，构成犯罪的，依法追究刑事责任；尚不构成犯罪的，依法给予处分。

第二十六条 非法进口、出口或者以其他方式走私濒危野生动植物及其产品的，由海关依照海关法的有关规定予以处罚；情节严重，构成犯罪的，依法追究刑事责任。

罚没的实物移交野生动植物主管部门依法处理；罚没的实物依法需要实施检疫的，经检疫合格后，予以处理。罚没的实物需要返还原出口国（地区）的，应当由野生动植物主管部门移交国家濒危物种进出口管理机构依照公约规定处理。

第二十七条 伪造、倒卖或者转让进出口批准文件或者允许进出口证明书的，由野生动植物主管部门或者市场监督管理部门按照职责分工依法予以处罚；情节严重，构成犯罪的，依法追究刑事责任。

第二十八条 本条例自 2006 年 9 月 1 日起施行。

中华人民共和国陆生野生动物保护
实施条例（节选）

（1992 年 2 月 12 日国务院批准　1992 年 3 月 1 日林业部发布　根据 2011 年 1 月 8 日《国务院关于废止和修改部分行政法规的决定》第一次修订　根据 2016 年 2 月 6 日《国务院关于修改部分行政法规的决定》第二次修订）

第五章　野生动物经营利用管理

第二十四条　收购驯养繁殖的国家重点保护野生动物或者其产品的单位，由省、自治区、直辖市人民政府林业行政主管部门商有关部门提出，经同级人民政府或者其授权的单位批准，凭批准文件向工商行政管理部门申请登记注册。

依照前款规定经核准登记的单位，不得收购未经批准出售的国家重点保护野生动物或者其产品。

第二十五条　经营利用非国家重点保护野生动物或者其产品的，应当向工商行政管理部门申请登记注册。

第二十六条　禁止在集贸市场出售、收购国家重点保护野生动物或者其产品。

持有狩猎证的单位和个人需要出售依法获得的非国家重点保护野生动物或者其产品的，应当按照狩猎证规定的种类、数量向经核准登记的单位出售，或者在当地人民政府有关部门指定的集贸市场出售。

第二十七条　县级以上各级人民政府野生动物行政主管部门和工商行政管理部门，应当对野生动物或者其产品的经营利用建立监督检查制度，加强对经营利用野生动物或者其产品的监督管理。

对进入集贸市场的野生动物或者其产品，由工商行政管理部门进行监督管理；在集贸市场以外经营野生动物或者其产品，由野生动物行政主管部门、工商行政管理部门或者其授权的单位进行监督管理。

第二十八条　运输、携带国家重点保护野生动物或者其产品出县境的，应当凭特许猎捕证、驯养繁殖许可证，向县级人民政府野生动物行政主管部门提出申请，报省、自治区、直辖市人民政府林业行政主管部门或者其授权的单位批准。动物园之间因繁殖动物，需要运输国家重点保护野生动物的，可以由省、自治区、直辖市人民政府林业行政主管部门授权同级建设行政主管部门审批。

第二十九条　出口国家重点保护野生动物或者其产品的，以及进出口中国参加的国际公约所限制进出口的野生动物或者其产品的，必须经进出口单位或者个人所在地的省、自治区、直辖市人民政府林业行政主管部门审核，报国务院林业行政主管部门或者国务院批准；属于贸易性进出口活动的，必须由具有有关商品进出口权的单位承担。

动物园因交换动物需要进出口前款所称野生动物的，国务院林业行政主管部门批准前或者国务院林业行政主管部门报请国务院批准前，应当经国务院建设行政主管部门审核同意。

第三十条　利用野生动物或者其产品举办出国展览等活动的经济收益，主要用于野生动物保护事业。

第七章　附　则

第四十四条　本条例由国务院林业行政主管部门负责解释。

第四十五条　本条例自发布之日起施行。

中华人民共和国水生野生动物保护
实施条例（节选）

（1993 年 9 月 17 日国务院批准　1993 年 10 月 5 日农业部令第 1 号发布　根据 2011 年 1 月 8 日《国务院关于废止和修改部分行政法规的决定》第一次修订　根据 2013 年 12 月 7 日《国务院关于修改部分行政法规的决定》第二次修订）

第三章　水生野生动物管理

第十二条　禁止捕捉、杀害国家重点保护的水生野生动物。

有下列情形之一，确需捕捉国家重点保护的水生野生动物的，必须申请特许捕捉证：

（一）为进行水生野生动物科学考察、资源调查，必须捕捉的；

（二）为驯养繁殖国家重点保护的水生野生动物，必须从自然水域或者场所获取种源的；

（三）为承担省级以上科学研究项目或者国家医药生产任务，必须从自然水域或者场所获取国家重点保护的水生野生动物的；

（四）为宣传、普及水生野生动物知识或者教学、展览的需要，必须从自然水域或者场所获取国家重点保护的水生野生动物的；

（五）因其他特殊情况，必须捕捉的。

第十三条　申请特许捕捉证的程序：

（一）需要捕捉国家一级保护水生野生动物的，必须附具申请人所在地和捕捉地的省、自治区、直辖市人民政府渔业行政主管部门签署的意见，向国务院渔业行政主管部门申请特许捕捉证；

（二）需要在本省、自治区、直辖市捕捉国家二级保护水生野生动物的，必须附具申请人所在地的县级人民政府渔业行政主管部门签署的意见，向省、自治区、直辖市人民政府渔业行政主管部门申请特许捕捉证；

（三）需要跨省、自治区、直辖市捕捉国家二级保护水生野生动物的，必须附具申请人所在地的省、自治区、直辖市人民政府渔业行政主管部门签署的意见，向捕捉地的省、自治区、直辖市人民政府渔业行政主管部门申请特许捕捉证。

动物园申请捕捉国家一级保护水生野生动物的，在向国务院渔业行政主管部门申请特许捕捉证前，须经国务院建设行政主管部门审核同意；申请捕捉国家二级保护水生野生动物的，在向申请人所在地的省、自治区、直辖市人民政府渔业行政主管部门申请特许捕捉证前，须经同级人民政府建设行政主管部门审核同意。

负责核发特许捕捉证的部门接到申请后，应当自接到申请之日起3个月内作出批准或者不批准的决定。

第十四条　有下列情形之一的，不予发放特许捕捉证：

（一）申请人有条件以合法的非捕捉方式获得国家重点保护的水生野生动物的种源、产品或者达到其目的的；

（二）捕捉申请不符合国家有关规定，或者申请使用的捕捉工具、方法以及捕捉时间、地点不当的；

（三）根据水生野生动物资源现状不宜捕捉的。

第十五条　取得特许捕捉证的单位和个人，必须按照特许捕捉证规定的种类、数量、地点、期限、工具和方法进行捕捉，防止误伤水生野生动物或者破坏其生存环境。捕捉作业完成后，应当及时向捕捉地的县级人民政府渔业行政主管部门或者其所属的渔政监督管理机构申请查验。

县级人民政府渔业行政主管部门或者其所属的渔政监督管理机构对在本行政区域内捕捉国家重点保护的水生野生动物的活动，应当进行监督检查，并及时向批准捕捉的部门报告监督检查结果。

第十六条　外国人在中国境内进行有关水生野生动物科学考察、标本采集、拍摄电影、录像等活动的，必须经国家重点保护的水生野生动物所在地的省、自治区、直辖市人民政府渔业行政主管部门批准。

第十七条　驯养繁殖国家一级保护水生野生动物的，应当持有国务院渔业行政主管部门核发的驯养繁殖许可证；驯养繁殖国家二级保护水生野生动物的，应当持有省、自治区、直辖市人民政府渔业行政主管部门核发的驯养繁殖许可证。

动物园驯养繁殖国家重点保护的水生野生动物的，渔业行政主管部门可以委托同级建设行政主管部门核发驯养繁殖许可证。

第十八条 禁止出售、收购国家重点保护的水生野生动物或者其产品。因科学研究、驯养繁殖、展览等特殊情况，需要出售、收购、利用国家一级保护水生野生动物或者其产品的，必须向省、自治区、直辖市人民政府渔业行政主管部门提出申请，经其签署意见后，报国务院渔业行政主管部门批准；需要出售、收购、利用国家二级保护水生野生动物或者其产品的，必须向省、自治区、直辖市人民政府渔业行政主管部门提出申请，并经其批准。

第十九条 县级以上各级人民政府渔业行政主管部门和工商行政管理部门，应当对水生野生动物或者其产品的经营利用建立监督检查制度，加强对经营利用水生野生动物或者其产品的监督管理。

对进入集贸市场的水生野生动物或者其产品，由工商行政管理部门进行监督管理，渔业行政主管部门给予协助；在集贸市场以外经营水生野生动物或者其产品，由渔业行政主管部门、工商行政管理部门或者其授权的单位进行监督管理。

第二十条 运输、携带国家重点保护的水生野生动物或者其产品出县境的，应当凭特许捕捉证或者驯养繁殖许可证，向县级人民政府渔业行政主管部门提出申请，报省、自治区、直辖市人民政府渔业行政主管部门或者其授权的单位批准。动物园之间因繁殖动物，需要运输国家重点保护的水生野生动物的，可以由省、自治区、直辖市人民政府渔业行政主管部门授权同级建设行政主管部门审批。

第二十一条 交通、铁路、民航和邮政企业对没有合法运输证明的水生野生动物或者其产品，应当及时通知有关主管部门处理，不得承运、收寄。

第二十二条 从国外引进水生野生动物的，应当向省、自治区、直辖市人民政府渔业行政主管部门提出申请，经省级以上人民政府渔业行政主管部门指定的科研机构进行科学论证后，报国务院渔业行政主管部门批准。

第二十三条 出口国家重点保护的水生野生动物或者其产品的，进出口中国参加的国际公约所限制进出口的水生野生动物或者其产品的，必须经进出口单位或者个人所在地的省、自治区、直辖市人民政府渔业行政主管部门审核，报国务院渔业行政主管部门批准；属于贸易性进出口活动的，必须由具有有关商品进出口权的单位承担。

动物园因交换动物需要进出口前款所称水生野生动物的，在国务院渔业行政主管部门批准前，应当经国务院建设行政主管部门审核同意。

第二十四条 利用水生野生动物或者其产品举办展览等活动的经济收益，主要用于水生野生动物保护事业。

第五章 附 则

第三十四条 本条例由国务院渔业行政主管部门负责解释。

第三十五条 本条例自发布之日起施行。

部门规章

文物进出境审核管理办法

（2007 年 7 月 13 日文化部令第 42 号公布）

第一条　为加强对文物进出境审核的管理，根据《中华人民共和国文物保护法》和《中华人民共和国文物保护法实施条例》，制定本办法。

第二条　国家文物局负责文物进出境审核管理工作，指定文物进出境审核机构承担文物进出境审核工作。

文物进出境审核机构是文物行政执法机构，依法独立行使职权，向国家文物局汇报工作，接受国家文物局业务指导。

第三条　文物进出境审核机构由国家文物局和省级人民政府联合组建。省级人民政府应当保障文物进出境审核机构的编制、办公场所及工作经费。国家文物局应当对文物进出境审核机构的业务经费予以补助。

第四条　文物进出境审核机构应当具备以下条件：

（一）有 7 名以上专职文物鉴定人员，其中文物进出境责任鉴定员不少于 5 名；

（二）有固定的办公场所和必要的技术设备；

（三）工作经费全额纳入财政预算。

第五条　国家文物局根据文物进出境审核工作的需要，指定具备条件的文物进出境审核机构承担文物进出境审核工作，使用文物出境标识和文物临时进境标识，对允许出境的文物发放文物出境许可证。

第六条　文物进出境审核机构的工作人员实行持证上岗制度，不得在文物商店或者拍卖企业任职、兼职。文物进出境审核机构的主要负责人应当取得国家文物局颁发的资格证书。

文物进出境责任鉴定员应当取得大学本科以上学历和文物博物专业中级以上职称，并经国家文物局考核合格。

第七条 文物进出境审核机构的日常管理工作由所在地省级文物主管部门负责。省级文物主管部门应当制定相关管理制度，并报国家文物局备案。

文物进出境审核机构应当采取措施，保证审核工作高效公正。

第八条 下列文物出境，应当经过审核：

（一）1949 年（含）以前的各类艺术品、工艺美术品；

（二）1949 年（含）以前的手稿、文献资料和图书资料；

（三）1949 年（含）以前的与各民族社会制度、社会生产、社会生活有关的实物；

（四）1949 年以后的与重大事件或著名人物有关的代表性实物；

（五）1949 年以后的反映各民族生产活动、生活习俗、文化艺术和宗教信仰的代表性实物；

（六）国家文物局公布限制出境的已故现代著名书画家、工艺美术家作品；

（七）古猿化石、古人类化石，以及与人类活动有关的第四纪古脊椎动物化石。

文物出境审核标准，由国家文物局定期修订并公布。

第九条 运送、邮寄、携带文物出境，应当在文物出境前填写文物出境申请表，报文物进出境审核机构审核。

文物进出境审核机构应当自收到文物出境申请之日起 15 个工作日内作出是否允许出境的审核意见。

第十条 文物进出境审核机构审核文物，应当有 3 名以上专职文物鉴定人员参加，其中文物进出境责任鉴定员不得少于 2 名。

文物出境许可证，由参加审核的文物进出境责任鉴定员共同签署。文物进出境责任鉴定员一致同意允许出境的文物，文物进出境审核机构方可加盖文物出境审核专用章。

第十一条 经审核允许出境的文物，由文物进出境审核机构标明文物出境标识，发放文物出境许可证。海关查验文物出境标识后，凭文物出境许可证放行。

文物出境许可证一式三联，第一联由文物进出境审核机构留存，第二联由文物出境地海关留存，第三联由文物出境携运人留存。

经审核不允许出境的文物，由文物进出境审核机构登记并发还。

根据出境地海关或携运人的要求，文物进出境审核机构可以为经审核属于文物复仿制品的申报物品出具文物复仿制品证明。

第十二条　因修复、展览、销售、鉴定等原因临时进境的文物，经海关加封后，报文物进出境审核机构审核、登记。文物进出境审核机构查验海关封志完好无损后，对每件临时进境文物进行审核，标明文物临时进境标识并登记。

临时进境文物复出境时，应向原审核、登记的文物进出境审核机构申报。文物进出境审核机构应对照进境记录审核查验，确认文物临时进境标识无误后，标明文物出境标识，发给文物出境许可证。

第十三条　临时进境文物在境内滞留时间，除经海关和文物进出境审核机构批准外，不得超过 6 个月。

临时进境文物滞留境内逾期复出境，依照文物出境审核标准和程序进行审核。

第十四条　因展览、科研等原因临时出境的文物，出境前应向文物进出境审核机构申报。文物进出境审核机构应当按国家文物局的批准文件办理审核登记手续。

临时出境文物复进境时，由原审核登记的文物进出境审核机构审核查验。

第十五条　文物进出境审核机构在审核文物过程中，发现涉嫌非法持有文物或文物流失问题的，应立即向公安机关和国家文物局报告。

第十六条　文物出境标识、文物临时进境标识和文物出境许可证，由文物进出境审核机构指定专人保管。使用上述物品，由文物进出境审核机构负责人签字确认。

第十七条　违反本办法规定，造成文物流失的，依据有关规定追究责任人的责任。

第十八条　文物出境标识、文物临时进境标识、文物出境许可证、文物复仿制品证明和文物出境申请表，由国家文物局统一制作。

第十九条　尚未组建文物进出境审核机构的省、自治区、直辖市，应当根据本办法的规定组建文物进出境审核机构；组建前的文物进出境审核工作由国家文物局指定文物进出境审核机构承担。

第二十条　本办法自公布之日起施行，1989 年文化部发布的《文物出境鉴定管理办法》同日废止。

文化和旅游市场信用管理规定

(2021 年 11 月 11 日文化和旅游部令第 7 号公布)

第一章 总 则

第一条 为规范和加强文化和旅游市场信用管理，保护各类市场主体、从业人员和消费者合法权益，维护文化和旅游市场秩序，促进文化和旅游市场高质量发展，根据《中华人民共和国旅游法》《中华人民共和国未成年人保护法》《营业性演出管理条例》《娱乐场所管理条例》《互联网上网服务营业场所管理条例》《旅行社条例》等相关法律法规，制定本规定。

第二条 文化和旅游主管部门实施信用管理，应当坚持依法行政、合理关联、保护权益、审慎适度原则，确保奖惩措施与守信失信行为相当。

第三条 本规定适用于文化和旅游市场主体和从业人员的信用信息的采集、归集、公开和共享，守信激励和失信惩戒，信用修复，信用承诺和信用评价等活动。

文化市场主体包括从事营业性演出、娱乐场所、艺术品、互联网上网服务、网络文化、社会艺术水平考级等经营活动的法人或者其他组织；从业人员包括上述市场主体的法定代表人、主要负责人、实际控制人等有关人员。

旅游市场主体包括从事旅行社经营服务、A 级旅游景区经营服务、旅游住宿经营服务、在线旅游经营服务的法人或者其他组织；从业人员包括上述市场主体的法定代表人、主要负责人、实际控制人以及导游等有关人员。

第四条 文化和旅游部信用管理部门负责指导协调和监督管理全国文化和旅游市场信用管理工作。具体职责包括：

（一）承担文化和旅游行业信用体系建设工作，拟定行业信用体系建设规划并组织实施，实施行业信用监管，统筹推进信用联合奖惩；

（二）组织起草文化和旅游市场信用管理规章制度、标准规范等，开展信用监督检查；

（三）承担社会信用体系建设部际联席会议相关工作，开展文化和旅游市场失信主体认定工作；

（四）负责管理文化和旅游市场信用信息采集、归集、公开和共享工作；

（五）负责管理信用承诺、信用评价、守信激励和失信惩戒、信用修复等工作；

（六）负责建设管理全国文化和旅游市场信用管理系统，负责信用信息安全管理，组织开展信用信息分析与监测工作；

（七）开展诚信文化建设，指导组织信用培训和宣传等工作。

第五条 县级以上地方人民政府文化和旅游主管部门负责本行政区域内文化和旅游市场信用管理工作。具体职责包括：

（一）负责本行政区域文化和旅游市场信用管理制度规范的组织实施，开展本行政区域文化和旅游市场失信主体认定工作；

（二）开展本行政区域内信用信息采集、归集、公开和共享工作，组织开展信用承诺、信用评价、守信激励和失信惩戒、信用修复等工作；

（三）组织开展本行政区域诚信文化建设、信用信息分析与监测、信用培训和宣传等工作。

第六条 鼓励行业协会商会、第三方信用服务机构、金融机构、新闻媒体等各类单位和个人依法参与信用管理。鼓励各类市场主体在生产经营活动中广泛、主动地应用信用报告。

支持行业协会商会开展行业信用建设。支持行业协会商会对认定为失信主体的会员采取公开谴责、取消评优评先资格等行业自律措施，加强诚信宣传教育。

第二章　信用信息采集与归集

第七条 文化和旅游部建立全国文化和旅游市场主体和从业人员信用信息记录。

地方各级文化和旅游主管部门负责补充完善信用信息记录，管理本行政区域内信用信息有关工作。

第八条 文化和旅游市场信用信息包括下列信息：

（一）注册登记、备案等用以识别、记载市场主体和从业人员基本情况的信息；

（二）司法裁判仲裁执行信息；

（三）行政许可、行政处罚信息；

（四）与其他部门实施联合奖惩的信息；

（五）信用评价结果信息、信用承诺履行情况信息；

（六）其他反映市场主体和从业人员信用状况的相关信息。

第九条 文化和旅游主管部门应当按照"谁管理、谁采集"的要求，依法依职责采集相关信用信息，任何单位和个人不得违法违规采集。

第十条 文化和旅游主管部门应当通过全国文化和旅游市场信用管理系统归集职责范围内的相关信用信息。

第三章 失信主体认定

第十一条 文化和旅游市场失信主体分为严重失信主体和轻微失信主体。

第十二条 文化市场主体和从业人员有下列情形之一的，应当将其认定为严重失信主体：

（一）因欺骗、故意隐匿、伪造、变造材料等不正当手段取得许可证、批准文件的，或者伪造、变造许可证、批准文件的；

（二）提供含有法律、行政法规、规章禁止的内容，造成严重后果的；

（三）受到文化和旅游主管部门吊销许可证行政处罚的；

（四）擅自从事营业性演出、娱乐场所、互联网上网服务等文化市场经营活动，特别是造成重大事故或者恶劣社会影响的；

（五）其他应当认定为严重失信主体的情形。

第十三条 旅游市场主体和从业人员有下列情形之一的，应当将其认定为严重失信主体：

（一）因欺骗、故意隐匿、伪造、变造材料等不正当手段取得许可证、批准文件的，或者伪造、变造许可证、批准文件的；

（二）发生重大安全事故，属于旅游市场主体主要责任的；

（三）因侵害旅游者合法权益，造成游客滞留或者严重社会不良影响的；

（四）受到文化和旅游主管部门吊销旅行社业务经营许可证、导游证行政处罚的；

（五）未经许可从事旅游市场经营活动，特别是造成重大事故或者恶劣社会影响的；

（六）其他应当认定为严重失信主体的情形。

第十四条 文化和旅游主管部门将市场主体和从业人员认定为严重失信主体，应当遵守以下程序规定：

（一）告知。经查证符合严重失信主体认定标准的，应当向文化和旅游市场主体和从业人员送达《严重失信主体认定告知书》，载明认定理由、依据、惩戒措施和当事人享有的陈述、申辩权利。

（二）陈述与申辩。当事人在被告知的 10 个工作日内有权向认定部门提交书面陈述、申辩及相关证明材料，逾期不提交的，视为放弃。认定部门应当在 15 个工作日内给予答复。陈述、申辩理由被采纳的，不认定为严重失信主体。

（三）认定。符合严重失信主体认定标准的，经专家评估、法制审核、集体讨论等程序，依法在 15 个工作日内作出决定。

（四）决定与送达。认定部门应当向当事人出具《严重失信主体认定决定书》并送达。

第十五条 文化和旅游市场主体和从业人员有下列情形之一的，应当认定为轻微失信主体：

（一）存在"捂票炒票"、虚假宣传、未履行相关义务、违反公序良俗等行为，造成不良社会影响的；

（二）因故意或者重大过失严重损害旅游者合法权益，但尚不符合严重失信主体认定情形的；

（三）在旅游经营活动中存在安全隐患，未在指定期限内整改完毕的；

（四）拒不配合投诉处置、执法检查，拒不履行行政处罚决定，造成不良社会影响的；

（五）12 个月内受到文化和旅游主管部门两次较大数额罚款行政处罚，造成不良社会影响的；

（六）其他应当认定为轻微失信主体的情形。

12 个月内第 3 次认定为轻微失信主体的，应当认定为严重失信主体。

第十六条 符合轻微失信主体认定标准的，由县级以上地方人民政府文化和旅游主管部门依法作出决定。认定部门应当向行政相对人出具《轻微失信主体认定决定书》并送达。

符合轻微失信主体认定标准的，在作出决定前，经文化和旅游主管部门约谈督促，改正违法行为、履行赔偿补偿义务、挽回社会不良影响的，可以不认定为轻微失信主体。

第四章 信用管理措施

第十七条 文化和旅游主管部门对守信情况良好的市场主体和从业人员，可以采取加强宣传、公开鼓励、提供便利服务等激励措施。

第十八条 文化和旅游主管部门对文化市场严重失信主体实施下列管理措施：

（一）适当提高抽查比例和频次，纳入重点监管对象；

（二）将失信信息提供给有关部门查询，供其在相关行政管理、公共服务、评优评先等活动中参考使用；

（三）将失信信息提供给各类市场主体查询，供其在市场活动中参考使用；

（四）因擅自从事娱乐场所经营活动而被认定为严重失信主体的，其投资人和负责人终身不得投资开办娱乐场所或者担任娱乐场所的法定代表人、负责人；

（五）因擅自设立互联网上网服务营业场所经营单位而被认定为严重失信主体的，其法定代表人或者主要负责人 5 年内不得担任互联网上网服务营业场所经营单位的法定代表人或者主要负责人；

（六）因被吊销营业性演出许可证而被认定为严重失信主体的，当事人为单位的，其法定代表人、主要负责人 5 年内不得担任文艺表演团体、演出经纪机构或者演出场所经营单位的法定代表人、主要负责人；

（七）因营业性演出含有禁止内容被吊销营业性演出许可证而被认定为严重失信主体的，不得再次从事营业性演出或者营业性演出的居间、代理、行纪活动；

（八）因被吊销或者撤销娱乐经营许可证而被认定为严重失信主体的，其法定代表人、主要负责人 5 年内不得担任娱乐场所的法定代表人、负责人；

（九）因被吊销《网络文化经营许可证》而被认定为严重失信主体的，其法定代表人或者主要负责人 5 年内不得担任互联网上网服务营业场所经营单位的法定代表人或者主要负责人；

（十）法律、行政法规和党中央、国务院政策文件规定的其他管理措施。

第十九条　文化和旅游主管部门对旅游市场严重失信主体实施下列管理措施：

（一）适当提高抽查比例和频次，纳入重点监管对象；

（二）将失信信息提供给有关部门查询，供其在相关行政管理、公共服务、评优评先等活动中参考使用；

（三）将失信信息提供给各类市场主体查询，供其在市场活动中参考使用；

（四）旅行社因被吊销旅行社业务经营许可证而被认定为严重失信主体的，其主要负责人 5 年内不得担任任何旅行社的主要负责人；

（五）导游、领队因被吊销导游证而被认定为严重失信主体的，旅行社有关管理人员因旅行社被吊销旅行社业务经营许可证而被认定为严重失信主体的，自处罚之日起 3 年内不得重新申请导游证或者从事旅行社业务；

（六）旅行社因侵犯旅游者合法权益受到罚款以上行政处罚而被认定为严重失信主体的，自处罚之日起 2 年内不得申请出境旅游业务；

（七）法律、行政法规和党中央、国务院政策文件规定的其他管理措施。

第二十条　文化和旅游主管部门对轻微失信主体实施下列管理措施：

（一）依据法律、行政法规和党中央、国务院政策文件，在审查行政许可、资质资格等时作为参考因素；

（二）加大日常监管力度，提高随机抽查的比例和频次；

（三）将失信信息提供给有关部门查询，供其在相关行政管理、公共服务等活动中参考使用；

（四）在行政奖励、授予称号等方面予以重点审查；

（五）法律、行政法规和党中央、国务院政策文件规定的其他管理措施。

第二十一条　对严重失信主体实施信用管理措施的期限为 3 年，对轻微失信主体实施信用管理措施的期限为 1 年。

法律法规另有规定的，从其规定。

第五章 信用信息公开与共享

第二十二条 文化和旅游市场信用信息的公开与共享坚持合法、必要、安全原则，防止信息泄露，不得侵犯商业秘密和个人隐私。

第二十三条 失信主体信息应当按照"谁认定、谁公开"原则通过全国文化和旅游市场信用管理系统等渠道公开。

法律法规另有规定的，从其规定。

第二十四条 文化和旅游部信用管理部门应当建立健全信用信息查询、应用和反馈机制，推进信用信息与其他有关部门共享，实施信用联合奖惩。

各级文化和旅游主管部门有关职能部门、文化市场综合执法机构，应当将执法信息等相关信用信息及时与同级文化和旅游信用管理部门共享。

第二十五条 公民、法人和其他组织有权查询与自身相关的信用信息。文化和旅游主管部门应当依法依规为查询提供便利。

认定部门或者信用信息归集管理部门发现信用信息有误的，应当及时主动更正。

公民、法人和其他组织认为自己的信用信息有误时，有权向认定部门申请更正相关信息。认定部门应当在收到实名提交的书面更正申请之日起 5 个工作日内作出是否更正的决定。

第六章 信用修复

第二十六条 符合以下条件的，认定部门应当主动进行信用修复：

（一）实施信用管理措施期限届满；

（二）认定为失信主体的依据被撤销或者变更，不符合认定为失信主体标准的；

（三）因为政策变化或者法律法规修订，已经不适宜认定为失信主体的；

（四）其他应当主动修复的情形。

信用修复应当通过全国文化和旅游市场信用管理系统进行。

第二十七条 文化和旅游市场失信主体积极进行合规整改、纠正失信行为、消除不良影响、接受信用修复培训、作出信用承诺的，可以向认定部门提出信用修复申请并遵循以下程序：

（一）申请。有关市场主体和从业人员可以向认定部门提出信用修复申请，说明事实和理由，提交信用修复申请书、培训记录、纠正失信行为等有关材料。

（二）受理。认定部门收到申请后，应当于 10 个工作日内予以受理。不符合条件的不予受理并说明理由。

（三）核查。认定部门应当自受理之日起 10 个工作日内，采取线上、书面、实地等方式检查核实。必要时，可以组织开展约谈或者指导。

（四）决定。认定部门应当自核查完成之日起 5 个工作日内作出准予信用修复或者不予信用修复的决定，不予信用修复的应当说明理由。

（五）修复。认定部门应当自作出准予信用修复决定之日起 5 个工作日内，解除对失信主体的相关管理措施。

第二十八条 具有下列情形之一的，不予信用修复：

（一）认定为严重失信主体不满 6 个月的、认定为轻微失信主体不满 3 个月的；

（二）因违反相关法律法规规定，依法被限制或者禁止行业准入期限尚未届满的；

（三）距离上一次信用修复时间不到 1 年的；

（四）申请信用修复过程中存在弄虚作假、故意隐瞒事实等欺诈行为的；

（五）申请信用修复过程中又因同一原因受到行政处罚，造成不良社会影响的；

（六）法律法规和党中央、国务院政策文件明确规定不可修复的。

第七章　信用评价与信用承诺

第二十九条 文化和旅游部根据工作需要，制定行业信用评价制度和规范，组织开展信用评价，实施分级分类管理。各级文化和旅游主管部门在职责范围内开展信用评价工作。

鼓励行业协会商会、第三方信用服务机构等具备条件的机构依法依规参与信用评价。

第三十条 鼓励各部门在评优评先、人员招聘、试点示范等方面优先选择信用评价较好的市场主体和从业人员。

鼓励和支持有关机构积极利用信用评价结果，拓展信用应用场景。

第三十一条 文化和旅游主管部门在行政管理、政务服务等工作中应当规范应用信用承诺，将文化和旅游市场主体和从业人员的承诺履约情况记入信用信息记录，作为监督管理的重要依据。

文化和旅游市场主体和从业人员被认定为严重失信主体或者曾经作出虚假承诺的，不适用信用承诺的有关规定。

第八章 监督责任与权利保障

第三十二条 文化和旅游主管部门应当对信用管理工作进行检查和评估，并采取通报表扬、通报批评、责令改正等措施。

第三十三条 文化和旅游主管部门及其工作人员未依照本规定履行职责的，依法予以处理。

第三十四条 文化和旅游主管部门应当依法保障市场主体和从业人员的合法权益。

第九章 附 则

第三十五条 《严重失信主体认定告知书》《严重失信主体认定决定书》《轻微失信主体认定决定书》等文书格式由文化和旅游部另行制定。

第三十六条 文化和旅游主管部门对收到的人民法院生效法律文书，根据法律、行政法规和党中央、国务院政策文件需要实施严重失信管理措施的，参照本规定执行。

第三十七条 本规定自 2022 年 1 月 1 日起施行。《文化和旅游部关于印发〈全国文化市场黑名单管理办法〉的通知》（文旅市发〔2018〕30 号）、《文化和旅游部关于印发〈旅游市场黑名单管理办法（试行）〉的通知》（文旅市场发〔2018〕119 号）同时废止。

文化市场综合行政执法管理办法

（2011 年 12 月 19 日文化部令第 52 号公布）

第一章 总 则

第一条 为规范文化市场综合行政执法行为，加强文化市场管理，维护文化市场秩序，保护公民、法人和其他组织的合法权益，促进文化市场健康发展，根据《中华人民共和国行政处罚法》《中华人民共和国行政强制法》等国家有关法律、法规，制定本办法。

第二条 本办法所称文化市场综合行政执法是指文化市场综合行政执法机构（以下简称综合执法机构），依照国家有关法律、法规、规章的规定，对公民、法人或者其他组织的文化经营活动进行监督检查，并对违法行为进行处理的具体行政行为。

第三条 本办法所称综合执法机构包括：

（一）经法律、法规授权实施文化市场综合行政执法，对同级人民政府负责的执法机构；

（二）接受有关行政部门委托实施文化市场综合行政执法，接受委托机关的指导和监督，对委托机关负责的执法机构。

第四条 文化市场综合行政执法应当遵循公平、公正、公开的原则，建立权责明确、行为规范、监督有效、保障有力的行政执法运行机制。

第五条 文化部负责指导全国文化市场综合行政执法，建立统一完善的文化市场综合行政执法工作制度，建设全国文化市场技术监管体系，加强文化市场综合行政执法队伍的专业化、规范化、信息化建设，完善对文化市场综合行政执法工作的绩效考核。

各有关行政部门在各自职责权限范围内，指导综合执法机构依法开展执法业务。

各级综合执法机构依照职责分工负责本行政区域内的文化市场综合行政执法工作。

第二章　执法机构与执法人员

第六条　综合执法机构与各有关行政部门应当建立协作机制，及时掌握行政执法的依据、标准以及相关行政许可情况，定期通报市场动态和行政执法情况，提出政策或者工作建议。

第七条　文化市场综合行政执法人员（以下简称执法人员）应当具备以下条件：

（一）具有中华人民共和国国籍；

（二）年满十八周岁；

（三）遵纪守法、品行良好、身体健康；

（四）熟悉文化市场管理法律法规，掌握文化市场管理所需的业务知识和技能；

（五）无犯罪或者开除公职记录；

（六）法律法规规定的其他条件。

录用执法人员应当参照《中华人民共和国公务员法》的有关规定公开招考，择优录取。

第八条　执法人员经岗位培训和考试合格，取得《中华人民共和国文化市场综合行政执法证》或者各级人民政府核发的行政执法证后，方可从事行政执法工作。

综合执法机构应当每年对执法人员进行业务考核。对考核不合格的执法人员，应当暂扣执法证件。

第九条　综合执法机构应当有计划地对执法人员进行业务培训，鼓励和支持执法人员参加在职继续教育。

第十条　综合执法机构应当配备调查询问、证据保存等专用房间及交通、通讯、取证、检测等行政执法所必需的设施设备；为执法人员购买人身意外伤害保险。

第十一条　综合执法机构应当实行执法人员定期岗位轮换制度。执法人员在同一执法岗位上连续工作时间原则上不超过 5 年。

第十二条　各有关行政部门或者综合执法机构可按有关规定对工作成绩显著的综合执法机构和执法人员给予表彰、奖励。

第三章　执法程序

第十三条　综合执法机构应当建立健全 12318 文化市场举报体系，向社会公布举报方式，依法及时有效受理、办理举报，对举报有功人员可给予一定奖励。

对日常巡查或者定期检查中发现的违法行为，公民、法人及其他组织举报的违法行为，上级交办的、下级报请处理的或者有关部门移送的案件，应当及时处理。

第十四条　重大案件发生后 12 小时内，当地综合执法机构应当将案件情况向上级报告。上级综合执法机构或者委托机关应当对重大案件的查处进行督办。

第十五条　文化市场行政违法案件由违法行为发生地所在的县级以上有关行政部门或者综合执法机构管辖。法律、法规、规章另有规定的，从其规定。对管辖发生争议的，报请共同的上一级行政机关指定管辖。

发现受理的案件不属于自己管辖的，应当及时将案件移交给有管辖权的有关行政部门、综合执法机构；违法行为涉嫌构成犯罪的，应当移送司法机关依法处理。

第十六条　执法人员依法执行公务时，应当规范着装，佩戴执法标志。

第十七条　综合执法机构开展行政执法活动，应当严格按照法律、法规和本办法规定的程序进行，并依法制作执法文书。

第十八条　对于公民、法人或者其他组织违反文化市场管理法律法规的行为，依法应当给予行政处罚的，必须查明事实；违法事实不清的，不得给予行政处罚。

第十九条　在作出行政处罚之前，应当告知当事人作出行政处罚决定的事实、理由和依据，并告知当事人依法享有的权利。

执法人员应当充分听取当事人的陈述和申辩，并制作笔录，对当事人提出的事实、理由和证据进行复核，经复核成立的应当采纳。

第二十条　违法事实确凿并有法定依据，对公民处以 50 元以下、对法人或者其他组织处以 1000 元以下罚款或者警告的行政处罚的，可以当场作出处罚决定；执法人员应当填写预定格式、编有号码的行政处罚决定书，经签名或者盖章后，当场交付当事人。

执法人员应当自作出当场处罚决定之日起 3 日内向所属综合执法机构报告并备案。

第二十一条　除依法可以当场作出的行政处罚外，发现公民、法人或者其他组织有依法应当给予行政处罚的行为的，应当登记立案，客观公正地进行调查，收集有关证据，必要时可以依照法律、法规的有关规定进行检查。

证据包括书证、物证、证人证言、视听资料、当事人陈述、鉴定结论、勘验笔录和现场笔录或者其他有关证据。证据必须查证属实，才能作为认定事实的根据。

第二十二条　在调查或者执法检查时，执法人员不得少于 2 名，并应当向当事人或者有关人员出示执法证件。当事人及有关人员应当如实回答询问，并协助调查或者检查。执法人员应当制作调查询问或者现场检查笔录，经当事人或者有关人员核对无误后，由当事人或者有关人员签名或者盖章。当事人或者有关人员拒绝的，由 2 名以上执法人员在笔录上注明情况并签名。

执法人员与当事人有直接利害关系的，应当回避。

第二十三条　在调查或者执法检查中，发现正在发生的违法违规行为，情况紧急无法立案的，执法人员可以采取以下措施：

（一）对违法行为予以制止或者纠正；

（二）依据相关法律法规规定，对有关物品、工具进行查封或者扣押；

（三）收集、提取有关证据。

第二十四条　执法人员在收集证据时，可以采取抽样取证的方法；在证据可能灭失或者以后难以取得的情况下，经依法批准后，可以采取先行登记保存等措施。

对证据进行抽样取证或者登记保存，应当有当事人在场；当事人不在场或者拒绝到场的，可以请在场的其他人员见证并注明。

对抽样取证或者登记保存的物品应当开列清单，并依据情况分别制作抽样取证凭证或者证据登记保存清单，标明物品名称、数量、单价等事项，由执法人员、当事人签名或者盖章，交付当事人。当事人拒绝签名、盖章或者接收的，由 2 名以上执法人员在凭证或者清单上注明情况并签名。

登记保存物品时，在原地保存可能灭失或者妨害公共安全的，可以异地保存。

第二十五条 对先行登记保存的证据，应当在 7 日内作出下列处理决定：

（一）需要进行技术检验或者鉴定的，送交检验或者鉴定；

（二）依法不需要没收的物品，退还当事人；

（三）依法应当移交有关部门处理的，移交有关部门。

法律法规另有规定的，从其规定。

第二十六条 对情节复杂或者重大的案件作出责令停业整顿、吊销许可证或者较大数额罚款等行政处罚前，应当经过集体讨论后，再做决定。

第二十七条 拟作出责令停业整顿、吊销许可证、较大数额罚款等行政处罚决定的，应当告知当事人有听证的权利。当事人要求听证的，应当组织听证。

第二十八条 听证会应当按照以下程序进行：

（一）听证主持人宣布听证开始，宣布案由、听证纪律、当事人的权利和义务，宣布和核对听证参加人员名单；

（二）调查人员提出当事人违法的事实、证据、处罚依据和行政处罚的理由；

（三）当事人可以提出证据，进行陈述和申辩，对调查人员提出的证据进行质证；

（四）听证主持人向当事人、调查人员、证人等有关人员询问；

（五）当事人最后陈述；

（六）听证主持人宣布听证结束。

第二十九条 听证会应当制作笔录，交当事人核阅无误后签字或者盖章。

听证主持人应当依据听证情况作出书面报告，报告的主要内容为：案由，听证时间、地点，听证参加人姓名或者名称，申辩和质证的事项，证据鉴别和事实认定情况。

第三十条 行政处罚决定书应当在宣告后当场交付当事人，由当事人在送达回证上记明收到日期，签名或者盖章。

当事人不在场的，应当自作出行政处罚决定之日起 7 日内依照民事诉讼法的有关规定，将行政处罚决定书送达当事人。

第三十一条　作出责令停业整顿、吊销许可证等重大行政处罚的，应当自作出行政处罚决定之日起 15 日内，报许可机关和上级综合执法机构备案，必要时可将处罚决定抄告有关部门。

第三十二条　依法没收的财物，必须按照国家有关规定公开拍卖或者处理。

依法应当予以销毁的物品，经综合执法机构负责人批准，由 2 名以上执法人员监督销毁，并制作销毁记录。

第三十三条　执法文书及有关材料，应当依照有关法律、法规、规章的规定，编目装订，立卷归档。

第四章　执法监督与责任追究

第三十四条　上级综合执法机构对下级综合执法机构及执法人员的执法行为实行执法监督。

综合执法机构接受同级人民政府及有关行政部门的执法监督。

第三十五条　执法监督的内容包括：

（一）执法主体；

（二）执法程序；

（三）法律、法规、规章的适用；

（四）履行法定职责的情况；

（五）罚没财物的处理；

（六）其他需要监督的内容。

第三十六条　执法监督的方式：

（一）受理对违法违规执法行为的申诉、控告和检举，并直接处理或者责成有关部门处理；

（二）对执法工作进行检查；

（三）调阅执法案卷和其他资料；

（四）在职权范围内采取的其他方式。

第三十七条　在执法过程中有下列情形之一的，应当予以纠正或者撤销行政处罚，损害当事人合法权益的，应当依法给予赔偿：

（一）执法主体不合法的；

（二）执法程序违法的；

（三）具体行政行为适用法律、法规、规章错误的；

（四）违法处置罚没或者扣押财物的。

第三十八条 因第三十七条列举情形造成以下后果的，应当依法追究直接责任人和主要负责人的责任：

（一）人民法院撤销、变更行政处罚决定的；

（二）复议机关撤销、变更行政处罚决定的。

第三十九条 执法人员有下列情形之一，尚不构成犯罪的，应当依法给予行政处分，并收回其执法证件；情节严重，构成犯罪的，依法追究刑事责任：

（一）滥用职权，侵犯公民、法人及其他组织合法权益的；

（二）利用职权或者工作之便索取或者收受他人财物，或者支持、纵容、包庇文化市场违法经营活动的；

（三）伪造、篡改、隐匿和销毁证据的；

（四）玩忽职守、贻误工作的；

（五）泄露举报内容和执法行动安排的；

（六）其他违反法律、法规、规章的行为。

第四十条 执法人员在被暂扣执法证件期间，不得从事行政执法工作；执法人员被收回执法证件的，应当调离执法岗位，不得再从事行政执法工作。

第五章　附　则

第四十一条 《中华人民共和国文化市场综合行政执法证》是执法人员履行职责时的合法证件，由文化部统一制式，省级文化行政部门或者综合执法机构监制并核发。

各级人民政府核发的行政执法证，也是执法人员履行职责时的合法证件。

执法文书由文化部统一格式，省级文化行政部门或者综合执法机构监制。

第四十二条 本办法所称"较大数额罚款"是指对公民处以 1 万元以上、对法人或者其他组织处以 5 万元以上的罚款，法律、法规、规章另有规定的，从其规定。

第四十三条 本办法由文化部负责解释。

第四十四条 本办法自 2012 年 2 月 1 日起施行。2006 年 7 月 1 日文化部发布的《文化市场行政执法管理办法》同时废止。

文物行政处罚程序暂行规定

（2005 年 1 月 24 日文化部令第 33 号公布）

第一章 总 则

第一条 为规范文物行政部门的行政处罚行为，保护公民、法人和其他组织的合法权益，根据《中华人民共和国行政处罚法》《中华人民共和国文物保护法》及其他有关法律、行政法规的规定，制定本规定。

第二条 国务院文物行政部门以及县级以上地方各级文物行政部门，对违反文物保护法律、法规的行为实施行政处罚的，适用本规定。法律、法规另有规定的，从其规定。

第三条 文物行政部门实施行政处罚应当遵循以下原则：

（一）以法律、法规、规章为依据；

（二）遵循法定程序；

（三）公正、公平地行使法律赋予的行政职权；

（四）坚持处罚与教育相结合。

第四条 上级文物行政部门对下级文物行政部门实施的文物行政处罚行为进行监督。上级文物行政部门对下级文物行政部门违法作出的行政处罚决定，可责令其限期改正。逾期不改正的，上级文物行政部门有权依法对违法作出的行政处罚决定予以变更或者撤销。

第二章 管 辖

第五条 文物行政处罚由违法行为发生地的县级以上地方文物行政部门管辖。法律、法规另有规定的除外。

第六条 国务院文物行政部门督查并指导地方文物行政部门处理全国范

围有重大影响的行政处罚案件。

省级文物行政部门可依据有关规定和本地区实际情况，规定辖区内的级别管辖。

第七条 上级文物行政部门必要时可依法直接管辖下级文物行政部门管辖的行政处罚案件；下级文物行政部门对其管辖的行政处罚案件，认为需要由上级文物行政部门管辖时，可以报请上级文物行政部门决定。

第八条 两个以上地方文物行政部门对同一违法行为均有管辖权时，应当由先立案的文物行政部门管辖。

地方文物行政部门因管辖权发生争议的，由争议双方协商解决；协商不成的，报请共同的上一级文物行政部门指定管辖，其共同的上一级文物行政部门也可以直接指定管辖。

第九条 地方文物行政部门发现案件不属于本单位管辖或者主管的，应当将相关材料移送有管辖权的文物行政部门或者相关的行政部门处理，同时报上一级文物行政部门备案。受移送的文物行政部门应当将案件处理结果及时函告移送案件的文物行政部门。

受移送的文物行政部门如果认为移送不当，应当报请共同的上一级文物行政部门指定管辖，不得再次移送。

第三章 立 案

第十条 文物行政部门对下列途径发现的违法案件应当及时处理：

（一）在检查中发现的；

（二）公民、法人及其他组织举报的；

（三）上级交办的，下级报请处理的，或者有关部门移送的。

第十一条 文物行政部门适用一般程序处理违法行为的，应当立案。

第十二条 文物行政部门发现违法行为具有下列情形的，应当在 5 日内立案：

（一）有明确的违法嫌疑人；

（二）有客观的违法事实；

（三）属于文物行政处罚的范围；

（四）属于本部门管辖。

决定立案的，应当填写立案审批表，报本部门主管负责人批准，并确定两名以上文物行政执法人员为案件承办人。

第十三条 文物行政执法人员在执法检查过程中，发现违法行为正在实施，情况紧急的，可以采取下列措施：

（一）对违法行为予以制止或者纠正；

（二）对涉案文物依法先行登记保存；

（三）收集、调取其他有关证据。

文物行政执法人员应当及时将有关情况和材料报告所属文物行政部门，并办理立案手续。

第十四条 有下列情形之一的文物行政执法人员，不能被确定为案件承办人：

（一）是案件当事人或者当事人近亲属的；

（二）与案件有直接利害关系的；

（三）与案件当事人有其他关系，可能影响案件公正处理的。

案件承办人具有上述情形之一的，应当自行申请回避。当事人认为案件承办人符合上述情形之一时，可以向文物行政部门申请回避。案件承办人的回避由本部门主管负责人决定。

第四章　调查取证

第十五条 案件立案后，案件承办人应当及时收集、调取证据。

第十六条 案件承办人调查案件，不得少于两人。案件承办人在调查取证时，应当出示执法证件。

对涉及国家机密、商业秘密和个人隐私的，案件承办人应当保守秘密。

第十七条 案件承办人可以对当事人及证明人进行询问。询问应当单独进行。询问前应当告知其如实陈述事实、提供证据。

询问应当制作笔录，并交被询问人核对；对没有阅读能力的，应当向其宣读。笔录如有差错、遗漏，应当允许其更正或者补充。经核对无误后，由被询问人逐页在笔录上签名或者盖章。案件承办人也应当在笔录上签名。被询问人拒绝签名或者盖章的，案件承办人应当在笔录上注明。

第十八条 案件承办人进行现场检查时，当事人应当在场。案件承办人应当制作现场检查笔录，当事人应当签名并注明对该笔录真实性的意见；当事人拒绝到场或者签名的，应当由案件承办人在现场笔录中注明。

第十九条　案件承办人可以要求当事人及证明人提供相关证明材料，并由材料提供人在有关材料上签名或者盖章。材料提供人拒绝签名或者盖章的，案件承办人应当在材料上注明。

第二十条　案件承办人调取的证据应当是原件、原物。调取原件、原物确有困难的，可由提交证据复制品的单位或者个人在复制品上盖章或者签名，并注明"与原件（物）相同"字样或者文字说明。

第二十一条　在证据可能灭失，或者以后难以取得的情况下，案件承办人应当填写先行登记保存证据审批表，报本部门主管负责人批准。先行登记保存证据时，案件承办人应当向当事人出具先行登记保存证据通知书。

第二十二条　文物行政部门实施先行登记保存证据时，应当有当事人在场。当事人拒绝到场的，案件承办人可以邀请有关人员参加。

对先行登记保存的证据应当开列物品清单，由案件承办人、当事人或者其他有关人员签名或者盖章。

当事人拒绝签名、盖章或者接收物品清单的，应当由案件承办人在清单上签名并注明情况。

第二十三条　对于先行登记保存的证据，应当在 7 日内作出处理决定：

（一）需要进行技术检验或者鉴定的，送交检验或者鉴定；

（二）依法不需要没收的物品，退还当事人；

（三）依法应当移交有关部门处理的，移交有关部门。

法律另有规定的，从其规定。

第二十四条　文物行政部门在处理案件过程中，需要委托其他文物行政部门调查的，应当出具文物执法调查委托书。受委托的文物行政部门应当积极完成调查工作。

第二十五条　对案件处理过程中需要解决的专业性问题，文物行政部门应当委托专门机构或者聘请专业人员提出意见。

文物的鉴定，应当以办理案件的文物行政部门所在地省级文物鉴定机构的鉴定意见为准。国家文物鉴定机构可以根据办理案件的文物行政部门的申请，对省级文物鉴定机构的鉴定意见进行复核。

第五章　处罚决定

第一节　简易程序

第二十六条　对于违法事实清楚、证据确凿，依法应当作出下列行政处罚的，可以当场作出行政处罚决定：

（一）警告；

（二）对公民处以 50 元以下罚款；

（三）对法人或者其他组织处以 1000 元以下罚款。

第二十七条　文物行政执法人员当场作出行政处罚决定的，应当向当事人出示执法证件，并填写加盖文物行政部门公章的当场处罚决定书。

当场处罚决定书应当载明当事人的违法行为，行政处罚依据（适用的法律、法规、规章名称及具体条款），具体处罚的内容、时间、地点，不服行政处罚决定申请行政复议或者提起行政诉讼的途径，以及文物行政部门名称等内容。

当场处罚决定书由文物行政执法人员填写并签名后，当场交付当事人。

第二十八条　文物行政执法人员当场作出的行政处罚决定，应当报所属文物行政部门备案。

第二节　一般程序

第二十九条　违法行为经立案并调查终结后，案件承办人应当制作调查终结报告，报文物行政部门负责人审查。

第三十条　办理案件的文物行政部门负责人对调查结果进行审查，根据不同情况分别作出如下决定：

（一）确有应当受行政处罚的违法行为的，根据情节轻重及具体情况，作出行政处罚决定；

（二）违法行为轻微，依法可以不予行政处罚的，不予行政处罚；

（三）违法事实不能成立的，不得给予行政处罚；

（四）违法行为已构成犯罪的，移送司法机关。

对情节复杂或者重大违法行为给予较重的行政处罚，文物行政部门的负责人应当集体讨论决定。

第三十一条 文物行政部门拟作出行政处罚决定的，应当由本部门负责人签发行政处罚告知书。行政处罚告知书应当载明拟作出行政处罚决定的事实、理由和依据，并告知当事人依法享有的陈述权、申辩权和其他权利。

第三十二条 当事人要求陈述、申辩的，应当在收到行政处罚告知书后3日内，向文物行政部门提出陈述、申辩意见以及相应的事实、理由。当事人在此期间未行使陈述权、申辩权的，视为放弃权利。当事人放弃权利的，由文物行政部门负责人签发行政处罚决定书，并送达当事人。

第三十三条 案件承办人应当充分听取当事人的陈述、申辩意见，对当事人提出的事实、理由进行复核，并向文物行政部门负责人提交复核报告。

案件承办人不得因当事人的申辩加重对当事人的处罚。

第三十四条 文物行政部门负责人根据复核情况作出最终决定，并签发行政处罚决定书。行政处罚决定书应当载明下列事项：

（一）当事人的姓名或者名称、地址；

（二）违反法律、法规或者规章的事实和证据；

（三）行政处罚的种类和依据；

（四）行政处罚的履行方式和期限；

（五）不服行政处罚决定，申请行政复议或者提起行政诉讼的途径和期限；

（六）作出行政处罚决定的文物行政部门名称和作出决定的日期。

行政处罚决定书应当加盖作出行政处罚决定的文物行政部门的印章。

第三节 听证程序

第三十五条 文物行政部门作出责令停产停业、吊销许可证或者执照、较大数额罚款等行政处罚决定之前，应当告知当事人有要求举行听证的权利；当事人要求听证的，文物行政部门应当组织听证。

地方文物行政部门对较大数额罚款的界定，依照当地省级人大常委会或者人民政府的具体规定执行。

第三十六条 文物行政部门对于符合听证程序条件的案件，应当在作出行政处罚决定前，向当事人送达听证通知。

第三十七条　当事人在收到听证通知后 3 日内提出听证要求的，文物行政部门应当在当事人提出听证要求之日起 3 日内确定听证人员的组成、听证时间、地点和方式，并在举行听证 7 日前通知当事人。

第三十八条　除涉及国家秘密、商业秘密或者个人隐私外，听证应当公开举行。

第三十九条　文物行政部门主管负责人应当指定本部门非本案承办人员担任听证主持人和书记员。

当事人认为听证主持人和书记员与本案有利害关系的，有权申请回避。听证主持人和书记员的回避由文物行政部门主管负责人决定。

第四十条　当事人收到听证通知后，应当按时参加听证，也可以委托 1 至 2 人代理听证。委托他人代理听证的，应当向听证主持人提交由当事人签名或者盖章的委托书。

当事人无正当理由不按时参加听证的，视为放弃听证要求。

第四十一条　举行听证时，案件承办人应当提出当事人违法的事实、证据和行政处罚建议；当事人可以进行申辩和质证。

第四十二条　举行听证应当制作听证笔录。听证笔录应当载明下列事项：

（一）案由；

（二）听证参加人姓名或者名称、地址；

（三）听证主持人、书记员姓名；

（四）举行听证的时间、地点；

（五）案件承办人提出的事实、证据和行政处罚建议；

（六）当事人陈述、申辩和质证的内容；

（七）听证参加人签名或者盖章。

听证结束后，听证笔录应当交当事人和案件承办人审核无误后签名或者盖章。当事人拒绝签名或者盖章的，应当在听证笔录上注明。

第四十三条　听证结束后，文物行政部门依照本规定第三十条的规定，作出决定。

第六章　送达和执行

第四十四条　行政处罚决定书应当当场交付当事人；当事人不在场的，

文物行政部门应当依照民事诉讼法的有关规定在 7 日内送达当事人。

第四十五条 行政处罚决定书送达后，当事人应当在规定期限内对处罚决定予以履行。

当事人确有经济困难，需要延期或者分期缴纳罚款的，经当事人提出书面申请，报文物行政部门负责人批准。

第四十六条 作出罚款和没收违法所得决定的文物行政部门应当与收缴罚没款的机构分离。除按规定当场收缴的罚款外，文物行政执法人员不得自行收缴罚没款。

第四十七条 当场作出行政处罚决定，有下列情形之一的，文物行政执法人员可以当场收缴罚款：

（一）依法给予 20 元以下罚款的；

（二）不当场收缴事后难以执行的。

第四十八条 在边远、水上、交通不便地区，文物行政执法人员依照本规定作出罚款决定后，当事人向指定的银行缴纳罚款确有困难，经当事人提出，文物行政执法人员可以当场收缴罚款。

第四十九条 文物行政执法人员当场收缴罚款的，应当向当事人出具省级财政部门统一制发的罚款收据。

文物行政执法人员当场收缴的罚款，应当自收缴罚款之日起 2 日内交至文物行政部门；文物行政部门应当在 2 日内将罚款缴付指定的银行。

第五十条 当事人逾期不履行行政处罚决定的，文物行政部门应当申请人民法院强制执行。

第五十一条 行政处罚决定履行或者执行后，案件承办人应当填写结案报告，报文物行政部门负责人批准。

第七章 附 则

第五十二条 行政处罚决定执行完毕后，文物行政部门应当及时将案件材料立卷归档。

第五十三条 本规定自发布之日起施行。

艺术品经营管理办法

(2016 年 1 月 18 日中华人民共和国文化部令第 56 号公布)

第一章 总 则

第一条 为了加强对艺术品经营活动的管理，规范经营行为，繁荣艺术品市场，保护创作者、经营者、消费者的合法权益，制定本办法。

第二条 本办法所称艺术品，是指绘画作品、书法篆刻作品、雕塑雕刻作品、艺术摄影作品、装置艺术作品、工艺美术作品等及上述作品的有限复制品。本办法所称艺术品不包括文物。

本办法规范的艺术品经营活动包括：

（一）收购、销售、租赁；

（二）经纪；

（三）进出口经营；

（四）鉴定、评估、商业性展览等服务；

（五）以艺术品为标的物的投资经营活动及服务。

利用信息网络从事艺术品经营活动的适用本办法。

第三条 文化部负责制定艺术品经营管理政策，监督管理全国艺术品经营活动，建立艺术品市场信用监管体系。

省、自治区、直辖市人民政府文化行政部门负责艺术品进出口经营活动审批，建立专家委员会，为文化行政部门开展的内容审查、市场监管相关工作提供专业意见。

县级以上人民政府文化行政部门负责本行政区域内艺术品经营活动的日常监督管理工作，县级以上人民政府文化行政部门或者依法授权的文化市场综合执法机构对从事艺术品经营活动违反国家有关规定的行为实施处罚。

第四条 加强艺术品市场社会组织建设。鼓励和引导行业协会等社会组织制定行业标准，指导、监督会员依法开展经营活动，依照章程，加强行业自律，推动诚信建设，促进行业公平竞争。

第二章 经营规范

第五条 设立从事艺术品经营活动的经营单位，应当到其住所地县级以上人民政府工商行政管理部门申领营业执照，并在领取营业执照之日起15日内，到其住所地县级以上人民政府文化行政部门备案。

其他经营单位增设艺术品经营业务的，应当按前款办理备案手续。

第六条 禁止经营含有以下内容的艺术品：

（一）反对宪法确定的基本原则的；

（二）危害国家统一、主权和领土完整的；

（三）泄露国家秘密、危害国家安全或者损害国家荣誉和利益的；

（四）煽动民族仇恨、民族歧视，破坏民族团结，或者侵害民族风俗、习惯的；

（五）破坏国家宗教政策，宣扬邪教、迷信的；

（六）宣扬恐怖活动，散布谣言，扰乱社会秩序，破坏社会稳定的；

（七）宣扬淫秽、色情、赌博、暴力或者教唆犯罪的；

（八）侮辱或者诽谤他人，侵害他人合法权益的；

（九）违背社会公德或者民族优秀文化传统的；

（十）蓄意篡改历史、严重歪曲历史的；

（十一）有法律、法规和国家规定禁止的其他内容的。

第七条 禁止经营以下艺术品：

（一）走私、盗窃等来源不合法的艺术品；

（二）伪造、变造或者冒充他人名义的艺术品；

（三）除有合法手续、准许经营的以外，法律、法规禁止交易的动物、植物、矿物、金属、化石等为材质的艺术品；

（四）国家规定禁止交易的其他艺术品。

第八条 艺术品经营单位不得有以下经营行为：

（一）向消费者隐瞒艺术品来源，或者在艺术品说明中隐瞒重要事项，误导消费者的；

（二）伪造、变造艺术品来源证明、艺术品鉴定评估文件以及其他交易凭证的；

（三）以非法集资为目的或者以非法传销为手段进行经营的；

（四）未经批准，将艺术品权益拆分为均等份额公开发行，以集中竞价、做市商等集中交易方式进行交易的；

（五）法律、法规和国家规定禁止的其他经营行为。

第九条　艺术品经营单位应当遵守以下规定：

（一）对所经营的艺术品应当标明作者、年代、尺寸、材料、保存状况和销售价格等信息。

（二）保留交易有关的原始凭证、销售合同、台账、账簿等销售记录，法律、法规要求有明确期限的，按照法律、法规规定执行；法律、法规没有明确规定的，保存期不得少于 5 年。

第十条　艺术品经营单位应买受人要求，应当对买受人购买的艺术品进行尽职调查，提供以下证明材料之一：

（一）艺术品创作者本人认可或者出具的原创证明文件；

（二）第三方鉴定评估机构出具的证明文件；

（三）其他能够证明或者追溯艺术品来源的证明文件。

第十一条　艺术品经营单位从事艺术品鉴定、评估等服务，应当遵守以下规定：

（一）与委托人签订书面协议，约定鉴定、评估的事项，鉴定、评估的结论适用范围以及被委托人应当承担的责任；

（二）明示艺术品鉴定、评估程序或者需要告知、提示委托人的事项；

（三）书面出具鉴定、评估结论，鉴定、评估结论应当包括对委托艺术品的全面客观说明，鉴定、评估的程序，做出鉴定、评估结论的证据，鉴定、评估结论的责任说明，并对鉴定、评估结论的真实性负责；

（四）保留书面鉴定、评估结论副本及鉴定、评估人签字等档案不得少于 5 年。

第十二条　文化产权交易所和以艺术品为标的物的投资经营单位，非公开发行艺术品权益或者采取艺术品集中竞价交易的，应当执行国家有关规定。

第三章　艺术品进出口经营活动

第十三条　艺术品进出口经营活动包括:

(一)从境外进口或者向境外出口艺术品的经营活动;

(二)以销售、商业宣传为目的在境内公共展览场所举办的,有境外艺术品创作者或者境外艺术品参加的各类展示活动。

第十四条　从境外进口或者向境外出口艺术品的,应当在艺术品进出口前,向艺术品进出口口岸所在地省、自治区、直辖市人民政府文化行政部门提出申请并报送以下材料:

(一)营业执照、对外贸易经营者备案登记表;

(二)进出口艺术品的来源、目的地;

(三)艺术品图录;

(四)审批部门要求的其他材料。

文化行政部门应当自受理申请之日起5日内作出批准或者不批准的决定。批准的,发给批准文件,申请单位持批准文件到海关办理手续;不批准的,书面通知申请人并说明理由。

第十五条　以销售、商业宣传为目的在境内公共展览场所举办有境外艺术品创作者或者境外艺术品参加的展示活动,应当由举办单位于展览日45日前,向展览举办地省、自治区、直辖市人民政府文化行政部门提出申请,并报送以下材料:

(一)主办或者承办单位的营业执照、对外贸易经营者备案登记表;

(二)参展的境外艺术品创作者或者境外参展单位的名录;

(三)艺术品图录;

(四)审批部门要求的其他材料。

文化行政部门应当自受理申请之日起15日内作出批准或者不批准的决定。批准的,发给批准文件,申请单位持批准文件到海关办理手续;不批准的,书面通知申请人并说明理由。

第十六条　艺术品进出口口岸所在地省、自治区、直辖市人民政府文化行政部门在艺术品进出口经营活动审批过程中,对申报的艺术品内容有疑义的,可提交专家委员会进行复核。复核时间不超过15日,复核时间不计入审批时限。

第十七条 同一批已经文化行政部门内容审核的艺术品复出口或者复进口，进出口单位可持原批准文件到进口或者出口口岸海关办理相关手续，文化行政部门不再重复审批。

第十八条 任何单位或者个人不得销售或者利用其他商业形式传播未经文化行政部门批准进口的艺术品。

个人携带、邮寄艺术品进出境，不适用本办法。个人携带、邮寄艺术品超过海关认定的自用、合理数量，海关要求办理进出口手续的，应当参照本办法第十四条办理。

以研究、教学参考、馆藏、公益性展览等非经营性用途为目的的艺术品进出境，应当参照本办法第十四条或者第十五条办理进出口手续。

第四章 法律责任

第十九条 违反本办法第五条规定的，由县级以上人民政府文化行政部门或者依法授权的文化市场综合执法机构责令改正，并可根据情节轻重处10000元以下罚款。

第二十条 违反本办法第六条、第七条规定的，由县级以上人民政府文化行政部门或者依法授权的文化市场综合执法机构没收非法艺术品及违法所得，违法经营额不足10000元的，并处10000元以上20000元以下罚款；违法经营额10000元以上的，并处违法经营额2倍以上3倍以下罚款。

第二十一条 违反本办法第八条规定的，由县级以上人民政府文化行政部门或者依法授权的文化市场综合执法机构责令改正，没收违法所得，违法经营额不足10000元的，并处10000元以上20000元以下罚款；违法经营额10000元以上的，并处违法经营额2倍以上3倍以下罚款。

第二十二条 违反本办法第九条、第十一条规定的，由县级以上人民政府文化行政部门或者依法授权的文化市场综合执法机构责令改正，并可根据情节轻重处30000元以下罚款。

第二十三条 违反本办法第十四条、第十五条规定，擅自开展艺术品进出口经营活动，及违反第十八条第一款规定的，由县级以上人民政府文化行政部门或者依法授权的文化市场综合执法机构责令改正，违法经营额不足

10000 元的，并处 10000 元以上 20000 元以下罚款；违法经营额 10000 元以上的，并处违法经营额 2 倍以上 3 倍以下罚款。

第五章　附　则

第二十四条　本办法规定的行政许可、备案、专家委员会复核的期限以工作日计算，不含法定节假日。

第二十五条　本办法由文化部负责解释。

第二十六条　本办法自 2016 年 3 月 15 日起施行。2004 年 7 月 1 日公布的《美术品经营管理办法》同时废止。

古人类化石和古脊椎动物化石保护管理办法

（2006 年 8 月 7 日文化部令第 38 号公布）

第一条 为加强对古人类化石和古脊椎动物化石的保护和管理，根据《中华人民共和国文物保护法》制定本办法。

第二条 本办法所称古人类化石和古脊椎动物化石，指古猿化石、古人类化石及其与人类活动有关的第四纪古脊椎动物化石。

第三条 国务院文物行政部门主管全国古人类化石和古脊椎动物化石的保护和管理工作。

县级以上地方人民政府文物行政部门对本行政区域内的古人类化石和古脊椎动物化石的保护实施监督管理。

第四条 古人类化石和古脊椎动物化石分为珍贵化石和一般化石；珍贵化石分为三级。古人类化石、与人类有祖裔关系的古猿化石、代表性的与人类有旁系关系的古猿化石、代表性的与人类起源演化有关的第四纪古脊椎动物化石为一级化石；其他与人类有旁系关系的古猿化石、系统地位暂不能确定的古猿化石、其他重要的与人类起源演化有关的第四纪古脊椎动物化石为二级化石；其他有科学价值的与人类起源演化有关的第四纪古脊椎动物化石为三级化石。

一、二、三级化石和一般化石的保护和管理，按照国家有关一、二、三级文物和一般文物保护管理的规定实施。

第五条 古人类化石和古脊椎动物化石地点以及遗迹地点，纳入不可移动文物的保护和管理体系，并根据其价值，报请核定公布为各级文物保护单位。

第六条 古人类化石和古脊椎动物化石的考古调查、勘探和发掘工作，按照国家有关文物考古调查、勘探和发掘的管理规定实施管理。

地下埋藏的古人类化石和古脊椎动物化石，任何单位或者个人不得私自发掘。

古人类化石和古脊椎动物化石的考古发掘项目，其领队及主要工作人员应当具有古生物学及其他相关学科的研究背景。

第七条 建设工程涉及地下可能埋藏古人类化石和古脊椎动物化石的调查、勘探和发掘工作的程序和要求，按照国家有关建设工程涉及地下可能埋藏文物的调查、勘探和发掘工作的规定执行。

第八条 在进行建设工程或者在农业生产中，任何单位或者个人发现古人类化石和古脊椎动物化石，应当保护现场，立即报告当地文物行政部门。文物行政部门应当按照《中华人民共和国文物保护法》第三十二条第一款规定的要求和程序进行处理。

第九条 除出境展览或者因特殊需要经国务院批准出境外，古人类化石和古脊椎动物化石不得出境。

古人类化石和古脊椎动物化石出境展览，按照国家有关文物出境展览的管理规定实施管理。

古人类化石和古脊椎动物化石临时进境，按照国家有关文物临时进境的管理规定实施管理。

第十条 对保护古人类化石和古脊椎动物化石做出突出贡献的单位或个人，由国家给予精神鼓励或者物质奖励。

第十一条 违反本办法规定的，依照有关规定追究法律责任。

第十二条 本办法自公布之日起施行。

拍卖管理办法

（2004 年 12 月 2 日商务部令第 24 号公布　根据 2015 年 10 月 28 日《商务部关于修改部分规章和规范性文件的决定》第一次修订　根据 2019 年 11 月 30 日《商务部关于废止和修改部分规章的决定》第二次修订）

第一章　总　则

第一条　为规范拍卖行为，维护拍卖秩序，推动拍卖业的对外开放，促进拍卖业健康发展，根据《中华人民共和国拍卖法》（以下简称《拍卖法》）和有关外商投资的法律、行政法规和规章，制定本办法。

第二条　本办法适用于中华人民共和国境内拍卖企业进行的拍卖活动。

各种经营性拍卖活动，应当由依法取得从事拍卖业务许可的企业进行。

第三条　本办法所称拍卖企业，是指依法在中国境内设立的从事经营性拍卖活动的有限责任公司或者股份有限公司。

第四条　商务部是拍卖行业主管部门，对全国拍卖业实施监督管理。

省、自治区、直辖市人民政府（以下简称省级）和设区的市人民政府（以下简称市级）商务主管部门对本行政区域内的拍卖业实施监督管理。

第五条　拍卖企业从事拍卖活动，应当遵守《拍卖法》及其他有关法律、行政法规、规章的规定，遵循公开、公平、公正、诚实信用的原则。

第二章　企业申请从事拍卖业务的许可、变更和终止

第六条　申请从事拍卖业务许可的企业的投资者应有良好的信誉，无违反中国法律、行政法规、规章的行为。

第七条　企业申请取得从事拍卖业务的许可，应当具备下列条件：

（一）有 1 百万元人民币以上的注册资本；

（二）有自己的名称、组织机构和章程；

（三）有固定的办公场所；

（四）有至少一名拍卖师；

（五）有符合有关法律、行政法规及本办法规定的拍卖业务规则；

（六）符合商务主管部门有关拍卖行业发展规划。

第八条　企业申请取得从事拍卖业务的许可，应当提交下列材料：

（一）申请书；

（二）公司章程、拍卖业务规则；

（三）企业法人营业执照副本（复印件）；

（四）拟聘任的拍卖师执业资格证书；

（五）企业已购买或租用固定办公场所的书面承诺。

第九条　拍卖企业从事文物拍卖的，应当遵循有关文物拍卖的法律、行政法规的规定。

国家行政机关依法没收的物品，充抵税款、罚款的物品、人民法院依法没收的物品，充抵罚金、罚款的物品以及无法返还的追回物品和其他特殊国有资产等标的的拍卖应由具有相应拍卖资格的拍卖企业承担，具体资格条件由省级商务主管部门会同有关部门依据规范管理、择优选用的原则制定，并报商务部备案。

第十条　拍卖企业分公司申请取得从事拍卖业务的许可，应当符合下列条件：

（一）符合拍卖业发展规划；

（二）有固定的办公场所；

（三）经营拍卖业务3年以上，最近2年连续盈利，其上年拍卖成交额超过5千万元人民币；或者上年拍卖成交额超过2亿元人民币。

第十一条　拍卖企业设立分公司，申请人需要提交下列材料：

（一）拟设立分公司的申请报告；

（二）企业法人营业执照副本（复印件）；

（三）最近2年经会计师事务所审计的年度财务会计报表；

（四）拟聘任的拍卖师执业资格证书；

（五）企业已购买或租用固定办公场所的书面承诺。

第十二条　企业及分公司申请取得从事拍卖业务的许可，按照下列程序办理：

企业及分公司申请取得从事拍卖业务的许可，应当先经企业或分公司所在地市级商务主管部门审查后，报省级商务主管部门核准并颁发拍卖经营批准证书。

省级商务主管部门对企业及分公司申请取得从事拍卖业务的许可可以采取听证方式。

拍卖经营批准证书由省级商务主管部门统一印制。

第十三条　拍卖企业向工商行政管理机关申请变更注册登记项目后，应当报省级商务主管部门核准，并由其换发拍卖经营批准证书。

第十四条　拍卖企业及分公司申请取得从事拍卖业务的许可后连续 6 个月无正当理由未举办拍卖会或没有营业纳税证明的，由商务主管部门收回拍卖经营批准证书。

第十五条　拍卖企业根据章程规定事由、股东会决议或其他事由解散的；或者因违反法律、行政法规及本办法规定被责令关闭的；或者因不能清偿到期债务，被依法宣告破产的，由有关部门依法注销。

第三章　拍卖从业人员及拍卖活动

第十六条　国家对拍卖专业技术人员实行执业资格制度，获得拍卖师执业资格证书的人员，经注册后，方可主持拍卖活动。

本办法所称拍卖师是指经全国统一考试合格，取得人事部、商务部联合用印的，由中国拍卖行业协会颁发的《中华人民共和国拍卖师执业资格证书》，并经注册登记的人员。

第十七条　拍卖师只能在一个拍卖企业注册执业且不得以其拍卖师个人身份在其他拍卖企业兼职；

拍卖师不得将《中华人民共和国拍卖师执业资格证书》借予他人或其他单位使用。

第十八条　拍卖师可以变更执业注册单位。拍卖师变更执业注册单位的，应当向中国拍卖行业协会办理注册变更手续。

中国拍卖行业协会应将拍卖师注册登记及变更情况每月定期报商务部备案。

第十九条　下列物品或者财产权利禁止拍卖：

（一）法律、法规禁止买卖的；

（二）所有权或者处分权有争议，未经司法、行政机关确权的；

（三）尚未办结海关手续的海关监管货物。

第二十条　拍卖企业应当依法开展拍卖活动，不得有下列行为：

（一）出租、擅自转让拍卖经营权；

（二）对拍卖标的进行虚假宣传，给买受人造成经济损失；

（三）雇佣未依法注册的拍卖师或其他人员充任拍卖师主持拍卖活动的；

（四）采用恶意降低佣金比例或低于拍卖活动成本收取佣金，甚至不收取佣金（义拍除外）或给予委托人回扣等手段进行不正当竞争的；

（五）其他违反法律法规的行为。

第二十一条　拍卖企业发现拍卖标的中有公安机关通报协查物品或赃物，应当立即向所在地公安机关报告。

第二十二条　竞买人委托他人代理竞买的，应当出具授权委托书和竞买人、代理人的身份证明复印件。

授权委托书应载明代理人的姓名或者名称、代理事项、代理权限和期间。

第二十三条　拍卖实施前，拍卖企业与委托人应当就拍卖未成交的有关事宜或因委托人中止或终止拍卖所造成损失的赔偿责任等事项达成书面协议。

第二十四条　对委托人送交的拍卖物品，拍卖企业应当由专人负责，妥善保管，建立拍卖品保管、值班和交接班制度，并采取必要的安全防范措施。

第二十五条　拍卖企业举办拍卖活动，应当根据拍卖标的物的属性及拍卖的性质，按照《拍卖法》及相关法律、行政法规规定的日期进行公告。公告应当发布在拍卖标的所在地以及拍卖会举行地商务主管部门指定的发行量较大的报纸或其他有同等影响的媒体。

第二十六条　拍卖企业应当在拍卖会前展示拍卖标的，为竞买人提供查看拍卖标的的条件并向竞买人提供有关资料。

展示时间应不少于2日，鲜活物品或其他不易保存的物品除外。

第二十七条　拍卖企业有权查明或者要求委托人书面说明拍卖标的的来源和瑕疵。

拍卖企业应当向竞买人说明其知道或者应当知道的拍卖标的的瑕疵。

第二十八条　法律、行政法规和规章对拍卖标的受让人有特别规定的，拍卖企业应当将标的拍卖给符合法律、行政法规和规章要求的竞买人。

拍卖标的是依照法律、行政法规和规章规定需要行政许可的经营资格且依法可以转让的，委托人应在拍卖前应当征得行政许可机关的同意。

第二十九条　拍卖企业可以在拍卖会现场设立委托竞买席，并在拍卖会开始时对全体竞买人作出说明。

第三十条　有下列情形之一的，应当中止拍卖：

（一）没有竞买人参加拍卖的；

（二）第三人对拍卖标的所有权或处分权有争议并当场提供有效证明的；

（三）委托人在拍卖会前以正当理由书面通知拍卖企业中止拍卖的；

（四）发生意外事件致使拍卖活动暂时不能进行的；

（五）出现其他依法应当中止的情形的。

中止拍卖由拍卖企业宣布。中止拍卖的事由消失后，应恢复拍卖。

第三十一条　有下列情形之一的，应当终止拍卖：

（一）人民法院、仲裁机构或者有关行政机关认定委托人对拍卖标的无处分权并书面通知拍卖企业的；

（二）拍卖标的被认定为赃物的；

（三）发生不可抗力或意外事件致使拍卖活动无法进行的；

（四）拍卖标的在拍卖前毁损、灭失的；

（五）委托人在拍卖会前书面通知拍卖企业终止拍卖的；

（六）出现其他依法应当终止的情形的。

终止拍卖由拍卖企业宣布。拍卖终止后，委托人要求继续进行拍卖的，应当重新办理拍卖手续。

第三十二条　外商投资拍卖企业与内资拍卖企业联合在中华人民共和国境内举办拍卖会的，其拍卖标的应符合法律、行政法规及本办法的有关规定。

第四章　监督管理

第三十三条　商务部组织制定有关拍卖行业规章、政策，指导各地制定拍卖行业发展规划，依法建立拍卖业监督核查、行业统计和信用管理制度；负责拍卖行业利用外资的促进与管理；对拍卖行业自律组织进行业务指导。

第三十四条 省级商务主管部门负责制定和实施本地区拍卖行业发展规划，并将规划报商务部备案。

省级商务主管部门应建立本地区拍卖企业和从业人员的监督核查和行业统计及信用管理制度；负责企业和分公司申请取得从事拍卖业务的许可审核；管理与指导本地区的拍卖行业自律组织。

省级商务主管部门应当创造条件，建立与拍卖企业、其他有关行政机关计算机档案系统互联网络，对拍卖经营活动监督检查的情况和处理结果应当予以记录。每年度应当出具对拍卖企业的监督核查意见。对核查不合格的拍卖企业，应当责令限期整改，并将核查情况通报有关部门。

第三十五条 拍卖行业协会依法并根据章程，对拍卖企业和拍卖师进行监督。拍卖行业协会应当制定拍卖行业规范，加强行业自律管理，协调会员企业与政府有关部门及会员企业之间的关系，为会员企业提供服务，维护会员企业的合法权益。

中国拍卖行业协会在商务部的指导下，具体实施全国拍卖企业信用管理制度和组织拍卖师考试、考核和资格认定工作。

第五章　法律责任

第三十六条 未经许可从事经营性拍卖活动的企业，应依照国家有关规定予以取缔。

第三十七条 拍卖师违反本办法第十六条、第十七条规定或有向监管部门隐瞒情况、提供虚假材料等其他违规行为的，省级商务主管部门可将其违规事实及处理建议通告中国拍卖行业协会，中国拍卖行业协会应依照有关规定对违规拍卖师进行处理，并将处理结果在 10 个工作日内书面抄送拍卖师执业地省级商务主管部门和行业协会。

第三十八条 拍卖企业违反本办法第十九条规定，对买受人造成损失的，拍卖企业应当给予赔偿；属于委托人责任的，拍卖企业有权向委托人追偿。

第三十九条 拍卖企业违反第二十条第（一）项，由省级商务主管部门责令其改正，并处 3 万元以下罚款。

第四十条 拍卖企业违反本办法第二十条第（三）项的规定，由省级商务主管部门视情节轻重予以警告，并处以非法所得额 1 倍以上的罚款，但最高不超过 3 万元；没有非法所得的，处以 1 万元以下的罚款。造成委托人和买受人损失的，拍卖企业应当依法给予赔偿。

第四十一条 拍卖企业违反本办法第二十条第（二）项、第（四）项规定的，由有关行政机关依法进行处罚。

第四十二条 拍卖企业违反本办法第二十五条、第二十六条规定，拍卖前违规进行公告或展示的，由省级商务主管部门视情节轻重予以警告，责令改正，延期拍卖或处以 1 万元以下罚款。

第四十三条 拍卖企业、委托人违反本办法第二十七条规定，未说明拍卖标的的瑕疵，给买受人造成损害的，买受人有权要求拍卖企业给予赔偿；属于委托人责任的，拍卖企业有权向委托人追偿。

拍卖企业、委托人在拍卖前声明不能保证拍卖标的真伪或者品质的，不承担瑕疵担保责任（以下简称免责声明）。但是拍卖企业、委托人明确知道或应当知道拍卖标的有瑕疵时，免责声明无效。

第四十四条 拍卖成交后，委托人没有协助买受人依法办理证照变更、产权过户手续，造成买受人或拍卖企业损失的，委托人应当依法给予赔偿。

委托人提出中止或者终止拍卖，给拍卖企业或者竞买人造成损失的，应当依法给予赔偿。

第四十五条 有下列情形之一的，省级商务主管部门或商务部可以撤销有关拍卖企业及分公司从事拍卖业务的许可决定：

（一）工作人员滥用职权、玩忽职守作出准予许可决定的；

（二）违反《拍卖法》和本办法规定的取得从事拍卖业务的许可条件作出准予许可决定的；

（三）超越法定职权作出准予从事拍卖业务的许可决定的。

第四十六条 商务主管部门以及行业协会的工作人员在工作中滥用职权、徇私舞弊、玩忽职守、索贿受贿的，对负有责任的主管人员和直接责任人员依法给予行政处分；构成犯罪的，依法追究刑事责任。

第四十七条 商务主管部门工作人员对在执行公务中获知的有关拍卖企业、委托人、竞买人、买受人要求保密的内容，应当按保密规定为其保密，造成泄密的，按有关规定处理。拍卖企业认为向管理机关报送的材料有保密内容的，应注明"保密"字样并密封。

第六章　附　则

第四十八条　农产品批发市场、机动车交易市场等商品交易市场引入拍卖方式及利用互联网经营拍卖业务的管理，原则上参照本办法执行，具体办法另行制定。

第四十九条　国有独资拍卖企业应按照国家有关规定进行改制。

第五十条　本办法由商务部负责解释。

第五十一条　本办法自 2005 年 1 月 1 日起施行。

拍卖监督管理办法

（2001 年 1 月 15 日国家工商行政管理局令第 101 号公布　根据 2013 年 1 月 5 日国家工商行政管理总局令第 59 号第一次修订　根据 2017 年 9 月 30 日国家工商行政管理总局令第 91 号第二次修订　根据 2020 年 10 月 23 日国家市场监督管理总局令第 31 号第三次修订）

第一条　为了规范拍卖行为，维护拍卖秩序，保护拍卖活动各方当事人的合法权益，根据《中华人民共和国拍卖法》等法律法规，制定本办法。

第二条　拍卖人、委托人、竞买人及其他参与拍卖活动的当事人从事拍卖活动，应当遵守有关法律法规和本办法，遵循公开、公平、公正、诚实信用的原则。

第三条　市场监督管理部门依照《中华人民共和国拍卖法》等法律法规和本办法对拍卖活动实施监督管理，主要职责是：

（一）依法对拍卖人进行登记注册；

（二）依法对拍卖人、委托人、竞买人及其他参与拍卖活动的当事人进行监督管理；

（三）依法查处违法拍卖行为；

（四）法律法规及规章规定的其他职责。

第四条　设立拍卖企业应当依照《中华人民共和国拍卖法》《中华人民共和国公司法》等法律法规的规定，向市场监督管理部门申请登记，领取营业执照，并经所在地的省、自治区、直辖市人民政府负责管理拍卖业的部门审核，取得从事拍卖业务的许可。

第五条　拍卖人不得有下列行为：

（一）采用财物或者其他手段进行贿赂以争揽业务；

（二）利用拍卖公告或者其他方法，对拍卖标的作引人误解的虚假宣传；

（三）捏造、散布虚假事实，损害其他拍卖人的商业信誉；

（四）以不正当手段侵犯他人的商业秘密；

（五）拍卖人及其工作人员以竞买人的身份参与自己组织的拍卖活动，或者委托他人代为竞买；

（六）在自己组织的拍卖活动中拍卖自己的物品或者财产权利；

（七）雇佣非拍卖师主持拍卖活动；

（八）其他违反法律法规及规章的行为。

第六条　委托人在拍卖活动中不得参与竞买或者委托他人代为竞买。

第七条　竞买人之间不得有下列恶意串通行为：

（一）相互约定一致压低拍卖应价；

（二）相互约定拍卖应价；

（三）相互约定买受人或相互约定排挤其他竞买人；

（四）其他恶意串通行为。

第八条　竞买人与拍卖人之间不得有下列恶意串通行为：

（一）私下约定成交价；

（二）拍卖人违背委托人的保密要求向竞买人泄露拍卖标的保留价；

（三）其他恶意串通行为。

第九条　拍卖人、委托人、竞买人不得拍卖或者参与拍卖国家禁止买卖的物品或者财产权利。

第十条　拍卖人不得以委托人、竞买人、买受人要求保密等为由，阻碍监督检查。

第十一条　违反本办法第四条规定，未经许可从事拍卖业务的，由市场监督管理部门依照《中华人民共和国拍卖法》第六十条的规定处罚。

第十二条　拍卖人违反本办法第五条第一项至第四项规定的，由市场监督管理部门依照《中华人民共和国反不正当竞争法》的有关规定处罚。拍卖人违反本办法第五条第五项、第六项规定的，由市场监督管理部门分别依照《中华人民共和国拍卖法》第六十二条、第六十三条的规定处罚。

第十三条　拍卖人违反本办法第五条第七项规定的，由市场监督管理部门予以警告，并可处 10000 元以下的罚款。

第十四条　拍卖人、委托人、竞买人违反本办法第六条、第七条、第八条规定的，由市场监督管理部门依照《中华人民共和国拍卖法》第六十四条、第六十五条的规定处罚。

第十五条　本办法自 2017 年 11 月 1 日起施行。2013 年 1 月 5 日国家工商行政管理总局令第 59 号修订的《拍卖监督管理办法》同时废止。

网络交易监督管理办法

（2021 年 3 月 15 日国家市场监督管理总局令第 37 号公布）

第一章　总　则

第一条　为了规范网络交易活动，维护网络交易秩序，保障网络交易各方主体合法权益，促进数字经济持续健康发展，根据有关法律、行政法规，制定本办法。

第二条　在中华人民共和国境内，通过互联网等信息网络（以下简称通过网络）销售商品或者提供服务的经营活动以及市场监督管理部门对其进行监督管理，适用本办法。

在网络社交、网络直播等信息网络活动中销售商品或者提供服务的经营活动，适用本办法。

第三条　网络交易经营者从事经营活动，应当遵循自愿、平等、公平、诚信原则，遵守法律、法规、规章和商业道德、公序良俗，公平参与市场竞争，认真履行法定义务，积极承担主体责任，接受社会各界监督。

第四条　网络交易监督管理坚持鼓励创新、包容审慎、严守底线、线上线下一体化监管的原则。

第五条　国家市场监督管理总局负责组织指导全国网络交易监督管理工作。

县级以上地方市场监督管理部门负责本行政区域内的网络交易监督管理工作。

第六条　市场监督管理部门引导网络交易经营者、网络交易行业组织、消费者组织、消费者共同参与网络交易市场治理，推动完善多元参与、有效协同、规范有序的网络交易市场治理体系。

第二章　网络交易经营者

第一节　一般规定

第七条　本办法所称网络交易经营者，是指组织、开展网络交易活动的自然人、法人和非法人组织，包括网络交易平台经营者、平台内经营者、自建网站经营者以及通过其他网络服务开展网络交易活动的网络交易经营者。

本办法所称网络交易平台经营者，是指在网络交易活动中为交易双方或者多方提供网络经营场所、交易撮合、信息发布等服务，供交易双方或者多方独立开展网络交易活动的法人或者非法人组织。

本办法所称平台内经营者，是指通过网络交易平台开展网络交易活动的网络交易经营者。

网络社交、网络直播等网络服务提供者为经营者提供网络经营场所、商品浏览、订单生成、在线支付等网络交易平台服务的，应当依法履行网络交易平台经营者的义务。通过上述网络交易平台服务开展网络交易活动的经营者，应当依法履行平台内经营者的义务。

第八条　网络交易经营者不得违反法律、法规、国务院决定的规定，从事无证无照经营。除《中华人民共和国电子商务法》第十条规定的不需要进行登记的情形外，网络交易经营者应当依法办理市场主体登记。

个人通过网络从事保洁、洗涤、缝纫、理发、搬家、配制钥匙、管道疏通、家电家具修理修配等依法无须取得许可的便民劳务活动，依照《中华人民共和国电子商务法》第十条的规定不需要进行登记。

个人从事网络交易活动，年交易额累计不超过 10 万元的，依照《中华人民共和国电子商务法》第十条的规定不需要进行登记。同一经营者在同一平台或者不同平台开设多家网店的，各网店交易额合并计算。个人从事的零星小额交易须依法取得行政许可的，应当依法办理市场主体登记。

第九条　仅通过网络开展经营活动的平台内经营者申请登记为个体工商户的，可以将网络经营场所登记为经营场所，将经常居住地登记为住所，其住所所在地的县、自治县、不设区的市、市辖区市场监督管理部门为其登记机关。同一经营者有两个以上网络经营场所的，应当一并登记。

第十条　平台内经营者申请将网络经营场所登记为经营场所的，由其入驻的网络交易平台为其出具符合登记机关要求的网络经营场所相关材料。

第十一条　网络交易经营者销售的商品或者提供的服务应当符合保障人身、财产安全的要求和环境保护要求，不得销售或者提供法律、行政法规禁止交易，损害国家利益和社会公共利益，违背公序良俗的商品或者服务。

第十二条　网络交易经营者应当在其网站首页或者从事经营活动的主页面显著位置，持续公示经营者主体信息或者该信息的链接标识。鼓励网络交易经营者链接到国家市场监督管理总局电子营业执照亮照系统，公示其营业执照信息。

已经办理市场主体登记的网络交易经营者应当如实公示下列营业执照信息以及与其经营业务有关的行政许可等信息，或者该信息的链接标识：

（一）企业应当公示其营业执照登载的统一社会信用代码、名称、企业类型、法定代表人（负责人）、住所、注册资本（出资额）等信息；

（二）个体工商户应当公示其营业执照登载的统一社会信用代码、名称、经营者姓名、经营场所、组成形式等信息；

（三）农民专业合作社、农民专业合作社联合社应当公示其营业执照登载的统一社会信用代码、名称、法定代表人、住所、成员出资总额等信息。

依照《中华人民共和国电子商务法》第十条规定不需要进行登记的经营者应当根据自身实际经营活动类型，如实公示以下自我声明以及实际经营地址、联系方式等信息，或者该信息的链接标识：

（一）"个人销售自产农副产品，依法不需要办理市场主体登记"；

（二）"个人销售家庭手工业产品，依法不需要办理市场主体登记"；

（三）"个人利用自己的技能从事依法无须取得许可的便民劳务活动，依法不需要办理市场主体登记"；

（四）"个人从事零星小额交易活动，依法不需要办理市场主体登记"。

网络交易经营者公示的信息发生变更的，应当在十个工作日内完成更新公示。

第十三条　网络交易经营者收集、使用消费者个人信息，应当遵循合法、正当、必要的原则，明示收集、使用信息的目的、方式和范围，并经消费者同意。网络交易经营者收集、使用消费者个人信息，应当公开其收集、使用规则，不得违反法律、法规的规定和双方的约定收集、使用信息。

网络交易经营者不得采用一次概括授权、默认授权、与其他授权捆绑、停止安装使用等方式，强迫或者变相强迫消费者同意收集、使用与经营活动无直接关系的信息。收集、使用个人生物特征、医疗健康、金融账户、个人行踪等敏感信息的，应当逐项取得消费者同意。

网络交易经营者及其工作人员应当对收集的个人信息严格保密，除依法配合监管执法活动外，未经被收集者授权同意，不得向包括关联方在内的任何第三方提供。

第十四条 网络交易经营者不得违反《中华人民共和国反不正当竞争法》等规定，实施扰乱市场竞争秩序，损害其他经营者或者消费者合法权益的不正当竞争行为。

网络交易经营者不得以下列方式，作虚假或者引人误解的商业宣传，欺骗、误导消费者：

（一）虚构交易、编造用户评价；

（二）采用误导性展示等方式，将好评前置、差评后置，或者不显著区分不同商品或者服务的评价等；

（三）采用谎称现货、虚构预订、虚假抢购等方式进行虚假营销；

（四）虚构点击量、关注度等流量数据，以及虚构点赞、打赏等交易互动数据。

网络交易经营者不得实施混淆行为，引人误认为是他人商品、服务或者与他人存在特定联系。

网络交易经营者不得编造、传播虚假信息或者误导性信息，损害竞争对手的商业信誉、商品声誉。

第十五条 消费者评价中包含法律、行政法规、规章禁止发布或者传输的信息的，网络交易经营者可以依法予以技术处理。

第十六条 网络交易经营者未经消费者同意或者请求，不得向其发送商业性信息。

网络交易经营者发送商业性信息时，应当明示其真实身份和联系方式，并向消费者提供显著、简便、免费的拒绝继续接收的方式。消费者明确表示拒绝的，应当立即停止发送，不得更换名义后再次发送。

第十七条　网络交易经营者以直接捆绑或者提供多种可选项方式向消费者搭售商品或者服务的，应当以显著方式提醒消费者注意。提供多种可选项方式的，不得将搭售商品或者服务的任何选项设定为消费者默认同意，不得将消费者以往交易中选择的选项在后续独立交易中设定为消费者默认选择。

第十八条　网络交易经营者采取自动展期、自动续费等方式提供服务的，应当在消费者接受服务前和自动展期、自动续费等日期前五日，以显著方式提请消费者注意，由消费者自主选择；在服务期间内，应当为消费者提供显著、简便的随时取消或者变更的选项，并不得收取不合理费用。

第十九条　网络交易经营者应当全面、真实、准确、及时地披露商品或者服务信息，保障消费者的知情权和选择权。

第二十条　通过网络社交、网络直播等网络服务开展网络交易活动的网络交易经营者，应当以显著方式展示商品或者服务及其实际经营主体、售后服务等信息，或者上述信息的链接标识。

网络直播服务提供者对网络交易活动的直播视频保存时间自直播结束之日起不少于三年。

第二十一条　网络交易经营者向消费者提供商品或者服务使用格式条款、通知、声明等的，应当以显著方式提请消费者注意与消费者有重大利害关系的内容，并按照消费者的要求予以说明，不得作出含有下列内容的规定：

（一）免除或者部分免除网络交易经营者对其所提供的商品或者服务应当承担的修理、重作、更换、退货、补足商品数量、退还货款和服务费用、赔偿损失等责任；

（二）排除或者限制消费者提出修理、更换、退货、赔偿损失以及获得违约金和其他合理赔偿的权利；

（三）排除或者限制消费者依法投诉、举报、请求调解、申请仲裁、提起诉讼的权利；

（四）排除或者限制消费者依法变更或者解除合同的权利；

（五）规定网络交易经营者单方享有解释权或者最终解释权；

（六）其他对消费者不公平、不合理的规定。

第二十二条　网络交易经营者应当按照国家市场监督管理总局及其授权的省级市场监督管理部门的要求，提供特定时段、特定品类、特定区域的商品或者服务的价格、销量、销售额等数据信息。

第二十三条 网络交易经营者自行终止从事网络交易活动的,应当提前三十日在其网站首页或者从事经营活动的主页面显著位置,持续公示终止网络交易活动公告等有关信息,并采取合理、必要、及时的措施保障消费者和相关经营者的合法权益。

第二节 网络交易平台经营者

第二十四条 网络交易平台经营者应当要求申请进入平台销售商品或者提供服务的经营者提交其身份、地址、联系方式、行政许可等真实信息,进行核验、登记,建立登记档案,并至少每六个月核验更新一次。

网络交易平台经营者应当对未办理市场主体登记的平台内经营者进行动态监测,对超过本办法第八条第三款规定额度的,及时提醒其依法办理市场主体登记。

第二十五条 网络交易平台经营者应当依照法律、行政法规的规定,向市场监督管理部门报送有关信息。

网络交易平台经营者应当分别于每年1月和7月向住所地省级市场监督管理部门报送平台内经营者的下列身份信息:

(一)已办理市场主体登记的平台内经营者的名称(姓名)、统一社会信用代码、实际经营地址、联系方式、网店名称以及网址链接等信息;

(二)未办理市场主体登记的平台内经营者的姓名、身份证件号码、实际经营地址、联系方式、网店名称以及网址链接、属于依法不需要办理市场主体登记的具体情形的自我声明等信息;其中,对超过本办法第八条第三款规定额度的平台内经营者进行特别标示。

鼓励网络交易平台经营者与市场监督管理部门建立开放数据接口等形式的自动化信息报送机制。

第二十六条 网络交易平台经营者应当为平台内经营者依法履行信息公示义务提供技术支持。平台内经营者公示的信息发生变更的,应当在三个工作日内将变更情况报送平台,平台应当在七个工作日内进行核验,完成更新公示。

第二十七条 网络交易平台经营者应当以显著方式区分标记已办理市场

主体登记的经营者和未办理市场主体登记的经营者，确保消费者能够清晰辨认。

第二十八条　网络交易平台经营者修改平台服务协议和交易规则的，应当完整保存修改后的版本生效之日前三年的全部历史版本，并保证经营者和消费者能够便利、完整地阅览和下载。

第二十九条　网络交易平台经营者应当对平台内经营者及其发布的商品或者服务信息建立检查监控制度。网络交易平台经营者发现平台内的商品或者服务信息有违反市场监督管理法律、法规、规章，损害国家利益和社会公共利益，违背公序良俗的，应当依法采取必要的处置措施，保存有关记录，并向平台住所地县级以上市场监督管理部门报告。

第三十条　网络交易平台经营者依据法律、法规、规章的规定或者平台服务协议和交易规则对平台内经营者违法行为采取警示、暂停或者终止服务等处理措施的，应当自决定作出处理措施之日起一个工作日内予以公示，载明平台内经营者的网店名称、违法行为、处理措施等信息。警示、暂停服务等短期处理措施的相关信息应当持续公示至处理措施实施期满之日止。

第三十一条　网络交易平台经营者对平台内经营者身份信息的保存时间自其退出平台之日起不少于三年；对商品或者服务信息，支付记录、物流快递、退换货以及售后等交易信息的保存时间自交易完成之日起不少于三年。法律、行政法规另有规定的，依照其规定。

第三十二条　网络交易平台经营者不得违反《中华人民共和国电子商务法》第三十五条的规定，对平台内经营者在平台内的交易、交易价格以及与其他经营者的交易等进行不合理限制或者附加不合理条件，干涉平台内经营者的自主经营。具体包括：

（一）通过搜索降权、下架商品、限制经营、屏蔽店铺、提高服务收费等方式，禁止或者限制平台内经营者自主选择在多个平台开展经营活动，或者利用不正当手段限制其仅在特定平台开展经营活动；

（二）禁止或者限制平台内经营者自主选择快递物流等交易辅助服务提供者；

（三）其他干涉平台内经营者自主经营的行为。

第三章　监督管理

第三十三条　县级以上地方市场监督管理部门应当在日常管理和执法活动中加强协同配合。

网络交易平台经营者住所地省级市场监督管理部门应当根据工作需要，及时将掌握的平台内经营者身份信息与其实际经营地的省级市场监督管理部门共享。

第三十四条　市场监督管理部门在依法开展监督检查、案件调查、事故处置、缺陷消费品召回、消费争议处理等监管执法活动时，可以要求网络交易平台经营者提供有关的平台内经营者身份信息，商品或者服务信息，支付记录、物流快递、退换货以及售后等交易信息。网络交易平台经营者应当提供，并在技术方面积极配合市场监督管理部门开展网络交易违法行为监测工作。

为网络交易经营者提供宣传推广、支付结算、物流快递、网络接入、服务器托管、虚拟主机、云服务、网站网页设计制作等服务的经营者（以下简称其他服务提供者），应当及时协助市场监督管理部门依法查处网络交易违法行为，提供其掌握的有关数据信息。法律、行政法规另有规定的，依照其规定。

市场监督管理部门发现网络交易经营者有违法行为，依法要求网络交易平台经营者、其他服务提供者采取措施制止的，网络交易平台经营者、其他服务提供者应当予以配合。

第三十五条　市场监督管理部门对涉嫌违法的网络交易行为进行查处时，可以依法采取下列措施：

（一）对与涉嫌违法的网络交易行为有关的场所进行现场检查；

（二）查阅、复制与涉嫌违法的网络交易行为有关的合同、票据、账簿等有关资料；

（三）收集、调取、复制与涉嫌违法的网络交易行为有关的电子数据；

（四）询问涉嫌从事违法的网络交易行为的当事人；

（五）向与涉嫌违法的网络交易行为有关的自然人、法人和非法人组织调查了解有关情况；

（六）法律、法规规定可以采取的其他措施。

采取前款规定的措施，依法需要报经批准的，应当办理批准手续。

市场监督管理部门对网络交易违法行为的技术监测记录资料，可以作为实施行政处罚或者采取行政措施的电子数据证据。

第三十六条 市场监督管理部门应当采取必要措施保护网络交易经营者提供的数据信息的安全，并对其中的个人信息、隐私和商业秘密严格保密。

第三十七条 市场监督管理部门依法对网络交易经营者实施信用监管，将网络交易经营者的注册登记、备案、行政许可、抽查检查结果、行政处罚、列入经营异常名录和严重违法失信企业名单等信息，通过国家企业信用信息公示系统统一归集并公示。对存在严重违法失信行为的，依法实施联合惩戒。

前款规定的信息还可以通过市场监督管理部门官方网站、网络搜索引擎、经营者从事经营活动的主页面显著位置等途径公示。

第三十八条 网络交易经营者未依法履行法定责任和义务，扰乱或者可能扰乱网络交易秩序，影响消费者合法权益的，市场监督管理部门可以依职责对其法定代表人或者主要负责人进行约谈，要求其采取措施进行整改。

第四章　法律责任

第三十九条 法律、行政法规对网络交易违法行为的处罚已有规定的，依照其规定。

第四十条 网络交易平台经营者违反本办法第十条，拒不为入驻的平台内经营者出具网络经营场所相关材料的，由市场监督管理部门责令限期改正；逾期不改正的，处一万元以上三万元以下罚款。

第四十一条 网络交易经营者违反本办法第十一条、第十三条、第十六条、第十八条，法律、行政法规有规定的，依照其规定；法律、行政法规没有规定的，由市场监督管理部门依职责责令限期改正，可以处五千元以上三万元以下罚款。

第四十二条 网络交易经营者违反本办法第十二条、第二十三条，未履行法定信息公示义务的，依照《中华人民共和国电子商务法》第七十六条的规定进行处罚。对其中的网络交易平台经营者，依照《中华人民共和国电子商务法》第八十一条第一款的规定进行处罚。

第四十三条　网络交易经营者违反本办法第十四条的，依照《中华人民共和国反不正当竞争法》的相关规定进行处罚。

第四十四条　网络交易经营者违反本办法第十七条的，依照《中华人民共和国电子商务法》第七十七条的规定进行处罚。

第四十五条　网络交易经营者违反本办法第二十条，法律、行政法规有规定的，依照其规定；法律、行政法规没有规定的，由市场监督管理部门责令限期改正；逾期不改正的，处一万元以下罚款。

第四十六条　网络交易经营者违反本办法第二十二条的，由市场监督管理部门责令限期改正；逾期不改正的，处五千元以上三万元以下罚款。

第四十七条　网络交易平台经营者违反本办法第二十四条第一款、第二十五条第二款、第三十一条，不履行法定核验、登记义务，有关信息报送义务，商品和服务信息、交易信息保存义务的，依照《中华人民共和国电子商务法》第八十条的规定进行处罚。

第四十八条　网络交易平台经营者违反本办法第二十七条、第二十八条、第三十条的，由市场监督管理部门责令限期改正；逾期不改正的，处一万元以上三万元以下罚款。

第四十九条　网络交易平台经营者违反本办法第二十九条，法律、行政法规有规定的，依照其规定；法律、行政法规没有规定的，由市场监督管理部门依职责责令限期改正，可以处一万元以上三万元以下罚款。

第五十条　网络交易平台经营者违反本办法第三十二条的，依照《中华人民共和国电子商务法》第八十二条的规定进行处罚。

第五十一条　网络交易经营者销售商品或者提供服务，不履行合同义务或者履行合同义务不符合约定，或者造成他人损害的，依法承担民事责任。

第五十二条　网络交易平台经营者知道或者应当知道平台内经营者销售的商品或者提供的服务不符合保障人身、财产安全的要求，或者有其他侵害消费者合法权益行为，未采取必要措施的，依法与该平台内经营者承担连带责任。

对关系消费者生命健康的商品或者服务，网络交易平台经营者对平台内经营者的资质资格未尽到审核义务，或者对消费者未尽到安全保障义务，造成消费者损害的，依法承担相应的责任。

第五十三条 对市场监督管理部门依法开展的监管执法活动，拒绝依照本办法规定提供有关材料、信息，或者提供虚假材料、信息，或者隐匿、销毁、转移证据，或者有其他拒绝、阻碍监管执法行为，法律、行政法规、其他市场监督管理部门规章有规定的，依照其规定；法律、行政法规、其他市场监督管理部门规章没有规定的，由市场监督管理部门责令改正，可以处五千元以上三万元以下罚款。

第五十四条 市场监督管理部门的工作人员，玩忽职守、滥用职权、徇私舞弊，或者泄露、出售或者非法向他人提供在履行职责中所知悉的个人信息、隐私和商业秘密的，依法追究法律责任。

第五十五条 违反本办法规定，构成犯罪的，依法追究刑事责任。

第五章 附 则

第五十六条 本办法自 2021 年 5 月 1 日起施行。2014 年 1 月 26 日原国家工商行政管理总局令第 60 号公布的《网络交易管理办法》同时废止。

中华人民共和国海关暂时进出境货物管理办法

(2017 年 12 月 7 日海关总署令第 233 号公布)

第一章 总 则

第一条 为了规范海关对暂时进出境货物的监管，根据《中华人民共和国海关法》（以下简称《海关法》）、《中华人民共和国进出口关税条例》（以下简称《关税条例》）以及有关法律、行政法规的规定，制定本办法。

第二条 海关对暂时进境、暂时出境并且在规定的期限内复运出境、复运进境货物的管理适用本办法。

第三条 本办法所称暂时进出境货物包括：

（一）在展览会、交易会、会议以及类似活动中展示或者使用的货物；

（二）文化、体育交流活动中使用的表演、比赛用品；

（三）进行新闻报道或者摄制电影、电视节目使用的仪器、设备以及用品；

（四）开展科研、教学、医疗活动使用的仪器、设备和用品；

（五）在本款第（一）项至第（四）项所列活动中使用的交通工具以及特种车辆；

（六）货样；

（七）慈善活动使用的仪器、设备以及用品；

（八）供安装、调试、检测、修理设备时使用的仪器以及工具；

（九）盛装货物的包装材料；

（十）旅游用自驾交通工具及其用品；

（十一）工程施工中使用的设备、仪器以及用品；

（十二）测试用产品、设备、车辆；

（十三）海关总署规定的其他暂时进出境货物。

使用货物暂准进口单证册（以下称"ATA 单证册"）暂时进境的货物限于我国加入的有关货物暂准进口的国际公约中规定的货物。

第四条　暂时进出境货物的税收征管依照《关税条例》的有关规定执行。

第五条　除我国缔结或者参加的国际条约、协定以及国家法律、行政法规和海关总署规章另有规定外，暂时进出境货物免予交验许可证件。

第六条　暂时进出境货物除因正常使用而产生的折旧或者损耗外，应当按照原状复运出境、复运进境。

第二章　暂时进出境货物的监管

第七条　ATA 单证册持证人、非 ATA 单证册项下暂时进出境货物收发货人（以下简称"持证人、收发货人"）可以在申报前向主管地海关提交《暂时进出境货物确认申请书》，申请对有关货物是否属于暂时进出境货物进行审核确认，并且办理相关手续，也可以在申报环节直接向主管地海关办理暂时进出境货物的有关手续。

第八条　ATA 单证册持证人应当向海关提交有效的 ATA 单证册以及相关商业单据或者证明材料。

第九条　ATA 单证册项下暂时出境货物，由中国国际贸易促进委员会（中国国际商会）向海关总署提供总担保。

除另有规定外，非 ATA 单证册项下暂时进出境货物收发货人应当按照有关规定向主管地海关提供担保。

第十条　暂时进出境货物应当在进出境之日起 6 个月内复运出境或者复运进境。

因特殊情况需要延长期限的，持证人、收发货人应当向主管地海关办理延期手续，延期最多不超过 3 次，每次延长期限不超过 6 个月。延长期届满应当复运出境、复运进境或者办理进出口手续。

国家重点工程、国家科研项目使用的暂时进出境货物以及参加展期在 24 个月以上展览会的展览品，在前款所规定的延长期届满后仍需要延期的，由主管地直属海关批准。

第十一条 暂时进出境货物需要延长复运进境、复运出境期限的，持证人、收发货人应当在规定期限届满前向主管地海关办理延期手续，并且提交《货物暂时进/出境延期办理单》以及相关材料。

第十二条 暂时进出境货物可以异地复运出境、复运进境，由复运出境、复运进境地海关调取原暂时进出境货物报关单电子数据办理有关手续。

ATA 单证册持证人应当持 ATA 单证册向复运出境、复运进境地海关办理有关手续。

第十三条 暂时进出境货物需要进出口的，暂时进出境货物收发货人应当在货物复运出境、复运进境期限届满前向主管地海关办理进出口手续。

第十四条 暂时进出境货物收发货人在货物复运出境、复运进境后，应当向主管地海关办理结案手续。

第十五条 海关通过风险管理、信用管理等方式对暂时进出境业务实施监督管理。

第十六条 暂时进出境货物因不可抗力的原因受损，无法原状复运出境、复运进境的，持证人、收发货人应当及时向主管地海关报告，可以凭有关部门出具的证明材料办理复运出境、复运进境手续；因不可抗力的原因灭失的，经主管地海关核实后可以视为该货物已经复运出境、复运进境。

暂时进出境货物因不可抗力以外其他原因受损或者灭失的，持证人、收发货人应当按照货物进出口的有关规定办理海关手续。

第三章 暂时进出境展览品的监管

第十七条 境内展览会的办展人以及出境举办或者参加展览会的办展人、参展人（以下简称"办展人、参展人"）可以在展览品进境或者出境前向主管地海关报告，并且提交展览品清单和展览会证明材料，也可以在展览品进境或者出境时，向主管地海关提交上述材料，办理有关手续。

对于申请海关派员监管的境内展览会，办展人、参展人应当在展览品进境前向主管地海关提交有关材料，办理海关手续。

第十八条 展览会需要在我国境内两个或者两个以上关区内举办的，对于没有向海关提供全程担保的进境展览品应当按照规定办理转关手续。

第十九条 下列在境内展览会期间供消耗、散发的用品（以下简称"展览用品"），由海关根据展览会的性质、参展商的规模、观众人数等情况，对其数量和总值进行核定，在合理范围内的，按照有关规定免征进口关税和进口环节税：

（一）在展览活动中的小件样品，包括原装进口的或者在展览期间用进口的散装原料制成的食品或者饮料的样品；

（二）为展出的机器或者器件进行操作示范被消耗或者损坏的物料；

（三）布置、装饰临时展台消耗的低值货物；

（四）展览期间免费向观众散发的有关宣传品；

（五）供展览会使用的档案、表格以及其他文件。

前款第（一）项所列货物，应当符合以下条件：

（一）由参展人免费提供并且在展览期间专供免费分送给观众使用或者消费的；

（二）单价较低，作广告样品用的；

（三）不适用于商业用途，并且单位容量明显小于最小零售包装容量的；

（四）食品以及饮料的样品虽未按照本款第（三）项规定的包装分发，但是确实在活动中消耗掉的。

第二十条 展览用品中的酒精饮料、烟草制品以及燃料不适用有关免税的规定。

本办法第十九条第一款第（一）项所列展览用品超出限量进口的，超出部分应当依法征税；第一款第（二）项、第（三）项、第（四）项所列展览用品，未使用或者未被消耗完的，应当复运出境，不复运出境的，应当按照规定办理进口手续。

第二十一条 海关派员进驻展览场所的，经主管地海关同意，展览会办展人可以就参展的展览品免予向海关提交担保。

展览会办展人应当提供必要的办公条件，配合海关工作人员执行公务。

第二十二条 未向海关提供担保的进境展览品在非展出期间应当存放在海关监管作业场所。因特殊原因需要移出的，应当经主管地海关同意，并且提供相应担保。

第二十三条　为了举办交易会、会议或者类似活动而暂时进出境的货物，按照本办法对展览品监管的有关规定进行监管。

第四章　ATA 单证册的管理

第二十四条　中国国际贸易促进委员会（中国国际商会）是我国 ATA 单证册的出证和担保机构，负责签发出境 ATA 单证册，向海关报送所签发单证册的中文电子文本，协助海关确认 ATA 单证册的真伪，并且向海关承担 ATA 单证册持证人因违反暂时进出境规定而产生的相关税费、罚款。

第二十五条　海关总署设立 ATA 核销中心，履行以下职责：

（一）对 ATA 单证册进行核销、统计以及追索；

（二）应成员国担保人的要求，依据有关原始凭证，提供 ATA 单证册项下暂时进出境货物已经进境或者从我国复运出境的证明；

（三）对全国海关 ATA 单证册的有关核销业务进行协调和管理。

第二十六条　海关只接受用中文或者英文填写的 ATA 单证册。

第二十七条　ATA 单证册发生损坏、灭失等情况的，ATA 单证册持证人应当持原出证机构补发的 ATA 单证册到主管地海关进行确认。

补发的 ATA 单证册所填项目应当与原 ATA 单证册相同。

第二十八条　ATA 单证册项下暂时进出境货物在境内外停留期限超过 ATA 单证册有效期的，ATA 单证册持证人应当向原出证机构续签 ATA 单证册。续签的 ATA 单证册经主管地海关确认后可以替代原 ATA 单证册。

续签的 ATA 单证册只能变更单证册有效期限和单证册编号，其他项目应当与原单证册一致。续签的 ATA 单证册启用时，原 ATA 单证册失效。

第二十九条　ATA 单证册项下暂时进境货物未能按照规定复运出境或者过境的，ATA 核销中心应当向中国国际贸易促进委员会（中国国际商会）提出追索。自提出追索之日起 9 个月内，中国国际贸易促进委员会（中国国际商会）向海关提供货物已经在规定期限内复运出境或者已经办理进口手续证明的，ATA 核销中心可以撤销追索；9 个月期满后未能提供上述证明的，中国国际贸易促进委员会（中国国际商会）应当向海关支付税费和罚款。

第三十条　ATA 单证册项下暂时进境货物复运出境时，因故未经我国海关核销、签注的，ATA 核销中心凭由另一缔约国海关在 ATA 单证上签注的该批货物从该国进境或者复运进境的证明，或者我国海关认可的能够证明该批货物已经实际离开我国境内的其他文件，作为已经从我国复运出境的证明，对 ATA 单证册予以核销。

第五章　附　则

第三十一条　违反本办法，构成走私行为、违反海关监管规定行为或者其他违反海关法行为的，由海关依照《海关法》和《中华人民共和国海关行政处罚实施条例》的有关规定予以处理；构成犯罪的，依法追究刑事责任。

第三十二条　从境外暂时进境的货物转入海关特殊监管区域和保税监管场所的，不属于复运出境。

第三十三条　对用于装载海关监管货物的进出境集装箱的监管不适用本办法。

第三十四条　暂时进出境物品超出自用合理数量的，参照本办法监管。

第三十五条　本办法有关用语的含义：

展览会、交易会、会议以及类似活动是指：

（一）贸易、工业、农业、工艺展览会，以及交易会、博览会；

（二）因慈善目的而组织的展览会或者会议；

（三）为促进科技、教育、文化、体育交流，开展旅游活动或者民间友谊而组织的展览会或者会议；

（四）国际组织或者国际团体组织代表会议；

（五）政府举办的纪念性代表大会。

在商店或者其他营业场所以销售国外货物为目的而组织的非公共展览会不属于本办法所称展览会、交易会、会议以及类似活动。

展览品是指：

（一）展览会展示的货物；

（二）为了示范展览会展出机器或者器具所使用的货物；

（三）设置临时展台的建筑材料以及装饰材料；

（四）宣传展示货物的电影片、幻灯片、录像带、录音带、说明书、广告、光盘、显示器材等；

（五）其他用于展览会展示的货物。

包装材料，是指按原状用于包装、保护、装填或者分离货物的材料以及用于运输、装卸或者堆放的装置。

主管地海关，是指暂时进出境货物进出境地海关。境内展览会、交易会、会议以及类似活动的主管地海关为其活动所在地海关。

第三十六条 本办法所规定的文书由海关总署另行制定并且发布。

第三十七条 本办法由海关总署负责解释。

第三十八条 本办法自 2018 年 2 月 1 日起施行。2007 年 3 月 1 日海关总署令第 157 号公布的《中华人民共和国海关暂时进出境货物管理办法》、2013 年 12 月 25 日海关总署令第 212 号公布的《海关总署关于修改〈中华人民共和国海关暂时进出境货物管理办法〉的决定》同时废止。

中华人民共和国海关进出口货物减免税管理办法

（2020 年 12 月 21 日海关总署令第 245 号公布，自 2021 年 3 月 1 日起施行）

第一章　总　则

第一条　为了规范海关进出口货物减免税管理工作，保障行政相对人合法权益，优化营商环境，根据《中华人民共和国海关法》（以下简称《海关法》）、《中华人民共和国进出口关税条例》及有关法律和行政法规的规定，制定本办法。

第二条　进出口货物减征或者免征关税、进口环节税（以下简称减免税）事务，除法律、行政法规另有规定外，海关依照本办法实施管理。

第三条　进出口货物减免税申请人（以下简称减免税申请人）应当向其主管海关申请办理减免税审核确认、减免税货物税款担保、减免税货物后续管理等相关业务。

减免税申请人向主管海关申请办理减免税相关业务，应当按照规定提交齐全、有效、填报规范的申请材料，并对材料的真实性、准确性、完整性和规范性承担相应的法律责任。

第二章　减免税审核确认

第四条　减免税申请人按照有关进出口税收优惠政策的规定申请减免税进出口相关货物，应当在货物申报进出口前，取得相关政策规定的享受进出口税收优惠政策资格的证明材料，并凭以下材料向主管海关申请办理减免税审核确认手续：

（一）《进出口货物征免税申请表》；

（二）事业单位法人证书或者国家机关设立文件、社会团体法人登记证书、民办非企业单位法人登记证书、基金会法人登记证书等证明材料；

（三）进出口合同、发票以及相关货物的产品情况资料。

第五条 主管海关应当自受理减免税审核确认申请之日起 10 个工作日内，对减免税申请人主体资格、投资项目和进出口货物相关情况是否符合有关进出口税收优惠政策规定等情况进行审核，并出具进出口货物征税、减税或者免税的确认意见，制发《中华人民共和国海关进出口货物征免税确认通知书》（以下简称《征免税确认通知书》）。

有下列情形之一，主管海关不能在本条第一款规定期限内出具确认意见的，应当向减免税申请人说明理由：

（一）有关进出口税收优惠政策规定不明确或者涉及其他部门管理职责，需要与相关部门进一步协商、核实有关情况的；

（二）需要对货物进行化验、鉴定等，以确定其是否符合有关进出口税收优惠政策规定的。

有本条第二款规定情形的，主管海关应当自情形消除之日起 10 个工作日内，出具进出口货物征税、减税或者免税的确认意见，并制发《征免税确认通知书》。

第六条 减免税申请人需要变更或者撤销已出具的《征免税确认通知书》的，应当在《征免税确认通知书》有效期内向主管海关提出申请，并随附相关材料。

经审核符合规定的，主管海关应当予以变更或者撤销。予以变更的，主管海关应当重新制发《征免税确认通知书》。

第七条 《征免税确认通知书》有效期限不超过 6 个月，减免税申请人应当在有效期内向申报地海关办理有关进出口货物申报手续；不能在有效期内办理，需要延期的，应当在有效期内向主管海关申请办理延期手续。《征免税确认通知书》可以延期一次，延长期限不得超过 6 个月。

《征免税确认通知书》有效期限届满仍未使用的，其效力终止。减免税申请人需要减免税进出口该《征免税确认通知书》所列货物的，应当重新向主管海关申请办理减免税审核确认手续。

第八条 除有关进出口税收优惠政策或者其实施措施另有规定外，进出口货物征税放行后，减免税申请人申请补办减免税审核确认手续的，海关不予受理。

第三章　减免税货物税款担保

第九条　有下列情形之一的，减免税申请人可以向海关申请办理有关货物凭税款担保先予放行手续：

（一）有关进出口税收优惠政策或者其实施措施明确规定的；

（二）主管海关已经受理减免税审核确认申请，尚未办理完毕的；

（三）有关进出口税收优惠政策已经国务院批准，具体实施措施尚未明确，主管海关能够确认减免税申请人属于享受该政策范围的；

（四）其他经海关总署核准的情形。

第十条　减免税申请人需要办理有关货物凭税款担保先予放行手续的，应当在货物申报进出口前向主管海关提出申请，并随附相关材料。

主管海关应当自受理申请之日起 5 个工作日内出具是否准予办理担保的意见。符合本办法第九条规定情形的，主管海关应当制发《中华人民共和国海关准予办理减免税货物税款担保通知书》（以下简称《准予办理担保通知书》），并通知申报地海关；不符合有关规定情形的，制发《中华人民共和国海关不准予办理减免税货物税款担保通知书》。

第十一条　申报地海关凭主管海关制发的《准予办理担保通知书》，以及减免税申请人提供的海关依法认可的财产、权利，按照规定办理减免税货物的税款担保手续。

第十二条　《准予办理担保通知书》确定的减免税货物税款担保期限不超过 6 个月，主管海关可以延期 1 次，延长期限不得超过 6 个月。特殊情况仍需要延期的，应当经直属海关审核同意。

减免税货物税款担保期限届满，本办法第九条规定的有关情形仍然延续的，主管海关可以根据有关情形可能延续的时间等情况，相应延长税款担保期限，并向减免税申请人告知有关情况，同时通知申报地海关为减免税申请人办理税款担保延期手续。

第十三条　减免税申请人在减免税货物税款担保期限届满前取得《征免税确认通知书》，并已向海关办理征税、减税或者免税相关手续的，申报地海关应当解除税款担保。

第四章　减免税货物的管理

第十四条　除海关总署另有规定外，进口减免税货物的监管年限为：

（一）船舶、飞机：8 年；

（二）机动车辆：6 年；

（三）其他货物：3 年。

监管年限自货物进口放行之日起计算。

除海关总署另有规定外，在海关监管年限内，减免税申请人应当按照海关规定保管、使用进口减免税货物，并依法接受海关监管。

第十五条　在海关监管年限内，减免税申请人应当于每年 6 月 30 日（含当日）以前向主管海关提交《减免税货物使用状况报告书》，报告减免税货物使用状况。超过规定期限未提交的，海关按照有关规定将其列入信用信息异常名录。

减免税申请人未按照前款规定报告其减免税货物使用状况，向海关申请办理减免税审核确认、减免税货物税款担保、减免税货物后续管理等相关业务的，海关不予受理。减免税申请人补报后，海关可以受理。

第十六条　在海关监管年限内，减免税货物应当在主管海关审核同意的地点使用。除有关进口税收优惠政策实施措施另有规定外，减免税货物需要变更使用地点的，减免税申请人应当向主管海关提出申请，并说明理由；经主管海关审核同意的，可以变更使用地点。

减免税货物需要移出主管海关管辖地使用的，减免税申请人应当向主管海关申请办理异地监管手续，并随附相关材料。经主管海关审核同意并通知转入地海关后，减免税申请人可以将减免税货物运至转入地海关管辖地，并接受转入地海关监管。

减免税货物在异地使用结束后，减免税申请人应当及时向转入地海关申请办结异地监管手续。经转入地海关审核同意并通知主管海关后，减免税申请人应当将减免税货物运回主管海关管辖地。

第十七条　在海关监管年限内，减免税申请人发生分立、合并、股东变更、改制等主体变更情形的，权利义务承受人应当自变更登记之日起 30 日内，向原减免税申请人的主管海关报告主体变更情况以及有关减免税货物的情况。

经原减免税申请人主管海关审核，需要补征税款的，权利义务承受人应当向原减免税申请人主管海关办理补税手续；可以继续享受减免税待遇的，权利义务承受人应当按照规定申请办理减免税货物结转等相关手续。

第十八条 在海关监管年限内，因破产、撤销、解散、改制或者其他情形导致减免税申请人终止，有权利义务承受人的，参照本办法第十七条的规定办理有关手续；没有权利义务承受人的，原减免税申请人或者其他依法应当承担关税及进口环节税缴纳义务的当事人，应当自资产清算之日起 30 日内，向原减免税申请人主管海关申请办理减免税货物的补缴税款手续。进口时免予提交许可证件的减免税货物，按照国家有关规定需要补办许可证件的，减免税申请人在办理补缴税款手续时还应当补交有关许可证件。有关减免税货物自办结上述手续之日起，解除海关监管。

第十九条 在海关监管年限内，减免税申请人要求将减免税货物退运出境或者出口的，应当经主管海关审核同意，并办理相关手续。

减免税货物自退运出境或者出口之日起，解除海关监管，海关不再对退运出境或者出口的减免税货物补征相关税款。

第二十条 减免税货物海关监管年限届满的，自动解除监管。

对海关监管年限内的减免税货物，减免税申请人要求提前解除监管的，应当向主管海关提出申请，并办理补缴税款手续。进口时免予提交许可证件的减免税货物，按照国家有关规定需要补办许可证件的，减免税申请人在办理补缴税款手续时还应当补交有关许可证件。有关减免税货物自办结上述手续之日起，解除海关监管。

减免税申请人可以自减免税货物解除监管之日起 1 年内，向主管海关申领《中华人民共和国海关进口减免税货物解除监管证明》。

第二十一条 在海关监管年限内及其后 3 年内，海关依照《海关法》《中华人民共和国海关稽查条例》等有关规定，对有关企业、单位进口和使用减免税货物情况实施稽查。

第五章 减免税货物的抵押、转让、移作他用

第二十二条 在减免税货物的海关监管年限内，经主管海关审核同意，

并办理有关手续，减免税申请人可以将减免税货物抵押、转让、移作他用或者进行其他处置。

第二十三条 在海关监管年限内，进口时免予提交许可证件的减免税货物，减免税申请人向主管海关申请办理抵押、转让、移作他用或者其他处置手续时，按照国家有关规定需要补办许可证件的，应当补办相关手续。

第二十四条 在海关监管年限内，减免税申请人要求以减免税货物向银行或者非银行金融机构办理贷款抵押的，应当向主管海关提出申请，随附相关材料，并以海关依法认可的财产、权利提供税款担保。

主管海关应当对减免税申请人提交的申请材料是否齐全、有效，填报是否规范等进行审核，必要时可以实地了解减免税申请人经营状况、减免税货物使用状况等相关情况。经审核符合规定的，主管海关应当制发《中华人民共和国海关准予办理减免税货物贷款抵押通知书》；不符合规定的，应当制发《中华人民共和国海关不准予办理减免税货物贷款抵押通知书》。

减免税申请人不得以减免税货物向银行或者非银行金融机构以外的自然人、法人或者非法人组织办理贷款抵押。

第二十五条 主管海关同意以减免税货物办理贷款抵押的，减免税申请人应当自签订抵押合同、贷款合同之日起30日内，将抵押合同、贷款合同提交主管海关备案。

抵押合同、贷款合同的签订日期不是同一日的，按照后签订的日期计算前款规定的备案时限。

第二十六条 减免税货物贷款抵押需要延期的，减免税申请人应当在贷款抵押期限届满前，向主管海关申请办理贷款抵押的延期手续。

经审核符合规定的，主管海关应当制发《中华人民共和国海关准予办理减免税货物贷款抵押延期通知书》；不符合规定的，应当制发《中华人民共和国海关不准予办理减免税货物贷款抵押延期通知书》。

第二十七条 在海关监管年限内，减免税申请人需要将减免税货物转让给进口同一货物享受同等减免税优惠待遇的其他单位的，应当按照下列规定办理减免税货物结转手续：

（一）减免税货物的转出申请人向转出地主管海关提出申请，并随附相关材料。转出地主管海关审核同意后，通知转入地主管海关。

（二）减免税货物的转入申请人向转入地主管海关申请办理减免税审核确认手续。转入地主管海关审核同意后，制发《征免税确认通知书》。

（三）结转减免税货物的监管年限应当连续计算，转入地主管海关在剩余监管年限内对结转减免税货物继续实施后续监管。

转入地海关和转出地海关为同一海关的，参照本条第一款规定办理。

第二十八条　在海关监管年限内，减免税申请人需要将减免税货物转让给不享受进口税收优惠政策或者进口同一货物不享受同等减免税优惠待遇的其他单位的，应当事先向主管海关申请办理减免税货物补缴税款手续。进口时免予提交许可证件的减免税货物，按照国家有关规定需要补办许可证件的，减免税申请人在办理补缴税款手续时还应当补交有关许可证件。有关减免税货物自办结上述手续之日起，解除海关监管。

第二十九条　减免税货物因转让、提前解除监管以及减免税申请人发生主体变更、依法终止情形或者其他原因需要补征税款的，补税的完税价格以货物原进口时的完税价格为基础，按照减免税货物已进口时间与监管年限的比例进行折旧，其计算公式如下：

补税的完税价格 = 减免税货物原进口时的完税价格 ×

减免税货物已进口时间自货物放行之日起按月计算。不足 1 个月但超过 15 日的，按 1 个月计算；不超过 15 日的，不予计算。

第三十条　按照本办法第二十九条规定计算减免税货物补税的完税价格的，应当按以下情形确定货物已进口时间的截止日期：

（一）转让减免税货物的，应当以主管海关接受减免税申请人申请办理补税手续之日作为截止之日；

（二）减免税申请人未经海关批准，擅自转让减免税货物的，应当以货物实际转让之日作为截止之日；实际转让之日不能确定的，应当以海关发现之日作为截止之日；

（三）在海关监管年限内，减免税申请人发生主体变更情形的，应当以变更登记之日作为截止之日；

（四）在海关监管年限内，减免税申请人发生破产、撤销、解散或者其他依法终止经营情形的，应当以人民法院宣告减免税申请人破产之日或者减免税申请人被依法认定终止生产经营活动之日作为截止之日；

（五）减免税货物提前解除监管的，应当以主管海关接受减免税申请人申请办理补缴税款手续之日作为截止之日。

第三十一条 在海关监管年限内，减免税申请人需要将减免税货物移作他用的，应当事先向主管海关提出申请。经主管海关审核同意，减免税申请人可以按照海关批准的使用单位、用途、地区将减免税货物移作他用。

本条第一款所称移作他用包括以下情形：

（一）将减免税货物交给减免税申请人以外的其他单位使用；

（二）未按照原定用途使用减免税货物；

（三）未按照原定地区使用减免税货物。

除海关总署另有规定外，按照本条第一款规定将减免税货物移作他用的，减免税申请人应当事先按照移作他用的时间补缴相应税款；移作他用时间不能确定的，应当提供税款担保，税款担保金额不得超过减免税货物剩余监管年限可能需要补缴的最高税款总额。

第三十二条 减免税申请人将减免税货物移作他用，需要补缴税款的，补税的完税价格以货物原进口时的完税价格为基础，按照需要补缴税款的时间与监管年限的比例进行折旧，其计算公式如下：

补税的完税价格＝减免税货物原进口时的完税价格×

上述计算公式中需要补缴税款的时间为减免税货物移作他用的实际时间，按日计算，每日实际使用不满 8 小时或者超过 8 小时的均按 1 日计算。

第三十三条 海关在办理减免税货物贷款抵押、结转、移作他用、异地监管、主体变更、退运出境或者出口、提前解除监管等后续管理业务时，应当自受理减免税申请人的申请之日起 10 个工作日内作出是否同意的决定。

因特殊情形不能在前款规定期限内作出决定的，海关应当向申请人说明理由，并自特殊情形消除之日起 10 个工作日内作出是否同意的决定。

第六章　附　则

第三十四条 在海关监管年限内，减免税申请人发生分立、合并、股东变更、改制等主体变更情形的，或者因破产、撤销、解散、改制或者其他情形导致其终止的，当事人未按照有关规定，向原减免税申请人的主管海关报告主体变更或者终止情形以及有关减免税货物的情况的，海关予以警告，责令其改正，可以处 1 万元以下罚款。

第三十五条　本办法下列用语的含义：

进出口货物减免税申请人，是指根据有关进出口税收优惠政策和相关法律、行政法规的规定，可以享受进出口税收优惠，并依照本办法向海关申请办理减免税相关业务的具有独立法人资格的企事业单位、社会团体、民办非企业单位、基金会、国家机关；具体实施投资项目，获得投资项目单位授权并经按照本条规定确定为主管海关的投资项目所在地海关同意，可以向其申请办理减免税相关业务的投资项目单位所属非法人分支机构；经海关总署确认的其他组织。

减免税申请人的主管海关，减免税申请人为企业法人的，主管海关是指其办理企业法人登记注册地的海关；减免税申请人为事业单位、社会团体、民办非企业单位、基金会、国家机关等非企业法人组织的，主管海关是指其住所地海关；减免税申请人为投资项目单位所属非法人分支机构的，主管海关是指其办理营业登记地的海关。下列特殊情况除外：

（一）投资项目所在地海关与减免税申请人办理企业法人登记注册地海关或者办理营业登记地海关不是同一海关的，投资项目所在地海关为主管海关；投资项目所在地涉及多个海关的，有关海关的共同上级海关或者共同上级海关指定的海关为主管海关；

（二）有关进出口税收优惠政策实施措施明确规定的情形；

（三）海关总署批准的其他情形。

第三十六条　本办法所列文书格式由海关总署另行制定并公告。

第三十七条　本办法由海关总署负责解释。

第三十八条　本办法自 2021 年 3 月 1 日起施行。2008 年 12 月 29 日海关总署公布的《中华人民共和国海关进出口货物减免税管理办法》（海关总署令第 179 号）同时废止。

司法解释

最高人民法院 最高人民检察院关于办理妨害文物管理等刑事案件适用法律若干问题的解释

法释〔2015〕23 号

为依法惩治文物犯罪，保护文物，根据《中华人民共和国刑法》《中华人民共和国刑事诉讼法》《中华人民共和国文物保护法》的有关规定，现就办理此类刑事案件适用法律的若干问题解释如下：

第一条 刑法第一百五十一条规定的"国家禁止出口的文物"，依照《中华人民共和国文物保护法》规定的"国家禁止出境的文物"的范围认定。

走私国家禁止出口的二级文物的，应当依照刑法第一百五十一条第二款的规定，以走私文物罪处五年以上十年以下有期徒刑，并处罚金；走私国家禁止出口的一级文物的，应当认定为刑法第一百五十一条第二款规定的"情节特别严重"；走私国家禁止出口的三级文物的，应当认定为刑法第一百五十一条第二款规定的"情节较轻"。

走私国家禁止出口的文物，无法确定文物等级，或者按照文物等级定罪量刑明显过轻或者过重的，可以按照走私的文物价值定罪量刑。走私的文物价值在二十万元以上不满一百万元的，应当依照刑法第一百五十一条第二款的规定，以走私文物罪处五年以上十年以下有期徒刑，并处罚金；文物价值在一百万元以上的，应当认定为刑法第一百五十一条第二款规定的"情节特别严重"；文物价值在五万元以上不满二十万元的，应当认定为刑法第一百五十一条第二款规定的"情节较轻"。

第二条 盗窃一般文物、三级文物、二级以上文物的，应当分别认定为刑法第二百六十四条规定的"数额较大""数额巨大""数额特别巨大"。

盗窃文物，无法确定文物等级，或者按照文物等级定罪量刑明显过轻或者过重的，按照盗窃的文物价值定罪量刑。

第三条　全国重点文物保护单位、省级文物保护单位的本体，应当认定为刑法第三百二十四条第一款规定的"被确定为全国重点文物保护单位、省级文物保护单位的文物"。

故意损毁国家保护的珍贵文物或者被确定为全国重点文物保护单位、省级文物保护单位的文物，具有下列情形之一的，应当认定为刑法第三百二十四条第一款规定的"情节严重"：

（一）造成五件以上三级文物损毁的；

（二）造成二级以上文物损毁的；

（三）致使全国重点文物保护单位、省级文物保护单位的本体严重损毁或者灭失的；

（四）多次损毁或者损毁多处全国重点文物保护单位、省级文物保护单位的本体的；

（五）其他情节严重的情形。

实施前款规定的行为，拒不执行国家行政主管部门作出的停止侵害文物的行政决定或者命令的，酌情从重处罚。

第四条　风景名胜区的核心景区以及未被确定为全国重点文物保护单位、省级文物保护单位的古文化遗址、古墓葬、古建筑、石窟寺、石刻、壁画、近代现代重要史迹和代表性建筑等不可移动文物的本体，应当认定为刑法第三百二十四条第二款规定的"国家保护的名胜古迹"。

故意损毁国家保护的名胜古迹，具有下列情形之一的，应当认定为刑法第三百二十四条第二款规定的"情节严重"：

（一）致使名胜古迹严重损毁或者灭失的；

（二）多次损毁或者损毁多处名胜古迹的；

（三）其他情节严重的情形。

实施前款规定的行为，拒不执行国家行政主管部门作出的停止侵害文物的行政决定或者命令的，酌情从重处罚。

故意损毁风景名胜区内被确定为全国重点文物保护单位、省级文物保护单位的文物的，依照刑法第三百二十四条第一款和本解释第三条的规定定罪量刑。

第五条　过失损毁国家保护的珍贵文物或者被确定为全国重点文物保护

单位、省级文物保护单位的文物，具有本解释第三条第二款第一项至第三项规定情形之一的，应当认定为刑法第三百二十四条第三款规定的"造成严重后果"。

第六条 出售或者为出售而收购、运输、储存《中华人民共和国文物保护法》规定的"国家禁止买卖的文物"的，应当认定为刑法第三百二十六条规定的"倒卖国家禁止经营的文物"。

倒卖国家禁止经营的文物，具有下列情形之一的，应当认定为刑法第三百二十六条规定的"情节严重"：

（一）倒卖三级文物的；

（二）交易数额在五万元以上的；

（三）其他情节严重的情形。

实施前款规定的行为，具有下列情形之一的，应当认定为刑法第三百二十六条规定的"情节特别严重"：

（一）倒卖二级以上文物的；

（二）倒卖三级文物五件以上的；

（三）交易数额在二十五万元以上的；

（四）其他情节特别严重的情形。

第七条 国有博物馆、图书馆以及其他国有单位，违反文物保护法规，将收藏或者管理的国家保护的文物藏品出售或者私自送给非国有单位或者个人的，依照刑法第三百二十七条的规定，以非法出售、私赠文物藏品罪追究刑事责任。

第八条 刑法第三百二十八条第一款规定的"古文化遗址、古墓葬"包括水下古文化遗址、古墓葬。"古文化遗址、古墓葬"不以公布为不可移动文物的古文化遗址、古墓葬为限。

实施盗掘行为，已损害古文化遗址、古墓葬的历史、艺术、科学价值的，应当认定为盗掘古文化遗址、古墓葬罪既遂。

采用破坏性手段盗窃古文化遗址、古墓葬以外的古建筑、石窟寺、石刻、壁画、近代现代重要史迹和代表性建筑等其他不可移动文物的，依照刑法第二百六十四条的规定，以盗窃罪追究刑事责任。

第九条 明知是盗窃文物、盗掘古文化遗址、古墓葬等犯罪所获取的三级以上文物，而予以窝藏、转移、收购、加工、代为销售或者以其他方法掩饰、隐瞒的，依照刑法第三百一十二条的规定，以掩饰、隐瞒犯罪所得罪追究刑事责任。

实施前款规定的行为，事先通谋的，以共同犯罪论处。

第十条 国家机关工作人员严重不负责任，造成珍贵文物损毁或者流失，具有下列情形之一的，应当认定为刑法第四百一十九条规定的"后果严重"：

（一）导致二级以上文物或者五件以上三级文物损毁或者流失的；

（二）导致全国重点文物保护单位、省级文物保护单位的本体严重损毁或者灭失的；

（三）其他后果严重的情形。

第十一条 单位实施走私文物、倒卖文物等行为，构成犯罪的，依照本解释规定的相应自然人犯罪的定罪量刑标准，对直接负责的主管人员和其他直接责任人员定罪处罚，并对单位判处罚金。

公司、企业、事业单位、机关、团体等单位实施盗窃文物，故意损毁文物、名胜古迹，过失损毁文物，盗掘古文化遗址、古墓葬等行为的，依照本解释规定的相应定罪量刑标准，追究组织者、策划者、实施者的刑事责任。

第十二条 针对不可移动文物整体实施走私、盗窃、倒卖等行为的，根据所属不可移动文物的等级，依照本解释第一条、第二条、第六条的规定定罪量刑：

（一）尚未被确定为文物保护单位的不可移动文物，适用一般文物的定罪量刑标准；

（二）市、县级文物保护单位，适用三级文物的定罪量刑标准；

（三）全国重点文物保护单位、省级文物保护单位，适用二级以上文物的定罪量刑标准。

针对不可移动文物中的建筑构件、壁画、雕塑、石刻等实施走私、盗窃、倒卖等行为的，根据建筑构件、壁画、雕塑、石刻等文物本身的等级或者价值，依照本解释第一条、第二条、第六条的规定定罪量刑。建筑构件、壁画、雕塑、石刻等所属不可移动文物的等级，应当作为量刑情节予以考虑。

第十三条 案件涉及不同等级的文物的，按照高级别文物的量刑幅度量刑；有多件同级文物的，五件同级文物视为一件高一级文物，但是价值明显不相当的除外。

第十四条 依照文物价值定罪量刑的，根据涉案文物的有效价格证明认定文物价值；无有效价格证明，或者根据价格证明认定明显不合理的，根据销赃数额认定，或者结合本解释第十五条规定的鉴定意见、报告认定。

第十五条 在行为人实施有关行为前，文物行政部门已对涉案文物及其等级作出认定的，可以直接对有关案件事实作出认定。

对案件涉及的有关文物鉴定、价值认定等专门性问题难以确定的，由司法鉴定机构出具鉴定意见，或者由国务院文物行政部门指定的机构出具报告。其中，对于文物价值，也可以由有关价格认证机构作出价格认证并出具报告。

第十六条 实施本解释第一条、第二条、第六条至第九条规定的行为，虽已达到应当追究刑事责任的标准，但行为人系初犯，积极退回或者协助追回文物，未造成文物损毁，并确有悔罪表现的，可以认定为犯罪情节轻微，不起诉或者免予刑事处罚。

实施本解释第三条至第五条规定的行为，虽已达到应当追究刑事责任的标准，但行为人系初犯，积极赔偿损失，并确有悔罪表现的，可以认定为犯罪情节轻微，不起诉或者免予刑事处罚。

第十七条 走私、盗窃、损毁、倒卖、盗掘或者非法转让具有科学价值的古脊椎动物化石、古人类化石的，依照刑法和本解释的有关规定定罪量刑。

第十八条 本解释自 2016 年 1 月 1 日起施行。本解释公布施行后，最高人民法院、最高人民检察院《关于办理盗窃、盗掘、非法经营和走私文物的案件具体应用法律的若干问题的解释》［法（研）发〔1987〕32 号〕同时废止；之前发布的司法解释与本解释不一致的，以本解释为准。

规范性文件

国务院关于严格管制犀牛和虎及其制品经营利用活动的通知

国发〔2018〕36 号

各省、自治区、直辖市人民政府，国务院各部委、各直属机构：

犀牛和虎是国内外广泛关注的珍稀濒危野生动物。根据《中华人民共和国野生动物保护法》等法律法规和《濒危野生动植物种国际贸易公约》等国际公约的规定，为加强对犀牛和虎的保护，有力打击犀牛和虎及其制品非法贸易，严格管制犀牛和虎及其制品经营和利用等活动，现将有关事项通知如下：

一、严格禁止法律规定的特殊情况以外所有出售、购买、利用、进出口犀牛和虎及其制品（包括整体、部分及其衍生物，下同）的活动。包装、说明中声明含有犀牛和虎及其制品的，一律按犀牛或虎制品对待。

二、切实强化对特殊情况下犀牛和虎及其制品的监管。因特殊情况出售、购买、利用、进出口犀牛和虎及其制品，一律依法申请行政许可，经批准后实施。部分特殊情况还要严控数量并满足以下要求：

一是出售、购买、利用、进出口犀牛和虎及其制品从事科学研究（含收集遗传资源材料），以及因开展资源调查采集犀牛和虎相关样品的，须由批准机关评审其必要性，批准后严格按申报方案实施，严禁转作他用。

二是出售、购买、利用、进出口犀牛和虎的皮张及其他组织、器官制作标本，仅限用于有关机构保护宣传、科普教育等公众展示目的。

三是因医学研究或临床救治危急重症、疑难杂症等需要利用犀牛角或虎骨的，仅限从除动物园饲养、繁育之外的人工繁育犀牛和虎获取犀牛磨角粉和自然死亡虎骨，并在符合条件的医院，由符合条件的处方医师实施。符合条件的医院和医师由国家中医药局确定；有关定量、定向供应方式和标识管理措施由国家林草局会同工业和信息化部、国家中医药局研究制定，严格防止滥用现象。

四是出售、购买、进出口属于文物的犀牛和虎制品，以及临时进境用于文化交流的含犀牛或虎制品的物品，要经文化和旅游部、国家文物局各依其职责确认后实施，仅限于文物保护、公众展示或文化交流等目的，并禁止通过市场摆卖和网络渠道交易。

此外，因执法、司法工作需要对犀牛和虎及其制品进行检测鉴定的非许可事项，须由执法、司法机关出具证明，并在专业检测鉴定机构实施。

三、妥善处理库存或个人收藏的犀牛和虎制品。继续做好库存或个人收藏犀牛和虎制品清理、记录等工作，对来源非法的犀牛和虎制品依法予以没收；对来源合法的库存犀牛和虎制品，严格落实封存、保管责任，严防其散失；对来源合法的个人收藏犀牛和虎制品，按规定加载专用标识后，可进行赠与或继承，不得出售、购买或用作其他商业目的。库存机构需变更库存场所或自愿销毁其库存犀牛和虎制品的，要提前报告省级野生动物保护主管部门，在其现场监督下实施，并保存影像、文字记录等资料备查。

四、严厉打击犀牛和虎及其制品非法贸易。积极发挥打击野生动植物非法贸易部际联席会议制度的作用，把查处违法出售、购买、利用、进出口、运输、携带、寄递犀牛和虎及其制品等行为列入执法重点。各执法部门要明确分工职责，对合法出售、购买、利用、进出口犀牛和虎及其制品的，严格核查行政许可文件、允许进出口证明书和专用标识等；加大市场、网络、口岸执法查验力度，阻断非法交易渠道；特别是对违法制售虎皮服饰、虎肉食品和利用犀牛角或虎骨行医用药等行为予以重点查缉，追查犯罪源头及链条，摧毁犯罪窝点和团伙。

五、着力加强保护犀牛和虎宣传教育。加强保护宣传和公众教育，大力倡导生态文明理念，引导公众自觉抵制非法购买及从境外向境内运输、携带、寄递犀牛和虎及其制品等行为，营造有利于犀牛和虎保护的良好社会环境。

本通知自公布之日起施行。1993 年 5 月 29 日印发的《国务院关于禁止犀牛角和虎骨贸易的通知》同时废止，此前其他有关规定与本通知不符的，以本通知为准。

国务院

2018 年 10 月 6 日

国务院办公厅关于有序停止商业性加工销售象牙及制品活动的通知

国办发〔2016〕103 号

各省、自治区、直辖市人民政府，国务院各部委、各直属机构：

为加强对象的保护，打击象牙非法贸易，经国务院同意，现就有序停止商业性加工销售象牙及制品活动的有关事项通知如下：

一、分期分批停止商业性加工销售象牙及制品活动。2017 年 3 月 31 日前先行停止一批象牙定点加工单位和定点销售场所的加工销售象牙及制品活动，2017 年 12 月 31 日前全面停止。国家林业局要确定具体单位名录并及时发布公告。相关单位应在规定期限内停止加工销售象牙及制品活动，并到工商行政管理部门申请办理变更、注销登记手续。工商行政管理部门不再受理经营范围涉及商业性加工销售象牙及制品的企业设立或变更登记。

二、积极引导象牙雕刻技艺转型。停止商业性加工销售象牙及制品活动后，文化部门要引导象牙雕刻技艺传承人和相关从业者转型。对象牙雕刻国家级、省级非物质文化遗产项目代表性传承人开展抢救性记录，留下其完整的工艺流程和核心技艺等详细资料；对象牙雕刻技艺名师，鼓励其到博物馆等机构从事相关艺术品修复工作；对象牙雕刻技艺传承人，引导其用替代材料发展其他牙雕、骨雕等技艺。非营利性社会文化团体、行业协会可整合现有资源组建象牙雕刻工作室，从事象牙雕刻技艺研究及传承工作，但不得开展相关商业性活动。

三、严格管理合法收藏的象牙及制品。禁止在市场摆卖或通过网络等渠道交易象牙及制品。对来源合法的象牙及制品，可依法加载专用标识后在博物馆、美术馆等非销售性场所开展陈列、展览等活动，也可依法运输、赠与或继承；对来源合法、经专业鉴定机构确认的象牙文物，依法定程序获得行政许可后，可在严格监管下拍卖，发挥其文化价值。

四、加强执法监管和宣传教育。公安、海关、工商、林业等部门要按照职责分工，加强执法监管，继续加大对违法加工销售、运输、走私象牙及制品等行为的打击力度，重点查缉、摧毁非法加工窝点，阻断市场、网络等非法交易渠道。要广泛开展保护宣传和公众教育，大力倡导生态文明理念，引导公众自觉抵制象牙及制品非法交易行为，营造有利于保护象等野生动植物的良好社会环境。

各省、自治区、直辖市人民政府和有关部门要高度重视，加强组织领导，明确责任分工，确保停止商业性加工销售象牙及制品活动顺利进行，并妥善做好相关单位和人员安置、转产转型等工作，切实维护好社会和谐稳定。

国务院办公厅

2016 年 12 月 29 日

国家文物局　国家发展改革委　人力资源社会保障部　商务部　文化和旅游部　市场监管总局　关于加强民间收藏文物管理促进文物市场有序发展的意见

文物博发〔2021〕40号

各省、自治区、直辖市、新疆生产建设兵团文物局、发展改革委、人力资源社会保障厅（局）、商务厅（局、委）、文化和旅游厅（局）、市场监管局（委、厅）：

为落实中共中央办公厅　国务院办公厅《关于加强文物保护利用改革的若干意见》和《"十四五"文物保护和科技创新规划》，现就加强民间收藏文物管理，促进文物市场有序发展，提出如下意见。

一、规范鉴定。建立文物鉴定公益性咨询常态机制，鼓励有条件的国有博物馆、国有文物商店、涉案文物鉴定评估机构等面向社会提供公益性咨询服务，普及文物收藏鉴赏知识。探索建立国家文物鉴定评估管理体系，试点开展文物鉴定机构资质管理，规范文物鉴定经营性活动，为民间收藏文物有序流通提供便利服务。

二、加强保护。加大文物保护理论、方法、技术的宣传、应用，推广馆藏文物保管、修复的先进理念和技术标准，提高民间收藏文物保护水平。支持有条件的国有文博机构发挥自身优势，为民间文物收藏者提供保管、修复等技术服务，鼓励社会力量成立文物保管、文物修复经营性机构。

三、鼓励利用。在保证文物真实性、合法性的前提下，鼓励博物馆、图书馆、美术馆等公共文化设施为民间收藏文物举办展览。支持民间文物收藏者开办非国有博物馆，鼓励开展民间收藏文物资源授权使用和衍生产品开发。

健全落实将民间收藏文物捐赠国有文物收藏单位的奖励制度和税收优惠政策，允许以捐赠者姓名、名称冠名馆舍等设施，吸纳捐赠者参与公共文化机构法人治理。

四、引导收藏。实施文物收藏鉴赏知识宣传普及工程，加强对文物收藏鉴定类出版物、视听节目和网络信息的监管，引导人民群众树立正确的文物收藏观，拒绝非法交易文物。引导全社会挖掘、阐释、宣传民间收藏文物的文化价值，培育健康、理性的收藏群体，激发收藏需求，营造理性收藏氛围。

五、保障流通。明晰文物入市流通条件，加强交易风险提示，充实和完善中国被盗（丢失）文物数据库，发布被盗（丢失）文物信息案件市场警示目录、禁止交易文物认定指导性标准等政策指引，引导民间文物收藏者和文物经营主体合法交易文物。探索建立民间收藏文物登记交易制度，对文物经营主体自愿申报的拟交易文物，不在禁止交易文物范围的，经相关文物行政部门指定的专业机构登记后可入市交易。

六、丰富供给。简化书画、古籍、碑帖、家具、民族民俗文物等以传世品为主体的文物拍卖标的审核程序。加强对近现代、当代文物的价值认知阐释，增加市场有效供给。加大文化创意产品开发力度，带动相关品类文物艺术品流通。指导相关机构定期发布文物市场交易统计和趋势分析等信息指南，引导市场预期，活跃相关细分门类市场供给。

七、促进回流。试点开展文物进境登记工作，积极研究调整促进海外文物回流税收政策，优化文物临时进出境管理和贸易便利化服务，发挥自贸试验区、国家服务业扩大开放综合试点示范、综合保税区、进口博览会等重点平台开放优势，引导鼓励海外文物回流并向社会提供展览等公益服务。

八、严控流失。加强国家文物进出境审核机构建设，完善各类别文物出境审核国家标准体系，防止文物流失，保障国内文物市场供给。对接国际公约和文物来源国相关法律，健全外国文物进境和经营管理制度，规范外国合法文物进境渠道。

九、优化购销。探索降低文物商店准营门槛，优化文物商店在注册资金、专业人员等方面的设立要求，试点将符合条件的古玩、旧货市场中涉及文物经营的商户纳入文物商店管理。支持国有骨干文物商店逐步改革转型，培育形成大型文物流通企业。强化文物商店一级市场主渠道作用，鼓励文物商店拓展关联业务，加快提质升级，探索连锁经营。

十、做强拍卖。引导文物拍卖企业做好结构调整，通过标准化经营，促进在竞争中形成一批市场信誉度高、经营规模大、服务功能强的文物拍卖龙头企业。鼓励文物拍卖企业拓展服务领域和服务内容，从事居间咨询、托付保管、租赁展示等个性化服务。支持具备条件的文物拍卖企业"走出去"，创建具有国际认知度和影响力的中国文物拍卖品牌。

十一、创新业态。支持文物经营主体发展电子商务等现代流通经营方式，培育在线展示、交易、定制服务等新业态。进一步落实电商平台和平台内经营主体责任，加强对文物网络经营行为的监督管理。支持文物经营主体延伸产业链从事物流、仓储、展示、保险等相关业务。探索建立文物经营金融服务模式，引导和规范资本参与文物市场创新发展。推动流通经营与鉴定鉴赏、专业培训、展示交流、创意生活、文化旅游等关联业态聚集、融合发展。

十二、政策扶持。推动落实文物经营主体享受支持现代服务业、中小企业、文化企业等发展的有关优惠政策。制订完善文物流通、经营、鉴定相关管理制度，完善鼓励文物捐赠、促进文物回流、扶持业态创新、培养专业人才等各项支持政策。支持制定地方和企业标准，加快制修订文物鉴定、价格评估、市场交易、运输保险等管理和服务标准。

十三、人才培养。支持文物经营主体专业技术人员参加文物博物专业人员职称评定。完善文物保护工程人员职业资格管理制度，规范文物鉴定从业行为。依托国有博物馆等文博单位加大文物鉴定实习实训，开展文物保护人员职业技能等级认定。发挥行业协会、平台基地等各自优势，推动产学研用合作培养文物经营管理高端人才。

十四、联合监管。创新和加强事中事后监管，构建以"双随机一公开"监管为基本手段，以风险监测处置为补充，以信用监管为基础的新型监管机制。完善文物行政部门指导监督、支持保障文化市场综合执法队伍的文物市场执法运行机制，健全文物行政部门和市场监管等部门分工负责、密切配合的文物流通领域执法协同机制，依法查处违法违规活动。加快建立覆盖文物经营主体、从业人员、收藏群体、鉴定机构以及关联企业的文物流通领域信用体系和长效机制，营造公平诚信的文物流通社会环境。

十五、部门协同。推动建立文物与发展改革、人力资源和社会保障、商务、文化和旅游、市场监管等跨部门合作机制，加强政策协调和监管联动，完善促进民间收藏文物保护利用、规范文物市场管理的顶层设计和政策措施，及时进行督促指导和监督检查。发挥行业协会在人才培养评价、保护企业权益、加强行业自律、协助政府监督等方面积极作用，保障民间文物收藏者的合法权益，促进文物市场活跃有序发展。

国家文物局

国家发展改革委

人力资源社会保障部

商务部

文化和旅游部

市场监管总局

2021 年 12 月 16 日

国家文物局　公安部关于进一步做好涉案文物鉴定评估和移交工作的通知

文物博发〔2023〕21 号

各省、自治区、直辖市文物局（文化和旅游厅/局）、公安厅（局）：

为深入贯彻落实习近平总书记关于文物工作系列重要论述和重要指示批示精神，按照全国文物工作会议和全国打击防范文物犯罪专项行动的部署要求，进一步提高涉案文物鉴定评估水平和效率，进一步完善依法没收、追缴文物管理移交工作机制，根据《中华人民共和国文物保护法》《涉案文物鉴定评估管理办法》《依法没收、追缴文物的移交办法》等有关规定，结合工作实践，现通知如下：

一、总体要求

文物承载灿烂文明，传承历史文化，维系民族精神，保护文物功在当代，利在千秋。近年来，公安机关和文物行政部门密切合作，侦破文物犯罪案件1.1 万余起，追缴涉案文物 18 万件，有力打击和震慑了文物犯罪，切实保护了国家文物安全。随着打击文物犯罪力度的不断加大，对涉案文物鉴定评估工作的要求也随之提高，各地、各级文物行政部门要严格履行文物安全属地管理责任，强化组织协调和指导督促，积极配合公安机关做好涉案文物鉴定评估工作；各地、各级公安机关要不断强化对文物保护工作重要性的认识，与同级文物行政部门加强沟通协调，依法惩治和有效防范文物犯罪，在省级公安机关的协调指导下，在同级文物行政部门的协助下，做好依法没收、追缴文物移交工作。

二、提高涉案文物鉴定评估质效

（一）规范委托受理程序

各地公安机关与涉案文物鉴定评估机构应当按照《涉案文物鉴定评估管

理办法》的基本要求进行鉴定活动的委托与受理。公安机关可以在本地文物行政部门的协助下，先向所在地省级文物行政部门咨询与涉案文物类别最为匹配的省内鉴定评估机构，再委托开展鉴定评估；涉案文物鉴定评估机构应当及时作出是否受理的决定，不得以鉴定工作量多、鉴定专家不足等理由拒绝接受委托。

（二）提高鉴定评估质效

各省级文物行政部门要继续完善涉案文物鉴定评估机构布局，充实机构和人员力量。涉案文物鉴定评估机构应当积极探索在涉案文物鉴定中运用科技检测手段，提高鉴定评估工作的科技水平。如遇文物数量多、办案时限紧、涉案文物鉴定评估存在疑难问题、本机构缺少相关文物类别的鉴定专家等情形，涉案文物鉴定评估机构可以报请省级文物行政部门协调解决；如遇案情特别重大、涉案文物鉴定存在特殊困难、本省缺少相关鉴定专家等情形，由省级公安机关和文物行政部门分别报请公安部、国家文物局共同协调解决。

（三）严格落实工作要求

涉案文物鉴定评估机构及文物鉴定评估人员应当遵循合法、独立、客观、公正原则开展涉案文物鉴定，不受任何单位和个人的非法干涉，严禁出具虚假鉴定意见、谋取不正当利益等违法违规行为。公安机关和涉案相关人员应当遵守法律法规和涉案文物鉴定评估程序规则，不得干扰鉴定评估活动或结果。涉案文物鉴定评估机构应当在规定时限内完成鉴定评估，组织鉴定评估人员对鉴定评估的办法、过程和结论进行记录，并签名存档备查；同时严格落实机构负责制度，由机构向办案机关出具法定代表人、负责人或其授权代表签字并加盖公章的鉴定评估报告。

（四）完善深入合作机制

各地公安机关查获疑似涉案文物后，无法确认是否达到立案标准的，可以在本地文物行政部门的协助下，请所在地省级文物行政部门协调文物鉴定评估人员及时进行初步鉴定。对于涉案文物价值特别重要的重大文物犯罪案件，有条件的省份可以积极探索实行文物鉴定评估人员随警作战、随案鉴定机制，为依法固定犯罪证据提供保障。对于涉案文物存在数量多、体量大、易损毁等不便于移动情况的，可以在本地文物行政部门的协助下，商请所在地省级文物行政部门协调文物鉴定评估人员到文物扣押、保管场所开展现场鉴定，以提高案件侦办工作效率。

三、完善文物移交接收长效机制

（一）及时移交文物

涉案文物由公安机关保管的，公安机关应当在法院判决生效后1年内，将依法没收、追缴的文物全部无偿移交给所在地省级文物行政部门指定的国有文物收藏单位。正式移交前，公安机关不具备文物安全保管条件的，可以将文物交由所在地省级文物行政部门指定的国有文物收藏单位暂存保管。暂存单位应当对文物逐一登记，妥善保管，确保安全，并为公安机关后续案件办理所需的取证、调阅等工作提供便利条件。

（二）统筹文物移交接收

各省级文物行政部门应当指定保护管理规范、收藏定位与接收文物类别相符的国有文物收藏单位作为文物接收单位。公安部直接组织侦办或挂牌督办的重大刑事案件中没收、追缴的文物，由所在地省级文物行政部门和办案机关提出接收单位建议，报公安部、国家文物局确定后实施。文物移交过程中，公安机关和接收单位应当严格履行实物查点、交接和签字等手续，接收单位隶属的文物行政主管部门应当派人全程监督，移交文物数量较多或珍贵文物数量较多的，省级文物行政部门应当派员现场监督指导。

（三）加强文物保护利用

文物移交工作完成后3个月内，接收单位应当将接收文物的登记、建档情况报省级文物行政部门备案。每年12月，各省级文物行政部门应当汇总全年的文物接收情况，报国家文物局。接收单位要按照馆藏文物管理的要求，认真做好接收文物的保护与研究工作，案件判决生效后，涉案文物被依法追缴的，可以通过展览展示、社教活动等形式，提高接收文物利用率，加大法治观念和文物保护理念的宣传力度。

四、加强协作配合，提高工作合力

（一）加强组织领导。各级文物行政部门和公安机关要加强组织领导，深化协作，畅通信息共享与通报会商渠道，研究解决涉案文物鉴定评估和文物移交、接收工作中的难点问题，将相关工作情况纳入文物和公安系统目标责任考核，不断推进工作规范化、制度化。

（二）强化能力建设。各级文物行政部门和公安机关要在本级培训计划中设置相关专项，形式多样地开展文物鉴定、文物犯罪典型案例剖析等相关业务培训，促进一线公安干警与涉案文物鉴定评估人员的交流，共同提升打击文物犯罪和涉案文物鉴定评估的业务水平。

（三）完善工作保障。公安机关应当依法采取必要的措施，保障涉案文物鉴定评估人员的人身安全。对协助打击文物违法犯罪有重大贡献的鉴定评估机构集体和个人，对追缴文物数量巨大、价值珍贵的公安机关和干警，公安机关会同文物行政部门报告上级主管部门或人民政府，提请表彰奖励。

特此通知。

国家文物局

公安部

2023 年 6 月 29 日

国家文物局　财政部　公安部　海关总署
国家工商行政管理局
关于印发《依法没收、追缴文物的移交办法》的通知

文物保发〔1999〕017 号

一、根据《中华人民共和国文物保护法》及其实施细则第二、三十六、三十八、三十九、四十四条的有关规定，特制定本办法。

二、本办法规定的依法移交的文物，系指各级执法部门在查处违法犯罪活动中依法没收、追缴的除依法返还受害人以外的所有文物，包括珍贵文物和一般文物。依法移交的文物属于国有资产。

三、本办法规定的负责移交文物的执法部门，系指在查处违法犯罪活动中依法没收、追缴文物的各级公安部门、工商行政管理部门和海关等执法部门（以下统称移交部门）。

四、本办法规定的负责接收文物的部门，系指国家和各省、自治区、直辖市（以下简称省级）文物行政管理部门。经国家或省级文物行政管理部门授权，地、市、县的文物行政管理部门或有关国有博物馆可具体承办文物接收事宜（以下统称接收部门）。

五、依法移交文物的移交和接收，在结案后应立即全部无偿移交给接收部门。

六、移交部门应负责移交前的文物安全和保护工作。移交部门如果在结案前不具备保证文物安全无损的安全防范条件、防止自然力损害的保管条件和修复的技术力量，或者自没收、追缴之时起已逾一年未能结案的，应将文物及时移送接收部门指定的国有博物馆暂存。暂存单位应负责文物的安全，并为执法部门对有关文物的取证提供方便。

七、移交部门向接收部门移交文物，接收部门应及时组织国家或省级文

物鉴定机构对移交文物进行鉴定，造具文物登记清单并评定级别。移交时由交接双方及承办机构负责确认移交文物登记清单，履行实物查点、交接和签字等完备手续。

八、交接情况每年年终由省级执法部门和接收部门汇总，分别向公安部、海关总署、国家工商行政管理局等有关执法部门和国家文物局报告，并报财政部备案。

九、接收的移交文物由国家文物局或省级文物行政管理部门根据文物保护、研究和利用等需要，指定具备条件的国有博物馆收藏保管，其中，一级文物应由省级文物行政管理部门报国家文物局备案。当地重复品较多的文物，可以由国家文物局组织，在跨省区的国有博物馆之间进行交换、调拨。确实没有收藏价值的一般文物，报经国家文物局批准，根据归口经营，统一管理的原则投入流通，办理文物标的的鉴定许可事宜，由国家文物局或指定省级文物行政管理部门依法委托具有文物拍卖经营资格权的拍卖行进行拍卖，所得收入全部缴拍卖文物所在地的省级财政部门。

十、按照《中华人民共和国文物保护法》及其实施细则关于奖励的规定，除执法部门对办案有功者予以表彰外，对移交文物总体价值较高、保护文物作出突出贡献的执法部门或单位，文物主管部门应当将鉴定结论如实报告其上级主管部门或人民政府，提请予以奖励。

十一、各级财政、公安、工商行政管理、文物行政管理部门和海关要加强对执行本办法的行政监督，违反本办法的依法给予行政处罚，构成犯罪的，追究其刑事责任。

国家文物局

财政部

公安部

海关总署

国家工商行政管理局

1999 年 4 月 5 日

最高人民法院　最高人民检察院
国家文物局　公安部　海关总署
关于印发《涉案文物鉴定评估管理办法》的通知

文物博发〔2018〕4号

各省、自治区、直辖市高级人民法院、人民检察院、文物局（文化厅）、公安厅（局），解放军军事法院、军事检察院，新疆维吾尔自治区高级人民法院生产建设兵团分院，新疆生产建设兵团人民检察院、文物局、公安局，海关总署广东分署、各直属海关：

　　为贯彻落实《国务院关于进一步加强文物工作的指导意见》（国发〔2016〕17号）和《国务院办公厅关于进一步加强文物安全工作的实施意见》（国办发〔2017〕81号）的要求，规范涉案文物鉴定评估活动，打击文物违法犯罪活动，根据《最高人民法院、最高人民检察院关于办理妨害文物管理等刑事案件适用法律若干问题的解释》（法释〔2015〕23号），国家文物局、最高人民法院、最高人民检察院、公安部、海关总署共同制定了《涉案文物鉴定评估管理办法》。现印发给你们，请认真遵照执行。

　　附件：涉案文物鉴定评估管理办法

最高人民法院

最高人民检察院

国家文物局

公安部

海关总署

2018年6月20日

附件　　　　涉案文物鉴定评估管理办法

第一章　总　则

第一条　为适应人民法院、人民检察院和公安机关等办案机关办理文物犯罪刑事案件的需要，规范涉案文物鉴定评估活动，保证涉案文物鉴定评估质量，根据《中华人民共和国文物保护法》《最高人民法院、最高人民检察院关于办理妨害文物管理等刑事案件适用法律若干问题的解释》和有关法律法规，制定本办法。

第二条　本办法所称涉案文物，专指文物犯罪刑事案件涉及的文物或者疑似文物。

本办法所称涉案文物鉴定评估，是指涉案文物鉴定评估机构组织文物鉴定评估人员，运用专门知识或者科学技术对涉案文物的专门性问题进行鉴别、判断、评估并提供鉴定评估报告的活动。

第三条　国家文物局指定的涉案文物鉴定评估机构和予以备案的文物鉴定评估人员开展涉案文物鉴定评估活动，适用本办法。

第四条　涉案文物鉴定评估机构开展涉案文物鉴定评估活动，应当遵循合法、独立、客观、公正的原则。

第五条　文物鉴定评估人员在涉案文物鉴定评估活动中，应当遵守法律法规，遵守职业道德和职业纪律，尊重科学，遵守标准规范。

第六条　国家文物局负责遴选指定涉案文物鉴定评估机构，制定涉案文物鉴定评估管理制度和标准规范，对全国涉案文物鉴定评估工作进行宏观指导。

第七条　省级文物行政部门负责推荐本行政区域内涉案文物鉴定评估机构，对涉案文物鉴定评估工作进行监督管理。

省级文物行政部门应当保障本行政区域内涉案文物鉴定评估机构开展涉案文物鉴定评估工作所需的业务经费。

第八条　涉案文物鉴定评估机构的发展应当符合统筹规划、合理布局、严格标准、确保质量的要求。

第二章　鉴定评估范围和内容

第九条　涉案文物鉴定评估范围涵盖可移动文物和不可移动文物。

（一）可移动文物鉴定评估类别包括陶瓷器、玉石器、金属器、书画、杂项等五个类别。

（二）不可移动文物鉴定评估类别包括古文化遗址、古墓葬、古建筑、石窟寺及石刻、近现代重要史迹及代表性建筑、其他等六个类别。

第十条 已被拆解的不可移动文物的构件，涉案文物鉴定评估机构可以应办案机关的要求，将其作为可移动文物进行鉴定评估。

第十一条 可移动文物鉴定评估内容包括：

（一）确定疑似文物是否属于文物；

（二）确定文物产生或者制作的时代；

（三）评估文物的历史、艺术、科学价值，确定文物级别；

（四）评估有关行为对文物造成的损毁程度；

（五）评估有关行为对文物价值造成的影响；

（六）其他需要鉴定评估的文物专门性问题。

可移动文物及其等级已经文物行政部门认定的，涉案文物鉴定评估机构不再对上述第一至三项内容进行鉴定评估。

第十二条 不可移动文物鉴定评估内容包括：

（一）确定疑似文物是否属于古文化遗址、古墓葬；

（二）评估有关行为对文物造成的损毁程度；

（三）评估有关行为对文物价值造成的影响；

（四）其他需要鉴定评估的文物专门性问题。

不可移动文物及其等级已经文物行政部门认定的，涉案文物鉴定评估机构不再对上述第一项内容进行鉴定评估。

第十三条 涉案文物鉴定评估机构可以根据自身专业条件，并应办案机关的要求，对文物的经济价值进行评估。

第三章 鉴定评估机构和人员

第十四条 国有文物博物馆机构申请从事涉案文物鉴定评估业务，应当具备下列条件：

（一）有独立法人资格；

（二）有固定的办公场所和必要的文物鉴定技术设备；

（三）能够从事本办法第九条规定的可移动文物所有类别或者不可移动文物所有类别的鉴定评估业务，每类别有三名以上专职或者兼职的文物鉴定评估人员；

（四）有一定数量的专职文物鉴定评估人员；

（五）具备一定的文物鉴定评估组织工作经验。

第十五条 国有文物博物馆机构申请从事涉案文物鉴定评估业务，应当提交下列材料：

（一）申请从事涉案文物鉴定评估业务的文件；

（二）涉案文物鉴定评估机构申请表；

（三）文物鉴定评估人员登记表；

（四）法人证书复印件或者证明法人资格的相关文件；

（五）此前组织开展文物鉴定评估工作的相关情况说明。

第十六条 省级文物行政部门按照本办法第十四条规定的条件，对本行政区域内申请从事涉案文物鉴定评估业务的国有文物博物馆机构进行初审，初审合格的报国家文物局。

国家文物局对各省上报的机构进行遴选，指定其中符合要求的为涉案文物鉴定评估机构，并通过适当方式向社会公告。

第十七条 涉案文物鉴定评估机构的文物鉴定评估人员，应当至少符合下列条件之一：

（一）取得文物博物及相关系列中级以上专业技术职务，并有至少持续五年文物鉴定实践经历；

（二）是文物进出境责任鉴定人员；

（三）是国家或者省级文物鉴定委员会委员。

第十八条 省级文物行政部门按照本办法第十七条规定的条件，对拟从事涉案文物鉴定评估工作的文物鉴定评估人员进行审核，审核合格的报国家文物局备案。

第十九条 涉案文物鉴定评估机构的文物鉴定评估人员只能在一个鉴定评估机构中任职（包括兼职），但可以接受其他涉案文物鉴定评估机构的聘请，从事特定事项的涉案文物鉴定评估活动。

文物鉴定评估人员不得私自接受涉案文物鉴定评估委托。

第四章　鉴定评估程序

第一节　委托与受理

第二十条　涉案文物鉴定评估机构受理所在省（自治区、直辖市）行政区域内人民法院、人民检察院和公安机关等办案机关的涉案文物鉴定评估委托。

第二十一条　办案机关委托文物鉴定评估的，应当向涉案文物鉴定评估机构提供立案决定书、办案机关介绍信或者委托函、鉴定评估物品清单、照片、资料等必要的鉴定评估材料，并对鉴定评估材料的真实性、合法性负责。

经双方同意，办案机关可以将鉴定评估文物暂时委托涉案文物鉴定评估机构保管。

第二十二条　涉案文物鉴定评估机构收到鉴定评估材料和鉴定评估文物后，应当详细查验并进行登记，并严格开展鉴定评估文物和其他鉴定评估材料的交接、保管、使用和退还工作。

第二十三条　涉案文物鉴定评估机构对属于本机构涉案文物鉴定评估业务范围，鉴定评估用途合法，提供的鉴定评估材料能够满足鉴定评估需要的鉴定评估委托，应当受理。

鉴定评估材料不完整、不充分，不能满足鉴定评估需要的，涉案文物鉴定评估机构可以要求委托办案机关进行补充。

委托办案机关故意提供虚假鉴定评估材料的，涉案文物鉴定评估机构应当主动向委托办案机关的上级部门报告。

第二十四条　有下列情形之一的鉴定评估委托，涉案文物鉴定评估机构不予受理：

（一）委托主体不符合本办法对办案机关的规定的；

（二）委托鉴定评估物品不符合本办法对涉案文物的规定的；

（三）鉴定评估范围和内容不属于涉案文物鉴定评估机构业务范围或者不符合本办法规定的；

（四）鉴定评估材料不具备鉴定评估条件或者与鉴定评估要求不相符的。

第二十五条　涉案文物鉴定评估机构应当自收到鉴定评估材料之日起五

个工作日内，作出是否受理鉴定评估委托的决定。

第二十六条　涉案文物鉴定评估机构决定受理鉴定评估委托的，应当与委托办案机关签订涉案文物鉴定评估委托书。鉴定评估委托书应当载明委托办案机关名称、涉案文物鉴定评估机构名称、委托鉴定评估内容、鉴定评估时限以及双方权利义务等事项。

第二十七条　涉案文物鉴定评估机构决定不予受理鉴定评估委托的，应当向委托主体说明理由，并退还鉴定评估材料。

第二十八条　对于本办法三十五条第二款和三十六条第一款规定的鉴定评估终止情形，或者因其他重大特殊原因，办案机关可以申请跨行政区域委托涉案文物鉴定评估。

跨行政区域委托涉案文物鉴定评估的，由办案机关所在地省级文物行政部门商拟委托涉案文物鉴定评估机构所在地省级文物行政部门，共同确定具有相应鉴定评估能力的涉案文物鉴定评估机构开展。协商不成的，可以由办案机关所在地省级文物行政部门报国家文物局指定。

第二节　鉴定评估

第二十九条　涉案文物鉴定评估机构接受鉴定评估委托后，应当组织本机构与委托鉴定评估文物类别一致的文物鉴定评估人员进行鉴定评估。每类别文物鉴定评估应当有两名以上文物鉴定评估人员参加鉴定评估。

对复杂、疑难和重大案件所涉的鉴定评估事项，可以聘请其他涉案文物鉴定评估机构相关文物类别的文物鉴定评估人员参加鉴定评估。

第三十条　文物鉴定评估人员有下列情形之一的，应当自行回避，涉案文物鉴定评估机构负责人也应当要求其回避：

（一）是案件的当事人或者是当事人的近亲属的；

（二）本人或者其近亲属与案件有利害关系；

（三）与案件当事人和案件有其他关系，可能影响其独立、客观、公正鉴定评估的。

第三十一条　可移动文物的鉴定评估，应当依托涉案文物实物开展，并依照相关标准和技术规范进行。

第三十二条　不可移动文物的鉴定评估，应当到涉案文物所在地现场开展调查研究，并依照相关标准和技术规范进行。

第三十三条　涉案文物鉴定评估过程中，需要进行有损科技检测的，涉案文物鉴定评估机构应当征得委托办案机关书面同意。文物鉴定评估人员应当对科技检测的手段、过程和结果进行记录，并签名存档备查。

第三十四条　涉案文物鉴定评估采取文物鉴定评估人员独立鉴定评估和合议相结合的方式进行。文物鉴定评估人员应当对鉴定评估的方法、过程和结论进行记录，并签名存档备查。

第三十五条　鉴定评估活动完成后，涉案文物鉴定评估机构应当对文物鉴定评估人员作出的鉴定评估意见进行审查，对鉴定评估意见一致的出具鉴定评估报告。

鉴定评估意见不一致的，涉案文物鉴定评估机构应当组织原鉴定人员以外的文物鉴定评估人员再次进行鉴定评估，再次鉴定评估意见一致的出具鉴定评估报告；再次鉴定评估意见仍不一致的，可以终止鉴定评估，涉案文物鉴定评估机构应当书面通知委托办案机关终止鉴定评估决定并说明理由。

第三十六条　有下列情形之一的，涉案文物鉴定评估机构可以终止鉴定评估：

（一）在鉴定评估过程中发现本机构难以解决的技术性问题的；

（二）确需补充鉴定评估材料而委托办案机关无法补充的；

（三）委托办案机关要求终止鉴定评估的；

（四）其他需要终止鉴定评估的情形。

除上述第三项情形外，涉案文物鉴定评估机构应当书面通知委托办案机关终止鉴定评估决定并说明理由。

第三十七条　有下列情形之一的，涉案文物鉴定评估机构应当接受办案机关委托进行重新鉴定评估：

（一）有明确证据证明鉴定评估报告内容有错误的；

（二）鉴定评估程序不符合本办法规定的；

（三）文物鉴定评估人员故意作出虚假鉴定评估或者应当回避而未予回避的；

（四）其他可能影响鉴定评估客观、公正的情形。

涉案文物鉴定评估机构应当组织原鉴定评估人员以外的文物鉴定评估人员进行重新鉴定评估。

鉴定评估报告中出现的明显属于错别字或者语言表述瑕疵的，可以由鉴定评估机构出具更正说明，更正说明属于原鉴定评估报告的组成部分。

第三十八条 有下列情形之一的，涉案文物鉴定评估机构应当根据办案机关要求进行补充鉴定评估：

（一）鉴定评估报告内容有遗漏的；

（二）鉴定评估报告意见不明确的；

（三）办案机关发现新的相关重要鉴定评估材料的；

（四）办案机关对涉案文物有新的鉴定评估要求的；

（五）鉴定评估报告不完整，委托事项无法确定的；

（六）其他需要补充鉴定评估的情形。

补充鉴定评估是原委托鉴定评估活动的组成部分，应当由涉案文物鉴定评估机构组织原文物鉴定评估人员进行。

第三十九条 办案机关对有明确证据证明涉案文物鉴定评估机构重新出具的鉴定评估报告有错误的，可以由最高人民法院、最高人民检察院、公安部、海关总署商国家文物局，由国家文物局指定涉案文物鉴定评估机构进行再次鉴定评估。

第四十条 涉案文物鉴定评估机构一般应当自鉴定评估委托书签订之日起十五个工作日内完成鉴定评估。

因办案时限规定或者其他特殊事由，需要缩减或者延长鉴定评估时限的，由双方协商确定。延长鉴定评估时限的，一般不超过四十五个工作日。

第四十一条 涉案文物鉴定评估机构应当按照统一规定的文本格式制作鉴定评估报告。

鉴定评估报告一式五份，三份交委托办案机关，一份由涉案文物鉴定评估机构存档，一份在鉴定评估活动完成次月 15 日前报所在地省级文物行政部门备案。

第四十二条 鉴定评估事项结束后，涉案文物鉴定评估机构应当将鉴定评估报告以及在鉴定评估过程中产生的有关资料整理立卷、归档保管。

第四十三条 未经委托办案机关同意，涉案文物鉴定评估机构和文物鉴定评估人员不得向文物行政部门以外的其他组织或者个人提供与鉴定评估事项有关的信息。

第五章　监督管理

第四十四条　涉案文物鉴定评估机构应当于每年 11 月 15 日前，将本年度涉案文物鉴定评估业务情况和鉴定的涉案文物信息书面报告所在地省级文物行政部门。省级文物行政部门汇总后于当年 12 月 1 日前报送国家文物局。

第四十五条　最高人民法院、最高人民检察院、公安部、海关总署直接办理或者督办的刑事案件所涉的文物鉴定评估，涉案文物鉴定评估机构应当在接受鉴定评估委托后，及时通过省级文物行政部门向国家文物局报告。

第四十六条　涉案文物鉴定评估机构发生法定代表人、办公地点或者机构性质等重大事项变更，或者文物鉴定评估人员发生变动的，应当及时将相关情况通过省级文物行政部门报国家文物局备案。

第四十七条　省级文物行政部门应当对本行政区域内涉案文物鉴定评估机构进行不定期检查，发现问题或者有举报、投诉等情况的，应当及时进行调查处理。

第四十八条　涉案文物鉴定评估机构有下列情形之一的，由所在地省级文物行政部门给予警告，并责令其改正：

（一）超出本办法规定的涉案文物鉴定评估业务范围开展涉案文物鉴定评估活动的；

（二）组织未经国家文物局备案的文物鉴定评估人员开展涉案文物鉴定评估活动的；

（三）鉴定评估活动未按照本办法规定的程序要求和标准规范开展的；

（四）无正当理由拒绝接受涉案文物鉴定评估委托的；

（五）无正当理由超出鉴定评估时限的；

（六）法律、法规规定的其他情形。

第四十九条　涉案文物鉴定评估机构有下列情形之一的，由所在地省级文物行政部门进行调查，国家文物局根据情节严重程度暂停或者终止其从事涉案文物鉴定评估业务：

（一）因严重不负责任造成鉴定评估报告内容明显错误的；

（二）因严重不负责任造成委托鉴定评估文物实物损毁、遗失的；

（三）法律、法规规定的其他情形。

第五十条　文物鉴定评估人员有下列情形之一的，由所在涉案文物鉴定评估机构给予警告，并责令其改正：

（一）无正当理由拒绝接受涉案文物鉴定评估工作的；

（二）向委托办案机关私自收取鉴定评估费用的；

（三）法律、法规规定的其他情形。

第五十一条　文物鉴定评估人员有下列情形之一的，由所在涉案文物鉴定评估机构给予警告，并责令其改正；情节严重的，报省级文物行政部门同意后暂停或者终止其开展涉案文物鉴定评估活动：

（一）应当回避而未予回避，造成恶劣影响的；

（二）违反职业道德和职业纪律，造成恶劣影响的；

（三）因严重不负责任造成委托鉴定评估文物实物损毁、遗失的；

（四）法律、法规规定的其他情形。

第五十二条　涉案文物鉴定评估机构负责人在管理工作中滥用职权、玩忽职守造成严重后果的，依法追究相应的法律责任。

涉案文物鉴定评估机构负责人和文物鉴定评估人员故意出具虚假鉴定评估报告，或者故意隐匿、侵占、毁损委托鉴定评估文物，构成犯罪的，依法追究刑事责任。

第六章　附　　则

第五十三条　对古猿化石、古人类化石及其与人类活动有关的第四纪古脊椎动物化石的鉴定评估活动，依照本办法执行。

第五十四条　涉案文物鉴定评估机构和文物鉴定评估人员开展行政案件、民事案件涉及文物的鉴定评估活动，可以参照本办法执行。

第五十五条　对尚未登记公布的古文化遗址、古墓葬，县级以上文物行政部门可以依据已生效判决采纳的鉴定评估意见，依法开展登记公布工作。

第五十六条　本办法自公布之日起实施。此前有关规定与本办法不一致的，以本办法为准。

附件1　　　涉案文物鉴定评估报告（格式文本）

×××（涉案文物鉴定评估机构名称）

法人证号：

地址：××省××市××路××号

邮政编码：

联系电话：

×××（涉案文物鉴定评估机构名称）

涉案文物鉴定评估报告

编号：　　　　（涉案文物鉴定评估机构章）

项目	内容	备注
基本情况		
文物情况		
鉴定评估过程		
分析说明		
鉴定评估意见		
附件		

涉案文物鉴定评估人员签名：

×年×月×日

填写说明：

1. "基本情况"，应当简要说明委托机关、委托事项、受理日期、鉴定评估材料，是否属于重新鉴定评估或者补充鉴定评估等情况。

2. "文物情况"，应当记录可移动文物的尺寸、质量、质地等和不可移动文物的地理位置、范围面积等信息。

3. "鉴定评估过程"，应当翔实描述文物鉴定评估活动过程，包括人员、时间、地点、内容、方法，采用的标准、技术规范或者技术方法，科技检测所使用的仪器设备、过程和结果等。

4. "分析说明"，应当阐明文物鉴定评估人员通过对可移动文物的时代、造型、工艺、完残、品相等方面和不可移动文物的历史沿革、保存现状等内容的鉴别判断，对文物的历史、艺术、科学价值的考证分析，对文物毁损程度或者受影响程度的评估，得出鉴定评估意见的过程。

5. "鉴定评估意见"，应当围绕本办法规定的鉴定评估事项相关内容，作出结论性意见表述。

6. "附件"，应当列明与鉴定评估活动相关的资料，如文物照片或者影像资料，可移动文物的流转经过说明和不可移动文物的记录档案等。

7. 文本项目内容可以另附详细说明。

附件 2 　　涉案文物鉴定评估委托书（参考文本）

甲方：×××（委托办案机关名称）

乙方：×××（涉案文物鉴定评估机构名称）

甲、乙双方经友好协商，就甲方委托乙方开展对"×××（案件名称）"所涉文物的鉴定评估活动达成如下协议：

第一条 　鉴定评估内容

第二条 　鉴定评估时限

乙方应当自本协议签订之日起＿＿＿＿＿个工作日内完成鉴定评估。乙方因不能预见、不能避免并不能克服的不可抗力事件不能完成鉴定评估的，应当立即通知甲方。因办案时限规定或者其他特殊事由，需要缩减或者延长鉴定评估时限的，由双方协商确定。

第三条 　双方权利义务

1. 甲方应当如实向乙方提供与委托鉴定评估事项有关的全部材料和信息，并根据乙方的合理要求及时补充必要的材料。

2. 乙方应当按照《涉案文物鉴定评估管理办法》的规定和行业通用的标准规范进行鉴定评估。

第四条 　争议解决

因本协议引起的或者与本协议有关的任何争议，甲、乙双方应当友好协商解决，协商不成的，提请甲、乙双方所在地省级文物行政部门协调解决。

第五条 　其他

1. 本协议自甲、乙双方加盖公章之日起生效。

2. 本协议一式四份，甲、乙双方各执二份，具有同等效力。

甲方：×××　　　　　　　　乙方：×××

（委托办案机关名称）　　　　（涉案文物鉴定评估机构名称）

×年×月×日　　　　　　　　×年×月×日

（盖章）　　　　　　　　　　（盖章）

最高人民法院　最高人民检察院　公安部
国家文物局关于办理妨害文物管理等
刑事案件若干问题的意见

公通字〔2022〕18 号

各省、自治区、直辖市高级人民法院、人民检察院、公安厅（局）、文物局（文化和旅游厅/局），新疆维吾尔自治区高级人民法院生产建设兵团分院，新疆生产建设兵团人民检察院、公安局、文物局：

为依法惩治文物犯罪，加强对文物的保护，根据《中华人民共和国刑法》《中华人民共和国刑事诉讼法》《中华人民共和国文物保护法》和《最高人民法院、最高人民检察院关于办理妨害文物管理等刑事案件适用法律若干问题的解释》（法释〔2015〕23 号，以下简称《文物犯罪解释》）等有关规定，结合司法实践，制定本意见。

一、总体要求

文物承载灿烂文明，传承历史文化，维系民族精神，是国家和民族历史发展的见证，是弘扬中华优秀传统文化的珍贵财富，是培育社会主义核心价值观、凝聚共筑中国梦磅礴力量的深厚滋养。保护文物功在当代、利在千秋。当前，我国文物安全形势依然严峻，文物犯罪时有发生，犯罪团伙专业化、智能化趋势明显，犯罪活动向网络发展蔓延，犯罪产业链日趋成熟，地下市场非法交易猖獗，具有严重的社会危害性。各级人民法院、人民检察院、公安机关、文物行政部门要坚持以习近平新时代中国特色社会主义思想为指导，坚决贯彻落实习近平总书记关于文物工作系列重要论述精神，从传承中华文明、对国家对民族对子孙后代负责的战略高度，提高对文物保护工作重要性的认识，增强责任感使命感紧迫感，勇于担当作为、忠诚履职尽责，依法惩治和有效防范文物犯罪，切实保护国家文化遗产安全。

二、依法惩处文物犯罪

（一）准确认定盗掘行为

1. 针对古建筑、石窟寺等不可移动文物中包含的古文化遗址、古墓葬部分实施盗掘，符合刑法第三百二十八条规定的，以盗掘古文化遗址、古墓葬罪追究刑事责任。

盗掘对象是否属于古文化遗址、古墓葬，应当按照《文物犯罪解释》第八条、第十五条的规定作出认定。

2. 以盗掘为目的，在古文化遗址、古墓葬表层进行钻探、爆破、挖掘等作业，因意志以外的原因，尚未损害古文化遗址、古墓葬的历史、艺术、科学价值的，属于盗掘古文化遗址、古墓葬未遂，应当区分情况分别处理：

（1）以被确定为全国重点文物保护单位、省级文物保护单位的古文化遗址、古墓葬为盗掘目标的，应当追究刑事责任；

（2）以被确定为市、县级文物保护单位的古文化遗址、古墓葬为盗掘目标的，对盗掘团伙的纠集者、积极参加者，应当追究刑事责任；

（3）以其他古文化遗址、古墓葬为盗掘目标的，对情节严重者，依法追究刑事责任。

实施前款规定的行为，同时构成刑法第三百二十四条第一款、第二款规定的故意损毁文物罪、故意损毁名胜古迹罪的，依照处罚较重的规定定罪处罚。

3. 刑法第三百二十八条第一款第三项规定的"多次盗掘"是指盗掘三次以上。对于行为人基于同一或者概括犯意，在同一古文化遗址、古墓葬本体周边一定范围内实施连续盗掘，已损害古文化遗址、古墓葬的历史、艺术、科学价值的，一般应认定为一次盗掘。

（二）准确认定盗窃行为

采用破坏性手段盗窃古建筑、石窟寺、石刻、壁画、近现代重要史迹和代表性建筑等不可移动文物未遂，具有下列情形之一的，应当依法追究刑事责任：

1. 针对全国重点文物保护单位、省级文物保护单位中的建筑构件、壁画、雕塑、石刻等实施盗窃，损害文物本体历史、艺术、科学价值，情节严重的；

2. 以被确定为市、县级以上文物保护单位整体为盗窃目标的；

3. 造成市、县级以上文物保护单位的不可移动文物本体损毁的；

4. 针对不可移动文物中的建筑构件、壁画、雕塑、石刻等实施盗窃，所涉部分具有等同于三级以上文物历史、艺术、科学价值的；

5. 其他情节严重的情形。

实施前款规定的行为，同时构成刑法第三百二十四条第一款、第二款规定的故意损毁文物罪、故意损毁名胜古迹罪的，依照处罚较重的规定定罪处罚。

（三）准确认定掩饰、隐瞒与倒卖行为

1. 明知是盗窃文物、盗掘古文化遗址、古墓葬等犯罪所获取的文物，而予以窝藏、转移、收购、加工、代为销售或者以其他方法掩饰、隐瞒的，符合《文物犯罪解释》第九条规定的，以刑法第三百一十二条规定的掩饰、隐瞒犯罪所得罪追究刑事责任。

对是否"明知"，应当结合行为人的认知能力、既往经历、行为次数和手段，与实施盗掘、盗窃、倒卖文物等犯罪行为人的关系，获利情况，是否故意规避调查，涉案文物外观形态、价格等主、客观因素进行综合审查判断。具有下列情形之一，行为人不能做出合理解释的，可以认定其"明知"，但有相反证据的除外：

（1）采用黑话、暗语等方式进行联络交易的；

（2）通过伪装、隐匿文物等方式逃避检查，或者以暴力等方式抗拒检查的；

（3）曾因实施盗掘、盗窃、走私、倒卖文物等犯罪被追究刑事责任，或者二年内受过行政处罚的；

（4）有其他证据足以证明行为人应当知道的情形。

2. 出售或者为出售而收购、运输、储存《中华人民共和国文物保护法》第五十一条规定的"国家禁止买卖的文物"，可以结合行为人的从业经历、认知能力、违法犯罪记录、供述情况，交易的价格、次数、件数、场所，文物的来源、外观形态等综合审查判断，认定其行为系刑法第三百二十六条规定的"以牟利为目的"，但文物来源符合《中华人民共和国文物保护法》第五十条规定的除外。

三、涉案文物的认定和鉴定评估

对案件涉及的文物等级、类别、价值等专门性问题，如是否属于古文化遗址、古墓葬、古建筑、石窟寺、石刻、壁画、近代现代重要史迹和代表性建筑等不可移动文物，是否具有历史、艺术、科学价值，是否属于各级文物保护单位，是否属于珍贵文物，以及有关行为对文物造成的损毁程度和对文物价值造成的影响等，案发前文物行政部门已作认定的，可以直接对有关案件事实作出认定；案发前未作认定的，可以结合国务院文物行政部门指定的机构出具的《涉案文物鉴定评估报告》作出认定，必要时，办案机关可以依法提请文物行政部门对有关问题作出说明。《涉案文物鉴定评估报告》应当依照《涉案文物鉴定评估管理办法》（文物博发〔2018〕4号）规定的程序和格式文本出具。

四、文物犯罪案件管辖

文物犯罪案件一般由犯罪地的公安机关管辖，包括文物犯罪的预谋地、工具准备地、勘探地、盗掘地、盗窃地、途经地、交易地、倒卖信息发布地、出口（境）地、涉案不可移动文物的所在地、涉案文物的实际取得地、藏匿地、转移地、加工地、储存地、销售地等。多个公安机关都有权立案侦查的文物犯罪案件，由主要犯罪地公安机关立案侦查。

具有下列情形之一的，有关公安机关可以在其职责范围内并案处理：

（1）一人犯数罪的；

（2）共同犯罪的；

（3）共同犯罪的犯罪嫌疑人还实施其他犯罪的；

（4）三人以上时分时合，交叉结伙作案的；

（5）多个犯罪嫌疑人实施的盗掘、盗窃、倒卖、掩饰、隐瞒、走私等犯罪存在直接关联，或者形成多层级犯罪链条，并案处理有利于查明案件事实的。

五、宽严相济刑事政策的应用

（一）要着眼出资、勘探、盗掘、盗窃、倒卖、收赃、走私等整个文物犯罪网络开展打击，深挖幕后金主，斩断文物犯罪链条，对虽未具体参与实施有关犯罪实行行为，但作为幕后纠集、组织、指挥、筹划、出资、教唆者，在共同犯罪中起主要作用的，可以依法认定为主犯。

（二）对曾因文物违法犯罪而受过行政处罚或者被追究刑事责任、多次实施文物违法犯罪行为，以及国家工作人员实施本意见规定相关犯罪行为的，可以酌情从重处罚。

（三）正确运用自首、立功、认罪认罚从宽等制度，充分发挥刑罚的惩治和预防功能。对积极退回或协助追回文物，协助抓捕重大文物犯罪嫌疑人，以及提供重要线索，对侦破、查明其他重大文物犯罪案件起关键作用的，依法从宽处理。

（四）人民法院、人民检察院、公安机关应当加强与文物行政等部门的沟通协调，强化行刑衔接，对不构成犯罪的案件，依据有关规定及时移交。公安机关依法扣押的国家禁止经营的文物，经审查与案件无关的，应当交由文物行政等有关部门依法予以处理。文物行政等部门在查办案件中，发现涉嫌构成犯罪的案件，依据有关规定及时向公安机关移送。

最高人民法院

最高人民检察院

公安部

国家文物局

2022 年 8 月 16 日

财政部 海关总署 税务总局 文化和旅游部 国家文物局关于国有公益性收藏单位 进口藏品免税规定的公告

2024 年第 4 号

经国务院同意,《国有公益性收藏单位进口藏品免税规定》自 2024 年 5 月 1 日起至 2027 年 12 月 31 日实施。《国有公益性收藏单位进口藏品免税暂行规定》(财政部 海关总署 税务总局公告 2009 年第 2 号)自 2024 年 5 月 1 日起停止执行。

特此公告。

附件:国有公益性收藏单位进口藏品免税规定

财政部

海关总署

税务总局

文化和旅游部

国家文物局

2024 年 4 月 30 日

附件　　　国有公益性收藏单位进口藏品免税规定

第一条　为进一步扩大优质文化供给，繁荣发展文化事业，弘扬和传承中华传统文化艺术，提高民族文化软实力，促进我国文物和艺术品等进口藏品的收藏和保护事业健康发展，特制定本规定。

第二条　国有公益性收藏单位以从事永久收藏、展示和研究等公益性活动为目的，通过接受境外捐赠、归还、追索和购买等方式进口的藏品，以及外交部、国家文物局进口的藏品，免征进口关税、进口环节增值税和消费税。

第三条　本规定所称的藏品，是指具有收藏价值的各种材质的器皿和器具、钱币、砖瓦、石刻、印章封泥、拓本（片）、碑帖、法帖、艺术品、工艺美术品、典图、文献、古籍善本、照片、邮品、邮驿用品、徽章、家具、服装、服饰、织绣品、皮毛、民族文物、古生物化石标本和其他物品。

第四条　本规定所称国有公益性收藏单位是指国家有关部门和省、自治区、直辖市、计划单列市有关部门所属的国有公益性图书馆、博物馆、纪念馆及美术馆。

第五条　国有公益性收藏单位名单由文化和旅游部、国家文物局商财政部、海关总署、税务总局后以公告形式发布。

第六条　国有公益性收藏单位进口与其收藏范围相符的藏品，方能申请享受本税收政策。

第七条　国有公益性收藏单位应在进口藏品前，向文化和旅游部、国家文物局提交进口藏品申请，申请材料包括藏品基本情况、进口目的、与收藏范围是否相符等内容。文化和旅游部、国家文物局应建立健全审核机制，按职责分工制定相应的审核工作规程，对进口藏品申请进行审核并出具审核意见，确保进口藏品符合本规定第二条、第三条、第六条的有关要求。

第八条　国有公益性收藏单位进口藏品，应凭文化和旅游部、国家文物局出具的审核意见，捐赠、归还、追索和购买等有效进口凭证及其他相关材料向海关办理免税手续。

第九条　各级文化旅游和文物行政管理部门以及国有公益性收藏单位，应依照《中华人民共和国文物保护法》《中华人民共和国公共图书馆法》《中华人民共和国文物保护法实施条例》《博物馆条例》和《博物馆管理办法》

等规定加强管理，确保免税进口藏品永久收藏，仅用于公益性活动，不得转让、移作他用、抵押、质押或出租。

第十条　国有公益性收藏单位应建立藏品登记备案制度，在藏品总账中设立进口藏品子账。在免税进口藏品入境 30 个工作日内，将其记入进口藏品子账，列入本单位内部年度检查事项，并报送文化和旅游部、国家文物局备案，抄报海关。

免税进口藏品如需在国有公益性收藏单位之间依照国家有关法律法规进行调拨、交换、借用，应依照法律法规的规定履行相关手续，并报送文化和旅游部、国家文物局备案。相关国有公益性收藏单位无需补缴进口关税、进口环节增值税和消费税。

第十一条　本规定第四条范围之外的其他国有公益性收藏单位如有免税进口藏品需求，可向文化和旅游部、国家文物局提出申请。文化和旅游部、国家文物局商财政部、海关总署、税务总局等有关部门进行审核，确有必要进口的藏品可按本规定享受免税政策，并按相关要求管理。

国家文物局依照有关法律法规，将其免税进口的藏品划拨到本规定第四条范围之外的其他国有公益性收藏单位的，划拨的藏品可按本规定享受免税政策，并按相关要求管理。

文化和旅游部、国家文物局应将上述事项的有关情况函告海关总署，并抄送财政部、税务总局。

第十二条　各级文化旅游和文物行政管理部门加强对免税进口藏品管理工作的指导。文化和旅游部、国家文物局共同制定免税进口藏品具体管理办法，并做好免税进口藏品的年度汇总统计和政策评估等工作。

第十三条　在海关监管年限内，海关建立免税进口藏品台账，对本通知第十条规定调拨、交换等变更收藏单位情况进行登记，抽查免税进口藏品是否存在转让、移作他用、抵押、质押或出租情况。

第十四条　外交部免税进口藏品的具体管理办法，由外交部依照本规定商有关部门另行制定。

第十五条　享受政策的国有公益性收藏单位将免税进口藏品转让、移作他用、抵押、质押或出租的，由海关依照国家有关法律法规的规定予以处罚；涉嫌犯罪的，移送司法等有关机关处理。

对于有上述违法违规行为的单位，在 1 年内不得享受本税收优惠政策；被依法追究刑事责任的，在 3 年内不得享受本税收优惠政策。

第十六条 本规定由财政部会同海关总署、税务总局、文化和旅游部、国家文物局负责解释。

第十七条 本规定自 2024 年 5 月 1 日起至 2027 年 12 月 31 日实施。

国家市场监督管理总局　商务部　国家文物局
关于促进网络拍卖规范健康发展的指导意见

国市监网监发〔2024〕50 号

各省、自治区、直辖市和新疆生产建设兵团市场监管局（厅、委），商务主管部门、文物局（文化和旅游厅/局）：

网络拍卖是通过互联网等信息网络，以公开竞价的形式，将特定物品或者财产权利转让给最高应价者的拍卖活动。近年来，网络拍卖在盘活存量资产、提高要素配置效率、完善现代流通体系等方面发挥了积极作用。为进一步规范网络拍卖市场秩序，促进拍卖行业高质量发展，依据《拍卖法》《电子商务法》《文物保护法》和相关法律规定，现就促进网络拍卖规范健康发展提出以下指导意见。

一、加强网络拍卖市场准入管理

坚持拍卖监管制度的一致性，按照现行拍卖法律法规，严格网络拍卖市场准入。从事经营性网络拍卖活动应当依据《公司法》取得企业法人资格，依据《拍卖法》取得商务主管部门颁发的《拍卖经营批准证书》，法律法规或全国人大决定有其他规定的除外。通过网络拍卖文物的，应当依据《文物保护法》取得文物部门颁发的《文物拍卖许可证》，文物标的在拍卖前应当经文物部门审核批准。督促网络拍卖经营者在网站首页或者从事网络拍卖经营活动的主页面显著位置公示营业执照、拍卖许可、文物拍卖许可等信息，或者该信息的链接标识。

二、加强网络拍卖制度供给

修订完善拍卖有关部门规章。加大网络拍卖相关标准制修订工作力度，进一步完善网络拍卖国家标准。鼓励行业协会、企业、研究机构开展标准研制，制定文物等细分领域网络拍卖的行业标准和团体标准。制定并推广使用覆盖网络拍卖全流程的交易合同示范文本，切实规范拍卖签约履约行为，保障合同各方当事人合法权益。

三、加强网络拍卖行业模式创新

鼓励各类经营主体参与网络拍卖市场的模式创新。引导各类经营主体参与大数据存储、网络与信息安全维护等网络拍卖基础设施建设。鼓励各类经营主体开发涵盖网络拍卖公告、拍品展示、拍卖师主持、网络竞价、成交确认、电子签署、拍卖价款结算、资料存档等功能的全流程网络拍卖系统，实现拍卖法定程序功能的全流程线上化。推动各类经营主体研发直播拍卖、现场与网络同步拍卖等充分发挥拍卖师作用、客观真实全面准确展示拍卖标的、切实保障竞买人知情权的产品，研发拍品审定、拍品展示、拍品验证类技术产品以及建设细分市场网络拍卖平台。

四、加强网络拍卖平台技术创新

鼓励网络拍卖平台经营者发挥技术、数据优势参与网络拍卖服务体系建设，推动拍卖行业数字化建设。引导网络拍卖平台经营者依照拍卖法律法规及拍卖业务标准，建设和优化网络拍卖服务系统，为网络拍卖活动提供合法、安全、高质量的平台服务。推动网络拍卖平台经营者、拍卖企业以及拍卖活动上下游法人及非法人组织开展合作，培育涵盖法律、评估、展览、物流、仓储、金融等服务功能的良好网络拍卖市场生态。

五、加强网络拍卖企业服务提升

鼓励拍卖企业进一步提升服务质量。引导拍卖企业进一步发挥市场和专业优势，利用互联网、大数据等新技术创新服务模式，丰富服务场景，拓宽服务内容。推动拍卖企业应用新技术手段提供标的尽职调查、鉴定评估、审定评级、标的询价、市场推广、精准营销等拍卖相关服务。鼓励拍卖企业拓展合法的新拍卖品类，促进市场专业化、规模化发展。推进网络文物拍卖与托付保管、在线展示、教育研学等业态融合发展。

六、加强网络拍卖活动监管执法

加大竞争执法力度，促进网络拍卖市场公平竞争、有序发展。依法查处网络拍卖平台实施垄断协议和滥用市场支配地位行为、违法实施经营者集中和不正当竞争行为，依法制止网络拍卖领域滥用行政权力排除、限制竞争行为。强化社会监督，加强对拍卖许可、文物拍卖许可信息的公开、公示力度。

重点规制网络拍卖中"有照无证""无照无证"经营、虚假宣传、恶意串通、虚构交易、以假充真、文物拍卖标的未经审核、拍卖国家禁止买卖的文物等违法行为。

七、加强网络拍卖监管协作

加强部门协作，推动建立拍卖行业主管部门、市场监管部门、文物行政部门之间情况通报、信息共享、执法联动工作机制。强化部门协同、上下配合、央地联动，加强对网络拍卖领域重大问题的协同研判。加强监管政策统筹协调，形成稳定发展预期，提振发展信心。

八、加强网络拍卖平台自治

推动网络拍卖平台经营者全面落实《电子商务法》《网络交易监督管理办法》等法律法规关于平台责任的要求，认真履行对平台内网络拍卖经营者的身份、拍卖许可等信息的核验、登记义务，对违规拍卖信息的依法处置、报告责任。针对文物等特许经营的拍卖品类，督促网络拍卖平台经营者完善专业审核能力和内控制度建设，加强对违法违规交易的动态巡查和及时处置。引导网络拍卖平台经营者为平台内网络拍卖经营者依法履行信息公示义务提供技术支持，督促网络拍卖经营者公示相关信息。对网络拍卖平台经营者作为拍卖人开展的网络拍卖业务应当标记"拍卖自营"，以确保拍卖相关当事人能够清晰辨认。引导网络拍卖平台经营者遵循公平、公正原则，不得利用平台规则或市场支配地位侵害、限制竞争或减损平台内外网络拍卖经营者及其他市场主体的合法权益。

九、加强网络拍卖行业自律

鼓励行业自律，构建诚信体系。鼓励行业协会制定网络拍卖服务规范和自律公约，开展签约承诺，引导网络拍卖企业和网络拍卖平台经营者依法诚信经营，自觉承担网络拍卖市场的主体责任，维护拍卖各方当事人的合法权益。推动行业协会建立健全企业信用档案，依法收集、记录企业信用信息，开展信用评价。组织开展自律合规培训，强化规范经营理念，形成长效机制。

十、加强网络拍卖试点探索

探索建立适应网络拍卖市场规范健康发展的监管模式，构建与网络拍卖业态发展相适应的制度环境，不断完善网络拍卖监管体系，优化网络拍卖服务机制。探索优化网络文物拍卖标的审核程序，利用新技术加强网络文物拍卖动态监测，推进网络文物拍卖信用监管试点。认真总结、及时提炼试点工作中的有效做法、成功经验，立足特色、发挥优势，推动形成具有示范效应、可复制、可推广的制度成果，着力推动网络拍卖行业高质量发展。

市场监管总局
商务部
国家文物局
2024 年 4 月 30 日

文化和旅游部　国家文物局
关于加强地方文物行政执法工作的通知

文旅文物发〔2019〕52号

各省、自治区、直辖市文化和旅游厅（局）、文物局，新疆生产建设兵团文化体育广电和旅游局（文物局）：

为深入贯彻习近平总书记关于文物工作的重要指示批示精神，落实中共中央办公厅、国务院办公厅印发的《关于加强文物保护利用改革的若干意见》（以下简称《若干意见》）和《关于深化文化市场综合行政执法改革的指导意见》（以下简称《指导意见》）有关部署和要求，现就加强地方文物行政执法工作通知如下：

一、充分认识加强文物行政执法的重要意义

文物行政执法是全面推进依法行政的重要内容，是保障文物安全的重要手段，是维护法律权威的重要举措。当前，全国文物行政执法工作取得了一定成效，但文物安全形势依然严峻，违法违规破坏文物现象屡禁不止，文物行政执法还面临着很多困难和问题。一些地区文物行政执法队伍尚不健全、执法责任落实不到位，有法不依、执法不严等现象时有发生。各地要充分认识加强文物行政执法工作的重要性和紧迫性，树牢"四个意识"，坚定"四个自信"，坚决做到"两个维护"，切实增强对历史文物的敬畏之心，树立"保护文物也是政绩"的科学理念，结合地方实际推动加强文物行政执法工作。

二、明确文物行政执法责任及职责分工

依据《指导意见》关于"整合组建文化市场综合执法队伍。统一行使文化、文物、出版、广播电视、电影、旅游市场行政执法职责"的要求，文化市场综合执法队伍统一行使文物市场领域的行政执法职责，由相关文化和旅游行政部门负责管理。文物行政部门在职责范围内指导、监督文化市场综合执法队伍开展执法工作。

依据《若干意见》关于"落实市、县文化市场综合执法队伍文物行政执法责任"、《指导意见》关于"厘清综合执法队伍和行政管理部门关系"等要求，市、县两级有文物执法队伍的，文物市场以外的文物行政执法职责由文物执法队伍行使；市、县两级没有文物执法队伍的，由相关文物行政部门委托文化市场综合执法队伍行使文物市场以外的文物行政执法职责，并指导、监督文化市场综合执法队伍开展相关执法工作。

承担文物行政执法职责的文化市场综合执法队伍，应明确专门机构或者专人负责文物行政执法工作，统一行使文物行政处罚以及与行政处罚相关的行政检查等职能，受理投诉举报、接收转办交办及数据监测发现的文物违法违规线索，开展相关行政处罚案件的立案、调查、处罚等工作。文物行政执法工作按照《文物行政处罚程序暂行规定》施行。

三、加强文物行政执法协同机制

文物行政部门与文化市场综合执法队伍要分工负责、相互支持、密切配合，建立健全信息通报制度，及时通报行政许可、监督管理、行政处罚、专项整治行动等信息，开展执法形势分析研判。

文物行政部门要完善文物违法案件责任追究机制，健全文物行政执法和刑事司法衔接机制，依法依规对涉嫌刑事犯罪的案件进行移交。案件中需要鉴定、认定、调查核实的，文物行政部门应当予以积极支持协助。

文化市场综合执法队伍要建立健全文物违法案件报告制度和信息公开制度，及时向相关行政管理部门报送案件情况，向社会发布案件信息，推动违法行为整改。

四、强化文物行政执法能力

文化和旅游部门、文物行政部门要进一步强化对文化市场综合执法队伍的业务指导，认真组织开展文物行政执法人员法律法规、专业知识、执法技能教育培训。文化市场综合执法队伍要组织执法人员定期开展执法演练，熟练掌握执法流程、执法器材设备运用，规范执法行为，提升执法能力。

各地要结合文物行政执法的特点创新执法方式，积极探索和推进"互联网+执法"，通过全国文化市场技术监管和服务平台应用，促进办案流程和执法工作网上运行管理。加强文化市场综合执法智能监控和大数据监控，依托互联网、云计算、大数据等技术，充分运用移动执法、自动监控、卫星遥感、无人机等科技手段，实时监控、实时留痕，提升监控预警能力和科学办案水平。

特此通知。

文化和旅游部

国家文物局

2019 年 5 月 8 日

文化和旅游部　国家文物局
关于加强文物市场行政执法工作的通知

文物博发〔2023〕6 号

各省、自治区、直辖市文化和旅游厅（局）、文物局，新疆生产建设兵团文化体育广电和旅游局（文物局）：

为贯彻落实党的二十大精神和习近平总书记关于文物工作重要指示批示精神，按照中共中央办公厅、国务院办公厅《关于深化文化市场综合行政执法改革的指导意见》和中共中央宣传部、文化和旅游部、国家广播电视总局、国家文物局《关于进一步完善文化市场综合执法运行机制的通知》有关要求，现就加强文物市场行政执法工作通知如下：

一、提高思想认识，落实执法责任

文物市场行政执法是保护国家文物安全、遏制文物非法流通的有效手段，也是维护文物市场健康有序发展的重要保障。文化市场综合执法队伍统一行使文物市场行政执法职责，由相关文化和旅游行政部门负责管理，文物行政部门在职责范围内指导、监督文化市场综合执法队伍开展文物市场行政执法工作。各级文物行政部门、文化市场综合执法队伍要切实提高思想认识，深刻领悟"两个确立"的决定性意义，增强"四个意识"、坚定"四个自信"、做到"两个维护"，充分认识文物市场行政执法工作的重要性，坚决贯彻中央部署，认真落实执法主体责任和监督责任，以昂扬的精神状态、务实的工作作风，加强文物市场行政执法工作，努力在新征程上开创文物工作新局面。

二、明确执法事项，加强日常监管

各级文物行政部门、文化市场综合执法队伍要坚持依法行政，不断提高行政执法效能，形成职责清晰、运行顺畅的执法工作机制。

（一）聚焦执法事项。文化市场综合执法队伍依法行使"对买卖国家禁止买卖的文物或者将禁止出境的文物转让、出租、质押给外国人的行政处罚"。要按照《文物拍卖管理办法》确定的"禁止买卖的文物"范围和《文物出境审核标准》确定的"禁止出境的文物"范围，聚焦执法事项，严格落实行政执法责任，有力打击文物违法经营活动。

（二）确定执法对象。文物市场行政执法对象为从事文物经营的主体，主要涵盖文物商店、文物拍卖企业、古玩旧货市场及其中商户、互联网文物经营平台及其中商户等。各级文化市场综合执法队伍既要加强对各类线下主体的监管，也要加强对通过互联网途径开展文物经营活动的监管，确保执法对象全覆盖。

（三）优化执法检查。各级文化市场综合执法队伍应制定执法检查计划，建立科学有效的日常巡查、随机抽查、专项检查及案源监测制度，及时办理信访、网络舆情等渠道的群众投诉举报，及时发现案件线索，依法开展执法工作。各级文物行政部门应加强源头监管，会同文化和旅游行政部门部署执法工作，及时向文化市场综合执法队伍分办、转办案件线索，做好具体执法业务指导工作。

三、提升业务能力，完善执法协作

各级文物行政部门、文化市场综合执法队伍要根据文物市场监管工作特点，加强行政执法能力建设，构建协同高效、部门联动的执法工作格局。

（一）加强能力建设。各级文物行政部门、文化市场综合执法队伍应充分发挥各自资源优势，在年度培训计划中设置相关专项，面向执法人员组织开展形式多样的文物鉴定、文物违法经营活动调查等相关业务培训。

（二）实现全程监管。各级文物行政部门、文化市场综合执法队伍之间要通过信息化平台等方式，建立健全文物市场领域行政许可、日常监管、执法检查、行政处罚等信息的互通共享机制，在工作会商会议制度框架下定期联合开展信息研判，做好事前审批与事中事后监管执法衔接工作，实现对文物市场的全程监管。文化市场综合执法队伍依法没收的文物，结案后无偿移交文物行政部门，由文物行政部门指定的国有文物收藏单位收藏。

（三）完善执法协作。各级文物行政部门、文化市场综合执法队伍要将完善执法协作机制作为提升执法效能的重要手段，根据文物市场案件特点，健全行政执法和刑事司法衔接机制。各级文化市场综合执法队伍要按照相关法律法规规定，及时将执法过程中发现的未经许可擅自从事文物经营或者从事未经审核文物经营等案件，依法移送市场监管部门；对涉嫌构成刑事犯罪的案件，依法移送公安机关。同时，要及时做好市场监管、公安等部门移送的属于职责权限范围内的文物市场案件的接收查处工作。

四、加强执法督导，建立常态机制

文化和旅游部、国家文物局将有计划地组织开展专项督导，将文物市场违法违规举报办理和督办案件查处情况作为全国文化市场综合执法考评的重要参考，评选确定一批典型案例向全国推广。各级文物行政部门、文化市场综合执法队伍应针对本地文物市场现状开展联合研判，尽快找准突破口，抓好大、要案件查处，通过执法实践带动建立常态化文物市场执法机制。积极利用各类媒体做好文物市场行政执法案件宣传，普及依法经营、合法收藏理念，形成震慑违法经营活动的高压态势，营造良好的文物市场行政执法社会环境。

各地对文物市场行政执法实践中出现的问题和形成的经验做法，请及时向文化和旅游部、国家文物局报告。

特此通知。

文化和旅游部

国家文物局

2023 年 1 月 19 日

海关总署　国家文物局
关于优化综合保税区文物进出境管理
有关问题的通知

署贸发〔2019〕92 号

广东分署，各直属海关，各省、自治区、直辖市文物局（文化厅），各国家
文物进出境审核管理处：

为落实《国务院关于促进综合保税区高水平开放高质量发展的若干意
见》（国发〔2019〕3 号），优化综合保税区文物监管模式，简化审批及监管
手续，提升文物进出境管理水平，现将有关事项通知如下：

一、按照"一线申报、一线监管"的原则，简化审批及监管手续，优化
文物出境审核和临时进境复出境登记查验管理，维护国家文物安全。

（一）文物出境。文物由综合保税区出境，应当报相关文物进出境审核
机构审核。经审核允许出境的文物，由文物进出境审核机构标明文物出境标
识，发放文物出境许可证。海关审核后凭文物出境许可证放行。

（二）文物临时进境复出境。文物由综合保税区临时进境，应当在进境
时向海关申报，入区后凭相关报关单证报文物进出境审核机构在区内开展审
核、登记。复出境时，应当向原审核、登记的文物进出境审核机构申报，文
物进出境审核机构对照进境记录审核查验、确认无误后，标明文物出境标识，
发放文物出境许可证。海关审核后凭文物出境许可证放行。

（三）文物进出综合保税区。文物从境内区外进入综合保税区，或者已
办理临时进境审核登记手续的文物由综合保税区进入境内区外，除按要求办
理海关手续外，无需向文物进出境审核机构申报。

二、按照"放管服"要求，创新综合保税区文物进出境服务，实施入区
登记审核，缩短行政审批时限，便利文物进出境文化交流。

（一）支持符合条件的区内企业采取关税保证保险、企业增信担保、企业集团财务公司担保等多元化税收担保方式开展出区展示，缓解企业资金压力，便捷文物展览展示。

（二）实施入区登记审核。对于申请由综合保税区出境和临时进境复出境的文物，文物进出境审核机构可提供延伸服务，在综合保税区内开展登记查验和审核工作，便利企业在综合保税区内开展文物存储、展示等活动。

（三）缩短行政审批时限。文物进出境审核机构可在与申报人协商一致的基础上，在文物进出境申请正式受理后的 5～10 个工作日内完成登记、查验和审批工作。因申报人原因造成审核工作无法如期进行的，应当在 3 个工作日内将申请通过系统退回申报人并注明理由。

各直属海关、各省（自治区、直辖市）文物行政部门和各文物进出境审核机构应建立完善沟通渠道和长效工作机制，共同做好综合保税区文物进出境管理工作。

特此通知。

海关总署

国家文物局

2019 年 4 月 29 日

国家文物局关于加强古建筑物保护和
禁止古建筑构件出境的通知

文物保发〔2001〕003 号

各省、自治区、直辖市文化厅（局）、文物局、文管会：

近年以来，许多地方由于进行城市改造和国内外一些文物商贩大量收购古建筑构件，造成我国一些地区的传统民居、宗族祠堂、庙宇、亭台楼阁等被拆、被毁、被盗、被非法出售，包括部分已经公布为国家级和省级文物保护单位的古建筑，给不可移动文化遗产的保护带来极大的冲击。为了切实加强古建筑和传统民居建筑的保护工作，现通知如下：

一、大力开展《文物保护法》的宣传活动。坚决执行"保护为主、抢救第一"的文物工作方针，采取切实有效措施，保护民族历史文化遗产。

二、凡被列入历史文化名城，名镇、历史文物街区的各类古建筑，以及各级政府公布的文物保护单位，文物行政管理部门要按照"四有"要求，进一步加强安全防范措施，严格管理，凡发现古建筑构件被盗，被拆、被毁，要及时报告公安部门立案依法查处。

三、文物行政管理部门应对本行政区域内的传统民居进行普查，建立记录档案。对其中具有重要文物价值的，要尽快报请地方政府公布为相应级别的文物保护单位；对具有一定文物价值、但未被公布为文物保护单位的，要会同地方政府的有关部门，制定保护措施，并告知民居的所有者或使用者，妥善保护。

四、加强对文物监管品市场的管理，严禁买卖受国家法律保护的古建筑物构件和其他不可移动文物。对盗窃、购销、走私受保护的古建筑物构件和其他不可移动文物的单位和个人，要会同工商、公安、海关等执法部门予以查处。

　　五、各文物出境鉴定站停止办理古建筑物构件以及与古建筑相关的其他不可移动文物的出境鉴定手续。

国家文物局

2001 年 2 月 9 日

国家文物局关于发布
《文物出境展览管理规定》的通知

文物办发〔2005〕13 号

各省、自治区、直辖市文化厅（局）、文物局（文管会），局机关各司（室）处，局各直属单位：

为规范文物出境展览的管理，根据《中华人民共和国文物保护法》和《中华人民共和国文物保护法实施条例》，制定了《文物出境展览管理规定》，现予以发布实施，请遵照执行。

特此通知。

国家文物局

2005 年 5 月 27 日

文物出境展览管理规定

第一章　总　则

第一条　为加强文物出境展览的管理，根据《中华人民共和国文物保护法》和《中华人民共和国文物保护法实施条例》，制定本规定。

第二条　本规定所称文物出境展览，是指下列机构在境外（包括外国及我国香港、澳门特别行政区和台湾地区）举办的各类文物展览：

（一）国家文物局；

（二）国家文物局指定的从事文物出境展览的单位；

（三）省级文物行政部门；

（四）境内各文物收藏单位。

第三条 出境展览的文物应当经过文物收藏单位的登记和定级，并已在国内公开展出。

第四条 国家文物局负责全国文物出境展览的归口管理，其职责是：

（一）审核文物出境展览计划，制定并公布全国文物出境展览计划；

（二）审批文物出境展览项目；

（三）组织或指定专门机构承办大型文物出境展览；

（四）制定并定期公布禁止和限制出境展览文物的目录；

（五）监督和检查文物出境展览的情况；

（六）查处文物出境展览中的违法、违规行为。

第五条 省级文物行政部门负责本行政区域文物出境展览的归口管理，其职责是：

（一）核报文物出境展览计划；

（二）核报文物出境展览项目；

（三）协调文物出境展览的组织工作；

（四）核报禁止和限制出境展览文物的目录；

（五）核报展览协议书及展览结项有关资料；

（六）监督和检查文物出境展览的情况；

（七）查处文物出境展览中的违法、违规行为。

第六条 文物出境展览应确保文物安全。文物出境展览的承办单位应落实文物安全责任制，并对文物安全负全责。

第七条 举办文物出境展览应适当收取筹展费、文物养护费等有关费用。

第二章　文物出境展览的审批和结项

第八条 文物出境展览，应当报国家文物局批准。其中一级文物展品超过 120 件（套），或者一级文物展品超过展品总数的 20% 的，由国家文物局报国务院审批。

第九条 年度计划的报批程序：

（一）国家文物局指定的从事文物出境展览的单位，各省级文物行政部门以及境内文物收藏单位，应在每年的 5 月底前向国家文物局书面申报下一年度文物出境展览计划。地方各级文物行政部门所辖的文物收藏单位的出境展览计划，应经省级文物行政部门提出意见后报国家文物局。

（二）国家文物局应于每年的 6 月底前制定并公布下一年度全国文物出境展览计划。

第十条 文物出境展览项目的报批程序：

（一）国家文物局指定的从事文物出境展览的单位，各省级文物行政部门以及境内文物收藏单位，应在展览项目实施的 6 个月前提出项目的书面申请报国家文物局审批。地方各级文物行政部门所辖的文物收藏单位举办出境展览，应经省级文物行政部门提出意见后报国家文物局审批。

（二）国家文物局应自收到申请之日起 30 个工作日内作出批准或者不批准的决定。决定批准的，发给批准文件；决定不批准的，应书面通知当事人并说明理由。

第十一条 文物出境展览项目的书面申请应包括下列内容：

（一）合作各方的有关背景资料、资信证明和境外合作方的邀请信。

（二）经过草签的展览协议书草案，内容包括：

1. 举办展览的机构、所在地及国别；

2. 展览的名称、时间、出展场地；

3. 展品的安全、运输、保险，及赔偿责任和费用；

4. 展品的点交方式及地点；

5. 展览派出人员的安排及所需费用；

6. 展览有关费用和支付方式；

7. 有关知识产权问题。

（三）展品目录、文物出境展览展品申报表和展品估价。文物出境展览展品申报表应按国家文物局制定的统一格式填写，并附汇总登记表。上述书面申请应另附电子文本一份。

第十二条 下列文物禁止出境展览：

（一）古尸；

（二）宗教场所的主尊造像；

（三）一级文物中的孤品和易损品；

（四）列入禁止出境文物目录的；

（五）文物保存状况不宜出境展览的。

第十三条 下列文物限制出境展览：

（一）简牍、帛书；

（二）元代以前的书画、缂丝作品；

（三）宋、元时期有代表性的瓷器孤品；

（四）唐写本、宋刻本古籍；

（五）宋代以前的大幅完整丝织品；

（六）大幅壁画和重要壁画；

（七）唐宋以前的陵墓石刻及泥塑造像；

（八）质地为象牙、犀角等被《濒危野生动植物物种国际贸易公约》列为禁止进出口物品种类的文物。

第十四条 未经批准，任何单位和个人不得对外作出文物出境展览的承诺或签订有关的正式协议书。

第十五条 经批准的文物出境展览协议书草案、展品目录、展品估价等，如需更改应重新履行报批程序。

第十六条 文物出境展览的承办单位应于展览协议书签订之日起 1 个月内将展览协议书报送国家文物局备案。

第十七条 文物出境展览的承办单位应于展览结束之日起 2 个月内向国家文物局提交文物出境展览结项备案表、结项报告及展览音像资料。

第三章 出境展览文物的出境及复进境

第十八条 出境展览的文物出境，应持国家文物局的批准文件，向文物进出境审核机构申请，由文物进出境审核机构审核、登记，并从国家文物局指定的口岸出境。海关凭国家文物局的批准文件和文物进出境审核机构出具的证书放行。出境展览的文物复进境，应向海关申报，经原文物进出境审核机构审核查验后，凭原文物进出境审核机构出具的证书办理海关结项手续。

第十九条 文物出境展览的期限不得超过 1 年。因特殊需要，经原审批机关批准可以延期；但是，延期最长不得超过 1 年。

第四章 文物出境展览的展品安全

第二十条 文物出境展览的承办单位应对出境展览的文物进行严格的安

全检查，现状不能保证安全的文物一律不得申报出境展览。

第二十一条 出境展览的文物应当按照经批准的展品估价保险。出境展览文物保险的险种至少应包括财产一切险和运输一切险。

第二十二条 文物出境展览的点交应当在符合文物保管条件和安全条件的场地进行。点交现场应当采取有针对性的安全保卫措施，严格规定点交流程。点交记录应详尽准确。

第二十三条 出境展览文物的包装工作应严格按照技术规范执行。由包装公司承担文物出境展览的包装工作时，包装公司应具备包装中国文物展品的资信和能力，承办单位负责对包装工作进行监督和指导。

第二十四条 文物出境展览的运输工作应由具备承运中国文物展品的资信和能力的运输公司承担。承办单位负责对运输工作进行监督和指导。

第二十五条 文物出境展览的承办单位应确保境外展览的场地、设施和方式符合中国文物陈列的安全要求。

第二十六条 制作展览图录的照片原则上由出境展览的承办单位提供，不得允许外方合作者自行拍摄。重要文物展览的电视和广告宣传需要摄录展品的，由出境展览的承办单位根据《文物拍摄管理暂行办法》的规定执行。

第五章 文物出境展览人员的派出

第二十七条 文物出境应派出代表团参加展览开幕活动，并配备工作组参与展品点交，监督和指导陈列的布置和撤除，监督展览协议书的执行情况。根据展览工作的需要，展览承办单位应派出工作组评估境外展览的场地和设施是否符合中国文物陈列的要求。

第二十八条 文物出境展览工作人员应热爱祖国，维护国家的主权和利益，维护民族尊严，严格遵守外事纪律，熟悉展览及展品情况。工作组应由具有中级以上专业技术职务的人员（或从事文物保管等工作五年以上的人员）参加。大型文物展览工作组组长应由具有高级专业技术职务的人员担任。

第二十九条 出境展览的承办单位应当为文物出境展览工作人员在境外工作期间安排人身安全及紧急医疗保险。

第六章 罚 则

第三十条 违反本规定，有下列行为之一的，由国家文物局根据情节轻重，给予警告、通报批评、暂停文物出境展览等处罚：

（一）未经批准，签订文物出境展览协议书的；

（二）未如实申报文物出境展览项目有关内容的；

（三）工作人员玩忽职守，造成文物灭失、损毁，或其他恶劣影响的；

（四）未经批准，延长文物出境展览时间或在境外停留时间的；

（五）未在规定期限内报送文物出境展览协议书、结项备案表和结项报告，或未如实填写文物出境展览展品申报表及结项备案表的。

暂停文物出境展览的时间视情节轻重确定，最短时间为 1 年。

第七章 附 则

第三十一条 文物出境展览合同纠纷的解决适用中国法律。

第三十二条 其他收藏文物的单位举办文物出境展览，参照本规定执行。

第三十三条 国家文物局原发布的有关规定凡有与本规定相抵触的内容，以本规定为准。

第三十四条 本规定由国家文物局负责解释。

第三十五条 本规定自颁布之日起施行。

国家文物局关于印发《文物出境审核标准》的通知

文物博发〔2007〕30号

各省、自治区、直辖市文物局（文化厅、文管会）：

根据《中华人民共和国文物保护法》《中华人民共和国文物保护法实施条例》，《文物出境审核标准》已经2007年4月3日国家文物局第4次局务会议审议通过，现予公布，自公布之日起施行。1960年开始施行的《文物出口鉴定参考标准》同时废止。

附件：文物出境审核标准

国家文物局

2007年6月5日

附件　　　　　　文物出境审核标准

说　明

一、为加强我国文化遗产保护，防止珍贵文物流失，根据《中华人民共和国文物保护法》《中华人民共和国文物保护法实施条例》，制定本标准。

二、文物进出境审核机构在开展文物出境审核工作时，执行本标准。

三、本标准以1949年为主要标准线。凡在1949年以前（含1949年）生产、制作的具有一定历史、艺术、科学价值的文物，原则上禁止出境。其中，1911年以前（含1911年）生产、制作的文物一律禁止出境。

四、少数民族文物以1966年为主要标准线。凡在1966年以前（含1966

年）生产、制作的有代表性的少数民族文物禁止出境。

五、现存我国境内的外国文物、图书，与我国的文物、图书一样，分类执行本标准。

六、凡有损国家、民族利益，或者有可能引起不良社会影响的文物，不论年限，一律禁止出境。

七、未列入本标准范围之内的文物，如经文物进出境审核机构审核，确有重大历史、艺术、科学价值的，应禁止出境。

八、本标准所列文物分属不同审核类别的，按禁止出境下限执行。

九、本标准由国家文物局负责解释并定期修订。

十、本标准实施后，此前国家文物局发布的其他规定与本标准不一致的，以本标准为准。

审核类别		禁限
1. 化石		
	古猿化石、古人类化石以及与人类活动有关的第四纪古脊椎动物化石	一律禁止出境
2. 建筑物的实物资料		
2.1 建筑模型、图样	建筑的木制模型、纸制烫样、平面立面图、内部装修画样及工程作法等	一九一一年以前的禁止出境
	具有重要历史、艺术、科学价值的	一九四九年以前的禁止出境
2.2 建筑物装修、构件	包括园林建筑构件	一九一一年以前的禁止出境
	具有重要历史、艺术、科学价值的	一九四九年以前的禁止出境
3. 绘画、书法		
3.1 中国画及书法		一九一一年以前的禁止出境 一九一一年后参照名单执行
	肖像、影像、画像、风俗画、战功图、纪事图、行乐图等	一九四九年以前的禁止出境 属于本人或其亲属的肖像、影像、画像等不在此限

审核类别		禁限
3.2 油画、水彩画、水粉画	包括素描（含速写）、漫画、版画的原作和原版等	一九四九年以前的禁止出境 一九四九年后参照名单执行
	具有重大历史、艺术价值，产生广泛社会影响的	一律禁止出境
3.3 壁画	宫殿、庙宇、石窟、墓葬中的壁画等	一九四九年以前的禁止出境
	近现代著名壁画的原稿、设计方案及图稿	一律禁止出境
4. 碑帖、拓片		
	碑碣、墓志、造像题记、摩崖等拓片及套帖	一九四九年以前的禁止出境
	古器物拓片，包括铭文、纹饰及全形拓片	一九四九年以前的禁止出境
	新发现的重要的或原作已毁损的石刻等拓片	一律禁止出境
5. 雕塑		
	人像、佛像、动植物造型及摆件等	一九一一年以前的禁止出境
	名家作品	参照名单执行
	具有重大历史、艺术价值，产生广泛社会影响的	一律禁止出境
6. 铭刻		
6.1 甲骨	包括残破、无字或后刻文字及花纹的甲骨和卜骨	一律禁止出境
6.2 玺印		一九一一年以前的禁止出境
	名家制印	参照名单执行
	历代官印，包括玺、印、戳记等	一律禁止出境
	各类军政机构、党派、群众团体使用过的，以及其他有特殊意义的印章、关防、印信等；著名人物使用过的有代表性的个人印章	一九四九年以前的禁止出境

审核类别		禁限
6.3 封泥		一律禁止出境
6.4 符契	包括符节、铁券、铅券、腰牌等	一九一一年以前的禁止出境
6.5 勋章、奖章、纪念章		一九一一年以前的禁止出境
	反映重大历史事件，有特殊意义的；颁发给著名人物的；有重要艺术价值的	一九四九年以前的禁止出境 属于本人或其亲属的不在此限
6.6 碑刻	历代石经、刻石、碑刻、经幢、墓志等	一九四九年以前的禁止出境
6.7 版片	书版、图版、画版、印刷版等	一九四九年以前的禁止出境
7. 图书文献		
7.1 竹简、木简	包括无字的	一律禁止出境
7.2 书札		一九一一年以前的禁止出境
	名人书札	一九四九年以前的禁止出境 属于本人或其亲属的一般来往函件不在此限
7.3 手稿		一九一一年以前的禁止出境
	涉及重大历史事件的或著名人物撰写的重要文件、电报、信函、题词、代表性著作的手稿等	一律禁止出境 属于本人的信函、题词、代表性著作的手稿等不在此限
7.4 书籍		一九一一年以前的禁止出境
	存量不多的木板书及石印、铅印的完整的大部丛书，如图书集成、四部丛刊、丛书集成、万有文库等	一九四九年以前的禁止出境
	有重要历史、学术价值的报刊、教材、图册等	一九四九年以前的禁止出境
	有重大影响的出版物的原始版本或最早版本	一九四九年以前的禁止出境
	有领袖人物重要批注手迹的	一律禁止出境
	地方志、家谱、族谱	一九四九年以前的禁止出境

审核类别		禁限
7.5 图籍	各种方式印刷和绘制的天文图、舆地图、水道图、水利图、道里图、边防图、战功图、盐场图、行政区划图等	一九四九年以前的禁止出境
	非公开发售的各种地图等	一律禁止出境
7.6 文献档案		一九一一年以前的禁止出境
	有重要历史价值的	一律禁止出境
	重大事件或历次群众性运动中散发、张贴的传单、标语、漫画等	一律禁止出境
	重要战役的战报及相关宣传品等	一律禁止出境
8. 钱币		
8.1 古钱币	各种实物货币、金属称量货币、压胜钱、金银钱等	一九一一年以前的禁止出境
8.2 古钞	宝钞、银票、钱票、私钞等	一九一一年以前的禁止出境
8.3 近现代机制币	金、银、铜、镍等金属币和纪念币	一九四九年以前的禁止出境
8.4 近现代钞票	具有重要历史、艺术、科学价值的	一九四九年以前的禁止出境
8.5 钱范	古代各种钱范和近代各种硬币的模具	一律禁止出境
8.6 钞版	各时期各种材质的钞版	一律禁止出境
8.7 钱币设计图稿	包括样钱、雕母、母钱等	一律禁止出境
9. 舆服		
9.1 车船舆轿	包括零部件	一九一一年以前的禁止出境
9.2 车具、马具	包括零部件	一九一一年以前的禁止出境

审核类别		禁限
9.3 鞋帽		一九一一年以前的禁止出境
9.4 服装		一九一一年以前的禁止出境
9.5 首饰		一九一一年以前的禁止出境
9.6 佩饰		一九一一年以前的禁止出境
10. 器具		
10.1 生产工具		一九一一年以前的禁止出境
	反映近现代生产力发展的代表性实物，如工业设备、仪器等	一九四九年以前的禁止出境
10.2 兵器		一九一一年以前的禁止出境
	中国自制的各种枪炮	一九四九年以前的禁止出境
	名人使用过的或有记年记事铭文的	一律禁止出境
10.3 乐器	包括舞乐用具	一九一一年以前的禁止出境
	已故著名艺人使用过的	一律禁止出境
10.4 仪仗		一九一一年以前的禁止出境
10.5 度量衡	包括附件	一九一一年以前的禁止出境
10.6 法器	包括乐器、幡、旗等	一九一一年以前的禁止出境
10.7 明器	各种材质所制的专为殉葬用的俑及器物	一九一一年以前的禁止出境
10.8 仪器	包括日晷、罗盘、天文钟、天文仪、算筹等有关天文历算的仪器和科学实验仪器及其部件	一九四九年以前的禁止出境
10.9 家具	各种材质的家具及其部件	一九一一年以前的禁止出境
	黄花梨、紫檀、乌木、鸡翅木、铁梨木家具	一九四九年以前的禁止出境
10.10 金属器	青铜器	一九一一年以前的禁止出境
	金、银、铜、铁、锡、铅等制品	一九一一年以前的禁止出境

续表

审核类别		禁限
10.11 陶瓷器	包括具有历史、艺术、科学价值的残片	一九一一年以前的禁止出境
	官窑器、民窑堂名款器，有纪年、纪事或作为历史事件标志性的器物及残件	一九四九年以前的禁止出境
	名家制品	参照名单执行
10.12 漆器		一九一一年以前的禁止出境
	名家、名作坊或有名人款识的制品	参照名单执行
10.13 织绣品	各种织物、刺绣及其制成品和残片，包括附属于手卷、画轴、册页上的包首、隔水等所用织绣品	一九一一年以前的禁止出境
	地毯、挂毯等	一九一一年以前的禁止出境
	成匹的各种绸、缎、绫、罗、纱、绢、锦、棉、麻、呢、绒等织物	一九四九年以前的禁止出境
	织绣、印染等名家制品	参照名单执行
	缂丝、缂毛（包括残片）	一九四九年以前的禁止出境
10.14 钟表		一九一一年以前的禁止出境
10.15 烟壶		一九一一年以前的禁止出境
	名家制品	参照名单执行
10.16 扇子	包括扇骨、扇面	一九一一年以前的禁止出境
	名家制品	参照名单执行
11. 民俗用品		
11.1 民间艺术作品	年画、神马、剪纸、泥人等各种类型的民间艺术作品	一九一一年以前的禁止出境
	具有重要艺术价值的	一九四九年以前的禁止出境

审核类别		禁限
11.2 生活及文娱用品	灯具、锁具、餐具、茶具、棋牌、玩具等	一九一一年以前的禁止出境
	稀有的具有地方特色的代表性实物和民间文化用品	一九四九年以前的禁止出境
12. 文具		
12.1 纸	素纸，包括信笺及手卷、册页所附的素纸	一九一一年以前的禁止出境
	腊笺、金花笺、印花笺、暗花笺等	一九四九年以前的禁止出境
12.2 砚		一九一一年以前的禁止出境
	名家制砚或名人用砚	一九四九年以前的禁止出境
12.3 笔	包括笔杆	一九一一年以前的禁止出境
12.4 墨	包括墨模	一九四九年以前的禁止出境
12.5 其他文具	各种材质的笔筒、笔架、镇纸、臂格、墨床、墨盒等	一九一一年以前的禁止出境
	名家制品或名人用品	一九四九年以前的禁止出境
13. 戏剧曲艺用品		
	包括戏衣、皮影、木偶以及各种与戏剧曲艺有关的道具	一九一一年以前的禁止出境
	唱片	一九四九年以前的禁止出境
14. 工艺美术品		
14.1 玉石器	包括翡翠、玛瑙、水晶、孔雀石、碧玺、绿松石、青金石等各种玉石及琥珀、雄精、珊瑚等制品	一九一一年以前的禁止出境
	材质珍稀，工艺水平高，有一定历史价值和其他特殊意义的	一九四九年以前的禁止出境
14.2 玻璃器		一九一一年以前的禁止出境
14.3 珐琅器	掐丝珐琅、画珐琅等	一九一一年以前的禁止出境

审核类别		禁限
14.4 木雕		一九一一年以前的禁止出境
14.5 牙角器	象牙、犀角制品	一律禁止出境
	车渠、玳瑁等其他骨、角制品	一九一一年以前的禁止出境
14.6 藤竹器	各种藤竹制品、草编制品等	一九一一年以前的禁止出境
14.7 火画	包括通草画、纸织画等	一九一一年以前的禁止出境
14.8 玻璃油画	肖像画、风俗画	一九四九年以前的禁止出境 属于本人或其亲属的肖像画 不在此限
	一般故事画、寿意画等	一九一一年以前的禁止出境
14.9 铁画		一九四九年以前的禁止出境
15. 邮票、邮品		
		一九一一年以前的禁止出境
	珍贵的邮票、实寄封、明信片、邮简等	一九四九年以前的禁止出境
	邮票及未发行邮票的设计原图、印样	一律禁止出境
	邮票的印版	一律禁止出境
16. 少数民族文物		
16.1 民族服饰	包括各种材质的佩饰	一九六六年以前的禁止出境
16.2 生产工具	能够反映民族传统生产方式的工具	一九六六年以前的禁止出境
16.3 民俗生活用品	反映民族传统生活方式、具有民族工艺特点的	一九六六年以前的禁止出境
16.4 建筑物实物资料	具有代表性的民族建筑构件	一九六六年以前的禁止出境
16.5 民族工艺品	木雕、木刻、骨雕、漆器、陶器、银器、面具、唐卡、刺绣、织物、乐器等	一九六六年以前的禁止出境

审核类别		禁限
16.6 宗教祭祀、礼仪活动用品	少数民族宗教祭祀及其他民族礼仪活动的用品	一九六六年以前的禁止出境
16.7 文献、书画、碑帖、石刻	包括以少数民族语言文字记录的、有关本民族的文献档案，文艺作品的刻本、抄本，绘画、家谱、书札、碑帖、石刻等	一九六六年以前的禁止出境
16.8 名人遗物	与重要历史事件、活动相关的	一律禁止出境

国家文物局关于进一步加强文物临时进境审核管理工作的通知

文物博函〔2010〕749 号

各国家文物进出境审核管理处：

近年来，临时进境文物数量不断增多，各文物进出境审核管理处依照相关法规、政策，积极开展文物临时进境及复出境审核管理工作，促进了中外文化、经济交流和境外中国文物回流。

但近一段时间以来，我局接到不少机构和个人举报，称一些人蓄意持非法文物办理文物临时进境手续，试图以文物临时进境审核登记表、临时进境火漆标识等掩盖文物的非法性质，误导公众、谋取不正当利益、针对上述问题，现就进一步加强文物临时进境审核管理工作通知如下：

一、各文物进出境审核管理处要认真研究新问题，采取切实措施，不断加强和改进文物临时进境审核工作。

二、对于确属非法来源的申报文物（包括出土文物，被盗走私文物，国有不可移动文物中的壁画、雕塑、建筑构件等），应立即通报有关海关和公安部门，协助做好文物扣留工作，并上报我局。

三、对于涉嫌非法来源的申报文物，应要求携运人提供文物合法来源证明，否则不予办理文物临时进境手续。同时，对文物和携运人基本信息进行登记，并上报我局。

四、自本通知下发之日启用 2010 年版文物临时进境审核登记表（见附件），各文物进出境审核管理处须及时启用，同时停止使用旧版文物临时进境审核登记表。

五、在办理文物临时进境手续时，应事先告知携运人上述规定。

专此。

国家文物局

2010 年 7 月 27 日

国家文物局关于印发
《文物进出境责任鉴定员管理办法》的通知

文物博发〔2010〕42 号

各省、自治区、直辖市文物局（文化厅），各国家文物进出境审核管理处：

《文物进出境责任鉴定员管理办法》已经 2010 年 12 月 2 日国家文物局第 14 次局务会议审议通过，现予发布，请遵照执行。

特此通知。

附件：《文物进出境责任鉴定员管理办法》

国家文物局
2010 年 12 月 16 日

附件　　　　文物进出境责任鉴定员管理办法

第一章　总　则

第一条　为加强对文物进出境责任鉴定员（以下简称责任鉴定员）的管理，根据《中华人民共和国文物保护法》《中华人民共和国文物保护法实施条例》和《文物进出境审核管理办法》，制定本办法。

第二条　责任鉴定员是指获得国家文物局规定的鉴定资格，并在文物进出境审核机构承担文物进出境审核业务，签署文物进出境审核文件的文物鉴定专业人员。

第三条　责任鉴定员应当依据国家有关法律法规要求，科学、客观、公正地开展文物进出境审核工作，承担相应的法律责任。

第二章　鉴定资格认定

第四条　责任鉴定员鉴定资格认定，原则上实行全国统一的分类考试制度。边疆省区民族类文物责任鉴定员的考试，经国家文物局批准后可以单独组织。

第五条　参加责任鉴定员鉴定资格考试的人员应具备以下条件：

（一）拥护中华人民共和国宪法，遵守有关文物保护的法律法规，具有良好的品行；

（二）具有大学本科以上学历和文物博物专业中级以上职称，或在国有文物收藏单位工作五年以上；

（三）身体健康，具有正常履行职责的身体条件；

（四）国家文物局规定的其他条件。

第六条　按照统一安排，报名者应当向省级文物行政主管部门报名，经国家文物局审查合格后参加考试。

第七条　考试合格人员，由国家文物局颁发《文物进出境责任鉴定员资格证》并在国家文物局政府网站予以公布。

第八条　取得《文物进出境责任鉴定员资格证》并在文物进出境审核机构工作的人员，由国家文物局向海关部门备案。

未取得《文物进出境责任鉴定员资格证》的人员不得从事文物进出境审核业务。

第三章　权利和义务

第九条　责任鉴定员享有下列权利：

（一）独立表达鉴定审核意见；

（二）要求申请人如实提供审核业务所需的相关信息和资料；

（三）拒绝办理单证不真实、手续不齐全的审核业务；

（四）参加文物行政主管部门组织的相关业务培训；

（五）参加其他文物门类的鉴定资格考试；

（六）法律法规规定的其他权利。

第十条　责任鉴定员履行下列义务：

（一）认真履行文物进出境审核机构职责和工作规定；

（二）完成上级部门指派的审核任务；

（三）如实表达审核意见，对审核结论负责；

（四）保守在审核过程中知悉的商业秘密或个人隐私；

（五）参加文物行政主管部门举办的有关业务培训；

（六）法律法规规定的其他义务。

第四章　监督和管理

第十一条　国家文物局负责全国文物进出境审核管理工作，负责组织鉴定资格考试、鉴定培训和责任鉴定员年检等工作。

第十二条　国家文物局就下列事项对责任鉴定员进行监督检查：

（一）遵守相关法律法规的情况；

（二）遵守文物进出境审核工作程序和执行文物出境审核标准的情况；

（三）遵守职业道德和职业纪律的情况；

（四）法律法规规定的其他事项。

第十三条　文物进出境审核机构应当定期将责任鉴定员名单报国家文物局备案；责任鉴定员发生变化的，应当于 30 日内报国家文物局备案。

第十四条　文物进出境审核机构负责对所属责任鉴定员进行管理和考核，并实行差错登记制度。

第十五条　因进出境审核工作需要，文物进出境审核机构确需聘用具有鉴定资格退休人员的，由所在文物进出境审核机构向主管部门和国家文物局提出申请，经批准后聘用。

第十六条　国家文物局建立责任鉴定员管理数据库，对责任鉴定员遵守法律法规、遵守职业道德和职业纪律、履行工作职责、培训考核、差错、年检等情况实施动态管理。

第十七条　国家文物局每两年对责任鉴定员进行一次考核。

第十八条　责任鉴定员不得在文物商店或者拍卖企业任职、兼职，不得以责任鉴定员名义从事商业性文物鉴定活动。

第五章　奖励和处分

第十九条　有下列事迹之一的责任鉴定员，由国家文物局给予精神鼓励或者物质奖励，并可作为申报评定文物博物系列高级专业技术职务任职资格的一项主要业绩：

（一）认真执行文物保护法律、法规，保护文物贡献突出的；

（二）长期从事文物进出境审核工作，严格执行文物进出境审核标准，作出显著成绩的；

（三）在文物鉴定的科学技术、学术研究方面有重要成果的。

第二十条　有下列行为之一的责任鉴定员，由上级主管部门视情节轻重，依法给予相应行政处分；构成违法或犯罪的，依法予以处理；受到开除处分或者行政、刑事处罚的，由国家文物局吊销其《文物进出境责任鉴定员资格证》：

（一）不履行本办法第十条规定，情节严重的；

（二）1 年内出现 3 次以上审核差错记录，后果严重的；

（三）未按规定接受国家文物局考核的；

（四）伪造、变造、买卖或者盗用、涂改文物进出境审核文件、印章、标识、封志的；

（五）其他违反文物进出境法律法规，情节严重的。

第六章　附　则

第二十一条　本办法自发布之日起施行。

国家文物局关于印发《首批禁止出国（境）展览文物目录》的通知

文物办发〔2002〕5号

各省、自治区、直辖市文化厅（局）、文物局、文管会，各计划单列市文化（文物）局、局机关各司（室）、处（室），局各直属单位：

随着我国改革开放的深化和对外文化交流的扩大，文物出国（境）展览呈现出日益繁荣的局面。但是也由此加大了文物遭受损害的可能性，对文物的安全构成了潜在威胁。对此，我局根据地方文物部门和有关方面专家的意见，遴选了一批重要文物共64件（组），制定了《首批禁止出国（境）展览文物目录》，现将此目录印发你们，请在对外展览工作中遵照执行。

国家文物局

2002年1月18日

名称	时代	现藏
彩绘鹳鱼石斧图陶缸	新石器时代	中国国家博物馆
陶鹰鼎	新石器时代	中国国家博物馆
后母戊鼎（旧称司母戊鼎）	商	中国国家博物馆
利簋	西周	中国国家博物馆
大盂鼎	西周	中国国家博物馆
虢季子白盘	西周	中国国家博物馆
凤冠	明	中国国家博物馆
嵌绿松石象牙杯	商	中国社会科学院考古研究所
晋侯苏钟（一套14件）	西周	上海博物馆

名称	时代	现藏
大克鼎	西周	上海博物馆
太保鼎	西周	天津博物馆
河姆渡出土朱漆碗	新石器时代	浙江省博物馆
河姆渡出土陶灶	新石器时代	浙江省博物馆
良渚出土玉琮王	新石器时代	浙江省文物考古研究所
水晶杯	战国	杭州市博物馆
淅川出土铜禁	春秋	河南博物院
新郑出土莲鹤铜方壶	春秋中期	原物为一对，一件藏于故宫博物院，另一件藏于河南博物院
齐王墓青铜方镜	西汉	淄博博物馆
铸客大铜鼎	战国	安徽博物院
朱然墓出土漆木屐	三国（吴）	马鞍山市博物馆
朱然墓出土贵族生活图漆盘	三国（吴）	马鞍山市博物馆
司马金龙墓出土漆屏	北魏	大同市博物馆
娄睿墓鞍马出行图壁画	北齐	山西省考古研究院
涅槃变相碑	唐	山西博物院
常阳太尊石像	唐	山西博物院
大玉戈	商	湖北省博物馆
曾侯乙编钟	战国	湖北省博物馆
曾侯乙墓外棺	战国	湖北省博物馆
曾侯乙青铜尊盘	战国	湖北省博物馆
彩漆木雕小座屏	战国	湖北省博物馆
红山文化女神像	新石器时代晚期	辽宁省文物考古研究院
鸭形玻璃注	北燕	辽宁省博物馆
青铜神树	商	四川省文物考古研究院
三星堆出土玉边璋	商	四川省文物考古研究院

名称	时代	现藏
摇钱树	东汉	绵阳市博物馆
铜奔马	东汉	甘肃省博物馆
铜车马	秦	秦始皇兵马俑博物馆
墙盘	西周	宝鸡青铜器博物院
淳化大鼎	西周	陕西历史博物馆
何尊	西周早期	宝鸡青铜器博物院
茂陵石雕	西汉	茂陵博物馆
大秦景教流行中国碑	唐	西安碑林博物馆
舞马衔杯仿皮囊式银壶	唐	陕西历史博物馆
镶金兽首玛瑙杯	唐	陕西历史博物馆
景云铜钟	唐景云年间	西安碑林博物馆
银花双轮十二环锡杖	唐	法门寺博物馆
八重宝函	唐	法门寺博物馆
铜浮屠	唐	法门寺博物馆
"五星出东方"护膊	东汉至魏、晋	新疆文物考古研究所
铜错金银四龙四凤方案	战国	河北省文物考古研究院
中山王铁足铜鼎	战国	河北省文物考古研究院
刘胜金缕玉衣	西汉	河北博物院
长信宫灯	西汉	河北博物院
铜屏风构件5件	西汉	西汉南越王博物馆
角形玉杯	西汉	西汉南越王博物馆
人物御龙帛画	战国中晚期	湖南博物院
人物龙凤白面	战国中晚期	湖南博物院
直裾素纱襌衣	西汉	湖南博物院
马王堆一号墓木棺椁	西汉	湖南博物院
马王堆一号墓T形帛画	西汉	湖南博物院
红地云珠日天锦	北朝	青海省文物考古研究所

名称	时代	现藏
西夏文佛经《吉祥遍至口和本续》纸本	西夏	宁夏文物考古研究所
青花釉里红瓷仓	元	江西省博物馆
竹林七贤砖印模画	南朝	南京博物院

国家文物局关于发布《第二批禁止出国（境）展览文物目录（书画类）》的通知

文物博函〔2012〕1345 号

各省、自治区、直辖市文物局（文化厅）：

为加强我国珍贵文物出境展览的管理，切实保证文物安全，2002 年，我局公布了首批禁止出境展览的 64 组一级文物名单。近年来，随着对外文化交流的扩大，文物出境展览也日益增多，一定程度上加大了文物遭受损害的可能性，对文物安全构成了潜在威胁。为适应文物出境展览的新形势和新要求，切实保证珍贵文物尤其是一级文物中的孤品和易损品安全，我局现发布《第二批禁止出境展览文物目录（书画类）》，其中 37 件（组）一级文物自即日起禁止出境展出。

国家文物局

2012 年 6 月 11 日

附件　　第二批禁止出境展览文物目录（书画类）

序号	名称	时代	收藏单位
书法作品			
1	陆机《平复帖》卷	西晋	故宫博物院
2	王珣《伯远帖》卷	东晋	故宫博物院
3	冯承素摹王羲之《兰亭序》卷	唐	故宫博物院
4	欧阳询《梦奠帖》卷	唐	辽宁省博物馆
5	国诠书《善见律》卷	唐	故宫博物院

续表

序号	名称	时代	收藏单位
6	怀素《苦筍帖》卷	唐	上海博物馆
7	杜牧《张好好诗》卷	唐	故宫博物院
8	唐人《摹王羲之一门书翰》卷	唐	辽宁省博物馆
9	杨凝式《神仙起居法帖》卷	五代	故宫博物院
10	林逋《自书诗》卷	北宋	故宫博物院
11	蔡襄《自书诗》卷	北宋	故宫博物院
12	文彦博《三帖卷》	北宋	故宫博物院
13	韩琦《行楷信札卷》	北宋	贵州省博物馆
14	王安石《楞严经旨要》卷	北宋	上海博物馆
15	黄庭坚《诸上座》卷	北宋	故宫博物院
16	米芾《苕溪诗》卷	北宋	故宫博物院
17	赵佶《草书千字文》卷	北宋	辽宁省博物馆
绘画作品			
18	展子虔《游春图》卷	隋	故宫博物院
19	韩滉《五牛图》卷	唐	故宫博物院
20	周昉《簪花仕女图》卷	唐	辽宁省博物馆
21	孙位《高逸图》卷	唐	上海博物馆
22	王齐翰《勘书图》卷	五代	南京大学
23	周文矩《重屏会棋图》卷	五代	故宫博物院
24	胡瓌《卓歇图》卷	五代	故宫博物院
25	顾闳中《韩熙载夜宴图》卷	五代	故宫博物院
26	卫贤《高士图》轴	五代	故宫博物院
27	董源《夏景山口待渡图》卷	五代	辽宁省博物馆
28	黄筌《写生珍禽图》卷	五代	故宫博物院
29	王诜《渔村小雪图》卷	北宋	故宫博物院
30	梁师闵《芦汀密雪图》卷	北宋	故宫博物院

序号	名称	时代	收藏单位
31	祁序《江山牧放图》卷	北宋	故宫博物院
32	李公麟《摹韦偃牧放图》卷	北宋	故宫博物院
33	张择端《清明上河图》卷	北宋	故宫博物院
34	王希孟《千里江山图》卷	北宋	故宫博物院
35	马和之《后赤壁赋图》卷	南宋	故宫博物院
36	赵伯骕《万松金阙图》卷	南宋	故宫博物院
37	宋人摹阎立本《步辇图》卷	宋代	故宫博物院

国家文物局关于发布《第三批禁止出境展览文物目录》的通知

文物博函〔2013〕1320号

各省、自治区、直辖市文物局（文化厅）：

为加强文物出境展览的规范管理，切实保证珍贵文物尤其是一级文物中的孤品和易损品安全，2002年、2012年我局先后公布了第一、二批共计101件（组）禁止出境展览的一级文物名单。

为适应出境展览文物安全工作的新形势和新要求，现发布第三批禁止出境展览文物目录（含青铜器、陶瓷、玉器、杂项等四类），列入目录的94件（组）一级文物自即日起禁止出境展出。

国家文物局

2013年7月31日

附件　　　　　第三批禁止出境展览文物目录

序号	名称	时代	收藏单位	备注
青铜器类				
1	商子龙鼎	商	中国国家博物馆	
2	商四羊方尊	商	中国国家博物馆	1938年湖南宁乡月山铺出土
3	商龙纹兕觥	商	山西博物院	1959年山西石楼桃花庄出土
4	商大禾方鼎	商	湖南省博物馆	1959年湖南宁乡出土

序号	名称	时代	收藏单位	备注
5	商铜立人像	商	广汉三星堆博物馆	1986 年四川广汉三星堆遗址 2 号祭祀坑出土
6	西周天亡簋	西周	中国国家博物馆	陕西省宝鸡市
7	西周伯矩鬲	西周	首都博物馆	1975 年北京房山琉璃河燕国墓地 251 号墓出土
8	西周晋侯鸟尊	西周	山西博物院	1992 年山西曲沃北赵村晋侯墓地 114 号墓出土
9	西周害夫簋（夫音同胡）	西周	宝鸡青铜器博物院	1978 年陕西扶风法门镇齐村出土
10	西周逨盘	西周	宝鸡青铜器博物院	2003 年陕西眉县杨家村窖藏出土
11	春秋越王勾践剑	春秋	湖北省博物馆	1965 年湖北江陵望山出土
12	战国商鞅方升	战国	上海博物馆	
13	战国错金银镶嵌丝网套铜壶	战国	南京博物院	1982 年江苏盱眙南窑庄出土
14	西汉诅盟场面贮贝器	西汉	中国国家博物馆	云南晋宁石寨山出土
15	西汉彩绘人物车马镜	西汉	西安博物院	1963 年陕西西安红庙坡出土
16	西汉杀人祭柱场面贮贝器	西汉	云南省博物馆	云南晋宁石寨山出土
陶瓷类				
1	新石器时代仰韶文化彩陶人面鱼纹盆	新石器时代	中国国家博物馆	1955 年陕西西安半坡遗址出土
2	新石器时代马家窑文化彩陶舞蹈纹盆	新石器时代	中国国家博物馆	1973 年青海大通上孙家寨出土
3	新石器时代马家窑文化彩陶贴塑人纹双系壶	新石器时代	中国国家博物馆	1974 年青海乐都柳湾墓葬出土

序号	名称	时代	收藏单位	备注
4	新石器时代仰韶文化彩陶网纹船形壶	新石器时代	中国国家博物馆	1958 年陕西宝鸡北首岭遗址出土
5	新石器时代龙山文化彩绘蟠龙纹陶盘	新石器时代	中国社会科学院考古研究所	1980 年山西襄汾陶寺遗址第 3072 号墓出土
6	新石器时代仰韶文化彩陶人形双系瓶	新石器时代	甘肃省博物馆	1973 年甘肃秦安邵店大地湾出土
7	新石器时代大汶口文化彩陶八角星纹豆	新石器时代	山东省文物考古研究所	1974 年山东泰安大汶口遗址出土
8	吴"永安三年"款青釉堆塑谷仓罐	三国吴	故宫博物院	1935 年浙江绍兴出土
9	吴"赤乌十四年"款青釉虎子	三国吴	中国国家博物馆	1955 年江苏南京赵士岗吴墓出土
10	吴青釉褐彩羽人纹双系壶	三国吴	南京市博物馆	1983 年江苏南京雨花区长岗村出土
11	西晋青釉神兽尊	西晋	南京博物院	1976 年江苏宜兴周处家族墓出土
12	北齐青釉仰覆莲花尊	北齐	中国国家博物馆	1948 年河北景县封氏墓群出土
13	北齐白釉绿彩长颈瓶	北齐	河南博物院	1971 年河南安阳范粹墓出土
14	隋白釉龙柄双联传瓶	隋	天津博物馆	
15	唐青釉凤首龙柄壶	唐	故宫博物院	
16	唐鲁山窑黑釉蓝斑腰鼓	唐	故宫博物院	
17	唐代陶骆驼载乐舞三彩俑	唐	中国国家博物馆	1957 年西安鲜于庭海墓出土
18	唐长沙窑青釉褐蓝彩双系罐	唐	扬州博物馆	1974 年江苏扬州石塔路出土

序号	名称	时代	收藏单位	备注
19	唐越窑青釉褐彩云纹五足炉	唐	临安县文物管理委员会	1980 年浙江临安水邱氏墓出土
20	唐长沙窑青釉褐彩贴花人物纹壶	唐	湖南省博物馆	1973 年湖南衡阳出土
21	唐三彩骆驼载乐俑	唐	陕西历史博物馆	1959 年陕西西安中堡村唐墓出土
22	五代耀州窑摩羯形水盂	五代	辽宁省博物馆	1971 年辽宁北票水泉辽墓出土
23	五代越窑莲花式托盏	五代	苏州博物馆	1956 年江苏苏州虎丘云岩寺塔出土
24	五代耀州窑青釉刻花提梁倒流壶	五代	陕西历史博物馆	1968 年陕西彬县出土
25	北宋汝窑天青釉弦纹樽	北宋	故宫博物院	
26	北宋官窑弦纹瓶	北宋	故宫博物院	
27	北宋钧窑月白釉出戟尊	北宋	故宫博物院	
28	北宋定窑白釉刻莲花瓣纹龙首净瓶	北宋	定州市博物馆	1969 年河北定县净众院塔基地宫出土
29	北宋官窑贯耳尊	北宋	吉林省博物院	
30	宋登封窑珍珠地划花虎豹纹瓶	宋	故宫博物院	
31	元青花萧何月下追韩信图梅瓶	元	南京市博物馆	1959 年南京印堂村观音山沐英墓出土
32	元蓝釉白龙纹梅瓶	元	扬州博物馆	
玉器类				
1	新石器时代红山文化玉龙	新石器时代	中国国家博物馆	1971 年内蒙古翁牛特旗赛沁塔拉村出土
2	新石器时代良渚文化神人兽面纹玉钺	新石器时代	浙江省博物馆	1986 年浙江余杭反山 12 号墓出土

序号	名称	时代	收藏单位	备注
3	夏七孔玉刀	夏	洛阳博物馆	1975 年河南偃师二里头遗址出土
4	西周晋侯夫人组玉佩	西周	山西博物院	1992 年山西曲沃 M63（晋穆侯次夫人墓）出土
5	战国多节活环套练玉佩	战国	湖北省博物馆	1978 年湖北随县曾侯乙墓出土
6	西汉"皇后之玺"玉玺	西汉	陕西历史博物馆	1968 年陕西咸阳汉高祖长陵附近发现
7	东汉镂雕东王公西王母纹玉座屏	东汉	定州市博物馆	1969 年河北定州中山穆王刘畅墓出土
8	西晋神兽纹玉樽	西晋	湖南省博物馆	1991 年湖南安乡西晋刘弘墓出土
9	元"统领释教大元国师之印"龙钮玉印	元	西藏博物馆	
杂项类				
1	商太阳神鸟金箔片	商	成都金沙遗址博物馆	2001 年四川成都金沙遗址出土
2	商金杖		广汉三星堆博物馆	
3	战国包金镶玉嵌琉璃银带钩	战国	中国国家博物馆	1951 年河南辉县固围村 5 号战国墓出土
4	西汉"滇王之印"金印	西汉	中国国家博物馆	1956 年云南晋宁石寨山古墓群出土
5	西汉错金银镶松石狩猎纹铜伞铤	西汉	河北省文物研究所	
6	唐龟负论语玉烛酒筹鎏金银筒	唐	镇江博物馆	1982 年江苏丹徒丁卯桥唐代窖藏出土
7	战国彩绘乐舞图鸳鸯形漆盒	战国	湖北省博物馆	1978 年湖北随县曾侯乙墓出土

续表

序号	名称	时代	收藏单位	备注
8	西汉识文彩绘盝顶长方形漆奁	西汉	湖南省博物馆	1973 年湖南长沙马王堆 3 号墓出土
9	西汉黑漆朱绘六博具	西汉	湖南省博物馆	1973 年湖南长沙马王堆 3 号墓出土
10	吴彩绘季札挂剑图漆盘	三国吴	安徽省文物考古研究所	1984 年安徽马鞍山三国吴朱然墓出土
11	吴皮胎犀皮漆鎏金铜釦耳杯（2 件）	三国吴	安徽省文物考古研究所	1984 年安徽马鞍山三国吴朱然墓出土
12	北宋木雕真珠舍利宝幢（含木函）	北宋	苏州博物馆	1978 年江苏苏州瑞光寺塔出土
13	新石器时代大汶口文化象牙梳	新石器时代	山东省博物馆	1959 年山东泰安大汶口遗址出土
14	新石器时代河姆渡文化双鸟朝阳纹象牙雕刻器	新石器时代	浙江省博物馆	1977 年浙江余姚河姆渡遗址出土
15	隋绿玻璃盖罐	隋	中国国家博物馆	1957 年陕西西安李静训墓出土
16	隋绿玻璃小瓶	隋	中国国家博物馆	1957 年陕西西安李静训墓出土
17	汉红地对人兽树纹罽袍	汉	新疆维吾尔自治区文物考古研究所	1995 年新疆尉犁营盘遗址墓地出土
18	北魏刺绣佛像供养人	北魏	敦煌研究院	1965 年甘肃敦煌莫高窟出土
19	北朝方格兽纹锦	北朝	新疆维吾尔自治区博物馆	1968 年新疆吐鲁番阿斯塔那北区 99 号墓出土
20	北宋灵鹫纹锦袍	北宋	故宫博物院	1953 年新疆阿拉尔出土
21	战国石鼓（1 组 10 只）	战国	故宫博物院	

序号	名称	时代	收藏单位	备注
22	唐昭陵六骏石刻（什伐赤、白蹄乌、特勒骠、青骓4幅）	唐	西安碑林博物馆	1950年原陕西历史博物馆移交
23	宋拓西岳华山庙碑册（华阴本）	宋	故宫博物院	
24	明曹全碑初拓本（"因"字不损本）	明	上海博物馆	
25	唐写本王仁煦《刊谬补缺切韵》	唐	故宫博物院	
26	北宋刻开宝藏本《阿惟越致经》（1卷）	北宋	中国国家图书馆	
27	北宋刻本《范仲淹文集》（30卷）	北宋	中国国家图书馆	
28	唐章怀太子墓壁画马球图（1组）	唐	陕西历史博物馆	
29	唐章怀太子墓壁画狩猎出行图（1组）	唐	陕西历史博物馆	
30	唐懿德太子墓壁画阙楼图（1组）	唐	陕西历史博物馆	
31	唐永泰公主墓壁画宫女图（1组）	唐	陕西历史博物馆	
32	战国简《金縢》	战国	清华大学	
33	战国郭店楚简《老子（甲、乙、丙）》	战国	荆门市博物馆	
34	战国楚简《孔子诗论》	战国	上海博物馆	
35	秦云梦睡虎地秦简《语书》	秦	湖北省博物馆	
36	秦简《数》	秦	湖南大学	
37	西汉马王堆汉墓帛书《周易》	西汉	湖南省博物馆	

国家文物局关于做好拍卖企业经营
文物拍卖许可审批工作的通知

文物博函〔2015〕2526号

各省、自治区、直辖市物局（文化厅）：

根据《全国人民代表大会常务委员会关于修改〈中华人民共和国文物保护法〉的决定》（2015年4月24日第十二届全国人民代表大会常务委员会第十四次会议通过，以下简称《决定》），拍卖企业经营文物拍卖许可已下放至省、自治区、直辖市文物行政部门管理，为使相关工作平稳过渡、有序开展，现就有关事项通知如下：

一、做好审批对接工作

自《决定》公布施行之日起，拍卖企业经营文物拍卖许可职能下放至省、自治区、直辖市文物行政部门，我局不再受理相关审批申请。

各省、自治区、直辖市文物行政部门应按照《文物保护法》规定和本通知要求，做好文物拍卖许可对接工作，认真履行审批职责，严格执行审批程序和标准，积极协调工商、商务等相关部门，确保《文物拍卖许可证》审批、年审、变更、注销等工作正常开展，切实加强事中、事后监管，不断提升服务质量。

二、实行事后备案制

为促进文物拍卖市场健康有序展，加强国家对文物拍卖市场的宏观管理与政务公开，各省、自治区、直辖市文物行政部门应于开展《文物拍卖许可证》审批、年审、变更、注销等工作后30个工作日内，将相关信息报我局备案，以使我局通过政府网站统一向社会公告。

三、完善监管机制

各省、自治区、直辖市文物行政部门应根据实际工作需要，安排专门机构、人员负责本辖区文物拍卖企业审批和文物拍卖标的审核管理工作，积极配合商务、工商、公安、海关、文化执法等职能部门，依法查处违法违规经营行为。同时，认真研究审批工作中出现的新情况、新问题，进一步完善相关工监管机制。

各省、自治区、直辖市文物行政部门应及时向社会公告拍卖企业经营文物拍卖许可行政职能变更情况，做好相关政策、法规和业务办理程序的解释说明工作。

特此通知。

国家文物局

2015 年 5 月 18 日

国家文物局关于运行国家文物进出境
审核信息管理系统的公告

文物博函〔2016〕1557 号

为进一步规范文物进出境审核工作，提升文物进出境管理和服务水平，国家文物局决定在全国 19 家国家文物进出境审核管理处（名单见附件）运行国家文物进出境审核信息管理系统（以下简称"系统"），现就有关事项公告如下：

一、自 2016 年 11 月 1 日起，任何单位或者个人（以下简称"申报人"）申请办理文物进出境审核业务，须通过系统向文物进出境口岸所在省（自治区、直辖市）的国家文物进出境审核管理处进行申报。

二、申报人可登录国家文物局社会文物管理网（http://sw.sach.gov.cn），选择网页下部系统链接登录系统，也可直接通过域名（http://jcj.sach.gov.cn）登录系统，按系统要求填写申请信息并提交。

三、国家文物进出境审核管理处受理文物进出境审核申请后，将通过系统消息告知申报人办理时间，申报人需按要求携带所申报文物到该管理处办理相关手续。

四、自 2016 年 11 月 1 日起，各国家文物进出境审核管理处将使用电子标签和纸质标签作为文物进出境标识，申报人不得擅自剥除、更换、挪用或者毁损文物进出境标识。

五、申报人如有申报程序和技术问题，可在系统中"资料下载"板块中下载查阅《用户手册》，或咨询各国家文物进出境审核管理处工作人员。

申报人向海关办理文物进出境申报、通关相关手续不变。

特此公告。

附件略。

国家文物局

2016 年 9 月 13 日

国家文物局关于规范文物出境
行政许可工作的通知

文物博函〔2017〕1722号

各国家文物进出境审核管理处：

为规范文物出境行政许可行为，优化文物出境行政许可服务，进一步建立健全、公开、透明、便捷、高效的文物出境审核制度，根据《中华人民共和国行政许可法》《中华人民共和国文物保护法》《行政许可标准化指引》，现对文物出境行政许可工作提出以下要求：

一、严格遵守文物出境许可程序要求

（一）各管理处收到申报人通过国家文物进出境审核信息管理系统（系统设置在国家文物局政府网站业务平台，网址：http://www.sach.gov.cn）提交的文物出境审核申请后，应当在5个工作日内完成对申请信息的形式审查，通过系统消息将受理或不予受理决定通知申报人。对依法予以受理的，应当在受理回执中注明申报文物实物审核的日期；对依法不予受理的，应当在不予受理回执中说明理由。

（二）各管理处应当及时分办受理的文物出境审核申请，组织文物进出境审核人员开展信息登记、鉴定和审批工作。对准予出境的文物，应当向申报人颁发《文物出境许可证》；对不予许可出境的文物，应当在《文物禁止出境登记表》中说明理由并向申报人出具，同时应当告知申报人享有依法申请行政复议或提起行政诉讼的权利。对经审核属于文物复仿制品的，可以应申报人要求出具《文物复仿制品证明》。

（三）各管理处应当自收到文物出境申请之日起15个工作日内作出是否许可出境的决定。如因申报人无故不配合实物审核等情况造成审核工作无法如期进行的，应当在工作日时限到期前将申请通过系统退回申报人，并在回执中注明终止办理的理由。

（四）各管理处应当自作出决定之日起 10 个工作日内，向申报人颁发《文物出境许可证》或出具《文物禁止出境登记表》等文件，同时在许可出境文物上标明相应的电子标签。

二、认真执行文物出境许可审核规范

（一）各管理处应当对申报文物进行实物审核，判断文物的真伪、年代、价值，记录《文物出境许可证》《文物禁止出境登记表》等文件的基本信息。

（二）各管理处要严格按照《文物进出境审核管理办法》要求，每次进行实物审核应当组织 3 名以上文物进出境审核人员参加，其中文物进出境责任鉴定人员不得少于 2 名。

（三）文物进出境审核人员要严格按照《文物出境审核标准》，提出是否同意文物出境的意见。各管理处应当根据审核人员的一致意见作出是否许可文物出境的决定，对于审核意见不一致的，应当再次组织鉴定，直至意见一致。

（四）各管理处要按照档案管理相关规定，对文物出境申报资料和许可文件进行整理、归档，每季度向我局报告文物出境许可相关统计信息。

三、不断提升文物出境许可服务水平

（一）各管理处应当建立统一的行政许可受理窗口，并在办公区域显著位置设立指示标志，方便申报人办事。受理窗口应当张贴我局统一制定的《文物出境许可事项服务指南》（见附件）。

（二）各管理处应当通过现场咨询和非现场咨询（如网上咨询、电话咨询）等方式，指定专人提供文物出境审核咨询服务，向申报人提供准确、完整的问题解答和信息说明。

（三）各管理处不得就文物出境许可事项收取任何费用。文物进出境审核人员不得索取或者收受申报人的财物，不得谋取其他利益。各管理处和审核人员对审核工作中接触的申报资料、未获准披露的许可信息承担保密责任。

（四）各管理处应当制作文物出境许可工作满意度评价表，主动提醒申报人对服务质量进行评价，并依据评价结果改进许可工作、提高服务水平。

四、严格按照相关法律规定开展文物临时进境复出境登记审核工作和文物临时出境复进境审核查验工作。对临时进境文物申请延期出境的，应当要求申请人在 6 个月时限期满前提出申请，并将延期出境的审批结果报我局备案。对临时出境文物境外滞留时间超出我局文件批准时限的，应及时将相关情况向我局报告。

专此通知。

附件：《文物出境许可事项服务指南》

国家文物局

2017 年 9 月 30 日

附件　　　　　文物出境许可事项服务指南

一、事项名称

文物出境许可

二、办理依据

《中华人民共和国文物保护法》第六十一条："文物出境，应当经国务院文物行政部门指定的文物进出境审核机构审核。经审核允许出境的文物，由国务院文物行政部门发给文物出境许可证，从国务院文物行政部门指定的口岸出境。

任何单位或者个人运送、邮寄、携带文物出境，应当向海关申报；海关凭文物出境许可证放行。"

《中华人民共和国文物保护法实施条例》第四十五条："运送、邮寄、携带文物出境，应当在文物出境前依法报文物进出境审核机构审核。文物进出境审核机构应当自收到申请之日起 15 个工作日内作出是否允许出境的决定。

文物进出境审核机构审核文物，应当有 3 名以上文物博物专业技术人员参加；其中，应当有 2 名以上文物进出境责任鉴定人员。

文物出境审核意见，由文物进出境责任鉴定人员共同签署；对经审核，文物进出境责任鉴定人员一致同意允许出境的文物，文物进出境审核机构方可作出允许出境的决定。

文物出境审核标准，由国务院文物行政主管部门制定。"

《中华人民共和国文物保护法实施条例》第四十七条："经审核允许出境

的文物，由国务院文物行政主管部门发给文物出境许可证，并由文物进出境审核机构标明文物出境标识。经审核允许出境的文物，应当从国务院文物行政主管部门指定的口岸出境。海关查验文物出境标识后，凭文物出境许可证放行。

经审核不允许出境的文物，由文物进出境审核机构发还当事人。"

三、受理机构

国家文物进出境审核管理处

四、决定机构

国家文物进出境审核管理处

五、审查类型

前审后批

六、数量限制

无数量限制

七、适用范围

任何单位或个人运送、邮寄、携带文物出境

八、申请条件和材料目录

（一）文物基本信息（1 份）

（二）文物照片（1 份）

（三）携运人身份信息（1 份）

（四）文物实物

（五）携运人身份证明文件

（六）申请表（1 份）

（一）至（三）项材料通过国家文物进出境审核信息管理系统网上提交，（四）至（六）项材料在实物审核时提供。

九、禁止性要求

1. 凡在 1949 年以前（含 1949 年）生产、制作的具有一定历史、艺术、科学价值的文物，原则上禁止出境。其中，1911 年以前（含 1911 年）生产、制作的文物一律禁止出境。

2. 凡在 1966 年以前（含 1966 年）生产、制作的有代表性的少数民族文物禁止出境。

3. 现存我国境内的外国文物、图书，与我国的文物、图书一样，分类执行本标准。

4. 凡有损国家、民族利益，或者有可能引起不良社会影响的文物，不论年限，一律禁止出境。

5. 未列入本标准范围之内的文物，如经文物进出境审核机构审核，确有重大历史、艺术、科学价值的，应禁止出境。

十、办理基本流程

申报人登录国家文物进出境审核信息管理系统（系统设置在国家文物局政府网站业务平台，网址：http://www.sach.gov.cn），填写文物出境申请信息；国家文物进出境审核管理处对文物进行实物审核，对许可出境的文物颁发《文物出境许可证》，并在许可出境文物上标明相应的电子标签，对不予许可出境的文物出具《文物禁止出境登记表》，并将不予许可出境文物发还申报人。

十一、办理时限

15 个工作日

十二、收费情况

不收取费用

十三、审批结果及送达方式

许可证，现场送达

十四、办理进程和结果查询

国家文物进出境审核管理处

十五、监督投诉渠道

国家文物局办公室

十六、办公时间、联系人、咨询电话、地点及乘车路线

略。

国家文物局关于印发《文物进境展览备案表》等有关事项的通知

文物博函〔2017〕1893 号

各省、自治区、直辖市文物局（文化厅）：

为规范文物进境展览备案工作，做好与文物进出境审核管理的衔接，现就有关事宜通知如下：

一、办展单位应当在文物进境展览举办前，向所在地文物主管部门备案，填写《文物进境展览备案表》（见附件1）并提供相关材料。中央在京单位的文物进境展览材料在北京市文物局备案。

二、办展单位对完成备案的展览材料，按规定要求向文物进出境审核机构和海关申报文物进出境。

三、多个单位承接同一展览的，各单位分别向所在地文物主管部门备案后，交由文物进境地办展单位统一办理文物进出境手续。

四、展览文物在境内滞留时间超过6个月的，届时由原申报文物进境的单位按规定申请办理文物延期出境手续。

五、展览进境后临时延长展期或者增加展地的，由提出需求的单位征得原申报文物进境的单位同意后，填写《文物进境展览变更备案表》（见附件2），附上原《文物进境展览备案表》报所在地文物主管部门备案，由原申报文物进境的单位按规定办理文物延期出境手续。

各地在实施文物进境展览备案过程中，如有相关情况，可向我局博物馆与社会文物司报告。

特此通知。

附件：

1. 文物进境展览备案表
2. 文物进境展览变更备案表

国家文物局

2017 年 11 月 23 日

附件1　　　　文物进境展览备案表

展览名称				
备案编号	编号规则：收藏单位名称＋文物进境展＋［年度］＋三位流水号 如：首都博物馆文物进境展［2017］001号			
展览类型	□独立办展　　□合作办展			
举办单位		上级主管单位		
单位性质	□国有博物馆　　□非国有博物馆　　□其他机构			
单位类型	□牵头单位 □参加单位	隶属关系	□中央属　□省属 □地市属　□区县属	
时间及展地	起止时间（年/月/日）	展览地点（到市一级）及单位		
独立举办	－　　，共　月			
联合举办	1	－　　，共　月		
	2	－　　，共　月		
	3	－　　，共　月		
	4	－　　，共　月		
	5	－　　，共　月		
	国内共　　展地，本次为第　展地。			
来源国别 （地区）	（全部国家及地区名称）	（全部境外合作机构名称）		
	共　个	共　个		
进境展品	件/套	估价总计		
进境海关		文物进出境审核机构		
拟进境时间	年　月	拟出境时间	年　　月	
展览概述				
展览举办单位 　　签字： 　　盖章 　　　　年 月 日		展览举办地文物主管部门备案意见： 　　签字： 　　盖章： 　　　　年 月 日		
请一并填写本表所附文物进境展览展品目录。联系人：　　　　电话：				

国家文物局监制

背面：多家举办单位文物进境展览备案信息

展览名称			
时间及展地	起止时间（年/月/日）		展览举办单位及所在地
联合举办	1	－ ，共 月	
	2	－ ，共 月	
	3	－ ，共 月	
	4	－ ，共 月	
	5	－ ，共 月	
进境展品	件/套		估价总计	
进境海关			文物进出境审核机构	
拟进境时间	年 月		拟出境时间	年 月
展览举办单位1 　　签字： 　　盖章 　　　　　　　年 月 日		举办地文物主管部门备案意见： 　　签字： 　　盖章： 　　　　　　　年 月 日	
展览举办单位2 　　签字： 　　盖章 　　　　　　　年 月 日		举办地文物主管部门备案意见： 　　签字： 　　盖章： 　　　　　　　年 月 日	
展览举办单位3 　　签字： 　　盖章 　　　　　　　年 月 日		举办地文物主管部门备案意见： 　　签字： 　　盖章： 　　　　　　　年 月 日	
展览举办单位4 　　签字： 　　盖章 　　　　　　　年 月 日		举办地文物主管部门备案意见： 　　签字： 　　盖章： 　　　　　　　年 月 日	
展览举办单位5 　　签字： 　　盖章 　　　　　　　年 月 日		举办地文物主管部门备案意见： 　　签字： 　　盖章： 　　　　　　　年 月 日	

附表 展览目录及估价表

编号	展品名称	年代	数量（件）	收藏单位	估价及币种	备注
1						
......						
合计	展品总数：				估价合计：	

附件2 文物进境展览变更备案表

展览名称			
备案编号	编号规则：更＋收藏单位名称＋文物进境展＋［年度］＋三位流水号 如：更首都博物馆文物进境展［2017］001号		
展览类型	□变更展期 □增加展地		
原展览牵头 举办单位		上级主管单位	
变更单位		上级主管单位	
单位性质	□国有博物馆 □非国有博物馆 □其他机构		
进境海关		文物进出境审核机构	
原展览备案情况	该展览已于　年　月　日在　完成备案。		
变更说明	原展览情况		现变更情况
展览场地	共　省（区、市），共　展地		增加：是□否□，增加为：
展览时间	原全部展览起止时间：		延期：是□否□，延期展览的起止时间为：
展品情况	展品总数　　　件/套		变更：是□否□，变更情况：
进出境时间	年　月—　　年　月		年　月—　　　年　月

展览基本情况及变更原因

原文物进境申办单位 　　签字： 　　盖章 　　　　　　　年　月　日	举办地文物主管部门备案意见： 　　签字： 　　盖章： 　　　　　　　年　月　日
变更展览举办单位 　　签字： 　　盖章 　　　　　　　年　月　日	举办地文物主管部门备案意见： 　　签字： 　　盖章： 　　　　　　　年　月　日
请一并附上文物进境展览展品目录以及原备案表。联系人：　　　　电话：	

国家文物局关于做好文物进出境审核中
被盗文物查验工作的通知

文物博函〔2018〕369号

各国家文物进出境审核管理处：

近年来，随着文物流通市场的快速发展和国际经济文化交流的日益活跃，文物进出境审核监管工作面临着新的问题与挑战。一方面，国内盗窃盗掘文物活动屡有发生，个别不法分子试图通过将文物走私出境再申请办理临时进境登记的方式，掩盖被盗文物和出土文物的非法性质；另一方面，国际文化文物交流更加频繁，申请办理临时进境登记的外国文物数量持续增长，增加了外国被盗文物进入我国境内并流通的风险。

2017年11月，公安部、国家文物局联合发布了"中国被盗（丢失）文物信息发布平台"（网址：http：//bdww. sach. gov. cn/）；2018年3月，国家文物局建设完成了"外国被盗文物数据库"（网址：http：//www. sach. gov. cn），为文物进出境审核过程中开展被盗文物查验提供了信息支撑。现就有关工作要求通知如下：

一、各文物进出境审核管理处应按照《中华人民共和国文物保护法》《中华人民共和国文物保护法实施条例》和《文物进出境审核管理办法》的规定，严格执行文物出境审核程序、文物临时进境复出境和文物临时出境复进境的审核登记查验程序，特别是开展上述工作的审核人员应符合相关规定要求。

二、各文物进出境审核管理处应加强对查验被盗文物工作重要性的认识，要求审核人员及时关注"中国被盗（丢失）文物信息发布平台"和"外国被盗文物数据库"的动态更新信息，提高对被盗文物基本信息的掌握程度和辨识能力。

三、各文物进出境审核管理处应进一步加强信息登记与问题反馈工作，对在文物进出境审核过程中发现的疑似国内外被盗文物，应对文物和携运人基本信息进行登记，及时向公安、海关部门通报，并向我局报告相关情况。

专此。

国家文物局

2018 年 4 月 25 日

国家文物局关于进一步规范文物购销、
拍卖经营活动监管工作的通知

文物博函〔2018〕524 号

各省、自治区、直辖市文物局（文化厅），新疆生产建设兵团文物局：

为进一步规范文物购销、拍卖经营活动审批和备案工作，加强文物购销、拍卖经营活动事中事后监管，保障文物市场活跃有序发展，现就有关工作要求通知如下：

一、严格开展文物经营主体资质审批和信息报送工作

省级文物行政部门应当依法开展文物购销、拍卖经营资质审批工作，不得擅自取消或者下放文物购销、拍卖经营资质审批事项，不得擅自降低或变更审批要求。

省级文物行政部门要在完成文物购销、拍卖经营资质审批、变更及企业聘用专业人员转任登记等相关审批登记工作后，于当月月底前集中完成文物购销、拍卖经营主体行政审批信息表（表格样式见附件1），并随文件报我局。本通知印发前审批的两类文物经营主体的信息报送工作，应于 2018 年 6 月 30 日前完成。

二、严格开展文物经营标的审核备案和信息报送工作

省级文物行政部门应当依法开展文物拍卖标的审核和文物拍卖、文物购销记录事后备案工作，不得擅自取消或者下放文物拍卖标的审核和文物拍卖、文物购销记录备案事项。

省级文物行政部门应当严格按照《文物拍卖标的审核办法》的程序和标准要求，开展文物拍卖标的审核工作，不应以图片审核代替实物审核，不应随意以企业承诺作为判定文物来源是否合法的依据。文物拍卖标的审核人员要及时关注"中国被盗（丢失）文物信息发布平台"（网址：bdww. sach. gov. cn）

和"外国被盗文物数据库"（网址：sach.gov.cn）的动态更新信息，提高对被盗文物基本信息的掌握程度和辨识能力。对在文物拍卖标的审核过程中发现的疑似国内外被盗文物，应当要求拍卖企业及时补充合法来源证明和相关材料，不能提供的不得允许拍卖。

省级文物行政部门要在出具文物拍卖标的审核批复文件的同时，将审批材料（包括审核意见、标的清册、标的图片等材料的电子版）随批复文件抄报我局备案。省级文物行政部门应当严格要求文物经营主体执行文物购销拍卖记录事后备案制度，并应于每年 6 月、12 月集中完成文物商店文物购销记录备案表、文物拍卖企业文物拍卖记录表（表格样式见附件 2、3），随文件报我局。

三、认真落实文物购销、拍卖经营活动监管责任

省级文物行政部门应当认真落实文物购销、拍卖经营活动监管责任，依法建立文物购销拍卖信息与信用管理系统，结合当地文物市场特点，加强对文物购销、拍卖经营主体开展文物经营活动的日常监督检查，开展文物购销、拍卖经营资质年审活动，委托并指导文化市场综合执法机构开展文物市场执法工作。

我局将在建立健全文物购销、拍卖经营活动备案和信息报送制度基础上，根据《行政许可法》第六十条等相关规定，通过备案复核、信息抽检及"双随机一公开"等方式，加强对省级文物行政部门开展文物经营活动监管情况的监督检查。

特此通知。

附件：

1. 文物购销、拍卖经营主体行政审批信息表
2. 文物商店文物购销记录表
3. 文物拍卖企业文物拍卖记录表

国家文物局

2018 年 5 月 16 日

附件1 ＿＿＿＿省（自治区、直辖市）文物购销、拍卖经营主体行政审批信息表[1]

信息截止日期：＿＿＿年＿＿＿月

序号	信息类型[2]	主体类型[3]	名称	法定代表人姓名	企业法人营业执照注册号	文物购销（拍卖）许可证		所聘专业人员信息		
						许可证号	发证日期	姓名	身份证号后四位	人员类型[4]

制表人：＿＿＿＿＿＿＿＿

联系电话：＿＿＿＿＿＿＿＿

注：
1. 本表为动态统计表，经营主体登记信息、许可证状态及专业人员聘用信息等发生变更后，无需在前列条目中进行修改，将变更后的信息增列新条目即可。
2. 填写"新审批""变更""暂停"或"注销"等。
3. 填写"文物商店"或"文物拍卖企业"。
4. "高级文物博物专业技术职务人员"填写"高级职称人员"，"中级文物博物专业技术职务人员"填写"中级职称人员"，"文物拍卖企业专业人员"填写"企业专业人员"。
5. 本表行数可自行添加。
6. 本表须于当月月底前完成制表，随报文寄送至国家文物局（地址：北京市东城区北河沿大街83号；邮编：100009）。

附件2

___省（自治区、直辖市）文物商店文物购销记录表

时间：___年___半年

序号	商店名称	信息类型¹	文物名称	买受人信息			销售时间	销售价格	图片编号	出卖人信息			收购时间	收购价格
				姓名或名称	住所	有效身份证件号码或有效证照号码				姓名或名称	住所	有效身份证件号码或有效证照号码		

光盘附件信息

光盘编号	数据量（MB）	图片²编号
		___号至___号
		___号至___号

制表人	
联系电话	
制表时间	___年___月___日

注：1. "信息类型"填写"销售"或"收购"，文物，需回溯收购情况；收购、销售行为发生在一个制表时间段内的，按照"销售"要求填写。
　　2. 图片像素300DPI以上。
　　3. 本表行数可自行添加。
　　4. 本表须于每年6月、12月集中完成制表，随报文寄送至国家文物局（地址：北京市东城区北河沿大街83号；邮编：100009）。

附件 3

____省（自治区、直辖市）文物拍卖企业文物拍卖记录表

时间：____年 ____半年

序号	企业名称	文物名称	委托人信息			征集时间	拍卖底价	买受人信息			成交时间	成交价格	图片编号
			姓名或名称	住所	有效身份证件号码或有效证照号码			姓名或名称¹	住所	有效身份证件号码或有效证照号码			

光盘附件信息

光盘编号	数据量（MB）	图片²编号
		____号至____号
		____号至____号

制表人	
联系电话	
制表时间	____年___月___日

注：1. 流拍标的填写"未成交"。

2. 图片像素 300DPI 以上。

3. 本表行数可自行添加。

4. 本表须于每年 6 月、12 月集中完成制表，随报文寄送至国家文物局（地址：北京市东城区北河沿大街 83 号；邮编：100009）。

国家文物局关于优化文物拍卖许可证
审批服务工作的通知

文物博发〔2018〕24 号

各省、自治区、直辖市文物局（文化和旅游行政部门），新疆生产建设兵团文物局：

为落实《国务院关于在全国推开"证照分离"改革的通知》（国发〔2018〕35 号）要求，进一步优化文物拍卖许可证审批事项，做好文物拍卖经营主体准入服务，构建规范、便捷、高效、公开、联动的审批制度，现对文物拍卖许可证审批服务工作提出以下要求：

一、便利企业申领，推广网上办理

省级文物行政部门应进一步加强行政审批信息化建设工作，以便利拍卖企业申领为原则，积极推广文物拍卖许可证审批网上业务办理。

二、压缩审批时限，提高审批效率

省级文物行政部门应合理调配审批人员、做好审批工作保障、提高审批效率，将文物拍卖许可证审批时限压缩三分之一，即在受理申请事项后 20 个工作日内作出批准或者不批准的决定。

三、优化审批程序，精简审批材料

省级文物行政部门应对目前的审批程序进行梳理，对不必要程序进行删减，对重复性程序进行合并优化。营业执照等可采用在线方式获取并核验的材料，不再要求申领人提供纸质材料。不再向申领人收取场所设施和技术条件等申请材料。

四、公示服务指南，公开办理进度

省级文物行政部门应规范文物拍卖许可证审批程序、受理条件和办理标准，优化行政许可事项服务指南，在官方网站相关栏目及行政许可受理窗口进行公示。受理文物拍卖许可证申领事项后，尽可能通过官方网站等渠道公开办理进度，便于申领人查询。

五、推进信息共享，开展协同监管

省级文物行政部门应依托现有政府统一数据共享交换平台，推进与发展改革、市场监管、商务、文化执法等相关部门间的信息共享，建立健全协同监管和联合奖惩机制，完善监管办法，明确监管标准、监管方式和监管措施，加强事中事后监管。

省级文物行政部门要进一步提高对"放管服"改革、"证照分离"改革工作重要性的认识，按照《国务院关于在全国推开"证照分离"改革的通知》要求，落实上述五条措施，优化文物拍卖许可证审批服务工作。要注重提高行政审批人员的业务素质和服务意识，确保优化措施落实到位。我局将适时进行检查督查。

特此通知。

国家文物局

2018 年 11 月 9 日

国家文物局关于转发《军事法院涉案文物移交办法（试行）》并做好相关工作的通知

文物博函〔2019〕425号

各省、自治区、直辖市文物局、新疆生产建设兵团文物局（文化和旅游厅/局）：

近年来，各省（区、市）文物行政部门支持指导涉案文物鉴定评估机构，积极配合军事法院等军事司法机关开展涉案文物鉴定评估工作，为维护司法尊严、保护国家文物发挥了重要作用。为进一步规范军事法院涉案文物移交接收工作，我局决定与中国人民解放军军事法院共同建立健全涉案文物移交接收工作制度。

2019年1月31日，中国人民解放军军事法院印发《军事法院涉案文物移交办法（试行）》，现将文件转发你们，并就做好军事法院涉案文物接收等工作提出以下要求：

一、切实重视军事法院涉案文物接收工作，依据《军事法院涉案文物移交办法（试行）》，与当地军事法院建立沟通协调机制，认真落实军事法院涉案文物移交接收的各项事宜。

二、要求涉案文物鉴定评估机构参照《涉案文物鉴定评估管理办法》的相关要求，认真开展军事法院涉案文物鉴定评估工作。

三、我局将按程序指定中国人民革命军事博物馆接收军事法院移交的涉案军事文物。各地可根据移交文物的具体情况和文物保护、研究和利用工作的需要，指定符合条件的国有文物收藏单位接收军事法院移交的涉案非军事文物。

四、加强军事法院涉案文物移交接收工作的管理，会同当地军事法院协调制定移交接收工作方案，要求参与文物接收的工作人员严守保密纪律和文物交接工作规定，认真填写交接文物清单，切实履行文物实物查点、交接和签字等手续。

五、每年年终汇总当地军事法院涉案文物移交接收情况，报我局备案。涉及一级文物或大量文物移交接收工作正式开展前，应提前报告我局。

特此通知。

附件：关于印发《军事法院涉案文物移交办法（试行）的通知》

国家文物局

2019 年 5 月 7 日

附件　　　　关于印发《军事法院涉案文物
移交办法（试行）的通知》

各战区、总直属军事法院：

现将《军事法院涉案文物移交办法（试行）》印发你们，望认真贯彻执行。执行中如有意见和建议，请及时报告我院。

解放军军事法院

2019 年 1 月 31 日

军事法院涉案文物移交办法（试行）

为规范军事法院涉案文物移交工作，根据《中华人民共和国文物保护法》以及财政部《罚没财物和追回赃款赃物管理办法》，国家文物局、财政部、公安部、海关总署、国家工商行政管理局《依法没收、追缴文物的移交办法》等有关规定，制定本办法。

第一条【一般规定】　各级军事法院生效裁判确定没收、追缴的除依法返还被害人以外的所有文物，由一审军事法院无偿移交文物行政部门。其中，军事文物根据国务院文物行政部门的决定移交中国人民革命军事博物馆，非军事文物移交保管地的省级文物行政部门。

第二条【鉴定评估】　对未经鉴定评估的疑似文物，军事法院应当根据最高人民法院、最高人民检察院、国家文物局、公安部和海关总署《涉案文物鉴定评估管理办法》的规定，委托国家文物局确定的文物鉴定评估机构进行鉴定评估。

第三条【临时保管】　军事法院不具备保证涉案文物安全无损保管条件的，应当将涉案文物移送保管地省级文物行政部门指定的国有文物收藏单位暂存，并办理相关暂存手续。

第四条【军事文物移交】　一审军事法院执行立案后，涉及文物处置的，应当层报解放军军事法院，由解放军军事法院通知中国人民革命军事博物馆对其中有无军事文物进行认定。认定为军事文物的，经中国人民革命军事博物馆报国家文物局批准，由一审军事法院根据批准文件移交中国人民革命军事博物馆收藏。

第五条【非军事文物移交】　一审军事法院应当将拟移交的非军事文物登记造册，与文物保管地省级文物行政部门协调沟通，研究制定移交方案，层报解放军军事法院审批并在收到批复后 30 日内组织移交。移交应当严格按照移交方案进行，认真填写文物移交清单，履行实物查点、交接和签字等手续，并全程录音录像。

第六条【移交监督】　涉案文物移交过程中，应当邀请同级军事检察院派员全程监督。大量或者珍贵文物移交时，可以邀请国家文物局派员现场指导。

第七条【移交备案】　涉案文物移交情况每年年终由解放军军事法院汇总，报国家文物局备案。

第八条【文物保护】　各级军事法院应当增强文物保护意识，强化办案责任，建立健全文物管理制度，配备完善文物保护设施，确保文物安全。

第九条【保密要求】　所有参与、了解涉案文物移交工作的人员应当增强保密意识，遵守保密纪律，严禁外传、扩散案件情况和涉案文物移交情况，防止舆论炒作。

第十条【附则】　具有科学价值的古脊椎动物化石和古人类化石的处置，依照本办法执行。

附件：

1. 涉案文物登记表

2. 军事文物移交清单

3. 涉案文物移交清单

附件1　　中国人民解放军××××军事法院
涉案文物登记表

执行案号	
文物名称	
保管单位及地点	
文物级别	
外形尺寸	
鉴定单位	

鉴定专家		鉴定时间	

鉴定意见：

（文物照片）

经办人：　　　　　　　　　　　　　　　填表时间：　年　月　日

附件2　中国人民解放军××××军事法院
军事文物移交清单

执行案号				
序号	文物名称	数量	单位	备注

文物移交单位：（公章）　　　　　　　文物收藏单位：（公章）

经办人：　　　　　　　　　　　　　　经办人：

　　　　年　月　日　　　　　　　　　　　年　月　日

移交监督机关：（公章）

监督人：

　　　　　　　　　　　　　年　月　日

本清单一式三份，文物移交单位、收藏单位和移交监督机关各执一份。

附件3　　中国人民解放军××××军事法院
涉案文物移交清单

执行案号				
序号	文物名称	数量	单位	备注

文物移交单位：（公章） 经办人： 　　　　年　月　日	文物接收单位：（公章） 经办人： 　　　　年　月　日
文物收藏单位：（公章） 经办人： 　　　　年　月　日	移交监督机关：（公章） 监督人： 　　　　年　月　日

本清单一式四份，文物移交单位、接收单位、收藏单位和移交监督机关各执一份。

文物拍卖管理办法

（根据 2020 年 4 月 30 日《国家文物局关于修改〈可移动文物修复管理办法〉等三部规范性文件的决定》［文物政发〔2020〕6 号］修改）

第一章　总　　则

第一条　为加强文物拍卖管理，规范文物拍卖行为，促进文物拍卖活动健康有序发展，根据《中华人民共和国文物保护法》《中华人民共和国拍卖法》《中华人民共和国文物保护法实施条例》等法律法规，制定本办法。

第二条　在中华人民共和国境内，以下列物品为标的的拍卖活动，适用本办法：

（一）1949 年以前的各类艺术品、工艺美术品；

（二）1949 年以前的文献资料以及具有历史、艺术、科学价值的手稿和图书资料；

（三）1949 年以前与各民族社会制度、社会生产、社会生活有关的代表性实物；

（四）1949 年以后与重大事件或著名人物有关的代表性实物；

（五）1949 年以后反映各民族生产活动、生活习俗、文化艺术和宗教信仰的代表性实物；

（六）列入限制出境范围的 1949 年以后已故书画家、工艺美术家作品；

（七）法律法规规定的其他物品。

第三条　国家文物局负责制定文物拍卖管理政策，协调、指导、监督全国文物拍卖活动。

省、自治区、直辖市人民政府文物行政部门负责管理本行政区域内文物拍卖活动。

第二章　文物拍卖企业及人员

第四条　依法设立的拍卖企业经营文物拍卖的，应当取得省、自治区、直辖市人民政府文物行政部门颁发的文物拍卖许可证。

第五条　拍卖企业申请文物拍卖许可证，应当符合下列条件：

（一）有 1000 万元人民币以上注册资本，非中外合资、中外合作、外商独资企业；

（二）有 5 名以上文物拍卖专业人员；

（三）有必要的场所、设施和技术条件；

（四）近两年内无违法违规经营文物行为；

（五）法律、法规规定的其他条件。

第六条　拍卖企业申请文物拍卖许可证时，应当提交下列材料：

（一）文物拍卖许可证申请表；

（二）企业注册资本的验资证明；

（三）文物拍卖专业人员相关证明文件、聘用协议复印件；

（四）场所、设施和技术条件证明材料。

第七条　省、自治区、直辖市人民政府文物行政部门应当于受理文物拍卖许可证申领事项后 30 个工作日内作出批准或者不批准的决定。决定批准的，发给文物拍卖许可证；决定不批准的，应当书面通知当事人并说明理由。

第八条　文物拍卖许可证不得涂改、出租、出借或转让。

第九条　省、自治区、直辖市人民政府文物行政部门对取得文物拍卖许可证的拍卖企业进行年审，年审结果作为是否许可拍卖企业继续从事文物拍卖活动的依据。

第十条　省、自治区、直辖市人民政府文物行政部门应当于开展文物拍卖许可证审批、年审、变更、暂停、注销等工作后 30 日内，将相关信息报国家文物局备案。

第十一条　文物拍卖专业人员不得参与文物商店销售文物、文物拍卖标的审核、文物进出境审核工作；不得同时在两家（含）以上拍卖企业从事文物拍卖活动。

第三章　文物拍卖标的

第十二条　拍卖企业须在文物拍卖会举办前，将拟拍卖标的整场报省、自治区、直辖市人民政府文物行政部门审核。报审材料应当由文物拍卖专业人员共同签署标的征集鉴定意见。

联合开展文物拍卖活动的拍卖企业，均应取得文物拍卖许可证。

第十三条　省、自治区、直辖市人民政府文物行政部门受理文物拍卖标的审核申请后，应组织开展实物审核，于 20 个工作日内办理审核批复文件，并同时报国家文物局备案。

参加文物拍卖标的审核的人员，不得在拍卖企业任职。

第十四条　下列物品不得作为拍卖标的：

（一）依照法律应当上交国家的出土（水）文物，以出土（水）文物名义进行宣传的标的；

（二）被盗窃、盗掘、走私的文物或者明确属于历史上被非法掠夺的中国文物；

（三）公安、海关、工商等执法部门和人民法院、人民检察院依法没收、追缴的文物，以及银行、冶炼厂、造纸厂及废旧物资回收单位拣选的文物；

（四）国有文物收藏单位及其他国家机关、部队和国有企业、事业单位等收藏、保管的文物，以及非国有博物馆馆藏文物；

（五）国有文物商店收存的珍贵文物；

（六）国有不可移动文物及其构件；

（七）涉嫌损害国家利益或者有可能产生不良社会影响的标的；

（八）其他法律法规规定不得流通的文物。

第十五条　拍卖企业从境外征集文物拍卖标的、买受人将文物携运出境，须按照相关法律法规办理文物进出境审核手续。

第十六条　国家对拍卖企业拍卖的珍贵文物拥有优先购买权。国家文物局可以指定国有文物收藏单位行使优先购买权。优先购买权以协商定价或定向拍卖的方式行使。

以协商定价方式实行国家优先购买的文物拍卖标的，购买价格由国有文物收藏单位的代表与文物的委托人协商确定，不得进入公开拍卖流程。

第十七条　拍卖企业应当在文物拍卖活动结束后 30 日内，将拍卖记录报原审核的省、自治区、直辖市人民政府文物行政部门备案。省、自治区、直辖市人民政府文物行政部门应当将文物拍卖记录报国家文物局。

第四章　附　则

第十八条　国家文物局和省、自治区、直辖市人民政府文物行政部门应当建立文物拍卖企业及文物拍卖专业人员信用信息记录，并向社会公布。

第十九条　文物拍卖企业、文物拍卖专业人员发生违法经营行为，国家文物局和省、自治区、直辖市人民政府文物行政部门应当依法予以查处。

第二十条　拍卖企业利用互联网从事文物拍卖活动的，应当遵守本办法的规定。

第二十一条　本办法自颁布之日起实施，《文物拍卖管理暂行规定》同时废止。

文物拍卖标的审核办法

（根据 2020 年 4 月 30 日《国家文物局关于修改〈可移动文物修复管理办法〉等三部规范性文件的决定》[文物政发〔2020〕6 号] 修改）

第一章　总　则

第一条　为加强对文物拍卖标的审核管理，规范文物拍卖经营行为，依据《中华人民共和国文物保护法》《中华人民共和国文物保护法实施条例》等法律法规，制定本办法。

第二条　本办法适用于《中华人民共和国文物保护法》《中华人民共和国文物保护法实施条例》等法律法规规定、需经审核才能拍卖的文物。

第三条　文物拍卖标的由省、自治区、直辖市人民政府文物行政部门（以下简称"省级文物行政部门"）负责审核。

第四条　国家文物局对省级文物行政部门文物拍卖标的审核工作进行监督指导。

第二章　申请与受理

第五条　拍卖企业应在文物拍卖公告发布前 20 个工作日，提出文物拍卖标的审核申请。

省级文物行政部门不受理已进行宣传、印刷、展示、拍卖的文物拍卖标的的审核申请。

第六条　拍卖企业应向注册地省级文物行政部门提交文物拍卖标的审核申请。

拍卖企业在注册地省级行政区划以外举办文物拍卖活动的，按照标的就近原则，可向注册地或者拍卖活动举办地省级文物行政部门提交文物拍卖标的审核申请。

两家以上注册地在同一省级行政区划内的拍卖企业联合举办文物拍卖活动的，由企业联合向省级文物行政部门提交文物拍卖标的审核申请。

两家以上注册地不在同一省级行政区划内的拍卖企业联合举办文物拍卖活动的，按照标的就近原则，由企业联合向某一企业注册地或者拍卖活动举办地省级文物行政部门提交文物拍卖标的审核申请。

联合拍卖文物的拍卖企业，均应具备文物拍卖资质。其文物拍卖资质范围不同的，按照资质最低的一方确定文物拍卖经营范围。

第七条 拍卖企业须报审整场文物拍卖标的，不得瞒报、漏报、替换标的，不得以艺术品拍卖会名义提出文物拍卖标的审核申请，不得以"某代以前""某某款"等字眼或不标注时代的方式逃避文物拍卖标的监管。

第八条 拍卖企业申请文物拍卖标的审核时，应当提交下列材料：

（一）有效期内且与准许经营范围相符的《文物拍卖许可证》的复印件；

（二）《文物拍卖标的审核申请表》；

（三）标的清册（含电子版）；

（四）标的图片（每件标的图片清晰度300dpi以上）；

（五）标的合法来源证明（如有）；

（六）文物拍卖专业人员出具的标的征集鉴定意见；

（七）省级文物行政部门要求提交的其他材料。

其中，材料（一）、（二）、（三）、（五）、（六）须以书面形式加盖企业公章提交，材料（三）、（四）提交电子材料。

第九条 省级文物行政部门对拍卖企业提出的文物拍卖标的审核申请，应当根据下列情况分别处理，并告知企业：

（一）文物拍卖经营资质有效，申请材料齐全，符合相关法律法规规定的，决定受理；

（二）文物拍卖经营资质无效，或者不属于审核范围的，决定不予受理；

（三）申请材料不齐全或者不符合相关规定的，要求补充。

第十条 省级文物行政部门受理文物拍卖标的审核申请后，须按照《中华人民共和国行政许可法》第四十二条有关规定，应于20个工作日内做出审核决定。符合《中华人民共和国行政许可法》第四十二条、第四十五条相关情形的，不受该时限限制。

第三章　审核与批复

第十一条　省级文物行政部门在作出文物拍卖标的审核决定前，可委托相关专业机构开展文物拍卖标的审核工作。

文物拍卖标的应当进行实物审核。

第十二条　文物拍卖标的审核须由 3 名以上审核人员共同完成，其中省级文物鉴定委员会委员不少于 1 名。审核意见由参加审核人员共同签署。

审核过程中，省级文物行政部门可要求拍卖企业补充标的合法来源证明及相关材料。

第十三条　下列物品不得作为拍卖标的：

（一）依照法律应当上交国家的出土（水）文物，以出土（水）文物名义进行宣传的标的；

（二）被盗窃、盗掘、走私的文物或者明确属于历史上被非法掠夺的中国文物；

（三）公安、海关、工商等执法部门和人民法院、人民检察院依法没收、追缴的文物，以及银行、冶炼厂、造纸厂及废旧物资回收单位拣选的文物；

（四）国有文物收藏单位及其他国家机关、部队和国有企业、事业单位等收藏、保管的文物，以及非国有博物馆馆藏文物；

（五）国有文物商店收存的珍贵文物；

（六）国有不可移动文物及其构件；

（七）涉嫌损害国家利益或者有可能产生不良社会影响的标的；

（八）其他法律法规规定不得流通的文物。

第十四条　合法来源证明材料包括：

（一）文物商店销售文物发票；

（二）文物拍卖成交凭证及发票；

（三）文物进出境审核机构发放的文物进出境证明；

（四）其他符合法律法规规定的证明文件等。

第十五条　未列入本办法第十三条的文物，经文物行政部门审核不宜进行拍卖的，不得拍卖。

第十六条 省级文物行政部门依据实物审核情况出具决定文件，并同时抄报国家文物局备案。备案材料应包含标的清册、图片（含电子材料）、合法来源证明（如有）等。

两家以上拍卖企业联合举办文物拍卖活动的，审核决定主送前列申请企业，同时抄送其他相关省级文物行政部门。

第十七条 文物拍卖标的审核决定，不得作为对标的真伪、年代、品质及瑕疵等方面情况的认定。

第四章　文物拍卖监管

第十八条 拍卖企业应在文物拍卖图录显著位置登载文物拍卖标的审核决定或者决定文号。

第十九条 省级文物行政部门应以不少于10%的比例对文物拍卖会进行监拍。监拍人员应按照《文物行政处罚程序暂行规定》等相关规定，对拍卖会现场出现的违法行为采取相应措施。

第二十条 拍卖企业应于文物拍卖会结束后30个工作日内，按照《中华人民共和国文物保护法实施条例》第四十三条相关规定，将文物拍卖记录报省级文物行政部门备案。

第二十一条 省级文物行政部门应当对照文物拍卖标的审核申请材料对文物拍卖记录进行核查，及时发现并查处拍卖企业瞒报、漏报、替换文物拍卖标的等违法行为。

第二十二条 省级文物行政部门应加强对拍卖企业标的征集管理，将文物拍卖标的审核情况记入拍卖企业和专业人员诚信档案，作为对拍卖企业和专业人员监管的重要依据。

第五章　附　则

第二十三条 本办法自发布之日起实施。

国家文物局关于支持中国国际进口博览会文物类展品监管和便利化措施的公告

文物博发〔2021〕26号

为支持中国国际进口博览会"越办越好",促进海外中国文物回流,国家文物局研究制定了支持中国国际进口博览会文物类展品监管和便利化措施,现公告如下:

一、入驻审核,优化进境审核登记

进口博览会暂时进境的文物类展品采用通关一体化模式,由国家会展中心(上海)有限责任公司或其委托的主场运输服务商向上海海关、国家文物进出境审核上海管理处(以下简称上海管理处)提出申请,上海管理处派员入驻现场,办理审核、登记手续。以保税展示形式参展的文物类展品,由上海管理处在保税区海关特殊监管区域内办理审核、登记手续。

二、延长期限,便利展品展后处置

暂时进境的文物类展品一般应当在6个月期限内复运出境。暂时进境的文物类展品在进口博览会结束后,如需转入保税区海关特殊监管区域进行保税存储的,应当办理海关相关手续。申请复出境的,由上海管理处审核查验,对查验无误的发给文物出境许可证,海关凭文物出境许可证办理通关手续。确需延期复运出境的文物类展品,国家文物局授权上海管理处受理并批准延期。

三、销展常态化,扩大展会溢出效应

对于进口博览会展期内销售的文物类展品,应当按照海关相关规定统一办理进境手续,由境内合法文物经营主体作为代理商进行销售,并根据《财政部 海关总署 税务总局关于中国国际进口博览会展期内销售的进口展品税收优惠政策的通知》(财关税〔2020〕38号)有关规定申请享受相关税收

351

优惠政策。鼓励享受税收优惠政策的文物类展品在国有文物收藏单位进行不少于三年的公益性展示服务。申请出境的，文物进出境审核机构按照《文物出境审核标准》审核办理相关手续。

特此公告。

国家文物局

2021 年 8 月 19 日

国家文物局关于颁布 1911 年后已故书画等 8 类作品限制出境名家名单的通知

文物博发〔2023〕13 号

各省、自治区、直辖市文物局（文化和旅游厅/局），各国家文物进出境审核管理处：

为加强文物保护工作，防止近现代珍贵文物流失，完善文物出境审核标准体系，根据《中华人民共和国文物保护法》《中华人民共和国文物保护法实施条例》《文物进出境审核管理办法》《文物出境审核标准》相关规定，我局研究修订了 1911 年后已故书画类作品限制出境名家名单，研究制定了 1911 年后已故陶瓷、雕塑、扇子、织绣、玺印、烟壶、漆器等 7 类作品限制出境名家名单（见附件）。

现将上述 8 类名家名单印发给你们。请根据《文物出境审核标准》确定的原则和禁限，在文物进出境审核管理工作中参照执行。

2001 年颁布的《一九四九年后已故著名书画家作品限制出境的鉴定标准》《一七九五年至一九四九年间著名书画家作品限制出境的鉴定标准》和 2013 年颁布的《1949 年后已故著名书画家作品限制出境鉴定标准（第二批）》，自本通知发布之日起废止。

特此通知。

附件：

1. 1911 年后已故书画类作品限制出境名家名单

2. 1911 年后已故陶瓷类作品限制出境名家名单

3. 1911 年后已故雕塑类作品限制出境名家名单

4. 1911 年后已故扇子类作品限制出境名家名单

5. 1911 年后已故织绣类作品限制出境名家名单

6. 1911 年后已故玺印类作品限制出境名家名单

7. 1911 年后已故烟壶类作品限制出境名家名单

8. 1911 年后已故漆器类作品限制出境名家、漆器类作品限制出境名作坊名单

国家文物局

2023 年 5 月 5 日

附件 1　　1911 年后已故书画类作品限制出境名家名单

一、作品一律不准出境者（41 人）

于　照（非闇）	于右任	丰子恺
王式廓	石　鲁	刘奎龄
刘海粟	齐　璜（白石）	关山月
严　复（几道）	李可染	李叔同（弘一）
吴作人	吴俊卿（昌硕）	吴冠中
吴湖帆	何香凝	沈尹默
张　爰（大千）	陆俨少	陈云彰（少梅）
陈师曾（衡恪）	陈逸飞	林风眠
林散之	赵朴初	钱松嵒
徐悲鸿	高　崙（剑父）	高　嵡（奇峰）
郭沫若	黄　质（宾虹）	黄　胄
梁启超（任公）	董希文	蒋兆和
傅抱石	谢稚柳	溥　儒（心畬）
颜文樑	潘天寿	

二、代表作不准出境者（158 人）

丁佛言（松游）	丁衍庸	于希宁
马　晋	马一浮	马叙伦
王　伟	王　贤（个簃）	王　襄

王心竟	王叔晖	王闿运（湘绮）
王雪涛	王朝闻	王福庵
王蘧常	戈 荃（湘岚）	方人定
方济众	邓尔疋	邓散木
古 元	叶浅予	叶恭绰
田世光	白 蕉	白雪石
冯 迥（超然）	冯建吴	亚 明
吕凤子	朱屺瞻	朱复戡
朱家济	刘子久	刘旦宅
刘炳森	刘凌沧	刘继卣
关 良	江寒汀	汤 涤（定之）
许麟庐	苏葆桢	李 英（苦禅）
李 耕	李铁夫	李琼玖
杨守敬（惺吾）	来楚生	吴 桐（琴木）
吴 徵（待秋）	吴华源	吴庆云（石仙）
吴茀之	吴显曾（光宇）	吴家琭（玉如）
吴熙曾（镜汀）	何 瀛（海霞）	余任天
余绍宋（越园）	应野平	沙孟海
沈曾植（寐叟）	宋文治	启 功
张 仃	张 泽（善子）	张大壮
张书旂	张克和（石园）	张伯英（勺圃）
张其翼	张宗祥	张振铎
张肇铭	陆 恢（廉夫）	陆 翀（抑非）
陆维钊	陈 年（半丁）	陈之佛
陈子庄（石壶）	陈子奋	陈树人（猛进）
陈秋草	邵 章	林 纾（琴南）
罗振玉（雪堂）	罗惇曧（复堪）	金 城（北楼）
周 仁（怀民）	周元亮	周思聪
周肇祥	郑 昶（午昌）	郑乃珧
郑孝胥（苏戡）	郑诵先	宗其香

赵　起（云壑）	赵少昂	赵望云
胡小石	胡佩衡	俞　礼（达夫）
俞　明（涤凡）	彦　涵	姜　筠（颖生）
娄师白	贺天健	秦　裕（仲文）
顾廷龙	顾麟士（鹤逸）	钱君匋
钱振锽（名山）	倪　田（墨耕）	徐　操
徐世昌（菊人）	徐宗浩	高二适
高剑僧（秋溪）	郭味蕖	唐　云
容　庚	诸乐三	陶一清
黄山寿（旭初）	黄幻吾	黄君璧
黄苗子	黄秋园	黄般若
黄新波	萧　愻（谦中）	萧俊贤（厔泉）
萧淑芳	曹克家	常书鸿
崔子范	康有为（长素）	章士钊
章炳麟（太炎）	商承祚	董　揆（寿平）
程　璋（瑶笙）	程十发	傅增湘
曾　熙（农髯）	谢之光	谢无量
溥　忻	溥　佺	蔡若虹
蔡鹤汀	黎冰鸿	黎雄才
潘絜兹	魏紫熙	

附件2　　1911 年后已故陶瓷类作品限制出境名家名单

一、作品一律不准出境者（10 人）

王　琦	王大凡	邓碧珊	毕伯涛	刘雨岑
何许人	汪晓棠	汪野亭	程意亭	潘陶宇

二、代表作不准出境者（15 人）

王　步	方云峰	田鹤仙	许友义	苏学金
汪大沧	陈渭岩	范大生	俞国良	徐仲南
徐顺元	蒋燕亭	曾龙升	潘玉书	潘庸秉

附件 3　　1911 年后已故雕塑类作品限制出境名家名单

一、作品一律不准出境者（1 人）

江小鹣

二、代表作不准出境者（14 人）

王子云	王丙召	王静远	刘开渠	李金发
张辰伯	陈锡钧	周轻鼎	郑　可	萧传玖
程曼叔	傅天仇	滑田友	廖新学	

附件 4　　1911 年后已故扇子类作品限制出境名家名单

一、作品一律不准出境者（3 人）

张楫如　　龚玉璋　　谭维德

二、代表作不准出境者（11 人）

支慈庵	张志鱼	孙小匏	杨云康	余仲嘉
花剑南	陈澹如	金绍坊	庞仲经	徐素白
盛丙云				

附件 5　　1911 年后已故织绣类作品限制出境名家名单

一、作品一律不准出境者（7 人）

王茂仙	李仪徽	余　德	沈　立	沈　寿
沈金水	宋铭黄			

二、代表作不准出境者（11 人）

吉干臣	杨守玉	杨佩珍	张华璂	张福永
金静芬	施宗淑	都锦生	凌　抒	黄　妹
萧咏霞				

附件 6　1911 年后已故玺印类作品限制出境名家名单

一、作品一律不准出境者（4 人）

齐璜（白石）　吴俊卿（昌硕）　赵叔孺　　钟以敬

二、代表作不准出境者（23 人）

丁辅之	马　衡	王福庵	方介堪	邓尔疋
邓散木	叶　铭	冯康侯	朱复戡	乔大壮
寿石工	李尹桑	来楚生	吴朴堂	吴　隐
沙孟海	陈巨来	赵　石	顿立夫	钱瘦铁
徐新周	唐醉石	韩登安		

附件 7　1911 年后已故烟壶类作品限制出境名家名单

一、作品一律不准出境者（4 人）

丁二仲　　马少宣　　叶仲三　　毕荣九

二、代表作不准出境者（4 人）

叶晓峰　　叶莑祺　　张文堂　　薛京万

附件 8　1911 年后已故漆器类作品限制出境名家、漆器类作品限制出境名作坊名单

一、代表作不准出境者（9 人）

乔泉玉	杜炳臣	李芝卿	余书云	林廷群
梁国海	谭新篁	高秀泉	蔡文沛	

二、1911 年至 1949 年间代表作不准出境名作坊（6 家）

广泰成　　沈绍安＊记　　易荣泰　　继古斋　　鈤雅斋
梁福盛

国家文物局关于优化文物临时进出境审核管理服务的通知

文物博函〔2023〕1160号

国家文物进出境审核各管理处：

为切实维护文物安全，有效保障中外文物文化交流，现就进一步优化和加强文物临时进出境审核管理服务工作通知如下。

一、提高思想认识，强化组织保障

文物临时进境及复出境、临时出境及复进境审核登记是文物进出境监管体系的重要组成部分，与文物出境许可管理相互衔接、互为补充。优化和改进文物临时进出境审核管理服务是落实"保护第一、加强管理、挖掘价值、有效利用、让文物活起来"新时代文物工作要求的具体举措，也是适应文物对外交流日益频繁和海关监管改革持续推进的形势需要。各管理处要进一步提高对文物临时进出境审核管理服务工作重要性的认识，坚持严格审核、规范登记、优化管理、提升服务的工作原则，加强组织协调，提升能力水平，依法合规开展文物临时进出境审核管理，并针对工作实践中出现的新情况、新问题，在现行制度框架下积极探索创新服务措施，推动实现公开、透明、便捷、高效的文物临时进出境管理服务目标。

二、明晰程序要求，强化规范管理

（一）严格受理标准。文物临时进出境审核登记的受理范围必须为文物，各管理处要依托国家文物进出境审核信息管理系统主动告知申请人相关规定，并在审核工作中严格执行。对属于文物的登记申请，依法受理，将出具的文物临时进境审核登记表或文物临时进境展览证明分别反馈申请人和海关；属于非文物的，依法不予受理，将不予受理结果告知申请人并及时向海关反馈。对于因展览等原因批量申请临时进出境的，经审核后应对其中非文物部分作剔除处理，不予登记。

（二）完善进境衔接。加强文物临时进境部门间合作监管，保证文物通关进境与文物进境登记环节无缝衔接。文物临时进入我国境内（包括综合保税区等海关特殊监管区域，下同），由申请人在口岸报海关加封，再向管理处申请办理临时进境登记手续，或由海关和管理处工作人员到场共同查验登记。海关封志应确保未被擅自剥除、更换、挪用或者损毁，以免文物在进境环节被私自调换。各管理处查验海关封志完好无损后，方可予以审核、登记。

（三）严控停留时限。加强临时进境文物在境内流转时限的延期审核，临时进境文物在境内滞留时间，从文物进入我国境内之日起算，原则上不得超过 6 个月。确有合理原因申请延期复出境的，由原文物临时进境申请人于进境时限届满前 1 个月提出书面申请，申请延期时间每次不得超过 6 个月，申请延期总次数原则上不得超过 3 次，各管理处严格审核后报国家文物局博物馆与社会文物司批准。对于未经批准逾期申请复出境的文物，不予办理文物临时进境复出境手续，依照文物出境标准进行审核。

（四）优化进境展览文物审核。临时进境展览文物与一般临时进境文物的审核登记标准和程序一致，文物行政部门对进境展览的备案手续不能替代进境展览文物临时进境审核登记手续。各管理处要加强同进境展览备案等工作的对接，主动提醒申请人应履行进境展览文物临时进境登记和延期复出境申报手续，并应按照海关对暂时进出境货物的管理规定办理有关手续。

（五）加强文物合法来源审查。认真履行打击防范文物犯罪及文物非法流转国内法律和国际公约的相关要求，对审核登记中发现文物疑似中国被盗流失文物数据库和外国被盗文物数据库内登记文物的，或涉嫌出土、出水、盗窃、盗掘、走私文物的，各管理处应要求携运人提供文物合法来源证明。对不能提供合法来源证明的，依法不予办理，并应对文物和携运人基本信息进行登记后及时报告国家文物局博物馆与社会文物司；涉及进出境监管的，要及时通报所在地海关；涉嫌文物犯罪的，要及时通报所在地公安机关。

（六）严守鉴定审核规范。严格按照《文物进出境审核管理办法》相关要求开展鉴定审核工作。临时进出境文物必须进行实物审核，各管理处每次进行实物审核，应当组织 3 名以上文物进出境审核人员参加，其中文物进出境责任鉴定人员不得少于 2 名。文物进出境责任鉴定人员形成一致意见的，方予办理文物临时进出境审核登记相关手续。

三、简化审核流程，强化主动服务

（一）压缩办理时限。文物临时进出境申请人经国家文物进出境审核信息管理系统提出申请后，各管理处应当在 5 个工作日内完成对申请材料的审查，对需要补充相关材料的，及时一次性反馈申请人。申请材料通过审查后，应自具备实物审核条件之日起尽快办理审核登记，最长办理时限不得超过 15 个工作日。

（二）减少审核环节。会同海关持续优化进出综合保税区等海关特殊监管区域的监管模式。文物从中华人民共和国境内的其他地区（以下称区外）进入海关特殊监管区域的，或者已办理临时进境审核登记手续的文物由海关特殊监管区域运往区外的，除按规定办理海关相关手续外，各管理处无需办理审核登记手续。

（三）推广延伸服务。主动开展多样化的延伸服务，提升审核登记服务水平。对于申请由海关特殊监管区域临时进出境的文物，以及区外数量较多、体量较大的临时进出境文物，各管理处可主动入区或上门开展查验、审核、登记工作，便利申请人开展相关活动。

（四）提示安全风险。依托国家文物进出境审核信息管理系统加强对已审核登记临时出境文物的动态跟踪，对临近文物临时出境时限尚未复进境的，各管理处应予以主动提醒。对未取得同意延期批复的临时出境文物延期复进境的，应及时将有关情况报告国家文物局博物馆与社会文物司。

四、深化部门协同，强化宣传引导

（一）完善部门协作机制。各管理处要按照国家文物局规定要求，在省级文物行政部门领导下，加强同属地海关之间的对接和联动，建立健全部门间沟通会商、信息共享等合作机制，共同构建文物临时进出境有序衔接、高效协同的全流程监管链条。

（二）提升咨询服务水平。各管理处要利用线上线下多种方式加强政策解读和社会宣传，通过现场、电话、网络等各种途径向申请人提供准确、完整的问题解答和信息说明，引导文物临时进出境申请人规范申报并依法开展文物流转。

各管理处要对照本通知要求，强化主体责任，严格遵照执行，确保各项管理制度和服务措施落地落实。

特此通知。

国家文物局

2023 年 9 月 28 日

国家文物局办公室关于严格执行文物经营活动审批备案和信息报送制度的通知

办博函〔2021〕362 号

各省、自治区、直辖市文物局（文化和旅游厅/局），新疆生产建设兵团文物局：

为加强文物经营活动事中事后监管，我局于2018年印发了《关于进一步规范文物购销、拍卖经营活动监管工作的通知》（文物博函〔2018〕524号，以下简称《通知》），就规范文物购销、拍卖经营活动相关备案和信息报送工作，进一步落实属地责任，完善日常监管等提出了明确要求。近三年来，各省级文物行政部门认真落实《通知》要求，积极履行备案和信息报送职责，但备案和信息报送不及时、不完整、不规范等情况仍有存在，对文物行政部门全面了解实际情况、依法开展科学监管带来了较大阻碍。为严格执行文物购销、拍卖经营活动备案和信息报送制度，现就有关工作要求通知如下：

一、严格报送时限

文物经营主体资质审批信息报送、文物购销记录、文物拍卖记录备案信息报送的时限要求严格按照《通知》规定执行；省级文物行政部门在作出文物拍卖标的审核批复后，立即将文物拍卖标的审核信息抄报我局备案。

二、规范报送格式

文物经营主体资质审批信息报送、文物购销记录、文物拍卖记录备案信息报送的格式要求严格按照《通知》规定执行。为规范文物拍卖标的审核备案格式要求，我局制定了《文物拍卖标的审核信息表》（见附件）。省级文物行政部门应及时将批复文件（含《文物拍卖标的审核信息表》和标的图片等材料的电子版）及时报送我局备案，《文物拍卖标的审核信息表》中"图片编号""标的名称"必须与文物拍卖记录备案信息一致，切实保证文物拍卖标的审核和文物拍卖记录备案内容完整、格式统一、要素齐全。

三、落实主体责任

各省级文物行政部门要充分认识文物经营活动审批备案和信息报送制度对做好文物市场监管工作的重要意义，实行文物经营活动审批备案和信息报送工作责任制，切实加强组织领导，明确落实责任到人，及时、高效、规范地向我局报送备案相关信息。对主体责任落实不到位，备案和信息报送不符合规定要求的，我局将及时加强督促检查；情节严重的或经督促仍未整改的，我局将适时在全国范围内进行通报批评。

特此通知。

附件：文物拍卖标的审核信息表

国家文物局办公室

2021 年 3 月 22 日

附件

文物拍卖标的的审核信息表

文物拍卖企业名称						
拍卖会名称			专场名称			
预展时间			拍卖时间			
拍卖会地点						
				委托人信息		
序号	图片编号[1]	标的名称[2]	标的来源[3]	姓名或名称	住所	有效身份证件号码或有效证件号码
……						

光盘图片[4]信息

___号光盘名称	图片编号：___号至___号
___号光盘名称	图片编号：___号至___号
……	

注：1. "图片编号"必须与文物拍卖记录备案信息中图片编号一致。
2. "标的名称"必须与文物拍卖记录备案信息中标的的名称一致；名称中必须包含文物时代，且不得以"某代或更早""某代之前""某某款""某代或更早"等非正规方式标注文物时代。
3. 填写"A类"（境内征集）或"B类"（境内委托）或"C类"（境外回流）。
4. 每件标的提供≥1张图片，每张图片像素≥300DPI。

国家文物鉴定委员会管理规定

（自 2006 年 1 月 12 日起施行）

第一条 为健全国家文物鉴定委员会（以下称"本会"）工作制度，充分发挥文物鉴定专家在文化遗产保护管理工作中的作用，根据《中华人民共和国文物保护法》和《中华人民共和国文物保护法实施条例》，制定本规定。

第二条 性质与任务

本会是国家文物局为文物保护管理工作而设立的文物鉴定咨询机构。由国家文物局聘请文物、博物馆及相关行业著名专家学者组成。其主要职责是：根据国家文物管理工作需要，对文化遗产的历史、艺术、科学价值和等级进行鉴定和评价，为文物征集、保护、管理和执行有关文物保护法规提供依据。

第三条 机构设置

本会设委员若干名，其中主任委员（一名）、副主任委员（三名），均由国家文物局聘任。本会设专业组，委员按其鉴定专长分别参加一个专业组，每个专业组设召集人一名。秘书处设于国家文物局博物馆司社会文物处，秘书长一名，由该处负责人担任。秘书处负责本会的日常工作，承担鉴定任务的组织工作。

第四条 标准和条件

委员应具备下列条件：

（一）热爱文物保护事业，遵纪守法，具有良好的职业道德。实事求是，以国家利益为重；

（二）从事文物的专业研究，在相应领域有多年的鉴定工作经历，经验丰富，在文物研究领域有突出业绩；

（三）具有文物博物专业高级技术职务或相关专业高级技术职务；

（四）身体健康，能够承担本会的相关工作。

第五条 产生办法

本会委员限额，缺额递补，原则上每两年增补一次。

委员候选人由现任委员及各省、自治区、直辖市文物行政主管部门和相关行业主管部门推荐，经专业组讨论后，交委员会进行差额无记名投票，根据得票数依次入选，满额为止。新入选委员经征得其本人及所在单位或当地文物行政主管部门同意，由国家文物局审定并公示，如无异议，再予公布并颁发聘书。

第六条 工作范畴

（一）为国家文物保护管理的行政决策提供咨询；

（二）为国家重点珍贵文物征集和博物馆馆藏珍贵文物征集、保护进行监督指导，提供鉴定咨询，承担相关研究工作；

（三）参与国有馆藏文物一级品鉴定确认工作；

（四）受国家文物局委托，对涉及重大刑事案件的文物司法鉴定结论进行复核；

（五）总结文物鉴定经验，交流学术研究成果，培养文物鉴定人才；

（六）国家文物局的其他任务。

第七条 工作程序

（一）根据工作需要，由秘书处组织委员开展工作；

（二）涉及重大文物鉴定事项时，每一文物类别的鉴定委员不少于三名；

（三）工作完成后，需向国家文物局提交所有参与工作的委员签署的鉴定结论。

第八条 权利与义务

委员享有以下权利：

（一）拥有不受任何单位或个人干涉，以独立身份充分表达自己意见的权利；

（二）以委员身份向国家文物局提出工作意见或建议；

（三）承担文物司法鉴定时，可要求相关部门采取保密措施；

（四）应国家文物局要求开展工作，获得相应工作报酬；

（五）根据个人意愿，退出本会；

（六）法律、法规和规章规定的其他权利。

委员应履行以下义务：

（一）执行《中华人民共和国文物保护法》及相关法律、法规和规章；

（二）应国家文物局要求，以本会委员身份参与相关工作，提供公正、客观和具体的意见，并对自己的意见负责。凡可能出现影响鉴定结论公正性的情况时，应遵循回避原则；

（三）不得在文物拍卖企业任职；

（四）未经国家文物局许可，不得以本会委员身份执行文物鉴定任务；不得以本会委员名义开具鉴定证书。与国家文物鉴定委员会无关的个人行为，须自行承担责任；

（五）保守工作秘密；

（六）法律、法规和规章规定的其他义务。

第九条　终止聘任

（一）由于健康原因、年龄原因或移居海外一年以上，不能履行相关职责的；

（二）本会委员触犯国家法律，危害国家利益，违背职业道德，违反本规定的。

经国家文物局审核批准，可解除其聘约，要求其退出本会。

第十条　经费

本会所需活动经费，按计划从国家文物事业经费中拨付。

第十一条　附则

本规定自公布之日起实施，《国家文物鉴定委员会条例》（草案）（一九八五年九月一日文化部党组〈扩大〉会议原则通过）同时废止。

本规定由国家文物局负责解释。

财政部关于印发《罚没财物管理办法》的通知

财税〔2020〕54 号

党中央有关部门，国务院各部委、各直属机构，最高人民法院、最高人民检察院、国家监委，各省、自治区、直辖市、计划单列市财政厅（局），新疆生产建设兵团财政局，财政部各地监管局：

为进一步规范和加强罚没财物管理，根据国家有关法律法规，结合各地区、各部门实践情况，我部制定了《罚没财物管理办法》，现印发给你们，请遵照执行。

附件：罚没财物管理办法

财政部

2020 年 12 月 17 日

附件　　　　　　　罚没财物管理办法

第一章　总　则

第一条　为规范和加强罚没财物管理，防止国家财产损失，保护自然人、法人和非法人组织的合法权益，根据《中华人民共和国预算法》《罚款决定与罚款收缴分离实施办法》（国务院令第 235 号）等有关法律、行政法规规定，制定本办法。

第二条　罚没财物移交、保管、处置、收入上缴、预算管理等，适用本办法。

第三条　本办法所称罚没财物，是指执法机关依法对自然人、法人和非法人组织作出行政处罚决定，没收、追缴决定或者法院生效裁定、判决取得的罚款、罚金、违法所得、非法财物，没收的保证金、个人财产等，包括现金、有价票证、有价证券、动产、不动产和其他财产权利等。

本办法所称执法机关，是指各级行政机关、监察机关、审判机关、检察机关，法律法规授权的具有管理公共事务职能的事业单位和组织。

本办法所称罚没收入是指罚款、罚金等现金收入，罚没财物处置收入及其孳息。

第四条 罚没财物管理工作应遵循罚款决定与罚款收缴相分离，执法与保管、处置岗位相分离，罚没收入与经费保障相分离的原则。

第五条 财政部负责制定全国罚没财物管理制度，指导、监督各地区、各部门罚没财物管理工作。中央有关执法机关可以根据本办法，制定本系统罚没财物管理具体实施办法，指导本系统罚没财物管理工作。

地方各级财政部门负责制定罚没财物管理制度，指导、监督本行政区内各有关单位的罚没财物管理工作。

各级执法机关、政府公物仓等单位负责制定本单位罚没财物管理操作规范，并在本单位职责范围内对罚没财物管理履行主体责任。

第二章 移交和保管

第六条 有条件的部门和地区可以设置政府公物仓对罚没物品实行集中管理。未设置政府公物仓的，由执法机关对罚没物品进行管理。

各级执法机关、政府公物仓按照安全、高效、便捷和节约的原则，使用下列罚没仓库存放保管罚没物品：

（一）执法机关罚没物品保管仓库；

（二）政府公物仓库；

（三）通过购买服务等方式选择社会仓库。

第七条 设置政府公物仓的地区，执法机关应当在根据行政处罚决定，没收、追缴决定，法院生效裁定、判决没收物品或者公告期满后，在同级财政部门规定的期限内，将罚没物品及其他必要的证明文件、材料，移送至政府公物仓，并向财政部门备案。

第八条 罚没仓库的保管条件、保管措施、管理方式应当满足防火、防水、防腐、防疫、防盗等基础安全要求，符合被保管罚没物品的特性。应当安装视频监控、防盗报警等安全设备。

第九条 执法机关、政府公物仓应当建立健全罚没物品保管制度，规范业务流程和单据管理，具体包括：

（一）建立台账制度，对接管的罚没物品必须造册、登记，清楚、准确、全面反映罚没物品的主要属性和特点，完整记录从入库到处置全过程。

（二）建立分类保管制度，对不同种类的罚没物品，应当分类保管。对文物、文化艺术品、贵金属、珠宝等贵重罚没物品，应当做到移交、入库、保管、出库全程录音录像，并做好密封工作。

（三）建立安全保卫制度，落实人员责任，确保物品妥善保管。

（四）建立清查盘存制度，做到账实一致，定期向财政部门报告罚没物品管理情况。

第十条 罚没仓库应当凭经执法机关或者政府公物仓按管理职责批准的书面文件或者单证办理出库手续，并在登记的出库清单上列明，由经办人与提货人共同签名确认，确保出库清单与批准文件、出库罚没物品一致。

罚没仓库无正当理由不得妨碍符合出库规定和手续的罚没物品出库。

第十一条 执法机关、政府公物仓应当运用信息化手段，建立来源去向明晰、管理全程可控、全面接受监督的管理信息系统。

执法机关、政府公物仓的管理信息系统，应当逐步与财政部门的非税收入收缴系统等平台对接，实现互联互通和信息共享。

第三章　罚没财物处置

第十二条 罚没财物的处置应当遵循公开、公平、公正原则，依法分类、定期处置，提高处置效率，降低仓储成本和处置成本，实现处置价值最大化。

第十三条 各级执法机关、政府公物仓应当依照法律法规和本级人民政府规定的权限，按照本办法的规定处置罚没财物。

各级财政部门会同有关部门对本级罚没财物处置、收入收缴等进行监督，建立处置审批和备案制度。

财政部各地监管局对属地中央预算单位罚没财物的处置、收入收缴等进行监督。

第十四条　除法律法规另有规定外，容易损毁、灭失、变质、保管困难或者保管费用过高、季节性商品等不宜长期保存的物品，长期不使用容易导致机械性能下降、价值贬损的车辆、船艇、电子产品等物品，以及有效期即将届满的汇票、本票、支票等，在确定为罚没财物前，经权利人同意或者申请，并经执法机关负责人批准，可以依法先行处置；权利人不明确的，可以依法公告，公告期满后仍没有权利人同意或者申请的，可以依法先行处置。先行处置所得款项按照涉案现金管理。

第十五条　罚没物品处置前存在破损、污秽等情形的，在有利于加快处置的情况下，且清理、修复费用低于变卖收入的，可以进行适当清理、修复。

第十六条　执法机关依法取得的罚没物品，除法律、行政法规禁止买卖的物品或者财产权利、按国家规定另行处置外，应当按照国家规定进行公开拍卖。公开拍卖应当符合下列要求：

（一）拍卖活动可以采取现场拍卖方式，鼓励有条件的部门和地区通过互联网和公共资源交易平台进行公开拍卖。

（二）公开拍卖应当委托具有相应拍卖资格的拍卖人进行，拍卖人可以通过摇珠等方式从具备资格条件的范围中选定，必要时可以选择多个拍卖人进行联合拍卖。

（三）罚没物品属于国家有强制安全标准或者涉及人民生命财产安全的，应当委托符合有关规定资格条件的检验检疫机构进行检验检测，不符合安全、卫生、质量或者动植物检疫标准的，不得进行公开拍卖。

（四）根据需要，可以采取"一物一拍"等方式对罚没物品进行拍卖。采用公开拍卖方式处置的，一般应当确定拍卖标的保留价。保留价一般参照价格认定机构或者符合资格条件的资产评估机构作出的评估价确定，也可以参照市场价或者通过互联网询价确定。

（五）公开拍卖发生流拍情形的，再次拍卖的保留价不得低于前次拍卖保留价的80%。发生3次（含）以上流拍情形的，经执法机关商同级财政部门确定后，可以通过互联网平台采取无底价拍卖或者转为其他处置方式。

第十七条　属于国家规定的专卖商品等限制流通的罚没物品，应当交由归口管理单位统一变卖，或者变卖给按规定可以接受该物品的单位。

第十八条　下列罚没物品，应当移交相关主管部门处置：

（一）依法没收的文物，应当移交国家或者省级文物行政管理部门，由其指定的国有博物馆、图书馆等文物收藏单位收藏或者按国家有关规定处置。经国家或者省级文物行政管理部门授权，市、县的文物行政管理部门或者有关国有博物馆、图书馆等文物收藏单位可以具体承办文物接收事宜。

（二）武器、弹药、管制刀具、毒品、毒具、赌具、禁止流通的易燃易爆危险品等，应当移交同级公安部门或者其他有关部门处置，或者经公安部门、其他有关部门同意，由有关执法机关依法处置。

（三）依法没收的野生动植物及其制品，应当交由野生动植物保护主管部门、海洋执法部门或者有关保护区域管理机构按规定处置，或者经有关主管部门同意，交由相关科研机构用于科学研究。

（四）其他应当移交相关主管部门处置的罚没物品。

第十九条　罚没物品难以变卖或者变卖成本大于收入，且具有经济价值或者其他价值的，执法机关应当报送同级财政部门，经同级财政部门同意后，可以赠送有关公益单位用于公益事业；没有捐赠且能够继续使用的，由同级财政部门统一管理。

第二十条　淫秽、反动物品，非法出版物，有毒有害的食品药品及其原材料，危害国家安全以及其他有社会危害性的物品，以及法律法规规定应当销毁的，应当由执法机关予以销毁。

对难以变卖且无经济价值或者其他价值的，可以由执法机关、政府公物仓予以销毁。

属于应销毁的物品经无害化或者合法化处理，丧失原有功能后尚有经济价值的，可以由执法机关、政府公物仓作为废旧物品变卖。

第二十一条　已纳入罚没仓库保管的物品，依法应当退还的，由执法机关、政府公物仓办理退还手续。

第二十二条　依法应当进行权属登记的房产、土地使用权等罚没财产和财产权利，变卖前可以依据行政处罚决定，没收、追缴决定，法院生效裁定、判决进行权属变更，变更后应当按本办法相关规定处置。

权属变更后的承接权属主体可以是执法机关、政府公物仓、同级财政部门或者其他指定机构，但不改变罚没财物的性质，承接单位不得占用、出租、出借。

第二十三条 罚没物品无法直接适用本办法规定处置的，执法机关与同级财政商有关部门后，提出处置方案，报上级财政部门备案。

第四章 罚没收入

第二十四条 罚没收入属于政府非税收入，应当按照国库集中收缴管理有关规定，全额上缴国库，纳入一般公共预算管理。

第二十五条 除依法可以当场收缴的罚款外，作出罚款决定的执法机关应当与收缴罚款的机构分离。

第二十六条 中央与省级罚没收入的划分权限，省以下各级政府间罚没收入的划分权限，按照现行预算管理有关规定确定。法律法规另有规定的，从其规定。

第二十七条 除以下情形外，罚没收入应按照执法机关的财务隶属关系缴入同级国库：

（一）海关、公安、中国海警、市场监管等部门取得的缉私罚没收入全额缴入中央国库。

（二）海关（除缉私外）、国家外汇管理部门、国家邮政部门、通信管理部门、气象管理部门、应急管理部所属煤矿安全监察部门、交通运输部所属海事部门中央本级取得的罚没收入全额缴入中央国库。省以下机构取得的罚没收入，50%缴入中央国库，50%缴入地方国库。

（三）国家烟草专卖部门取得的罚没收入全额缴入地方国库。

（四）应急管理部所属的消防救援部门取得的罚没收入，50%缴入中央国库，50%缴入地方国库。

（五）国家市场监督管理总局所属的反垄断部门与地方反垄断部门联合办理或者委托地方查办的重大案件取得的罚没收入，全额缴入中央国库。

（六）国有企业、事业单位监察机构没收、追缴的违法所得，按照国有企业、事业单位隶属关系全额缴入中央或者地方国库。

（七）中央政法机关交办案件按照有关规定执行。

（八）财政部规定的其他情形。

第二十八条 罚没物品处置收入，可以按扣除处置该罚没物品直接支出后的余额，作为罚没收入上缴；政府预算已经安排罚没物品处置专项经费的，不得扣除处置该罚没物品的直接支出。

前款所称处置罚没物品直接支出包括质量鉴定、评估和必要的修复费用。

第二十九条 罚没收入的缴库，按下列规定执行：

（一）执法机关取得的罚没收入，除当场收缴的罚款和财政部另有规定外，应当在取得之日缴入财政专户或者国库；

（二）执法人员依法当场收缴罚款的，执法机关应当自收到款项之日起2个工作日内缴入财政专户或者国库；

（三）委托拍卖机构拍卖罚没物品取得的变价款，由委托方自收到款项之日起2个工作日内缴入财政专户或者国库。

第三十条 政府预算收入中罚没收入预算为预测性指标，不作为收入任务指标下达。执法机关的办案经费由本级政府预算统筹保障，执法机关经费预算安排不得与该单位任何年度上缴的罚没收入挂钩。

第三十一条 依法退还多缴、错缴等罚没收入，应当按照本级财政部门有关规定办理。

第三十二条 执法机关在罚没财物管理工作中，应当按照规定使用财政部门相关票据。

第三十三条 对向执法机关检举、揭发各类违法案件的人员，经查实后，按照相关规定给予奖励，奖励经费不得从案件罚没收入中列支。

第五章 附 则

第三十四条 各级财政部门、执法机关、政府公物仓及其工作人员在罚没财物管理、处置工作中，存在违反本办法规定的行为，以及其他滥用职权、玩忽职守、徇私舞弊等违法违纪行为的，按照《中华人民共和国监察法》《财政违法行为处罚处分条例》等国家有关规定追究相应责任；构成犯罪的，依法追究刑事责任。

第三十五条 执法机关扣押的涉案财物，有关单位、个人向执法机关声明放弃的或者无人认领的财物；党的纪律检查机关依据党内法规收缴的违纪所得以及按规定登记上交的礼品、礼金等财物；党政机关收到的采购、人事等合同违约金；党政机关根据国家赔偿法履行赔偿义务之后向故意或者有重大过失的工作人员、受委托的组织或者个人追偿的赔偿款等，参照罚没财物管理。国家另有规定的除外。

国有企业、事业单位党的纪检机构依据党内法规收缴的违纪所得，以及按规定登记上交的礼品、礼金等财物，按照国有企业、事业单位隶属关系全额缴入中央或者地方国库。

第三十六条 本办法自 2021 年 1 月 1 日起实施。

本办法实施前已经形成的罚没财物，尚未处置的，按照本办法执行。

国家税务总局关于加强和规范个人取得拍卖收入征收个人所得税有关问题的通知

国税发〔2007〕38 号

各省、自治区、直辖市和计划单列市地方税务局，宁夏、西藏自治区国家税务局：

据部分地区反映，对于个人通过拍卖市场拍卖各种财产（包括字画、瓷器、玉器、珠宝、邮品、钱币、古籍、古董等物品）的所得征收个人所得税有关规定不够细化，为增强可操作性，需进一步完善规范。为此，根据《中华人民共和国个人所得税法》及其实施条例和《中华人民共和国税收征收管理法》及其实施细则规定，现通知如下：

一、个人通过拍卖市场拍卖个人财产，对其取得所得按以下规定征税：

（一）根据《国家税务总局关于印发〈征收个人所得税若干问题的规定〉的通知》（国税发〔1994〕089 号），作者将自己的文字作品手稿原件或复印件拍卖取得的所得，应以其转让收入额减除 800 元（转让收入额 4000 元以下）或者 20%（转让收入额 4000 元以上）后的余额为应纳税所得额，按照"特许权使用费"所得项目适用 20% 税率缴纳个人所得税。

（二）个人拍卖除文字作品原稿及复印件外的其他财产，应以其转让收入额减除财产原值和合理费用后的余额为应纳税所得额，按照"财产转让所得"项目适用 20% 税率缴纳个人所得税。

二、对个人财产拍卖所得征收个人所得税时，以该项财产最终拍卖成交价格为其转让收入额。

三、个人财产拍卖所得适用"财产转让所得"项目计算应纳税所得额时，纳税人凭合法有效凭证（税务机关监制的正式发票、相关境外交易单据或海关报关单据、完税证明等），从其转让收入额中减除相应的财产原值、拍卖财产过程中缴纳的税金及有关合理费用。

（一）财产原值，是指售出方个人取得该拍卖品的价格（以合法有效凭证为准）。具体为：

1. 通过商店、画廊等途径购买的，为购买该拍卖品时实际支付的价款；

2. 通过拍卖行拍得的，为拍得该拍卖品实际支付的价款及交纳的相关税费；

3. 通过祖传收藏的，为其收藏该拍卖品而发生的费用；

4. 通过赠送取得的，为其受赠该拍卖品时发生的相关税费；

5. 通过其他形式取得的，参照以上原则确定财产原值。

（二）拍卖财产过程中缴纳的税金，是指在拍卖财产时纳税人实际缴纳的相关税金及附加。

（三）有关合理费用，是指拍卖财产时纳税人按照规定实际支付的拍卖费（佣金）、鉴定费、评估费、图录费、证书费等费用。

四、纳税人如不能提供合法、完整、准确的财产原值凭证，不能正确计算财产原值的，按转让收入额的3%征收率计算缴纳个人所得税；拍卖品为经文物部门认定是海外回流文物的，按转让收入额的2%征收率计算缴纳个人所得税。

五、纳税人的财产原值凭证内容填写不规范，或者一份财产原值凭证包括多件拍卖品且无法确认每件拍卖品一一对应的原值的，不得将其作为扣除财产原值的计算依据，应视为不能提供合法、完整、准确的财产原值凭证，并按上述规定的征收率计算缴纳个人所得税。

六、纳税人能够提供合法、完整、准确的财产原值凭证，但不能提供有关税费凭证的，不得按征收率计算纳税，应当就财产原值凭证上注明的金额据实扣除，并按照税法规定计算缴纳个人所得税。

七、个人财产拍卖所得应纳的个人所得税税款，由拍卖单位负责代扣代缴，并按规定向拍卖单位所在地主管税务机关办理纳税申报。

八、拍卖单位代扣代缴个人财产拍卖所得应纳的个人所得税税款时，应给纳税人填开完税凭证，并详细标明每件拍卖品的名称、拍卖成交价格，扣缴税款额。

九、主管税务机关应加强对个人财产拍卖所得的税收征管工作，在拍卖单位举行拍卖活动期间派工作人员进入拍卖现场，了解拍卖的有关情况，宣传辅导有关税收政策，审核鉴定原值凭证和费用凭证，督促拍卖单位依法代扣代缴个人所得税。

十、本通知自 5 月 1 日起执行。《国家税务总局关于书画作品、古玩等拍卖收入征收个人所得税有关问题的通知》（国税发〔1997〕154 号）同时废止。

国家税务总局

2007 年 4 月 4 日

国家税务总局关于明确中外合作办学等
若干增值税征管问题的公告

（国家税务总局公告 2018 年第 42 号）

现将中外合作办学等增值税征管问题公告如下：

一、境外教育机构与境内从事学历教育的学校开展中外合作办学，提供学历教育服务取得的收入免征增值税。中外合作办学，是指中外教育机构按照《中华人民共和国中外合作办学条例》（国务院令第 372 号）的有关规定，合作举办的以中国公民为主要招生对象的教育教学活动。上述"学历教育""从事学历教育的学校""提供学历教育服务取得的收入"的范围，按照《营业税改征增值税试点过渡政策的规定》（财税〔2016〕36 号文件附件3）第一条第（八）项的有关规定执行。

二、航空运输销售代理企业提供境内机票代理服务，以取得的全部价款和价外费用，扣除向客户收取并支付给航空运输企业或其他航空运输销售代理企业的境内机票净结算款和相关费用后的余额为销售额。其中，支付给航空运输企业的款项，以国际航空运输协会（IATA）开账与结算计划（BSP）对账单或航空运输企业的签收单据为合法有效凭证；支付给其他航空运输销售代理企业的款项，以代理企业间的签收单据为合法有效凭证。航空运输销售代理企业就取得的全部价款和价外费用，向购买方开具行程单，或开具增值税普通发票。

三、纳税人通过省级土地行政主管部门设立的交易平台转让补充耕地指标，按照销售无形资产缴纳增值税，税率为6%。本公告所称补充耕地指标，是指根据《中华人民共和国土地管理法》及国务院土地行政主管部门《耕地占补平衡考核办法》的有关要求，经省级土地行政主管部门确认，用于耕地占补平衡的指标。

四、上市公司因实施重大资产重组形成的限售股，以及股票复牌首日至解禁日期间由上述股份孳生的送、转股，因重大资产重组停牌的，按照《国家税务总局关于营改增试点若干征管问题的公告》（国家税务总局公告2016年第53号）第五条第（三）项的规定确定买入价；在重大资产重组前已经暂停上市的，以上市公司完成资产重组后股票恢复上市首日的开盘价为买入价。

五、拍卖行受托拍卖取得的手续费或佣金收入，按照"经纪代理服务"缴纳增值税。《国家税务总局关于拍卖行取得的拍卖收入征收增值税、营业税有关问题的通知》（国税发〔1999〕40号）停止执行。

六、一般纳税人销售自产机器设备的同时提供安装服务，应分别核算机器设备和安装服务的销售额，安装服务可以按照甲供工程选择适用简易计税方法计税。

一般纳税人销售外购机器设备的同时提供安装服务，如果已经按照兼营的有关规定，分别核算机器设备和安装服务的销售额，安装服务可以按照甲供工程选择适用简易计税方法计税。

纳税人对安装运行后的机器设备提供的维护保养服务，按照"其他现代服务"缴纳增值税。

七、纳税人2016年5月1日前发生的营业税涉税业务，包括已经申报缴纳营业税或补缴营业税的业务，需要补开发票的，可以开具增值税普通发票。纳税人应完整保留相关资料备查。

本公告自发布之日起施行，《国家税务总局关于简并增值税征收率有关问题的公告》（国家税务总局公告2014年第36号）第二条和《国家税务总局关于进一步明确营改增有关征管问题的公告》（国家税务总局公告2017年第11号）第四条同时废止。此前已发生未处理的事项，按照本公告的规定执行。2016年5月1日前，纳税人发生本公告第四条规定的应税行为，已缴纳营业税的，不再调整，未缴纳营业税的，比照本公告规定缴纳营业税。

特此公告。

国家税务总局

2018年7月25日

标准规程

网络拍卖规程

（GB/T 32674－2016）

（2016 年 4 月 25 日发布　2016 年 11 月 1 日实施）

目　次

前　言

本标准按照 GB/T 1.1－2009 给出的规则起草。

本标准由中华人民共和国商务部提出。

本标准由全国拍卖标准化技术委员会（SAC/TC 366）归口。

本标准起草单位：中国拍卖行业协会、上海市拍卖行业协会、广东省拍卖业协会、北京市盛峰律师事务所、中国科学院计算机网络信息中心、天津市拍卖总行有限公司、浙江新中大拍卖有限公司、北京嘉德在线拍卖有限公司、大连华信计算机技术股份有限公司、易拍全球（北京）科贸有限公司、上海赵涌电子商务服务有限公司。

本标准主要起草人：刘燕、于国富、陆春阳、崔海乐、张立。

网络拍卖规程

1. 范围

本标准规定了网络拍卖的基本原则、网络拍卖平台及网络拍卖的实施。

本标准适用于通过网络开展的各类拍卖活动。

2. 规范性引用文件

下列文件对于本文件的应用是必不可少的。凡是注日期的引用文件，仅注日期的版本适用于本文件。凡是不注日期的引用文件，其最新版本（包括所有的修改单）适用于本文件。

SB/T 10641　拍卖术语

3. 术语和定义

SB/T 10641 界定的以及下列术语和定义适用于本文件。

3.1

网络拍卖　online auction

通过网络，以公开竞价的形式，将特定物品或者财产权利转让给最高应价者的买卖方式。

3.2

网络拍卖平台　online auction platform

在网络拍卖活动中，为交易各方提供相关服务的信息系统。

3.3

网络竞买人　online bidder

在网络拍卖活动中，通过网络竞购拍卖标的的自然人、法人或其他组织。

3.4

网络买受人　online buyer

在网络拍卖活动中，通过网络以最高应价购得拍卖标的的竞买人。

3.5

电子成交确认书　online confirmation letter

在网络拍卖活动中，拍卖成交后由买受人和拍卖人对拍卖成交事实予以确认的电子凭证。

4. 基本原则

4.1　网络拍卖活动应遵循公开、公平、公正，诚实信用原则。

4.2　网络拍卖规则应透明。

4.3　网络拍卖平台应功能完善、安全、稳定。

5. 基本要求

5.1　网络拍卖平台

设立网络拍卖平台，应满足以下基本要求：

——有符合拍卖法等相关法律、法规、规章的规则；

——有保障网络拍卖业务正常开展的计算机信息系统，功能可包括：发布公告，拍卖标的网上展示，网络竞价，记录竞价过程，生成电子成交确认书，网上结算服务，网络与现场同步拍卖；

——有开展网络拍卖活动的业务流程，可包括：用户注册，拍卖主体资格审核，公告发布，拍卖标的网上展示，竞买登记，网络竞价及成交确认，网上结算，资料存档；

——有与所从事的网络拍卖业务和规模相配套的服务器、网络设施、技术人员、拍卖专业人员和资金；

——根据《互联网信息服务管理办法》，按照平台性质取得许可或备案。

5.2　拍卖主体

网络拍卖活动的主体应满足以下基本要求：

——符合拍卖法等相关法律、法规、规章的要求，取得从事拍卖业务的行政许可；

——有组织网络拍卖活动的专业人员，包括：拍卖专业人员，网络技术人员。

5.3　制度

网络拍卖应有完善的规章制度，包括但不限于：

——拍卖主体资格审核制度；

——公告发布制度；

——网络拍卖规则；

——保密制度；

——数据安全管理制度；

——信息披露制度；

——信用评价制度。

5.4 安全

5.4.1 系统安全管理

网络拍卖应有保障系统安全的管理体系，包括：

——系统安全管理制度；

——专业系统管理人员；

——防病毒系统、防火墙系统、防入侵系统等安全产品。

5.4.2 突发事件预案

网络拍卖应有对因硬件故障、软件故障、人为因素、不可抗力等导致的突发事件的应急预案，内容包括：

——对平台可能存在的系统服务暂时中断、信息被篡改等风险的告知；

——需要告知的拍卖当事人、监管部门等对象；

——中止拍卖、恢复拍卖，变更拍卖方式，终止拍卖等突发事件的处置方式；

——应急联系人、联系方式等应急联络机制。

6. 网络拍卖公告与展示

6.1 公告发布

6.1.1 公告发布时间

网络拍卖应根据拍卖标的的性质和特点确定公告发布时间。

6.1.2 公告内容

网络拍卖公告内容应准确、完整，包括：

——拍卖标的；

——拍卖时间和网络拍卖平台；

——预展时间和地点；

——参与竞买应当办理的手续；

——拍卖人联系方式；

——需要公告的其他事项。

6.1.3 公告发布媒介

拍卖公告可在网络新闻媒介发布。

6.2 拍卖标的展示

6.2.1 网络拍卖前应展示拍卖标的。

6.2.2 通过网络展示的，应提供拍卖标的的文字说明、真实图片或音、视频等资料。

6.2.3 通过线下展示的，应提供拍卖标的的实物或文字说明、现场咨询服务。

7. 网络拍卖的实施

7.1 网络竞买人注册登记

7.1.1 网络竞买人首次登录网络拍卖平台前，应办理注册手续，填写必要的信息，内容包括：

——登录名；

——密码；

——身份信息；

——联系方式；

——其他相关信息。

7.1.2 网络竞买人参加网络拍卖活动前，应完成竞买登记，内容包括：

——竞买人身份证明；

——签署竞买协议；

——按拍卖人要求缴纳竞买保证金。

7.2 拍卖主持

7.2.1 网络拍卖应由拍卖师主持。

拍卖师可在线主持，也可通过其认可的预设拍卖程序、文字、语音或动画等方式主持。

7.2.2 拍卖前应通过网络拍卖平台宣布拍卖规则和注意事项。

7.2.3 拍卖标的无保留价的，应在拍卖前通过网络拍卖平台予以说明。

7.2.4 拍卖师可根据竞价情况调整竞价幅度、竞价时间。

7.3 网络竞价

7.3.1 网络竞买人应按照网络拍卖规则竞价。

7.3.2 网络拍卖平台应对网络竞价过程做记录，内容包括：

——竞买人；

——应价时间；

——应价价格；

——成交结果；

——其他需要记录的事项。

7.3.3 当网络拍卖发生异常时，应由拍卖师按照应急预案处理。

7.4 成交确认

7.4.1 拍卖师通过网络拍卖平台确认最高应价后，拍卖成交。

7.4.2 拍卖成交后，买受人与拍卖人可使用电子签名技术，通过网络拍卖平台签署电子成交确认书（见附录 A）。

7.5 拍卖记录

7.5.1 平台应保存完整的网络拍卖信息，内容包括：

——拍卖的时间、场所或网址；

——拍卖标的的种类、数量等信息；

——竞买人的姓名（名称）、应价信息；

——买受人的姓名（名称）、成交价、成交时间等信息；

——中止或终止拍卖信息；

——其他应记录的信息。

7.5.2 拍卖人可通过网络拍卖平台生成电子拍卖笔录（见附录 B）。

7.5.3 拍卖人应妥善保管电子拍卖笔录。

8. 网络拍卖档案

8.1 形式

网络拍卖档案可以电子数据形式保存。可将该电子数据通过打印、拷贝等方式制作副本。

8.2 内容

网络拍卖档案应真实、准确、完整，内容包括：

——委托拍卖合同、委托人的证照复印件等有关资料；

——拍卖公告；

——拍卖标的资料；

——委托人对拍卖标的享有所有权或处分权的证明材料；

——网络竞买人身份证明资料；

——拍卖规则、竞买须知、重要说明等；

——竞价过程记录；

——电子拍卖笔录；

——成交确认书；

——结算记录；

——拍卖未成交、中止和终止拍卖的有关资料；

——其他相关信息。

8.3 保存

拍卖人应妥善保管网络拍卖档案，保管期限自委托拍卖合同终止之日起计算，不得少于五年。

8.4 查阅

网络拍卖平台应提供网络拍卖信息的查询服务，内容包括：

——拍卖公告；

——拍卖标的信息；

——应价记录；

——成交价格；

——其他相关信息。

附录 A

（规范性附录）

电子成交确认书

电子成交确认书

_____成交确认书

拍卖会名称_____

拍卖标的名称_____

网络买受人姓名（名称）_____

网络买受人证件类型_____网络买受人证件号_____

竞买号牌_____

成交价_____佣金_____

总计（大写）人民币：_____

成交时间_____

备注：

_____

_____

_____

网络买受人（代理人）签章_____ 时间_____

拍卖师签章_____ 时间_____

拍卖人签章_____ 时间_____

注：本电子成交确认书不应用于法律法规规定的不适用电子文书的情形，如：土地、房屋等不动产权益转让。

附录 B

（规范性附录）

电子拍卖笔录

电子拍卖笔录			
<div align="center">＿＿＿＿＿＿＿＿＿＿＿电子拍卖笔录</div>			
拍卖时间：＿＿＿＿＿＿＿＿＿＿＿＿＿＿＿＿＿＿＿＿＿＿＿＿＿＿＿＿＿＿＿＿＿＿＿；			
拍卖地点：＿＿＿＿＿＿＿＿＿＿＿＿＿＿＿＿＿＿＿＿＿＿＿＿＿＿＿＿＿＿＿＿＿＿＿；			
拍卖标的：＿＿＿＿＿＿＿＿＿＿＿＿＿＿＿＿＿＿＿＿＿＿＿＿＿＿＿＿＿＿＿＿＿＿＿；			
拍卖标的编号：＿＿＿＿＿＿＿＿＿＿＿；起拍价＿＿＿＿＿＿＿＿＿＿＿元。			
竞买号牌	姓名	竞拍价	竞价时间
成交价（大写）：　　　　　元整		成交价（小写）：　　　　　元	
记录人：	拍卖师：		网络买受人：

文物进出境标识使用规范
（GB/T 39051－2020）

（2020 年 9 月 29 日发布　2020 年 9 月 29 日实施）

目　次

前　言

本标准按照 GB/T 1.1－2009 给出的规则起草。

本标准由国家文物局提出。

本标准由全国文物保护标准化技术委员会（SAC/TC 289）归口。

本标准起草单位：广东省标准化研究院、广东省文物鉴定站。

本标准主要起草人：李江虹、陈思嘉、彭兆红、何锋、辛效威、鲁方、雷舜、黄建平、吴坤。

文物进出境标识使用规范

1. 范围

本标准规定了文物进出境审核过程中使用标识的种类、读取、放置位置、移除特性、清晰度等要求及其检验方法。

本标准适用于文物进出境标识的使用，文物复仿制品出境标识的使用可参照使用（国家另有规定的文物除外）。

2. 术语和定义

下列术语和定义适用于本文件。

2.1

标识 identification

在文物进出境审核过程中，对已通过审核的文物所粘附的识别符号。

2.2

主要纹饰 patterns

文物本体上出现的重要花纹、图案等。

2.3

款识 inscriptions

文物上出现的署名、题跋、底款、边款、铭文和注释等。

3. 使用要求

3.1 总则

3.1.1 已通过审核的进出境文物，应使用国家文物主管部门统一制作的标识。

3.1.2 标识粘附于文物后应易于查验和辨识，并对文物表面和外观不产生损害。

3.1.3 标识粘附应牢固，不能完整移除，不得重复使用。

3.1.4 标识的字体应清晰，不易污损。

3.2 种类

依审核业务及审核结果的不同，标识分为文物出境标识和文物临时进境标识两种。标识图案见图1。文物复仿制品出境标识的图案参见附录A。

注：SACH是国家文物主管部门英文全称的缩写。

图1 标识的种类

3.3 读取

标识粘附于文物后应能正确读取标识所含相关信息。

3.4 放置位置

3.4.1 放置原则

标识粘附于文物时应按粘附后易于查验和辨识的原则合理放置。对于脆弱、易损、微小等文物可装入透明封装物，在封装物开合处粘贴标识。

3.4.2 不宜放置的位置

标识不宜放置的位置包括：

——文物主要纹饰和款识处；

——文物的正面、粗糙面、曲率大的表面、转角处、缝隙、穿孔、凹凸、折边、波纹、褶皱等其他影响放置的位置；

——器物残损、修复的位置和其他影响文物完整性、价值评估的位置。

3.5 移除特性

3.5.1 标识粘附后，应不能被完整移除，不能被重复利用。

3.5.2 标识移除后，不能对文物造成损害，不能在文物表面留下污迹。

3.5.3 标识移除后所存信息应不可被读出。

3.6 清晰度

标识图案的字体、线条及边缘应清晰易辨。

4. 检验方法

4.1 在正常光线下，目测观察标识。

4.2 使用读写器对标识进行读取操作。

附录 A

（资料性附录）

文物复仿制品出境标识图案

图 A.1 给出了文物复仿制品出境标识的图案。

图 A.1　文物复仿制品出境标识图案

参考文献

［1］文物进出境审核管理办法（中华人民共和国文化部令〔2007〕第 42 号）

文物艺术品拍卖规程
（SB/T 10538 – 2017）

（2017 年 1 月 13 日发布　2017 年 10 月 1 日实施）

前　言

本标准按照 GB/T 1.1 – 2009 给出的规则起草。

本标准代替 SB/T 10538 – 2009《文物艺术品拍卖规程》。

本标准由中华人民共和国商务部提出。

本标准由全国拍卖标准化技术委员会（SAC/TC 366）归口。

本标准主要起草单位：中国拍卖行业协会文化艺术品拍卖专业委员会、文化部文化市场司、国家文物局博物馆与社会文物司。

本标准参与起草单位：中国嘉德国际拍卖有限公司、北京翰海拍卖有限公司、北京荣宝拍卖有限公司、上海朵云轩拍卖有限公司、北京华辰拍卖有限公司、北京匡时国际拍卖有限公司、北京诚轩拍卖有限公司、辽宁省拍卖行。

本标准主要起草人：刘幼铮、刘莹、余锦生、李蕊、金瑞国、杨宝京、刘尚勇、何小平、承载、甘学军、刘志坚、谢晓冬。

本标准的历次版本发布情况为：

——SB/T 10538 – 2009。

文物艺术品拍卖规程

1. 范围

本标准规定了文物艺术品拍卖的主要程序及基本要求。

本标准适用于各类文物艺术品拍卖活动。

2. 规范性引用文件

下列文件对于本文件的应用是必不可少的。凡是注日期的引用文件，仅注日期的版本适用于本文件。凡是不注日期的引用文件，其最新版本（包括所有的修改单）适用于本文件。

SB/T 10641　拍卖术语

SB/T 10692　拍卖师操作规范

3. 术语和定义

SB/T 10641 界定的以及下列术语和定义适用于本文件。

3. 1

拍卖当事人　parties to auction

参与拍卖活动的拍卖人、委托人、竞买人、买受人。

3. 2

拍卖图录　catalogue

拍卖人于拍卖日前制作、对拍卖标的进行介绍的图片或者文字资料。

3. 3

预展　preview

拍卖人依法对拍卖标的进行的公开展示活动。

3. 4

委托竞投　absentee bid

竞买人委托拍卖人在拍卖现场为其代为传递竞买信息的行为。

3. 5

审定　review and decide

拍卖人通过对文物艺术品的审看、研究，决定其是否适合拍卖的过程。

4. 拍卖标的征集

4. 1　拍卖人不应征集法律、行政法规禁止买卖的标的。

4. 2　拍卖标的征集应与拍卖人的拍卖资质、经营范围相符。

4. 3　拍卖人在征集拍卖标的前可通过媒介对其征集活动进行宣传，主要宣传内容包括：

——征集时间；

——征集地点；

——征集范围；

——联络方式。

4.4 拍卖人征集拍卖标的时，应安排与征集品类相应的专业人员参加现场征集活动，携带加盖公章的拍卖人营业执照复印件或者相关证明。

4.5 拍卖人境外征集拍卖标的时，应遵守国家关于文物艺术品的进出境管理相关规定。

5. 拍卖委托

5.1 委托拍卖合同的签订

拍卖人接受委托人的拍卖委托的，应与委托人签订书面委托拍卖合同（参见附录 A）。

拍卖人与委托人签订委托拍卖合同时，拍卖人应要求委托人提供身份证明：

a）委托人为自然人的，应提供有效身份证或者护照或者中华人民共和国政府认可的其他有效身份证件。

b）委托人为法人或者其他组织的，应提供有效注册登记文件、法定代表人身份证明或者合法的授权委托证明文件。

c）代理人委托拍卖标的的，应提供授权委托书和委托人、代理人的有效身份证件。授权委托书应载明代理人的姓名或者名称、代理事项、代理权限和有效期。

拍卖人与委托人签订委托拍卖合同时，有权要求委托人提供拍卖标的的所有权证明或者依法可以处分该拍卖标的的证明及其他资料，并有权要求委托人说明该拍卖标的的来源和瑕疵，标的瑕疵应以书面形式提供。

拍卖人与委托人应准确、清晰、完整填写委托拍卖合同的各项内容，有附件的委托拍卖合同应在附件中注明主合同编号。

委托拍卖合同至少一式三份，由拍卖人财务部门、业务部门和委托人分别留存。

委托拍卖合同确需修改时，可直接在原合同上进行修改，或者签订补充协议。直接在原合同上进行修改的，合同修改处应由合同双方签字或者签章确认。

5.2 委托拍卖合同的管理

拍卖人应建立委托拍卖合同管理制度。

委托拍卖合同管理制度内容应包括：

——合同印制；

——合同领取；

——合同签订；

——合同核对；

——合同修改；

——合同丢失处理；

——合同保密；

——合同保管等。

5.3 拍卖标的的交付时间

委托拍卖合同签订时，委托人应当场向拍卖人交付拍卖标的。

不能当场交付拍卖标的的，双方应另行约定交付时间及方式。

5.4 拍卖标的的保险与保管约定

委托人将拍卖标的交付拍卖人后，双方应就保险或保管事宜进行书面约定。

6. 拍卖标的的审定与审核

6.1 委托拍卖合同签订前，拍卖人应对征集的拍卖标的进行初审，根据初审结果决定是否接受委托。

6.2 委托拍卖合同签订后，拍卖人应对拍卖标的进行审定，审定时宜制作审定记录：

a）未通过审定的，拍卖人应告知委托人，并与其解除该标的的委托拍卖合同；

b）通过审定的，拍卖人应依法履行行政审核程序，并依据审核意见进行拍卖。

7. 拍卖标的的保管

7.1 库房基本设施

库房应按照国家相关安全标准和管理规定安装影像采集、报警和消防系统，满足各类拍卖标的的防火、防盗、防水、防尘、防虫等基本保管条件。

7.2　库房管理制度

拍卖人应至少建立以下库房管理制度：

——拍卖标的存放、盘点和移交制度；

——拍卖标的进出库制度；

——拍卖标的运输包装制度；

——库房设备、设施检修制度；

——人员进出库制度。

8. 拍卖图录的制作

8.1　拍卖活动举办前，拍卖人应制作拍卖图录，以便相关各方了解拍卖活动以及拍卖标的的基本情况。

8.2　拍卖图录的内容应符合政府行政主管部门的审核意见。

8.3　拍卖图录一般包括以下内容：

——拍卖活动名称；

——预展以及拍卖的时间和地点；

——拍卖规则等相关各方应知悉的内容；

——委托竞投授权书文本；

——拍卖人联络方式等信息；

——拍卖标的基本情况以及特别说明。

8.4　全部拍卖标的应刊印于拍卖图录，拍卖图录应包括拍卖标的基本情况并可根据需要配附图片，图片能够反映拍卖标的的基本状况。

注：拍卖标的基本情况一般包括标的名称、署名及署名者生卒年、年代，以及标的形式、质地、尺寸、参考价等内容。

8.5　对委托人提供的瑕疵情况，拍卖人应通过拍卖图录文字或现场说明的方式予以公示。

8.6　拍卖人可制作有关拍卖标的状态的资料，作为拍卖图录的补充。

9. 拍卖会的实施

9.1　申报与备案

拍卖会举办之前，拍卖人应根据有关法律、行政法规的要求完成向有关行政主管部门的拍卖会申报、备案工作。

9.2 拍卖公告

拍卖人应于拍卖日七日前发布拍卖公告。

拍卖公告应包括以下内容：

——拍卖的时间和地点；

——拍卖标的或者拍卖场次；

——拍卖标的的预展时间和地点；

——参与竞买应当办理的手续；

——拍卖人及联系方式；

——需要公告的其他事项。

9.3 拍卖标的预展

9.3.1 预展要求

拍卖人应在拍卖前展示拍卖标的，并提供查看拍卖标的的条件以及有关资料。

拍卖标的的展示时间不应少于两日。

预展场地应符合国家有关会场公共安全的要求，并建立现场安全管理制度。

展板、展架、灯具等应符合国家安全标准。

9.3.2 展场布置

拍卖人可选择专业机构负责展区设计和展场布置工作。

展场布置应满足标的展示、客户接待、业务服务等需求，在展场内可设置：

——展场布局图；

——计算机系统；

——通讯系统；

——影像采集系统；

——咨询接待处；

——媒体接待处；

——图录资料发放处；

——竞投登记处；

——委托竞投处；

——结算处等。

9.4 竞买人登记

9.4.1 竞买人为自然人的，应提供本人有效身份证件。

竞买人为法人或者其他组织的，应提供有效的注册登记文件、法定代表人身份证明或者合法的授权委托证明文件。

竞买人委托他人代为办理竞买登记手续的，代理人应出具授权委托书和竞买人、代理人的有效身份证件。授权委托书应载明代理人的姓名或者名称、身份证件种类以及号码、代理事项、代理权限和有效期。

拍卖人应核对竞买人及其代理人的有效身份证件，并复制留存。

9.4.2 拍卖人和竞买人应签署竞买协议（参见附录B）。

竞买协议文本的内容包括：

——竞买人和拍卖人的基本情况；

——竞买牌号；

——双方在拍卖活动中的主要权利和义务；

——拍卖规则。

9.4.3 竞买号牌为竞买人参与拍卖的唯一凭证。

竞买人应妥善使用、保管竞买号牌，如有丢失，应及时通知拍卖人。

9.5 委托竞买和委托竞投

9.5.1 竞买人可自行参加竞买，也可委托其代理人参加竞买，竞买结果以及相关法律责任由竞买人承担。

9.5.2 竞买人委托拍卖人代为竞投的，竞买人应采用委托竞投授权书（参见附录C）的形式向拍卖人提出委托竞投的请求。

拍卖人接受竞买人委托竞投请求的，应在拍卖现场设置委托竞投席，为竞买人提供代为传递竞买信息的服务。

采用电话委托竞投的，竞投过程宜做录音或记录。

记录内容至少包括：

——竞投通话时间；

——最高出价；

——竞买结果。

9.6 拍卖现场

9.6.1 会场要求

拍卖会场布置应符合国家有关会场公共安全的要求，并建立现场安全管理制度。

拍卖会场可设置如下岗位：

——现场指挥；

——联络协调；

——客户接待；

——新闻报道；

——财务结算；

——拍品提取；

——设备运行；

——安全保卫；

——后勤保障。

拍卖人应根据拍卖标的状况和竞买号牌的发放数量合理布置拍卖会场。

拍卖人应在拍卖会场设置投影系统和影像采集系统。

拍卖人可根据需要设立委托竞投席。

9.6.2 拍卖主持

拍卖师应按照执业规定和SB/T 10692的要求主持拍卖活动。

9.6.3 拍卖成交

竞买人的最高应价经拍卖师落槌或者以其他公开表示买定的方式确认后，拍卖成交。

拍卖成交后，买受人和拍卖人应签署成交确认书（参见附录D）。

9.6.4 拍卖笔录

拍卖人进行拍卖时，应按照有关法律法规制作拍卖笔录。

9.7 拍后备案

拍卖会结束后，拍卖人应根据有关法律、行政法规的要求完成向相关行政管理部门的拍后备案工作。

10. 拍卖结算与拍卖标的交付

10.1 买受人结算

拍卖成交后，买受人凭成交确认书、竞买保证金收据办理结算事宜。

买受人委托他人代为办理结算手续的，代理人应出具买受人的授权委托书。

授权委托书应载明代理人的姓名或者名称、身份证件种类以及号码、代理事项、代理权限和有效期。

拍卖人应核对代理人的有效身份证件，并复印留存。

10.2 委托人结算

拍卖人收到买受人支付的价款后，应按照约定与委托人结算。

委托人委托他人办理结算事宜时，代理人应出具委托人的授权委托书。

授权委托书应载明代理人的姓名或者名称、身份证件种类以及号码、代理事项、代理权限和有效期。

拍卖人应核对代理人的有效身份证件，并复印留存。

拍卖人应根据国家有关税务规定履行代扣代缴义务。

10.3 买受人提取拍卖标的

买受人持拍卖标的提取凭证办理提取手续。买受人提取拍卖标的后，拍卖人应当场收回拍卖标的提取凭证。

买受人委托他人提取拍卖标的时，代理人应出具买受人的授权委托书以及拍卖标的提取凭证。

授权委托书应载明代理人的姓名或者名称、身份证件种类以及号码、代理事项、代理权限和有效期。

拍卖人应核对代理人的有效身份证件，并复制留存。

10.4 拍卖标的退还

拍卖标的未上拍或者未成交，拍卖人应通知委托人凭有效身份证件以及相关凭证办理退还手续，领取拍卖标的。

委托人委托他人办理领取事宜时，代理人应出具委托人的授权委托书。

授权委托书应载明代理人的姓名或者名称、身份证件种类以及号码、代理事项、代理权限和有效期。

拍卖人应核对代理人的有效身份证件，并复制留存。

11. 争议的解决途径

参与拍卖活动的拍卖当事人产生争议时，可采取以下解决途径：

a）协商和解；

b）申请第三方调解；

c）有仲裁约定的，申请仲裁；

d）向人民法院提起诉讼。

12. 拍卖档案的管理

12.1 档案资料的内容

档案资料内容应完整、准确，至少包括：

a）委托拍卖合同、委托人提供的对拍卖标的享有所有权或者处分权的证明以及其他资料、委托人提供的有关拍卖标的瑕疵情况、证照复印件等，拍卖标的的保管、保险、交付等事项的有关资料；

b）拍卖公告，包括刊登公告的报纸等新闻媒介发布载体以及广播、电视的公告刊登证明；

c）拍卖标的资料，包括拍卖图录、与拍卖标的相关的各类图片、文字资料、审定记录，以及有关部门的批复文件；

d）预展以及拍卖现场的影像、录音、文字资料；

e）竞买登记文件，包括竞买协议、竞买人的身份证明复印件、委托代理竞买授权书，以及代理人的身份证件复印件；

f）拍卖规则、注意事项、重要声明等；

g）成交确认书、拍卖笔录、委托竞投授权书；

h）有关拍卖业务经营活动的完整账簿和其他有关资料。

12.2 档案资料的管理

拍卖人应建立档案管理制度。

拍卖人可自行选择以下档案管理方式：

——以拍卖会为单元将上述档案内容资料整理存档；

——以档案的各项内容为单元，按照年度、季度或月度分类存档。

拍卖档案应当真实、准确、完整，并符合下列管理要求：

——专人管理；

——专用位置；

——建立档案目录和编号，查阅便捷。

12.3 档案保管期限

拍卖人应妥善保管档案资料，保管期限自委托拍卖合同终止之日起计算，不应少于五年。

附录 A

（资料性附录）

委托拍卖合同

×××× 公司委托拍卖合同

委托人：＿＿＿＿＿＿＿＿＿＿＿＿　合同编号：＿＿＿＿＿＿＿＿＿＿＿＿

委托人联系人：＿＿＿＿国籍：＿＿＿证件号码：＿＿＿＿＿＿＿电话：＿＿＿＿

联系地址：＿＿＿＿＿＿＿＿＿＿＿＿＿＿邮编：＿＿＿＿＿＿＿＿＿

开户银行：＿＿＿＿＿＿＿账号：＿＿＿＿＿＿传真：＿＿＿＿＿＿＿

拍卖人：×××× 公司

法定代表人：＿＿＿＿＿＿＿＿＿＿＿拍卖人代表：＿＿＿＿＿＿＿＿＿＿

联系地址：＿＿＿＿＿邮编：＿＿＿＿电话：＿＿＿＿＿传真：＿＿＿＿＿

委托人与拍卖人就委托拍卖本合同第 7 条所列拍卖标的之相关事宜，订立合同如下：

1. 委托人就下列拍卖标的不可撤销地向拍卖人保证：自己对所委托拍卖标的拥有所有权或享有处分权，对该拍卖标的的拍卖不会侵害任何第三方的合法权益（包括著作权权益），亦不违反相关法律、法规的规定；自己已尽其所知，就该拍卖品的来源和瑕疵向拍卖人进行了全面、详尽的披露和说明，不存在任何隐瞒或虚构之处。如违反上述保证，致使拍卖人蒙受损失时，委托人应负责赔偿拍卖人因此所遭受的一切损失，并承担因此而发生的一切费用、支出，以及相关的法律责任。

2. 委托人授权拍卖人对拍卖标的进行与拍卖有关的各种形式的展示，并印刷、制作拍卖图录及各类宣传品。

3. 委托人在拍卖日前任何时间，向拍卖人发出书面通知说明理由后，可撤回其拍卖标的。但撤回拍卖标的时，若该拍卖标的已列入的图录或其他宣传品已开始印刷，则应支付相当于该拍卖标的保留价＿＿＿＿%的款项并支付其他各项费用。如图录或任何其他宣传品尚未印刷，也需支付相当于该拍卖品保留价_____%的款项并支付其他各项费用。

4. 委托人保证自己不参与同时也不委托他人代为参与竞买自己委托的拍卖标的。如有违反本保证，委托人应自行承担相应之法律责任，并赔偿因此给拍卖人造成的全部损失。

5. 自委托人与拍卖人订立本合同并将拍卖标的交付拍卖人后，拍卖人对拍卖标的负有保管义务。

    若拍卖标的属于拍卖人投保范围内的物品，则凡属因拍卖人为拍卖标的所购保险承保范围内的事件或灾害所导致的拍卖标的的毁损、灭失，应根据中华人民共和国有关保险的法律和规定处理。拍卖人在向保险公司进行理赔，并获得保险赔偿后，将保险赔款扣除拍卖人费用（佣金除外）的余款支付给委托人。保险金额以保留价为准。

    若拍卖标的不属于拍卖人投保范围内的物品，则保管期内，委托拍卖标的如有毁坏或消灭（不可抗力导致者除外），由拍卖人负责赔偿，赔偿金额以保留价为最高限额进行赔偿。

6. 图录费收取标准：整页人民币_____元；1/2 页人民币_____元；1/3 页人民币_____元；1/4 页人民币_____元。

7. 委托拍卖标的如下：

图录号	序号	作者/年代	作品	质地	形式	尺寸/cm	拍卖标的的现状	保留价/元	其他

注：保留价如有调整，以调整后的保留价为准。

8. 委托人同意按表列标准向拍卖人支付佣金及费用：

拍卖标的成交		拍卖标的未成交		其他费用	
保险费/保管费	成交价之　%	保险费/保管费	保留价之　%	装裱/镜框/囊匣	人民币　元/件
佣金	成交价之　%	未拍出手续费	保留价之　%	修复/清洗	人民币　元/件
图录费	人民币　元/件	图录费	人民币　元/件		人民币　元/件

9. 拍卖人认为需要对本合同第 7 条所列拍卖标的进行鉴定的，可以进行鉴定。鉴定结论与本合同载明的拍卖标的状况不符的，拍卖人有权变更或解除本合同。若拍卖标的因任何原因未上拍，拍卖人应于拍卖开始前书面告知委托人，委托人应自收到拍卖人领取通知之日起____日内取回该拍卖标的。超过上述期限，每逾一日，拍卖人有权按保留价的万分之_____另收保管费，并按拍卖规则之规定处理。

10. 拍卖人对本合同第 7 条所列拍卖标的的拍卖日期、拍卖场次、拍卖地点及在拍卖图录中作内容说明等事宜拥有决定权。

11. 根据政府之税务规定，拍卖人将代扣委托人应缴纳之税费。

12. 拍卖标的成交后，如买受人已按《××××公司拍卖规则》的规定付清全部购买价款，拍卖人应自拍卖成交日起_____天后将扣除委托人应付佣金及各项费用后的余额以_____方式支付委托人。

13. 特别约定：

上述第_____号无保留价作品_____的保险金额或最高赔偿金额为人民币_____元。

14. 本合同自签署之日起生效，至双方权利义务履行完毕之日终止。若拍卖标的未成交，委托人应自收到拍卖人领取通知之日起_____日内自负费用取回该拍卖标的，并向拍卖人支付未拍出手续费及其他各项费用，超过上述期限，每逾一日，拍卖人有权按保留价的_____‰另收保管费，并按拍卖规则之规定处理。

15. 本合同及本合同附件为不可分割的同一整体，由双方分别签署，具有同

411

等法律效力。

16. 本合同的约定与《××××公司拍卖规则》的相关条款不一致的，以本合同的约定为准；本合同未约定事宜，委托人与拍卖人按照签订本合同时施行的《××××公司拍卖规则》的相关条款执行。签订本合同时施行的《××××公司拍卖规则》详见本合同背面，为本合同之组成部分。

17. 本合同有关的任何争议，相关各方均有权向拍卖人住所地人民法院提起诉讼。解决该等争议适用中华人民共和国法律。

18. 本合同由双方于＿＿年＿＿月＿＿日签署。

　　　　委托人（签章）：＿＿＿＿＿＿　　　拍卖人（签章）：＿＿＿＿＿＿

附录 B

（资料性附录）

竞买协议

竞买牌号

×××× 公司竞买协议

拍卖会名称：

竞买人：

中文姓名（请用正楷）：＿＿＿＿＿＿ 英文名：＿＿＿＿＿＿ 英文姓：＿＿＿＿＿＿

国家：＿＿＿＿＿＿＿＿＿＿＿＿ 证件种类：＿＿＿＿＿＿ 号码：＿＿＿＿＿＿

手持电话：＿＿＿＿＿＿＿＿＿＿ 电子邮箱：＿＿＿＿＿＿＿＿＿＿

单位名称：＿＿＿＿＿＿＿＿＿＿ 职务：＿＿＿＿＿＿＿＿＿＿＿

单位地址：＿＿＿＿＿＿＿＿＿＿ 单位邮编：＿＿＿＿＿＿＿＿＿

单位电话：＿＿＿＿＿＿＿＿＿＿ 单位传真：＿＿＿＿＿＿＿＿＿

家庭地址：＿＿＿＿＿＿＿＿＿＿ 家庭邮编：＿＿＿＿＿＿＿＿＿

家庭电话：＿＿＿＿＿＿＿＿＿＿ 家庭传真：＿＿＿＿＿＿＿＿＿

付款方式：＿＿＿＿＿＿＿＿＿＿ 预交保证金：＿＿＿＿＿＿＿＿＿

邮寄地址：□单位地址　　　□家庭地址

拍卖人：×××× 拍卖有限公司

地址：＿＿＿＿＿＿＿＿＿＿ 邮编：＿＿＿＿＿＿＿＿＿ 电话：＿＿＿＿＿＿＿＿＿

传真：＿＿＿＿＿＿＿

竞买人与拍卖人经友好协商，自愿达成以下协议，以兹共同信守：

1. 本竞买协议背面之 ×××× 公司拍卖规则为本协议之组成部分，竞买人已认真阅读该拍卖规则，并同意在拍卖活动中遵守拍卖规则中的一切条款，如拍卖成交，同意自拍卖成交日起＿＿＿＿＿日内向 ×××× 公司付清含成交价＿＿＿＿＿% 的佣金在内的购买价款并领取拍卖标的（包装及搬运费用、运输保险费用、出境鉴定费等各项费用自理）。逾期不付的，拍卖人有权将违约方相关信息报送行业主管部门、行业组织、征信机构，或向拍卖人住所地的人民法院提起诉讼。

2. 竞买人知悉，拍卖人对拍卖标的的真伪及/或品质不承担瑕疵担保责任。拍卖人通过拍卖图录、状态资料、说明等途径对拍卖标的的所作的介绍与评价均为参考性意见，不构成对拍卖标的的任何担保。竞买人承诺自行审看拍卖标的原物，并对自己竞买某拍卖标的的行为承担法律责任。拍卖人应向竞买人说明委托人已告知的拍卖标的瑕疵，并合法披露拍卖标的的相关信息。

3. 竞买人应在领取竞买号牌前按拍卖人在拍卖日前公布的数额交纳保证金。若竞买人未能购得拍卖标的，则该保证金在拍卖结束后_____个工作日内全额无息返还竞买人；若竞买人购得拍卖标的，则先抵作拍卖人佣金，后抵作购买价款。若有余额，则于竞买人领取拍卖标的时一并返还。若竞买人未履行任何一件拍卖标的的交易中规定的义务，则保证金不予返还。

4. 竞买人应妥善保管竞买号牌，如有丢失，应立即向拍卖人书面挂失。凡持本竞买号牌者在拍卖活动中所实施的竞买行为，均视为竞买号牌登记人本人所为，并承担全部法律责任。

5. 拍卖人及其工作人员不得以竞买人的身份参与自己组织的拍卖活动，并不得委托他人代为竞买。

6. 竞买人竞得拍卖标的并全额支付购买价款后，即取得拍卖标的的所有权，双方按照拍卖规则之规定办理拍卖标的的交接。

7. 竞买人知悉，根据《中华人民共和国文物保护法》之规定，拍卖图录中凡有"＊"标记之拍卖标的以及拍卖前公布禁止出境的拍卖标的，拍卖人将不办理出境手续。

8. 本协议任何一方违反本协议约定的，违约方应赔偿守约方因此所遭受的一切损失，并承担因此而发生的一切费用和支出。

9. 本协议签署于____年____月____日，并自双方签署之日起生效，至双方权利义务履行完毕之日终止。本协议一式两份，双方各执一份，具相同法律效力。

竞买人（签字）_____　　　　拍卖人（盖章）

　　　　　　　　　　　　　　　　　　经办人：_____

　　　　　　　　　　　　　　　　　　审核人：_____

附录 C

（资料性附录）　　　　　　　此表复印可使用

委托竞投授权书

×××××拍卖会

××专场

　　　　年　　月　　日

拍卖会编号：

请邮寄或传真至：

××××公司

地址：

邮编：

电话：

传真：

人民币账户：

开户名称：

账号：

开户行：

敬请注意：

1. 本图录中及拍卖前宣布增加的带有"＊"标记之拍卖标的禁止出境，故本公司恕不办理该标记拍卖标的之出境手续。

2. 填写此授权书时，须清晰填写相关项目。如两个或两个以上竞投委托人以相同委托价对同一拍卖标的出价且最终拍卖标的以该价格成交，则本公司最先收到授权委托书者为该拍卖标的的买受人。

3. 本公司恕不接受书面形式以外的其他任何形式传送的委托竞投授权书。

4. 本公司本着从客户利益出发的原则，以尽可能低的价格为委托人代为竞投，成交价格不得高于表列委托价。

■请仔细核查所填写内容

委托人姓名＿＿＿＿＿＿＿＿＿＿＿＿＿＿＿

身份证/护照号码＿＿＿＿＿＿＿＿＿＿＿＿＿

地址＿＿＿＿＿＿＿＿＿＿＿＿＿＿＿＿＿＿＿

电话＿＿＿＿＿＿传真＿＿＿＿＿＿邮编＿＿＿＿＿

委托人签字＿＿＿＿＿＿＿＿日期＿＿＿＿＿＿

兹申请并委托××××公司就下列编号拍卖标的按表列委托价格进行竞投，并同意如下条款：

一、若竞投成功，竞投委托人须自拍卖成交日起＿＿＿＿＿＿＿日内向××××公司付清含成交价＿＿＿＿＿＿＿%的佣金在内的购买价款并领取拍卖标（包装及搬运费用、运输保险费用、出境鉴定费等各项费用自理）；

二、竞投委托人知悉××××公司对拍卖标的真伪及/或品质不承担瑕疵担保责任；

三、××××公司《拍卖规则》之委托竞投之免责条款为不可争议之条款。竞投委托人不追究××××公司及其工作人员竞投未成功或未能代为竞投的相关责任；

四、委托竞投人须于拍卖日二十四小时前向××××公司出具本委托竞投授权书，并同时缴纳保证金人民币＿＿＿＿万元。如在规定时间内拍卖人未收到竞投委托人支付的保证金，则有权拒绝该委托；

五、竞投委托人承诺已仔细阅读刊印于本图录上的××××公司《拍卖规则》，并同意遵守该拍卖规则的一切条款；

六、竞投委托人在本委托竞投授权书中填写的即时通讯方式及工具在竞投期间所传达之竞买信息（无论是否为本人传达），均为本人所为，本人承诺对其行为承担法律责任。

图录号	拍卖标的名称	出价（人民币元）

附录 D
（资料性附录）
成交确认书

××××公司成交确认书

编号：

拍卖会名称_____

拍卖标的图录号、名称_____

竞买牌号_____

成交价_____佣金_____％

买受人签字_____日期_____

● 买受人已认真阅读××××公司的拍卖规则，同意在拍卖交易中遵守拍卖规则中的一切条款，并按规定向××××公司支付成交价、佣金及其他各项费用。

拍卖人公章_____

行业自律

中国文物、博物馆工作者职业道德准则

（国家文物局，2012 年）

为加强文物、博物馆行业作风和职业道德建设，特制定本准则。

一、忠诚文物事业。以保护文化遗产、捍卫文物安全为己任；以奉献社会、服务人民为宗旨。

二、严格依法履责。坚决贯彻文物工作方针，坚定执行《中华人民共和国文物保护法》，勇于同文物违法犯罪行为作斗争。

三、追求科学精神。尊重知识、尊重人才，遵循规律，求真务实、改革创新。

四、恪尽职业操守。不收藏文物，不买卖文物，不违规占用文物及资料，不以文物、博物馆职业身份牟取私利。

五、树立文明新风。自觉遵纪守法，践行社会公德，艰苦奋斗，甘于奉献。

中国文物艺术品拍卖企业自律公约

（中国拍卖行业协会，2011 年）

第一章 总 则

第一条 为促进我国文物艺术品拍卖市场规范健康发展，执行"公开""公平""公正"和"诚实信用"的行业原则，维护行业形象，保护拍卖活动相关当事人的合法权益，根据《中华人民共和国拍卖法》《中华人民共和国文物保护法》《拍卖管理办法》《文物拍卖管理暂行规定》等有关规定和国际通行惯例，针对现阶段行业发展中突出问题，制定本公约。

第二条 本公约遵循的基本原则是：遵纪守法、诚信透明、标准服务、公平竞争。

第三条 中国拍卖行业协会为本公约的发布机构；中国拍卖行业协会行业自律办公室和文化艺术品拍卖专业委员会（以下简称中拍协艺委会）为本公约的执行机构；各省（自治区、直辖市）拍卖协会为本公约的协助执行机构。

第二章 自律内容

第四条 自觉遵守国家、行业主管部门、行业协会有关法律、法规、行规，按照《文物艺术品拍卖规程》规范运作。

第五条 不超范围经营。

第六条 不将企业经营资质出租、出借或转让给其他机构和个人。

第七条 不拍卖国家禁止流通的物品。

第八条 不拍卖被盗或非法出境的其他国家文物。

第九条 不从事经营性鉴定业务。

第十条 不于拍卖前向委托人收取任何费用。

第十一条 不知假拍假。

第十二条 不以任何形式对拍卖标的进行虚假宣传。

第十三条 承诺在接受委托时按照严格的程序审鉴委托作品，并与委托人约定拍卖标的的争议处理程序。如买受人对竞得标的提出异议，积极协助买受人与委托人协商解决。

第十四条 坚决杜绝"假拍"行为。

第十五条 向公约执行机构报送客户违规行为，并对被公约执行机构列入行业黑名单的客户，共同采取有效措施予以抵制。

第十六条 不以侵犯商业秘密权、欺诈性估价、恶意降低佣金、恶意诋毁等不正当手段进行恶性竞争。

第十七条 及时公布行业经营情况和有关数据，自愿接受媒体等社会各界的监督。

第三章 公约的执行

第十八条 公约发布机构负责组织实施本公约。

公约执行机构负责向公约成员传递拍卖行业管理的相关法规、政策及行业自律信息，并检查公约成员遵守本公约的情况。

公约协助执行机构在各自辖区内负责公约成员执行本公约的监督检查。

第十九条 中拍协艺委会委员单位自动成为本公约成员，其他开展文物艺术品经营的拍卖企业可加入本公约。

公约执行机构定期公布本公约的成员名单。

第二十条 公约成员违反本公约的，其他公约成员均有责任向公约执行机构进行检举，有权要求公约执行机构进行调查，执行机构应将调查结果和处理意见回复检举人，必要时应予公示。

第二十一条 公约成员违反本公约的，经查证属实，由公约执行机构视不同程度分别采取通报、取消公约成员资格、取消中拍协艺委会委员单位资格、取消中拍协会员（包括理事、常务理事、副会长）单位资格、取消拍卖行业资质等级、向各行政主管部门通报并提出处罚建议等方式予以处理。

第二十二条 非公约成员违反本公约的，本公约成员承诺采取一致行动对其进行谴责和抵制，必要时由公约执行机构直接向相关行政主管部门提出查处建议。

第四章　附　则

第二十三条　本公约成员均有权对公约执行机构执行本公约的合法性和公正性进行监督，有权向发布机构检举。

第二十四条　经发布机构或本公约十分之一以上成员提议，并经三分之二以上成员同意，可以对本公约进行修改完善。

第二十五条　本公约由中国拍卖行业协会负责解释。

第二十六条　本公约自公布之日起生效并实施。

文物艺术品拍卖从业人员职业守则

（中国拍卖行业协会，2014 年）

第一条　目的

为提高文物艺术品拍卖从业人员的自律意识、职业操守和业务素养，确保拍卖相关方的合法权益，维护拍卖行业信誉，制定本守则。

第二条　定义

本守则所称从业人员是指拍卖企业中从事文物艺术品拍卖相关业务的人员。

第三条　守法合规

从业人员应当自觉遵守国家相关法律、法规、规章和行业规范；遵循公开、公平、公正和诚实信用的原则；严守合同约定，自觉履行合同义务。

第四条　维护信誉

从业人员应当遵守社会公德，维护所属拍卖企业的合法权益和商业信誉，维护行业信誉。

第五条　行为举止

从业人员对待客户应当热情周到，语言文明，举止得体。

第六条　业务素质

从业人员应当掌握文物艺术品拍卖基本业务技能，不断钻研业务，提高职业素养，积极考取有关从业资格证书或专业证书。

第七条　企业管理者

企业管理者应当依法经营，对行业健康发展具有责任感，科学定位企业经营模式，积极采用现代化的管理方法，不断提高企业管理水平。

第八条　拍卖师

主持文物艺术品拍卖的拍卖师，应当知悉并遵守国家相关法律、法规和行约，掌握必要的文物艺术品知识，审慎接受拍卖任务。

拍卖师在从事文物艺术品拍卖时，不得为非拍卖企业主持经营性拍卖活动；不得主持超出拍卖企业经营范围的拍卖活动。拍卖标的涉及政府审批事项的，应当在主持拍卖前查看有关审批文件。

第九条　商业贿赂

从业人员不得利用职务之便，收受拍卖活动当事人贿赂或谋取其他不正当利益，也不得向他人行贿。

第十条　保密要求

从业人员必须依法对委托人、竞买人及买受人的信息严格保密，不得泄露、出售或非法提供给他人。从业人员应当按照委托人、竞买人及买受人的要求或合同约定，履行保密义务。

从业人员应当保护所属企业的商业秘密，并且不得实施侵犯其他企业商业秘密的行为。

第十一条　不正当竞争

从业人员应当尊重同行，不得捏造虚假事实，恶意诋毁其他企业；不得以不正当手段争揽业务。

第十二条　劳动合同义务

从业人员应当遵守所属拍卖企业的规章制度，勤勉尽责地开展工作，并依照劳动合同的约定，履行劳动关系存续期间和终止之后的竞业限制义务。

第十三条　诚信自律

从业人员应当以诚信为本，以操守为重，不得有下列行为：

1. 进行虚假陈述或不当宣传；

2. 私自接受客户的全权委托；

3. 与委托人或竞买人恶意串通，损害他人利益；

4. 委托所属拍卖企业拍卖自己的物品；

5. 以竞买人的身份参与所属拍卖企业的拍卖活动，或者委托他人代为竞买；

6. 操纵市场价格；

7. 伪造、篡改或者毁损拍卖记录；

8. 从事与其履行职责有利益冲突的业务。

第十四条 报告义务

从业人员发现拍卖活动中出现违反法律、法规的行为，应立即报告所属企业予以制止，必要时建议所属企业向有关部门报告。

第十五条 境外活动

从业人员在境外开展业务活动时，应当知悉并遵守当地法律的相关规定，维护中国拍卖行业的良好形象。

第十六条 附则

本守则是评判从业人员职业素养水平的重要依据。从业人员对于从业过程中可能出现的，而本守则未能涵盖的问题，应当遵循勤勉尽责、诚实守信的原则，以良好的职业道德依法予以公正处理。

国际文化财产商职业道德准则

（联合国教科文组织，1999 年）

文化财产的贸易商认识到本行业在传播文化以及为了教育和激励各国人民而向博物馆和私人收藏者提供外国文化财产方面一直发挥着重要作用。

他们也认识到全世界都关注着被盗、非法转移、秘密挖掘、非法出口文化财产的贸易问题，并愿遵守下列职业操守原则，以便将文化财产的非法贸易与文化财产的合法贸易区别开来，并在本行业的活动中努力消除文化财产的非法贸易问题。

第一条　文化财产商不进口或出口有理由相信是属于被盗、非法转移、秘密挖掘或非法出口的文化财产，也不改变其归属。

第二条　作为销售方代理的文化财产商不负有为所涉财产的所有权提供担保的责任，但必须向购买方提供销售方姓名和地址的完整信息。但本人为销售方的文化财产商必须向购买方提供所涉财产所有权的担保。

第三条　贸易商如果有理由相信所涉文化财产是秘密挖掘所获，或者是以非法手段或欺骗手段从官方挖掘地或遗址所获得的，就不能再进一步协助该财产的交易，除非得到了挖掘地或遗址所在国的同意。如果贸易商已获得了该财产，而原有国寻求在合理的时间内将其归还，贸易商应采取一切法律许可的措施予以配合，将其归还原有国。

第四条　如果有理由认为某件文化财产是非法出口的，贸易商就不能进一步协助该财产的交易，除非得到了出口国的同意。如果贸易商已获得了该财产，而出口国寻求在合理的时间内将其归还，贸易商应采取一切法律许可的措施予以配合，将其归还出口国。

第五条　文化财产商不能因为想促成或不想阻止文化财产的非法转移或出口，而展示、描述、鉴定、评估或保留该文化财产。贸易商也不能将销售方或提供文化财产者介绍给那些有可能提供上述业务的人。

第六条 文化财产商不能肢解或肢解销售一件完整的文化财产。

第七条 文化财产商保证尽其所能使文化遗产保持其原来应有的整体性。

第八条 违反本职业道德准则的行为将（由所涉及的贸易商指定的机构）进行严肃查处。由于贸易商未能遵守本道德准则而受到损害的个人可以向该机构提出申诉，该机构应对所申诉的情况进行调查。申诉结果以及审理原则应当公开。

本《准则》于1999年1月在"促使文化财产送回原有国或归还非法占有的文化财产政府间委员会"的第十届会议上通过，并于1999年11月得到教科文组织大会第三十届会议的批准。

博物馆职业道德准则

（国际博物馆协会，2004 年）

导　言

博物馆职业道德准则的地位

这份针对博物馆制定的道德准则由国际博物馆协会筹划。它是参考国际博物馆协会章程制定的博物馆道德声明。此准则反映了被国际博物馆社群广泛采纳的原则。国际博物馆协会会员身份及每年向国际博物馆协会支付年费，被认为是对这份道德准则的肯定。

博物馆的起码标准

此准则代表博物馆的起码标准。它所呈现的一系列原则，受到理想专业运作指南的支持。在一些国家，某些最起码的标准由法律或政府规定定义。在其他国家，这类最起码标准可能在"鉴定""登记"或类似的评估形式下使用的指南与评估中看到。在没有制定这类标准的地区，可以通过国际博物馆协会秘书处、国际博物馆协会国家委员会，或从隶属于国际博物馆协会的国际委员会获得指导。同时，一些国家及与博物馆有关的专业组织也应以此准则作为基础，用以发展其他的专业标准。

博物馆职业道德准则的翻译

国际博物馆协会的这份博物馆职业道德准则共发行了三个版本：英文、法文和西班牙文。国际博物馆协会非常欢迎其他语言译本出现。但是，译本要用该国第一语言来翻译，并至少要通过国家委员会的认可，以承认其为"官方"译本。对于一门被使用在两个以上国家的语言，最好也咨询这些国家的国家委员会。在提供正式翻译时，一定要注意语言的表达和专业知识的需求。且必须标示出翻译版本的语言及参与的国家委员会名称。为了达到教育与研究目的，上述条件不应成为《准则》翻译或部分翻译的障碍。

章　节

1. 博物馆保存、诠释和提倡人类自然和文化遗产方面的内容。

机构立场

具体资源

财务资源

人事

2. 博物馆为了社会的利益及其发展而受托维护藏品。

藏品的取得

藏品的转移

藏品的照管

3. 博物馆为建立和推广知识而保留原始资料。

原始证据

博物馆的收藏与研究

4. 博物馆提供观赏、了解和管理自然与文化遗产的机会。

陈列与展览

其他资源

5. 博物馆的资源给其他公共服务与公共利益提供机会。

鉴定服务

6. 博物馆要与藏品来源的社区及其服务的社区密切合作。

藏品的来源

尊重所服务的社区

7. 博物馆以合法方式运作。

合法的组织结构

8. 博物馆以专业方法运作。

专业行为

利益冲突

道德准则中的重要词汇

鉴定书（Appraisal）：对一个物品或标本的鉴定与估价。在某些国家，该词汇被用在对拟赠礼品进行独立的资产评估上，以达到税务优惠的目的。

利益冲突（Conflict of interest）：因为个体或私人利益的存在，而引起工作中原则上的冲撞，并使决策的客观性受到限制或出现受限制的现象。

经营（Dealing）：为个人或机构收益而进行的各种项目的买与卖。

实地查核（Due diligence）：在决定一系列行动之前，为确立事实，应付出全部的努力，特别是在接受一件藏品前，应鉴别出待收藏或使用物品的来源与历史。

保护—修复人员（Conservator – restorer）：属于博物馆或独立的人员，有能力承担文化财产技术性的检查、保存、维护与修复。进一步资料请参考 ICOM News 39（1），pp. 5—6，（1986）。

文化遗产（Cultural heritage）：任何具有美学、历史、科学或精神意义的事物或思想。

主管单位（Governing body）：为博物馆的持续、战略性发展与募款承担法律责任的个人或组织。

有收入的活动（Income – generating activities）：为了机构利益，可带来财务收入或利润的活动。

合法所有权（Legal title）：在相关国家对财产的合法拥有权。在某些国家，该所有权可能通过转让得来，但在实地查核中却发现尚无法符合某些必备要求。

起码标准（Minimum standard）：所有博物馆与博物馆从业人员都应达到的合理的期待标准。有的国家对起码标准有自己的规定。

自然遗产（Natural heritage）：任何被视为具有科学重要性或具有精神启示性的自然事物、现象或概念。

博物馆（Museum）[①]：博物馆是一个开放给民众、服务社会及其发展的非营利性永久机构，致力于藏品的收集、维护、研究、传播与展示，以从事研究、教育、娱乐，并探讨人类与其环境的物质和非物质证据为目的。

博物馆专业人员（Museum professional）[②]：博物馆专业人员包括在博物馆或机构的人员（无论是否支付薪水），其定义参见第 2 章第 1、2 节的段落，这些人必须接受专业训练，或在与博物馆管理和运作有关的领域有实际操作的同等经验；独立的个人必须遵从国际博物馆协会的《博物馆职业道德准则》，并服务于前文所定义的博物馆或机构，这些人中并不包括博物馆和博物馆服务所需商品和设备的销售与交易人员。

（①②我们必须注意到"博物馆"和"博物馆专业人员"这两个名词仅为解释《博物馆职业道德准则》的暂时定义。"博物馆"和"专业博物馆从业人员"在国际博物馆协会章程中的定义仍然有效，直到其修订版完成。）

非营利组织（non - profit organisation）：依法成立的公司或非公司实体，其收入（包括任何盈余或利润）只可使用在公共利益上，尤其是为了保证这个组织与其运作的利益。该词与"非营利（not - for - profit）"一词意义相同。

来源（Provenance）：从物品的生产或发现时开始直到目前的整个历史与拥有权变动，通过物品来源可确立其真伪与合法拥有权的归属。

有效拥有权（Valid title）：通过发现或生产物品的全部来源记录，得以证明物品毫无争议的合法拥有权。

1. 博物馆保存、诠释和提倡人类自然和文化遗产方面的内容。

原则：博物馆需对有形与无形的自然和文化遗产负责。主管单位、与博物馆战略性方向有关的组织，以及博物馆的监督单位都有保护和推广这些遗产的重大责任，并通过人力、具体资源和财政资源来达成这项目标。

机构立场

1.1 合法文件的有效力

主管单位有责任确保博物馆有一份书面的并已公开颁布的组织章程、立场声明或其他公开文件，而且要依据国家法律清楚说明博物馆的法律地位、任务、运作和非营利性的本质。

1.2 任务、具体目标和政策的声明

主管单位应准备、公开并由该任务声明、具体目标和策略指引博物馆的运作，以及主管单位的作用与构成。

具体资源

1.3 场所

主管单位必须确保博物馆处于恰当的环境中，并拥有足够的场所执行博物馆任务定义的基本功能。

1.4 使用

主管单位必须确保博物馆与其藏品能在合理时间内定期地被所有的人使用。对有特别需要的人应给予特别关注。

1.5 健康和安全

主管单位须确保其健康、安全与可使用度标准适用于员工与观众。

1.6 抗灾性保护

主管单位应发展与维持政策，以保护观众、员工、藏品和其他资源，避免自然与人为的灾害。

1.7 安全需求

主管单位必须保证恰当的安全设施，用以保护藏品，以免其在陈列、展览、工作或贮存空间及搬运过程中遭窃或损坏。

1.8 保险和赔偿

为藏品投商业保险时，主管单位必须确认保险能涵盖到运输中及借出的物品，以及其他目前属于博物馆责任之内的物品。当执行赔偿计划时，所有权不属于博物馆的物品也需包含在内。

财务资源

1.9 募款

主管单位有责任确保拥有足够的资金执行与发展博物馆的活动。所有资金必须通过专业方法使用。

1.10 收入生成政策

主管单位应该有一份有关活动产生或通过外界来源产生收入的书面政策。无论募款资金的来源是什么，博物馆必须保持自身对于计划、展览与活动内容与完整性的控制。机构标准或公众不应向有收入产生的活动妥协。（见6.6）

人 事

1.11 雇用政策

主管单位必须确保与人事有关的所有行动依据博物馆的政策执行，且依据适当的合法程序。

1.12　馆长或负责人的委派

博物馆的馆长或负责人是一个重要职位，在委派之前，主管单位有责任评估此职位应具备的充分知识与技术。此职位的任职条件应包括足够的学术能力与专业知识及高标准的道德操守。

1.13　与主管单位的接触

博物馆的馆长或负责人应对相关主管单位负直接责任，并可与其进行直接接触。

1.14　博物馆员工能力

被招聘的合格员工，必须具有可担负所有责任的专长。（见2.18，2.24，8.12）

1.15　员工培训

若要让所有博物馆从业人员都能维持其工作的有效性，就必须给他们足够的接受继续教育与职业发展的机会。

1.16　道德冲突

主管单位绝对不可以与《职业道德准则》或任何国家法律、职业道德准则产生冲突的工作方式来要求博物馆从业人员。

1.17　博物馆馆员和志愿者

主管单位应有一份说明志愿者工作的书面政策，这份政策可促进志愿者和博物馆从业人员之间关系的积极发展。

1.18　志愿者和道德

主管单位应确保志愿者在实践博物馆工作和个人行为时，熟悉本准则及其他相关规范和法律。

2. 博物馆为了社会的利益及其发展而受托维护藏品。

原则：博物馆有责任获取、保存与宣传其藏品，以为保护自然、文化与科学遗产做贡献。博物馆的藏品都是重要的公共资产，在法律上有特别的地位，并且受到国际法律的保护。此公共托管行为的内在概念包括正当的所有权、永久经营、建档、可使用性和可靠的注销处理。

藏品的取得

2.1　收藏政策

每个博物馆的主管单位都必须采用并颁布一份书面收藏政策，说明藏品

435

的收集、维护与使用。这项政策应清楚说明不能编目、保存或展示的任何物质的情况。（见2.7，2.8）

2.2　有效所有

经购买、赠送、借贷、遗赠或交换而来的物品或标本，除非获得该物品的博物馆拥有有效的所有权，否则博物馆不应收集。在某些国家，法律上的所有权证明并不一定是有效所有权。

2.3　出处来源和实地查核

应努力确认博物馆将通过购买、赠送、借贷、遗赠或交换等途径获得的任何物品或标本都不是通过非法途径而来的，或确认进口原国或任何中介国家对该物品的所有权都是合法的（包括这家博物馆的所属国）。有关这方面的实地查核必须从物品自发现或生产以来就建立起完整的历史档案。

2.4　来自未经授权或非科学田野作业的物品和标本

任何可能涉及未经授权的、非科学的或是有意破坏或损害古迹、考古或地理遗址或物种与自然栖息区的发掘物，博物馆都不应收藏。同样的，如果无法找到物品的所有人或被发掘土地的拥有人，或是找不到适当的法律或政府当局的授权，博物馆都不应收藏该物品。

2.5　文化敏感物质

人类遗体与具有神圣象征意义的藏品，只有当它们可以安全地储藏于室内，能对其尊敬地进行专业维护，且能符合藏品来源社区成员、民族或宗教团体的利益与信仰时，博物馆才可对其进行收藏。（也见3.7，4.3）

2.6　受保护的生物学或地质学的标本

博物馆不应违反地方、国家、区域或国际法律，或违反与野生动物保护、自然史保护有关的公约规定，收集、贩卖或以其他形式转让生物学或地质学标本。

2.7　活体藏品

当博物馆的藏品是活体植物和动物标本时，必须对它们原先的自然和社会环境做特别的考量，同时也必须考虑其原生地的地方、国家、区域或国际法律，或与野生动物保护、自然史保护有关的公约规定。

2.8　工作性藏品

博物馆的藏品政策应包括对某种特殊藏品类型的考虑，该藏品强调文化、科学或技术过程的保存，而不仅是物品，或出于定期处理和教学目的收集的

物品或标本。（见2.1）

2.9　取得外来藏品的政策

对于不属于博物馆声明政策内的物品与标本，只有在极其例外的情况下才能收藏。主管单位应考虑可得的专业意见与所有相关团体的看法。所考虑的内容需包括物品或标本在文化或自然遗产背景中的意义，还有其他收藏此类物品的博物馆的特殊利益。然而，即使在这些情况之下，仍不可收藏缺乏有效所有权的物品。（也见3.4）

2.10　主管单位和博物馆工作人员的收藏

在通过买卖、捐赠或出于减税目的的馈赠等方式收藏物品时，如果该物品与主管单位成员、博物馆员工或这些人的家属及密切关系人士有关联，需要特别关注。

2.11　贮存库的终审

《道德准则》中，没有任何规定可使博物馆免于其作为权威性储藏库，在领地范围内对来源不明的、非法收藏或获取的标本与物品应负的法律责任。

藏品的转移

2.12　处理藏品的合法性或其他权力

博物馆获得合法权力对藏品进行注销处理，或获得的物品符合注销条件，其法律或其他必备条件及程序必须完全符合。当该原始收藏行为为强制委托或有其他限制时，这些条件都必须被检视，除非可清楚显示坚持限制条件是不可能的，或者实质上对博物馆会产生伤害；而且在合适情况下，放弃藏品时也必须通过合法的程序。

2.13　注销博物馆的藏品

从博物馆的藏品中将一个物品或标本移除，必须只在完全了解该物品重要性的情况下执行，包括该物品的特性（可逆或不可逆）、法律立场，以及是否会因该行为而让公众对博物馆失去信任。

2.14　注销的责任

主管单位应对藏品的注销负责，而且要与博物馆馆长与和藏品有关的管理人员共同执行。工作性藏品可能需要对其进行特殊的安排。（见2.7，2.8）

2.15 从收藏中将物品移去的注销工作

每座博物馆必须有一项政策对注销方法进行详细说明，可通过捐赠、转移、交换、出售、归还或毁坏的方式，将物品从博物馆藏品中永久移去，而所采用的方法将使该物品的所有权不受限制，并能让接受该物品的机构拥有。所有注销的决策、所涉及的物品与物品处理的记录都必须完整保存。物品注销的首要假设去向就是将该物品送给另一家博物馆。

2.16 由藏品注销带来的收入

由于博物馆受公众托管而收藏藏品，所以藏品不能以可兑现的财产来处理。物品或标本的注销与转移处理带来的金钱或补偿，只能用于对藏品有益的方面，通常为藏品获得方面。

2.17 注销藏品的购入

不允许博物馆成员、主管单位或这些人的家属与亲朋好友购买由他们负责的、要从博物馆藏品中注销的物品。

藏品的照管

2.18 藏品的延续性

博物馆必须建立并采取政策确保藏品（包括永久的与暂时的）及其相关信息被恰当地记录，这些资料不仅可以在现阶段使用，而且要将这些当今的知识与资源，以可实践的良好、安全的状态传承给未来的子孙。

2.19 藏品责任的代表

藏品的维护涉及到职业责任，被指派的人员必须拥有适当的知识与技术，或要在充分的监督下进行工作。（也见8.11）

2.20 藏品的建档

博物馆藏品必须依据已被接受的专业标准来进行建档。这项工作必须包括对每件物品的完整鉴定与描述，与其相关的事项、来源、状况、处理方式与目前所在的位置。这些基本资料必须保存在一个安全的环境下，并要有存取系统的支持，以方便提供信息给博物馆人员与其他的合法使用者。

2.21 抗灾性保护

发展政策时要给予其谨慎的关注，以便在军事冲突与其他人为和自然灾害中，保证藏品的安全。

2.22　藏品和相关数据库的安全

当藏品的基本资料提供给大众使用时，博物馆必须执行管控，避免敏感的个人或相关信息与其他保密事项的泄露。

2.23　预防性保护

预防性保护是博物馆政策与藏品维护中的一个重要组成部分，属于博物馆专业人员的主要责任，他们要为他们照顾的藏品——无论这些藏品身处库房、展厅或在运输途中——创造并维持一个保护性环境。

2.24　藏品的保护与修复

博物馆必须谨慎地监控藏品的状况，以便决定物品或标本在何时可能需要进行保护—修复工作，并让合格的保护者—修复者来提供服务。其主要目标应是维护物品与标本的稳定状态。所有的保存程序都必须建档，并尽可能地做可逆性记录保存，任何变动都能被清晰的鉴定出与原始物品或标本的不同。

2.25　活体动物的利益

拥有活体动物的博物馆必须对动物的健康与生存负责。博物馆必须准备并实践一项安全法规，既包括馆员与观众的保护，也包括对动物的保护，而且这项法规要经过兽医领域的专家认可。遗传变异必须可被清楚识别。

2.26　博物馆藏品的个人使用

博物馆的人事、主管单位与其家庭成员、近亲好友或其他任何人都不允许从博物馆藏品中征用藏品以作个人之用，仅是暂时使用也不允许。

3. 博物馆为建立和推广知识而保存原始资料。

原则：博物馆对其所有藏品的原始证据应负有维护、帮助使用与诠释的特殊责任。

原始证据

3.1　藏品作为原始证据

博物馆的收藏政策应该清楚指出藏品作为原始证据的重要性。这项政策必须明确地指出，藏品的这一重要性不受目前知识发展趋势或博物馆使用的控制。

3.2　藏品的可得性

博物馆在处理藏品与其相关信息时，应尽可能使其可得，这是博物馆的特殊职责，同时需考虑因机密性与安全性而带来的相关限制。

博物馆的收藏与研究

3.3 田野收集

如果博物馆要自己执行田野收集，就必须提出一项与学术标准一致的政策，该政策也要与国家及国际法律、公约义务相符。田野收集的工作只有在尊重与考虑当地社区的看法、环境资源与其文化惯例时，才可以进行。同时对促进自然与文化遗产也要付出同等努力。

3.4 原始证据的特殊收集

在极其特殊的情况下，一件来源不明的物品可能会对知识产生本质上的特殊贡献，因此从公众利益角度来看，应将其保存。接受这类物品为博物馆藏品时，应由具有该主题学术专长的专家决定，才不会产生国家或国际性偏见。（也见 2.11）

3.5 研究

由博物馆人员进行的研究必须与博物馆的任务与具体目标有关，而且要遵守法律、道德与学术运作的规范。

3.6 破坏性的分析

当破坏性的分析技术已经执行，那么材料分析、分析结果、研究成果的完整记录，包括出版物，都应成为该物品永久记录的一部分。

3.7 人类遗体与有神圣象征意义的物质

研究涉及到人类遗体与有神圣象征意义的物质时，必须以与专业标准一致的态度进行，并且要考虑到这一物品的原属社群、民族或宗教团体的信仰与利益——如果这些信息为已知。（也见 2.5，4.3）

3.8 研究资料的权利保留

当博物馆人员在准备进行资料展示或要为田野调查建档时，关于该工作的所有权利问题必须与提供赞助的博物馆有一份清楚的协议书。

3.9 知识共享

博物馆的专业成员有与同仁、相关领域的学术师生分享知识与经验的义务。他们必须尊重并认可那些允许学习这些知识的人，并应将这些技术与经验上的进步知识传播给那些会因此受益的人。

3.10 机构与从业人员间的合作关系

博物馆的从业人员应认可并允许与机构之间的合作与顾问性工作，这些工作都是为了双方的共同利益与收集运作。特别是与高等教育机构和一些特殊的公共团体合作时更应如此，因为这些研究工作可能会生成一些重要藏品，而这些藏品缺乏长期的安全保护。

4. 博物馆提供观赏、了解和管理自然与文化遗产的机会。

原则：博物馆承担着发挥其教育作用的重要职责，同时也要吸引其所服务的社区、地区或团体中更广泛的观众。博物馆与其所在的社区互动并宣传它们的遗产，这是博物馆教育作用的一部分。

陈列与展览

4.1 陈列、展览与特别活动

陈列与特展（temporary exhibition），无论是具体的还是电子化的，都必须与博物馆声明的任务、政策与博物馆的目的保持一致。且不可损伤到藏品的质量，以及藏品的照管与维护工作。

4.2 展示的诠释

博物馆必须确保展示与展览呈现的信息是有充分根据的、准确的，且恰当考虑被展示对象及其信仰。

4.3 敏感物质的展览

人类遗体与有神圣象征意义的物质的展示，必须采用与已知的相关专业标准一致的方式来进行，同时也要考虑到这些物品的原属社区、族群或宗教团体成员的利益与信仰。这些物质必须被谨慎呈现，并能尊重所有人的情感和尊严。

4.4 公开陈列的移除

当公开陈列人类遗体或来自原社群的有神明象征意义的物质时，若收到移除展品的请求，在处理时必须带有敬意，并考虑到敏感性问题。要求退还这些物品的请求也必须按同样的方式处理。博物馆政策中必须清楚定义回应这些请求的程序。

4.5 来源不明物质的陈列

博物馆必须避免陈列或使用来源有问题或缺乏来源的物质。博物馆必须意识到这类资料的展示与使用会纵容或助长文化财产的非法交易。

其他资源

4.6 出版物

博物馆无论采用什么方式将信息出版，该信息都必须是有充分根据的、正确的，同时需考虑其对学术规范、社会团体或所呈现的信仰所负的责任。博物馆的出版物不能违背这些机构的标准。

4.7 复制品

博物馆对收藏的物品做临摹、复制品，或必须做备份时，必须尊重原有物品的完整。所有的这些备份物品都必须加以永久性标记，以标志其复制品。

5. 博物馆的资源给其他公共服务与公共利益提供机会。

原则：博物馆使用了大量多元化的专业、技术与具体的资源，而这些资源在其他领域的应用远大于在博物馆内。因此就会带来资源的共享，或是提供服务，并当作博物馆活动的延伸。组织这些活动的方法也不能违背博物馆的任务声明。

鉴定服务

5.1 对违法或非法所得物品的鉴定

博物馆通常会为公众提供鉴定服务，因此要确定博物馆或个人在任何情况下都不会有任何从对方身上获利的行为——无论直接的还是间接的。接受鉴定的物品，如果被认定是或有可能是通过违法或非法方式取得、转移、进口或出口的物品在未通知恰当的权威部门以前，不应对大众公开。

5.2 鉴定与估价

对博物馆藏品进行估价可能是出于保险或赔偿的需要。对其他物品在金钱价值上的鉴定，只有在其他博物馆或适当的法律、政府或其他公共责任当局的正式要求下，才可执行。然而，当博物馆是受益者时，对物品或标本的估价应独立执行。

6. 博物馆要与藏品来源的社区及其服务的社区密切合作。

原则：博物馆的藏品要反映其来源社区的文化与自然遗产。因此这些藏品有着超乎一般财产的性质，其中可能包括与国家、地区、地方、族群、宗教与政治身份有着强烈的相关性。因此，博物馆的政策中应包含对这些可能性的回应，这一点尤其重要。

藏品的来源

6.1 合作

博物馆必须促进与藏品来源的国家与社区的博物馆与文化机构的合作，应与其分享知识、档案及藏品。也要与其他丧失了部分重要文化特性的国家与地区的博物馆探索发展伙伴关系的可能。

6.2 文化财产的回归

博物馆必须准备开始让文化财产回到其原属国家或人民这一议题的对话。这项动作必须以公平的态度、基于科学的、专业的与人性的原则去执行，同时也要采用地方、国家与国际相关立法，在一个政府或政治的层次去执行。

6.3 文化财产的归还

当物品或标本原属国家或人民要求归还一个物品或标本时，可能已出现了该物品被非法出口或以其他违反国际及国家法定原则的方式被转移的现象。如果可证明该物品是属于一个国家或人民的原有文化或自然遗产的一部分，那么相关博物馆应在法律允许的情况下，立即采取相应步骤，配合将物品归还。

6.4 从占领国家获得的文物

博物馆必须杜绝购买或收藏从被占领地区来的文物。它们必须完全遵从所有关于进口、出口与转移文化或自然遗产的法律与规定。

尊重所服务的社区

6.5 当代社群

博物馆的活动经常涉及一个当代社群或其遗产，博物馆所得藏品必须建立在告知对方、且双方都同意的基础上，而不是建立在对所有者或通知者剥削的基础上。尊重牵涉其中的社群的愿望尤其重要。

6.6 社区募款

当所开展的活动目的在于寻求募款、且牵涉到当代社群时，要确保不能

损伤他们的利益。(见 1. 10)

6.7 当代社群藏品的使用

使用当代社群的藏品必须尊重其原族群的尊严、传统与其文化。这样的藏品必须以拥护多元社会、多元文化与多样化语言的态度来对其表示尊敬，并以促进人类幸福、社会发展、包容与尊敬的方式来使用。(见 4.3)

6.8 支持社区组织

博物馆必须创造一个能赢得社区支持的环境（例如，得到博物馆之友与其他支持组织的支持），需承认社区的贡献，并促进社区与博物馆员工之间的和谐关系。

7. 博物馆以合法方式运作。

原则：博物馆必须完全遵守国际、地区、国内或地方的立法和公约的规定。除此之外，其主管单位必须接受与博物馆各方面、其藏品和运作有关的法定托管约束与条件。

合法的组织结构

7.1 国家与地方立法

博物馆必须完全遵守国家与地方法律。当其他国家的法律影响到博物馆运作时，也必须对其表示尊重。

7.2 国际法律

博物馆的政策必须认同以下国际法律，在诠释《国际博物馆协会博物馆职业道德准则》时，要以下列各项国际规范为标准：

1954 年，联合国教科文组织《武装冲突情况下保护文化遗产公约》（《海牙公约》）及第一议定书和 1999 年第二议定书；

1970 年，联合国教科文组织《关于禁止和防止非法进出口文化财产和非法转让其所有权的方法的公约》；

1973 年，《濒危野生动植物种国际贸易公约》；

1992 年，《联合国生物多样性公约》；

1995 年，国际统一私法协会的《关于被盗或非法出口文物之返还国际公约》；

2001 年，联合国教科文组织《保护水下文化遗产公约》；

2003 年，联合国教科文组织《保护非物质文化遗产公约》。

8. 博物馆以专业方法运作。

原则：博物馆的专业人员必须遵守已被接受的标准与法律，并支持他们的职业尊严与荣誉。他们必须保护公众，以对抗非法与不道德的专业行为。他们必须善用每一个机会来告知与教育公众有关博物馆专业这一职业的目的、目标与其职业期待，以便让公众对博物馆所做的社会贡献有更佳了解。

专业行为

8.1 熟知相关法律

每一名博物馆从业者都应当熟悉相关的国际、国家与地方法律，与他们被雇用的条件。他们应避免会引起不适当行为的情形。

8.2 专业责任

博物馆专业人员有遵从雇用机构政策与程序的义务。因此，他们应适当反对可能会危害到博物馆或这个专业与相关职业道德的行为。

8.3 专业行为

对同事和博物馆的忠诚是一项重要的专业责任，而且必须建立在将对基本道德原则的忠诚与职业视为一体的基础上。他们应遵守本准则，并注意其他博物馆工作法规与政策。

8.4 学术与科学职责

博物馆的从业人员必须促进对藏品固有信息的调查、保存与使用。因此，应避免任何可能会导致失去学术与科学数据的活动或环境。

8.5 违法的市场交易

无论是直接还是间接，博物馆从业人员不应支持自然与文化遗产的违法交易和非法市场。

8.6 保密

博物馆专业人员必须保守从他们工作中得到的秘密信息。同时，有关出于鉴定目的来到博物馆的物品的信息也是机密的，不应被出版或传递给任何未经物品所有人特别授权的其他机构或个人。

8.7 博物馆与藏品安全

对于博物馆的安全细节或因正式职责需要接触到的个人藏品与其所处地

点信息，博物馆人员必须绝对保密。

8.8 保密义务的例外情形

保密也必须服从于法律义务，在调查可能的偷窃、非法收藏或非法财产转移时，需协助警方或其他有关当局。

8.9 个人独立

博物馆的从业人员有资格在一定规范内享有个人独立，但他们必须清楚地了解，没有任何私人交易或职业利益可以与其受雇机构完全分离。

8.10 职业关系

博物馆的专业人员会与他们受雇的博物馆内外的很多人形成工作上的关系。他们被期待提供高效、高标准的专业服务于他人。

8.11 专业的顾问工作

当博物馆里可供使用的专业知识不足以保证达成正确决策时，需向馆内或馆外的其他同事商讨和咨询意见，这是职业责任所在。

利益冲突

8.12 礼物、好处、借入或其他个人利益

博物馆的专业人员绝对不能接受可能与其在博物馆内承担责任有关而获得的礼物、好处、借货或其他个人利益。偶然情况下，职业礼节可能包括了礼物的收受且这些都必须以与机构有关的名义进行。

8.13 馆外职务或买卖利益

博物馆的专业人员，虽然有权在一定程度上享有个人的独立，但他们必须清楚地了解，没有任何的私人交易或职业利益可以与其受雇机构完全分离，他们绝不能接受与其博物馆有利益冲突的其他带薪雇用，或接受馆外的委托。

8.14 自然与文化遗产的买卖

博物馆的专业人员不应直接或间接参与自然与文化遗产的买卖（为了利益的买或卖）。

8.15 与交易商的互动

博物馆从业人员不应接受任何来自交易人员、拍卖公司、试图从博物馆购买或注销藏品、在正式活动中获取或限制藏品的任何他人的礼物、招待或任何形式的报酬。除此之外，博物馆的专业人员不应向公众推荐特定的交易

商、拍卖公司或鉴定人员。

8.16　私人收集

博物馆员工不应在物品的收藏或个人的收集行为上，与其服务的机构竞争。如果博物馆的员工涉及任何个人收集，那么在博物馆的员工与主管单位之间，必须要就此事达成协议，而且要审慎遵行。

8.17　国际博物馆协会的名义与标志的使用

国际博物馆协会的会员不能使用"International Council of Museum"，"ICOM"或它的标志为营利活动促销或背书。

8.18　其他利益冲突

如果个人与博物馆之间有任何其他利益冲突，必须以博物馆的利益为先。

国际公约

关于发生武装冲突情况下保护文化财产的公约及其第一、第二议定书

关于发生武装冲突情况下保护文化财产的公约

（1954 年 5 月 14 日，中国 1999 年 10 月 30 日批准）

缔约各国，

认识到在最近的武装冲突中文化财产遭受到严重损害，且由于作战技术的发展，其正处在日益增加的毁灭威胁之中；

确信对任何民族文化财产的损害亦即对全人类文化遗产的损害，因为每一民族对世界文化皆作有其贡献；

考虑到文化遗产的保存对于世界各民族具有重大意义，该遗产获得国际保护至为重要；

基于 1899 年和 1907 年海牙公约和 1935 年 4 月 15 日华盛顿条约所确立的关于在武装冲突中保护文化财产的各项原则；

认为除非于和平时期采取国内和国际措施予以组织，否则这种措施不能发挥效力；

决心采取一切可能步骤以保护文化财产；

兹议定如下条款：

第一章　保护总则

第一条　文化财产的定义

为本公约之目的，"文化财产"一词应包括下列各项，而不问其来源或所有权如何：

1. 对每一民族文化遗产具有重大意义的可移动或不可移动的财产，例如

建筑、艺术或历史纪念物而不论其为宗教的或非宗教；考古遗址；作为整体具有历史或艺术价值的建筑群；艺术作品；具有艺术、历史或考古价值的手稿、书籍及其他物品；以及科学收藏品和书籍或档案的重要藏品或者上述财产的复制品；

2. 其主要和实在目的为保存或陈列（1）项所述可移动文化财产的建筑，例如博物馆、大型图书馆和档案库以及拟于武装冲突情况下保存（1）项所述可移动文化财产的保藏处；

3. 保存有大量（1）和（2）项所述文化财产的中心，称之为"纪念物中心"。

第二条 文化财产的保护

为本公约之目的，文化财产的保护应包括对该财产的保障和尊重。

第三条 文化财产的保障

各缔约国承允采取其认为适当的措施，以于和平时期准备好保障位于其领土内的文化财产免受武装冲突可预见的影响。

第四条 对文化财产的尊重

1. 各缔约国承允不为可能使之在武装冲突情况下遭受毁坏或损害的目的，使用文化财产及紧邻的周围环境或用于保护该项财产的设施以及进行针对该等财产的敌对行为，以尊重位于其领土内以及其他缔约国领土内的该等文化财产。

2. 本条第 1 款所述义务仅在军事必要所绝对需要的情况下方得予以摒弃。

3. 各缔约国共承允禁止、防止及于必要时制止对文化财产任何形式的盗窃、抢劫或侵占以及任何破坏行为。他们不得征用位于另一缔约国领土内的可移动文化财产。

4. 他们不得对文化财产施以任何报复行为。

5. 任何缔约国不得因另一缔约国未适用第三条所述保护措施而规避其根据本条对该国所承担的义务。

第五条 占领

1. 占领另一缔约国全部或部分领土的任何缔约国应尽可能协助被占领国国家主管当局保护并保存其文化财产。

2. 如证明有必要采取措施以保存位于被占领土内为军事行动所损害的文化财产，而该国主管当局不能采取此项措施时，占领国应尽可能并同该当局密切合作下采取最必要的保存措施。

3. 其政府被抵抗运动成员认作合法政府的任何缔约国如有可能应促请该等成员注意遵守本公约关于尊重文化财产的各项规定的义务。

第六条 文化财产的识别标记

根据第十六条的规定，文化财产可设置识别标志以便识别。

第七条 军事措施

1. 各缔约国承允于和平时期在其军事条例或训示中列有可保证本公约得以遵守的规定，并在其武装部队成员中培养一种尊重各民族文化及文化财产的精神。

2. 各缔约国承允于和平时期在其武装部队内筹划或设置机构或专门人员，其目的在于确保文化财产得到尊重并同负责其保护的民政当局进行合作。

第二章 特别保护

第八条 特别保护的给与

1. 可将一定数量的准备在武装冲突情况下用以掩护可移动文化财产的保藏所、纪念物中心和其他极其重要的不可移动文化财产置于特别保护之下，但须其：

（1）同任何大工业中心或同作为易受攻击地点的任何重要军事目标，如机场、广播电台、用于国防的设施、相当重要的港口或火车站或交通干线间保持适当距离；

（2）不用于军事目的。

2. 可移动文化财产的保藏所，不论其位于何处，如其建造得在任何情况下均不致为炸弹所损害，则亦可置于特别保护之下。

3. 纪念物中心如用于军事人员或物资的调运，即便为过境，应视为用于军事目的。如在该中心内进行与军事行动直接相关的活动、驻扎军事人员或生产战争物资，上述规定应予适用。

4. 由经特别授权的武装监管人对第 1 款所述文化财产进行保卫或在此项

文化财产附近驻扎通常负责维持公共秩序的警察部队，不应视为用于军事目的。

5. 如果本条第 1 款所述任何文化财产位于该款所规定重要军事目标附近，其仍可被置于特别保护之下，唯请求此项保护的缔约国保证在武装冲突情况下不使用该目标，特别是如为港口、火车站或机场，则保证所有交通改道绕开此处。在此情况下，改道绕行应于和平时期作好准备。

6. 文化财产一经载入"受特别保护的文化财产国际登记册"，即给予特别保护。上述登载只应根据本公约的规定并按照公约实施条例所规定的条件办理。

第九条 受特别保护文化财产的豁免权

各缔约国承允保证受特别保护文化财产，从其载入国际登记册时起，豁免于任何针对该财产的敌对行为，并除第八条第 5 款规定的情况外，豁免于为军事目的使用此项财产或其周围环境。

第十条 标记和管制

武装冲突期间，受特别保护的文化财产应标以第十六条所述识别标志并应受公约实施条例所规定的国际管制。

第十一条 豁免的撤回

1. 如一缔约国在任何一项受特别保护的文化财产上违反第九条规定的义务。只要该项违反仍在持续，对方缔约国应予解除保证有关财产享有豁免的义务。但是，只要有可能，后一方应首先要求在合理的时间内终止此项违反。

2. 除本条第 1 款所规定情况外，对受特别保护的文化财产只有在无可避免的军事必要的非常情况下并于此项必要存续期间，方得撤回豁免。此项必要只能由指挥相当师或更大规模部队的军官确定。只要情况许可，应于一合理时间前将撤回豁免的决定通知对方缔约国。

3. 撤回豁免的缔约国应尽速以书面向公约实施条例所规定的文化财产专员官长作此通知，并述明理由。

第三章　文化财产的运输

第十二条 特别保护下的运输

1. 专门从事文化财产转移的运输，不论是在一国领土内或是运往另一国领土，经有关缔约国请求，可根据公约实施条例规定的条件在特别保护下进行。

2. 特别保护下的运输应在前述条例所规定的国际监督之下进行并应展示第十六条所述识别标志。

3. 各缔约国不得对特别保护下的运输作任何敌对行为。

第十三条　紧急情况下的运输

1. 如果一缔约国认为某项文化财产为安全计需要转移，而且情况紧急不能遵照第十二条所规定的程序，尤其是在武装冲突开始时，该运输可展示第十六条所述识别标志，但须未提出第十二条所述豁免申请而遭拒绝者。如有可能，应向对方缔约国发出转移的通知。但向另一国领土运送文化财产的运输，除非已明确给予豁免，不得展示识别标志。

2. 各缔约国应只可能采取必要防备措施，以避免针对第1款所述并展示有识别标志的运输实施敌对行为。

第十四条　扣押、收缴及捕获的豁免

1. 扣押、捕获及收缴的豁免应给予：

（1）享有第十二条或第十三条所规定保护的文化财产；

（2）专门用于转移此等文化财产的运输工具。

2. 本条规定不应限制临时检查和搜查的权利。

第四章　人　员

第十五条　人员

在符合安全利益的情况下，从事文化财产保护的人员应为此等财产的利益而受到尊重，并且如其落入对方手中，只要其所负责的文化财产亦落入对方手中，应准许其继续履行其职务。

第五章　识别标志

第十六条　公约的标志

1. 公约的识别标志应取盾状，下端尖，蓝白色呈X形相间（盾的组成为，一纯蓝色正方形，其一角作为盾尖，正方形之上为一纯蓝色三角形，两边的空间各为一白色三角形）。

2. 该标志应单独使用，或在第十七条规定的条件下呈三角形重复三次

（下面有一盾）。

第十七条　标志的使用

1. 识别标志重复三次只能用以识别：

（1）受特别保护的不可移动文化财产；

（2）依第十二条和第十三条所规定条件的运输；

（3）依公约实施条例所规定条件的应急保藏所。

2. 识别标志单独使用仅用以识别：

（1）不受特别保护的文化财产；

（2）根据公约实施条例负有管制职责的人；

（3）从事保护文化财产的人员；

（4）公约实施条例所述身份证。

3. 在武装冲突期间，应禁止于本条前两款所述之外的任何情形下使用识别标志，以及为任何目的使用与识别标志相近似的标记。

4. 除非同时展示经缔约国主管当局正式注明日期并予以签字的授权，识别标志不得置于任何不可移动文化财产。

第六章　公约的适用范围

第十八条　公约的适用

1. 除应于和平时期生效的各项规定外，本公约适用于两个或多个缔约国间可能发生的经宣告的战争或任何其他武装冲突，即使其中一方或多方不承认有战争状态。

2. 公约亦适用于一缔约国领土被部分或全部占领的情况，即使该占领未受到武装抵抗。

3. 如果冲突之一方不是本公约缔约国，作为本公约缔约国的冲突各方在其相互关系上应仍受本公约的约束。此外，如一非缔约国冲突方声明接受公约的规定，只要其适用这些规定，各缔约国在对该国关系上亦受公约约束。

第十九条　非国际性冲突

1. 如果一缔约国领土内发生非国际性武装冲突，每一冲突方应至少有义务适用本公约关于尊重文化财产的各项规定。

2. 冲突各方应尽力通过特别协议以实施本公约所有或部分其他条款。

3. 联合国教育、科学及文化组织可以向冲突各方提供服务。

4. 上述条款的适用不应影响冲突各方的法律地位。

第七章 公约的实施

第二十条 公约实施条例

关于实施本公约的程序在公约实施条例中予以规定，该条例构成公约的组成部分。

第二十一条 保护国

本公约及其实施条例应在负责照管冲突各方利益的各保护国合作下予以适用。

第二十二条 调解程序

1. 各保护国应于其认为对文化财产利益有用时，特别是当冲突各方对于本公约或其实施条例的规定之适用和解释有争议时，进行斡旋。

2. 为此目的，每一保护国可应一方或联合国教育、科学及文化组织总干事之邀，或主动向冲突各方建议，举行各方代表，特别是负责文化财产保护的当局的会议。如认为适当，在经适当选择的中立领土上举行。冲突各方应有义务实施向其提出的开会建议。保护国应提议一位属于中立国或由联合国教育、科学及文化组织总干事提出，并征得冲突各方赞同的人选，邀其以主席身份参加上述会议。

第二十三条 联合国教育、科学及文化组织的协助

1. 各缔约国可以请求联合国教育、科学及文化组织在其文化财产的组织方面，或于适用本公约或其实施条例所产生的任何其他问题上予以技术性协助。该组织应在其规划和资力所定限度内给予协助。

2. 该组织有权就此事宜主动向各缔约国提出建议。

第二十四条 特别协议

1. 各缔约国可以就其认为适合于单独规定的一切事项缔结特别协议。

2. 不得缔结任何减损本公约给予文化财产及从事文化财产保护人员之保护的特别协议。

第二十五条 公约的传播

各缔约国承允于和平时期及武装冲突期间在其各自国家内尽可能广泛地传播本公约及其实施条例的文本。他们特别承允将对公约的研究列入军事教育计划，并如可能也列入国民教育计划，以使公约的各项原则为全体居民，特别是武装部队和从事文化财产保护的人员所知晓。

第二十六条　译文和报告

1. 各缔约国应通过联合国教育、科学及文化组织总干事彼此交换本公约及其实施条例的正式译文。

2. 此外，各缔约国应至少四年一次向总干事提交一份报告，提供他们所认为适当的关于其各自机构为履行本公约及其实施条例而采取、拟订或设想的任何措施的一切情报。

第二十七条　会议

1. 联合国教育、科学及文化组织总干事经执行委员会同意可以召集各缔约国代表会议。如经至少五分之一缔约国要求，总干事必须召集上述会议。

2. 在不妨碍本公约及其实施条例所授予任何其他职能的情况下，会议的目的将为研究关于适用公约及其实施条例的问题，并就这些问题提出建议。

3. 如经多数缔约国出席，会议还可根据第三十九条的规定对公约或其实施条例进行修改。

第二十八条　制裁

各缔约国承允于其普通刑事管辖权范围内采取必要步骤，以对违反或唆使违反本公约的人，不问其国籍，进行起诉并施以刑事或纪律制裁。

最后条款

第二十九条　语言

1. 本公约以英文、法文、俄文和西班牙文写成，四种文本具有同等效力。

2. 联合国教育、科学及文化组织应安排将公约译成其大会的其他正式语言。

第三十条　签署

本公约日期应为1954年5月14日，在1954年12月31日前应开放供所有被邀请出席1954年4月21日至1954年5月14日在海牙召开会议的国家签署。

第三十一条　批准

1. 本公约须经各签署国依照其各自宪法程序予以批准。

2. 批准书应交存于联合国教育、科学及文化组织总干事。

第三十二条 加入

本公约自其生效之日起应开放供未签署公约的第三十条所述所有国家以及由联合国教育、科学及文化组织执行委员会邀请加入的任何其他国家加入。加入应以向联合国教育、科学及文化组织总干事交存加入文书即为生效。

第三十三条 生效

1. 本公约应于五份批准书交存后三个月生效。

2. 此后，公约应于每一缔约国交存批准或加入书后三个月对其生效。

3. 第十八和第十九条所述情势应使冲突各方于敌对行动或占领开始以前或其后所交存批准或加入文书立即生效。于此情况下，联合国教育、科学及文化组织总干事应以最迅速方法转送第三十八条所述通知。

第三十四条 有效适用

1. 公约生效之日为公约当事国者应采取一切必要措施，以保证公约于生效后六个月期间内得以有效适用。

2. 对于公约生效后交存批准或加入文书的任何国家，上述期间应为自批准或加入文书交存之日起六个月。

第三十五条 公约地域适用的扩展

任何缔约国可于批准或加入时或于其后任何时间向联合国教育、科学及文化组织总干事发出通知，声明本公约应扩展适用于由其负责国际关系的所有或任何领土。上述通知应于收到之日后三个月生效。

第三十六条 同以前公约的关系

1. 在受无论是 1899 年 7 月 29 日或 1907 年 10 月 18 日关于陆战法规与惯例（第四）和关于战时海上轰炸（第九）的海牙各公约约束并为本公约缔约国的各国间关系上，本公约应为对前述第九公约及前述第四公约所附章程的补充，并应于本公约及其实施条例规定使用识别标志的情况下，以本公约第十六条所述标志取代前述第九公约第五条所述标志。

2. 在受 1935 年 4 月 15 日关于保护艺术和科学机构及历史纪念物的华盛顿条约（洛埃里奇条约）约束，并为本公约缔约国的各国间关系上，本公约应为对洛埃里奇条约的补充，并应于本公约及其实施条例规定使用识别标志的情况下，以本公约第十六条所规定标志取代条约第三条所述区别旗帜。

第三十七条　退出

1. 每一缔约国可以用其自身的名义或用由其负责国际关系的任何领土的名义退出本公约。

2. 退出应以书面文书通知，交存于联合国教育、科学及文化组织总干事。

3. 退出应于收到退出文书后一年生效。但是，如果在该期限届满时，退出方正卷入一武装冲突，则在敌对行动结束前或在文化财产返还活动完成前，以较后者为定，退出不应发生效力。

第三十八条　通知

联合国教育、科学及文化组织总干事应将第三十一、三十二和三十九条所规定的所有批准、加入和接受文书及第三十五、三十七和三十九条所分别规定的通知和退出文书的交存告知第三十和第三十二条所述国家及联合国。

第三十九条　公约及其实施条例的修改

1. 任何缔约国可以提出对本公约及其实施条例的修正案。任何提出的修正案案文应递送于联合国教育、科学及文化组织总干事，由其转送于每一缔约国，要求该缔约国于四个月内答复，说明其是否：

（1）要求召开会议以审议所提出的修正案；

（2）赞成不必召开会议即接受所提出的修正案；

（3）赞成不必召开会议即拒绝所提出的修正案。

2. 总干事应将依本条第 1 款所收到的各项答复，转送所有缔约国。

3. 如果所有在规定的时间限度内依照本条第一款（1）项向联合国教育、科学及文化组织总干事表明意见的缔约国通知总干事其赞成不必召开会议即接受修正案，其决定应由总干事根据第三十八条的规定予以通知。修正案应于通知之日起九十天期满时对所有缔约国生效。

4. 如经三分之一以上缔约国要求，总干事应召开缔约国会议以审议所提出的修正案。

5. 依前款规定办理的公约或其实施条例的修正案，仅在其经出席会议的缔约国一致通过并为每一缔约国所接受后方应生效。

6. 缔约国对业经第 4 和第 5 款所述会议通过的公约或其实施条例的修正案

所作接受应以向联合国教育、科学及文化组织总干事交存一正式文书为有效。

7. 在本公约或其实施条例的修正案生效后，只有经修正的公约或其实施条例的文本应予继续开放供批准或加入。

第四十条　登记

根据联合国宪章第一百零二条，本公约应经联合国教育、科学及文化组织总干事的请求，向联合国秘书处登记。

下列签字者经正式授权，谨签字于本公约，以昭信守。

1954 年 5 月 14 日于海牙订于一份正本，该本应保存于联合国教育、科学及文化组织的档案库内，其经核证无误的副本应分送第三十条和第三十二条所述所有国家及联合国。

关于在武装冲突情况下保护文化财产的公约第一议定书

（1954 年 5 月 14 日，中国 1999 年 10 月 30 日批准）

各缔约国协议如下：

一

1. 每一缔约国承允防止于武装冲突期间从其所占领土上输出 1954 年 5 月 14 日于海牙签订的武装冲突情况下保护文化财产公约第一条所规定的文化财产。

2. 每一缔约国承允监管直接或间接从任何被占领土输入其领土的文化财产。监管应或于财产输入时自动实行，或未能自动实行情况下经被占领土当局请求而予实行。

3. 每一缔约国承允于敌对行动终止时，向先前被占领土的主管当局返还处于其领土内文化财产，唯此项财产为违反第 1 款所规定的原则而输出者。此项财产绝不应作为战争赔偿而予留置。

4. 负有义务防止文化财产从其所占领土输出的缔约国应向任何须按前款规定予以返还的文化财产的善意持有人支付补偿金。

二

5. 来源于一缔约国领土并由其为保护该项财产免于武装冲突的威胁而交

存于另一缔约领土内的文化财产，应于敌对行动结束时由保管国返还给来源地主管当局。

三

6. 本议定书的日期应为 1954 年 5 月 14 日，并于 1954 年 12 月 31 日前，应一直开放供被邀参加 1954 年 4 月 21 日至 1954 年 5 月 14 日在海牙举行会议的所有国家签署。

7. （1）本议定书应经各签署国根据其各自宪法程序予以批准。

（2）批准文书应交存于联合国教育、科学及文化组织总干事。

8. 本议定书自生效之日起应开放供求签署议定书的第 6 款所述所有国家以及由联合国教育、科学及文化组织执行委员会邀请加入的任何其他国家加入。加入应以向联合国教育、科学及文化组织总干事交存加入文书即为有效。

9. 第 6 和第 8 款所述国家可以于签署、批准或加入时声明其将不受本议定书第一节规定或不受其第二节规定的约束。

10. （1）本议定书应于五份批准书交存后三个月生效。

（2）此后，议定书应于每一缔约国交存批准或加入文书后三个月对其生效。

（3）1954 年 5 月 14 日于海牙签订的武装冲突情况下保护文化财产公约第十八条和第十九条所述情势应使冲突各方于敌对行动或占领开始以前或其后所交存的批准或加入书立即生效。于此情况下，联合国教育、科学及文化组织总干事应以最迅速的方法转送第 14 款所述通知。

11. （1）议定书生效之日为议定书当事国者应采取一切必要措施，以保证议定书于生效六个月期间内得以有效适用。

（2）对于议定书生效后交存批准或加入文书的任何国家，上述期间应为自批准或加入文书交存之日起六个月。

12. 任何缔约国可于批准或加入时或于其后任何时间向联合国教育、科学及文化组织总干事发出通知，声明本议定书应扩展适用于由其负责国际关系的全部或任何领土。上述通知应于收到之日后三个月生效。

13. （1）每一缔约国可以用其自身的名义或用由其负责国际关系的任何领土的名义退出本议定书。

（2）退出应以书面文书通知，交存于联合国教育科学及文化组织总干事。

（3）退出应于收到退出通知后一年生效。但是，如果在该期间届满时，退出方正卷入一武装冲突，则在敌对行动结束前或在文化财产返还活动完成前，以较后者为定，退出不应发生效力。

14. 联合国教育、科学及文化组织总干事应将第 7、第 8 和第 15 款所规定的所有批准加入和接受文书及第 12 和第 13 款所分别规定的通知和退出文书的交存告知第 6 和第 8 款所述国家及联合国。

15. （1）若经三分之一以上缔约国请求，本议定书可予以修改。

（2）联合国教育、科学及文化组织总干事应为此召开会议。

（3）本议定书的各项修正案仅在其经出席会议的缔约国一致通过并为每一缔约国所接受后方应生效。

（4）缔约国对业经第（2）和第（3）项所述会议通过的本议定书修正案所作接受应以向联合国教育、科学及文化组织总干事交存一正式文书为有效。

（5）在本议定书各修正案生效后，只有经修正的议定书文本应予继续开放供批准或加入。

根据联合国宪章第一百零二条，本议定书应经联合国教育、科学及文化组织总干事的请求，向联合国秘书处登记。

下列签字者经正式授权，谨签字于本议定书，以昭信守。

1954 年 5 月 14 日订于海牙，以英文、法文、俄文及西班牙文写成，四种文本具有同等效力，订于一份正本，保存于联合国教育、科学及文化组织的档案库内，其经核证无误的副本应分送第 6 和第 8 款所述所有国家及联合国。

关于在武装冲突情况下保护文化财产的公约第二议定书

（1999 年 3 月 26 日）

缔约国，

意识到改善发生武装冲突时保护文化财产的必要性和制定一项重点保护特别指定的文化财产的制度之必要性；

重申《关于发生武装冲突时保护文化财产的公约》（海牙，1954 年 5 月

14 日）的条款的重要性，并强调有必要采取一些加强其实施的补充措施；

希望建立适当的程序使《公约》的约国能够更密切地参与发生武装冲突时对文化财产的保护。

认为发生武装冲突时保护文化财产的规则应当反映国际法的发展；

确认国际法公认的准则继续对本《议定书》所未能解决的题行之有效。

达成如下协议：

第一章　引　言

第一条　定义

在本《议定书》的范围内：

a. "缔约国"系指签署本《议定书》的缔约国；

b. "文化财产"系指《公约》第 1 条中规定的文化财产

"公约"系指《关于发生武装冲突时保护文化财产的公约》（海牙，1954 年 5 月 14 日）；

d. "公约缔约国"系指《关于发生武装冲突时保护文化财产的公约》的缔约国；

e. "重点保护"系指本《议定书》第 10 条和第 11 条所规定的重点保护制度；

f. "军事目标"系指一种物品，由于其性质、所处地点、目的地或对其使用会给军事行动带来直接作用，且该物品全部或部分被摧毁、被缴获或丧失作用在当时情况下会导致明显的军事优势；

g. "非法的"系指在违背被占领土国内立法或国际法适用法规的情况下，以强迫手段或其他手段从事的非法行为；

h. "目录"系指根据本《议定书》第 27 条第 1 段 b 分段的规定所设立的《受重点保护的国际文化财产目录》；

i. "总干事"系指教科文组织总干事；

j. "教科文组织"系指联合国教育、科学及文化组织；

k. "第一议定书"系指 1954 年 5 月 14 日在海牙通过的《关于发生武装冲突时保护文化财产的议定书》。

第二条　与《公约》的关系

本《议定书》是在其缔约国的相互关系上对《公约》的补充。

第三条　执行范围

1. 除和平时期应执行的条款之外，在《公约》第 18 条第 1 和第 2 段、本《议定书》第 22 条第 1 段所确认的情况下应执行本《议定书》。

2. 当武装冲突各方中有一方不受本《议定书》的约束时，《议定书》的各缔约国在其相互关系上依然受本《议定书》之约束。在与一个不受本《议定书》约束的冲突国发生关系时，只要它接受并执行本《议定书》之规定，本《议定书》的缔约国也应受本《议定书》的约束。

第四条　本《议定书》第三章与《公约》及本《议定书》其他条款之间的关系

本《议定书》第三章的规定之执行不影响：

a. 《公约》第一章及本《议定书》第二章各条规定的执行；

b. 《公约》第二章无论是在本《议定书》的缔约国之间，还是在一个缔约国与一个根据第 3 条第 2 段规定接受并执行本《议定书》的非约国之间的执行。如果一项文化财产同时置于特别保护和重点保护之下，那么只执行关于重点保护的规定。

第二章　文化财产的一般性保护规定

第五条　文化财产的保护

根据《公约》第 3 条的规定，在和平时期为预防军事冲突对文化财产造成后果而采取的保护措施包括：编制目录，为保护文化财产而制定预防建筑物火灾或倒塌的应急措施，做好可移动文化财产的移出或有效就地保护的准备工作，以及确定负责文化财产保护的主管机构。

第六条　尊重文化财产

根据《公约》第 4 条的规定，为保证文化财产得到尊重之目的：

a. 不得援引《公约》第 4 条第 2 段所提及的关于以军事上绝对需要为由的例外规定，对某一文化财产采取敌对行动，除非：

i. 该项文化财产所起的作用已使其变为了军事目标，并且

ii. 的确已没有其他办法能够像对该目标采取敌对行动那样获得相同的军事优势；

b. 不得援引《公约》第 4 条第 2 段关于军事上绝对需要的例外规定，将文化财产用于会使其遭损毁或破坏的目的，除非的确已没有别的办法能获得同等的军事优势；

c. 只有相当于或高于营级的军官才可做出援引军事上绝对需要的决定，在情况不允许做出其他选择时，营以下军官才可决定；

d. 在根据 a 分段规定做出攻击决定的情况下，当条件允许时，应及时向对方发出有效的警告。

第七条 攻击时之预防措施

在不违背国际人道法关于采取军事行动时要求的其他注意事顶的情况下，作为冲突方的各缔约国应该：

a. 采取一切可行措施，确认被攻击目标不是《公约》第 4 条所保护的文化财产；

b. 在选择攻击手段和方法时，采取各种可能的措施，以尽量避免和减少对受《公约》第 4 条保护的文化财产造成意外损失；

c. 放弃发动会对受《公约》第 4 条保护的文化财产造成意外的严重损失，而希望得到的具体和直接的军事优势又相对较小的攻击；

d. 在下列情况下取消或中止攻击：

i. 是受《公约》第 4 条保护的文化财产；

ii. 可以预见，攻击会对受《公约》第 4 条保护的文化财产造成意外的严重损失，而希望得到的具体和直接的军事优势又相对较小。

第八条 攻击后果之预防措施

冲突各方应尽一切可能做到：

a. 把可移动的文化财产从军事目标附近移走，或对它们提供有效的就地保护；

b. 避免将军事目标设在文化财产附近。

第九条 保护被占领土上的文化财产

1. 在不违背《公约》第 4 条和第 5 条之规定的情况下，部分或全部占领了另一缔约国领土的任何缔约国应在该被占领土上禁止和阻止：

a. 一切文化财产的非法出口、移动或转让；

b. 任何考古挖掘，除非它对文化财产的保护、登记或保存是绝对必要的；

c. 目的在于隐匿或毁坏文化财产所具有的文化、历史或科学见证作用的改造或改变文化财产用途的行为。

2. 对被占领土上的文化财产进行考古挖掘、改造或改变其用途，只要条件允许，都必须与该被占领土的国家当局进行密切的合作。

第三章　重点保护

第十条　重点保护

文化财产如果符合下述三个条件，即可置于重点保护之下：

a. 属于对全人类具有最重大意义的文化遗产；

b. 系国内有关法律和行政措施视为具有特殊的文化与历史价值并给予最高级别保护的文化财产；

c. 未被用于军事目的或用以保护军事设施，并且控制它的缔约国已声明确保它不会用于此类目的的文化财产。

第十一条　重点保护资格的授予

1. 各缔约国应向委员会提交一份它希望授予重点保护资格的文化财产目录。

2. 管辖和控制一项文化财产的缔约国可以申请将其列入根据第 27 条第 1 段 b 分段开列的《目录》之中。该项申请应根据第 10 条规定的标准列出有关文化财产的所有情况。委员会可要求一个缔约国申请将该文化财产列入《目录》。

3. 具有必要鉴定能力的其他缔约国、国际蓝盾委员会及其他非政府组织可向委员会推荐某一具体的文化财产。在这种情况下，委员会可要求某一缔约国提出将该文化财产列入《目录》的申请。

4. 在有关文化财产处于一个以上的国家提出主权或管辖权要求的领土上时，申请将该文化财产列入《目录》的行为或将其列入《目录》的行为在任何情况下均不构成对冲突各方权利的损害。

5. 委员会在收到一项列入《目录》的申请之后，应即通知所有缔约国。缔约国可在 60 天之内向委员会提交对此项申请的反对意见。这些意见只能以第 10 条所列之标准作为依据，并且应具体和针对事实。委员会审议反对意见，并在做出决定之前给提出申请的缔约国以答辩的机会。在委员会收到了这种反对意见时，在不违背第 26 条的情况下，列入《目录》的决定应由出席并参加表决的五分之四多数委员会成员通过。

6. 委员会在对一项申请做出裁决时，应征询有关政府组织和非政府组织以及独立专家们的意见。

7. 做出授予或拒绝授予重点保护资格的决定只能以第 10 条所列之标准作为依据。

8. 在特殊情况下，当委员会判定申请将某一文化财产列入《目录》的有关缔约国尚不符合第 10 条 b 分段所列之标准时，只要该缔约国根据第 32 条规定提出国际援助的申请，委员会便可做出授予重点保护资格的决定。

9. 敌对行动一开始，作为冲突一方的缔约国便可因情况紧急，向委员会递交申请，要求对其管辖或控制之下的文化财产进行重点保护，委员会应立即将该申请转交参与冲突的各缔约国。在此情况下，委员会紧急审议有关各缔约国的反对意见。在不违背第 26 条之规定的情况下，委员会应尽快以五分之四多数委员通过的方式做出提供重点保护的决定。在按正常程序给以重点保护的工作未有结果之前，只要符合第 10 条 a 分段和 c 分段规定的标准，委员会可以授予临时性重点保护资格。

10. 文化财产自列入《目录》之时起便享受委员会给予的重点保护。

11. 总干事及时将委员会把文化财产列入《目录》的决定通知联合国秘书长及所有缔约国。

第十二条　受重点保护的文化财产的豁免权

参与冲突的缔约国应确保受重点保护的文化财产的豁免权，不把这些文化财产作为进攻目标，不将这些文化财产或其周围设施用以支持军事行动。

第十三条　丧失重点保护资格

1. 受重点保护的文化财产只有在下列情况下才丧失受这种保护的资格：

a. 根据第 14 条之规定中止或取消了该项保护资格；或者

b. 有关文化财产的使用方式已使其成为军事目标。

2. 在第 1 段 b 分段所述情况下，有关文化财产只有在下列情况下才可成为进攻目标：

a. 这种进攻是唯一可以结束第 1 段 b 分段所述之该文化财产的使用方式的办法；

b. 为结束该使用方式，并避免或尽量减少对该财产的损害，在选择进攻办法与方式上已采取了一切可行的预防措施；

c. 除因即时合法防的需要，情况不允许这样做之外：

i. 进攻命令由军事行动最高指挥当局发布；

ii. 已通过有效手段向对方发出了警告，命令其结束第 1 段 b 分段所述之文化财产的使用方式；并且

iii. 给对方以合理的时间设法改变有关情况。

第十四条　重点保护资格之中止和取消

1. 当有关文化财产不再符合本《议定书》第 10 条规定之其中某一标准时，委员会可以中止或取消对该财产的重点保护，并将其从《目录》中删除。

2. 当一种受重点保护的文化财产被用以为军事行动服务而严重违反第 12 条之规定时，委员会可以中止对该文化财产的重点保护。如继续违反规定，委员会可以例外地取消对其保抑，并从《目录》中将其删除。

3. 总干事将把委员会关于中止或取消对某项文化财产的重点保护决定及时通知联合国秘书长及本《议定书》的缔约国。

4. 在做这种决定之前，委员会向缔约国提供表达自己看法的机会。

第四章　刑事责任与管辖权

第十五条　严重违反本《议定书》

1. 任何人不顾《公约》或本《议定书》之规定，故意做出下列行为的，就是对本《议定书》的违反：

a. 将受重点保护的文化财产作为进攻目标；

b. 将受重点保护的文化财产或其周围设施用以支持军事行动；

c. 大量地破坏或攫取受《公约》和本《议定书》保护的文化财产；

d. 将受《公约》和本《议定书》保护的文化财产作为进攻目标；

e. 偷盗、掠夺或侵占受《公约》保护的文化财产，以及对它们进行破坏的行为。

2. 各缔约国应采取必要措施，依据国内法对本条款所列之各种违约行为加以指控并通过适当刑罚制止此类行为。在这样做时，缔约国应遵守法律的

一般原则和国际法，尤其是遵守把个人刑事责任扩大到直接行为者以外之其他人的规则。

第十六条　管辖权

1. 在不违背第 2 段规定的情况下，各缔约国应采取必要的立法措施，确定自己在下列情况下对第 15 条所述的违约行为的管辖权：

a. 这一违约行为发生在该国的领土范围内；

b. 被推定为违约行为者是该国的国民；

c. 违反第 15 条第 1 段 a 分段至 c 分段之规定的被推定作案人就在该国领土之上。

2. 在行使管辖权方面，在不违背《公约》第 28 条之规定的情况下：

a. 本《议定书》不妨碍依据有关的国内或国际法承担个人的刑事责任和行使管辖权，也不影响根据国际习惯法行使管辖权；

b. 除了根据第 3 条第 2 段，本《议定书》的非缔约国可以接受并执行本《议定书》的规定这一情况外，本《议定书》非缔约国的武装力量成员和国民可不按本《议定书》的规定承担个人刑事责任，因为本《议定书》并没有规定必须确定对这些人的管辖权限，也没有规定引渡他们的义务。非缔约国的国民服役于一个本《议定书》缔约国的武装力量则不属此列。

第十七条　起诉

1. 有关缔约国在发现违反第 15 条第 1 段 a 分段至 c 分段之规定的被推定作案人在其领土上时，如不将其引渡，则应无一例外和不过分拖延地将此案送交主管当局，按照符合国内法或符合有关国际法惯例的程序提出起诉。

2. 在不违背国际法惯例的情况下，依据《公约》或本《议定书》受到司法程序审查的任何人在整个过程中依据国内法和国际法享有得到公正待遇和审判的保障，而且这种保障在任何情况下都不能低于国际法所认可的保障。

第十八条　引渡

1. 第 15 条第 1 段 a 分段至 c 分段所述之违约行为，应被视为缔约国之间在本《议定书》生效之前已有的引渡条约中规定的可引渡违约行为。缔约国有义务将此类违约行为纳入它们之间今后可能达成的引渡条约之中。

2. 以现存条约为引渡条件的缔约国，如收到未与其签订有引渡条约的另一缔约国的引渡要求，其可根据自己的选择，以本《议定书》作为就第 15

条第 1 段 a 分段至 c 分段规定之违约行为进行引渡的法律依据。

3. 不以现存条约为引渡条件的缔约国，承认第 15 条第 1 段 a 分段至 c 分段所述之违约行为属于它们之间根据被请求国法律规定的条件进行引渡的范围。

4. 如有必要，为实现缔约国之间的引渡，第 15 条第 1 段 a 分段至 c 分段所述之违约行为应视为既是在作案地也是在已根据第 16 条第 1 段确定了其管辖权的约国的领土上发生。

第十九条 *法律上的互相协助*

1. 在对第 15 条所述之违约行为进行的调查和刑事诉讼或引渡程序中，缔约国之间应相互提供最大程度的司法协助，包括协助取得它们所掌握的、为诉讼程序所必须的证据。

2. 缔约国应按照它们之间可能业已存在的司法互助条约或协议履行第 1 段规定的义务，如无此类条约或协议，缔约国应依据国内法相互提供协助。

第二十条 *拒绝引渡的理由*

1. 为引渡和相互提供司法协助之目的，第 15 条第 1 段 a 分段至 c 分段，以及第 15 条全部所述之违约行为不得视为政治罪行、与政治犯罪相关的罪行或有政治动机的罪行。因此，就此类违约行为提出的引渡或相互司法协助的要求不可仅以其涉及政治罪行、与政治犯罪相关的罪行或有政治动机的罪行为由而加以拒绝。

2. 如被请求的缔约国有充分理由认为，以第 15 条第 1 段 a 分段至 c 分段所述之违约行为要求引渡，或以第 15 条所述之违约行为要求提供相互司法协助的目的是为了因某人的种族、宗教、国籍、族裔或政治观点而对该人进行起诉和惩罚，或认为顺从这一请求将使该人的处境因上述任何一种理由受到损害，则本《议定书》的任何条款都不应被解释为规定该缔约国有进行引渡或提供相互司法协助的义务。

第二十一条 *针对其他违约行为的措施*

在不违背《公约》第 28 条规定的情况下，各缔约国应采取有效的立法、行政或惩罚措施，以制止故意实施的下列行为：

a. 对文化财产的违反《公约》或本《议定书》之规定的任何形式的使用；

b. 违反《公约》或本《议定书》之规定，从被占领土上非法出口、转移文化财产或转让文化财产权。

第五章 非国际性武装冲突中的文化财产保护

第二十二条 非国际性武装冲突

1. 本《议定书》适用于非国际性、发生在某一缔约国领土上的武装冲突。

2. 本《议定书》不适用于内部局势紧张和动乱，诸如骚乱、孤立零星的暴力行为或类似现象。

3. 不得援引本《议定书》任何条款损害一国主权或妨碍其政府利用合法手段行使维护、恢复国家公共秩序或捍卫国家统一及领土完整的责任。

4. 如一缔约国领土上发生了违背本《议定书》第 15 条的不具国际性质的武装冲突，本《议定书》的任何条款均无损于该缔约国的优先管辖权。

5. 当一缔约国领土上发生武装冲突时，不得以任何理由以本《议定书》的任何条款为借口，直接或间接干预该冲突或该国内外事务。

6. 当本《议定书》运用于第一段提及的情况时，并不影响冲突各方的法律地位。

7. 教科文组织可向冲突各方提供服务。

第六章 机构问题

第二十三条 缔约国大会

1. 缔约国大会与教科文组织大会同时召开。如教科文组织总干事召集《公约》缔约国大会，《议定书》缔约国大会与之协调举行。

2. 缔约国大会通过其《议事规则》。

3. 缔约国大会拥有如下职能：

a. 根据第 24 条第 1 段的规定，选举委员会成员；

b. 批准委员会根据第 27 条第 1 段 a 分段规定制定的《指导原则》；

c. 向委员会提出"基金"的使用方针，并对之进行监督；

d. 审议委员会根据第 27 条第 1 段 d 分段规定提交的报告；

e. 审议与本《议定书》执行情况有关的各种问题，并视情况提出建议。

4. 如五分之一以上的缔约国提出要求，总干事可召开缔约国特别会议。

第二十四条　武装冲突中的文化财产保护委员会

1. 建立一个武装冲突中的文化财产保护委员会，由缔约国大会选出 12 个缔约国组成。

2. 委员会每年举行一次例行会议，并可在它认为必要时随时举行特别会议。

3. 缔约国在确定委员会的构成时，应确保世界不同地区和文化间的公平代表性。

4. 委员会成员国应挑选在文化遗产、防务问题和国际法方面具有专长的人士作为自己的代表，并通过协商，努力使整个委员会在所有这些领域都有必要的专业人才。

第二十五条　任期

1. 委员会成员国任期四年，并只可连任一次。

2. 除第 1 段的规定之外，首次选举时产生的半数成员国的任期到它们当选后召开的首届缔约国例行大会结束时为止。这半数成员国的名单由缔约国大会主席在首次选举后抽签决定。

第二十六条　议事规则

1. 委员会应通过其《议事规则》。

2. 委员会成员过半数即构成法定人数。委员会的决定应由参加表决的三分之二多数通过。

3. 作为冲突一方的委员会成员不参加所有涉及受该冲突影响的文化财产的有关决定的表决。

第二十七条　职能

1. 委员会拥有以下职能：

a. 制订执行本《议定书》的指导原则；

b. 决定对有关文化财产给予、中止或停止重点保护，建立、更新和传播《受重点保护的文化财产目录》。

c. 跟踪和监督本《议定书》的执行情况，推进应受重点保护的文化财产的确认工作。

d. 审议各缔约国提交的报告并提出看法，收集所需要的情况，并就本

《议定书》的执行情况向缔约国大会提出自己的报告;

e. 受理并审议根据第 32 条规定提交的各种国际援助申请;

f. 决定如何使用"基金";

g. 行使缔约国大会赋予的其他各项职能。

2. 委员会在行使其职能时,应与总干事合作。

3. 委员会应和宗旨与《公约》及其第一《议定书》及本《议定书》类似的各种国际的及各国的政府及非政府组织进行合作。委员会可邀请某些与教科文组织有正式关系的杰出专业组织,特别是蓝盾委员会(ICBS)及其组成机构,以咨询机构身份出席委员会会议,帮助其行使职能。国际文化财产保护与修复研究中心(罗马中心)(ICCRON)和国际红十字会(ICRC)的代表亦可以咨询者身份与会。

第二十八条 秘书处

教科文组织秘书处向委员会提供协助,为其拟定文件和会议议程,并实施其决定。

第二十九条 武装冲突中的文化财产保护基金

1. 建立此"基金"的目的是:

a. 为支持根据第 5 条、第 10 条 b 分段和第 30 条的规定,在和平时期开展的预防及其他有关工作提供财政和其他帮助;

b. 为支持根据第 8 条 a 分段的规定而采取的紧急、临时或其他旨在武装冲突时期保护文化财产或敌对行动一俟结束即对之进行修复的措施提供财政或其他帮助。

2. 此"基金"是根据教科文组织《财务条例》规定建立的一项信托基金。

3. "基金"的支出只能用于委员会根据第 23 条第 3 段 c 分段规定所确定的目的。委员会可以接受专门用于对它已决定实施的具体计划或项目的捐助。

4. "基金"的资金来源是:

a. 各缔约国的自愿捐助;

b. 来自以下各方的捐助、捐赠或遗赠:

i. 其他国家;

ii. 教科文组织或其他联合国机构;

iii. 其他政府间组织或非政府组织；

iv. 公共或私人机构或个人。

c. "基金"所拥有资金产生的利息；

d. 为"基金"组织的募捐或其他活动所得；

e. "基金"既定方针所允许的其他各种资金来源。

第七章　信息传播和国际援助

第三十条　传播

1. 缔约国应通过适宜的方法，特别是通过一些宣传教育计划，使本国全体公民更加重视和尊重文化财产。

2. 缔约国在和平时期和武装冲突时期均应尽可能广泛地传播本《议定书》。

3. 负责在武装冲突时期执行本《议定书》的军政当局应充分了解本《议定书》的内容。为此，缔约国应视情：

a. 将有关保护文化财产的方针和指令纳入它们的军事条例；

b. 与教科文组织及有关的政府组织和非政府组织合作，制订和实施和平时期的训练和教育计划；

c. 通过总干事，相互通报为实施 a 分段和 b 分段而制订的法律、行政条例和措施；

d. 尽快地通过总干事相互通报自己为执行本《议定书》所可能制订的法律和行政条例。

第三十一条　国际合作

各缔约国承诺，在本《议定书》受到严重违反时，将集体地通过委员会或单独地遵照联合国宪章与教科文组织及联合国合作采取行动。

第三十二条　国际援助

1. 缔约国可向委员会申请对受重点保护文化财产的国际援助，以及帮助其起草、制订或执行第 10 条提及的法律、行政条例和措施的援助。

2. 非本《议定书》缔约国的冲突一方，如能按第 3 条第 2 段的规定，接受并执行本《议定书》的条款，亦可请求委员会向其提供适宜的国际援助。

3. 委员会应通过有关申请国际援助的规则，并确定这种援助的形式。

4. 鼓励各缔约国通过委员会向提出申请的其他缔约国或冲突各方提供各种形式的技术援助。

第三十三条　教科文组织的协助

1. 缔约国可请求教科文组织提供技术援助，帮助其组织保护文化财产的准备工作，制订紧急情况下的预防和组织措施，建立本国的文化财产清单或解决在执行本《议定书》过程中遇到的其他各种问题。教科文组织将在其计划和能力所及的范围内提供这种协助。

2. 鼓励各缔约国以双边或多边形式提供技术援助。

3. 教科文组织有权在以上各方面主动向缔约国提出建议。

第八章　本《议定书》的实施

第三十四条　保护国

本《议定书》将在负责维护冲突各方利益的保护国的协助下执行。

第三十五条　调解程序

1. 每当保护国认为有必要为保护文化财产而出面斡旋，特别是如果冲突各方在执行或解释本《议定书》条款方面出现分歧时，保护国可进行斡旋。

2. 为此，各保护国可应某缔约国或总干事要求，或自行建议参与冲突的各缔约国派代表举行会议，特别是举行负责保护文化财产的有关当局会议。这种会议必要时可在非冲突方的第三国领土上召开。参与冲突的各缔约国对向它们提出的开会建议必须作出答复。保护国或总干事将提名一位非冲突一方的第三国人士作为会议主席参加会议，并征求冲突各方同意。

第三十六条　无保护国情况下的调解

1. 一旦发生未指定保护国的冲突，总干事可提供斡旋或出面干预，进行其他各种形式的调解或调停，以解决分歧。

2. 委员会主席可应某一缔约国或总干事的请求，建议冲突各方派代表举行会议，特别是举行负责保护文化财产当局之间的会议。必要时，此类会议可在非冲突一方的第三国领土上召开。

第三十七条　翻译和报告

1. 各缔约国应将本《议定书》译为本国语言，并将正式译本提交总干事。

2. 各缔约国每四年向委员会提交一份有关本《议定书》执行情况的报告。

第三十八条　国家的责任

本《议定书》所有有关个人刑事责任的条款，均不影响国家在国际法方面的责任，特别是赔偿义务。

第九章　最后条款

第三十九条　语言

本《议定书》用英文、阿拉伯文、中文、西班牙文、法文和俄文拟定，六种文本具有同等效力。

第四十条　签署

本《议定书》的拟定日期为 1999 年 3 月 26 日，供《海牙公约》各缔约国在 1999 年 5 月 17 日至 12 月 31 日期间在海牙签署。

第四十一条　批准、接受或赞同

1. 本《议定书》须由《海牙公约》缔约国中已在该《议定书》上签字的国家根据本国的法定程序予以批准、接受或赞同。

2. 批准书、接受书或赞同书须提交总干事。

第四十二条　加入

1. 本《议定书》自 2000 年 1 月 1 日起，供《海牙公约》的其他缔约国加入。

2. 加入时须向总干事提交加入书。

第四十三条　生效

1. 本《议定书》将于 20 个国家递交批准书、接受书、赞同书或加入书三个月后生效。

2. 此后，本《议定书》将在每个缔约国递交批准书、接受书、赞同书或加入书三个月后对其生效。

第四十四条　武装冲突情况下的生效问题

如出现《公约》第 18 条和 19 条所述情况，冲突各方在敌对行动开始或国家被占领之前或之后递交的对本《议定书》的批准书、接受书、赞同书或加入书将立即生效。在此种情况下，总干事将以最快方式进行第 46 条提及的情况通报。

第四十五条　退约

1. 各缔约国可退出本《议定书》。

2. 退约通知书须以书面形式递交总干事保存。

3. 退约行为在退约书送达一年后生效。然而，在这一年到期时，如退约国正处于冲突之中，则退约行为需待冲突结束，或归还完文化财产后方能生效，以两者中后发生者为准。

第四十六条 通知

总干事将把第 41 条和 42 条提及的批准书、接受书、赞同书或加入书及第 45 条提及的退约书的交存情况通报《公约》的所有缔约国和联合国。

第四十七条 在联合国登记

根据联合国宪章第 102 条的规定，本《议定书》将应总干事要求，在联合国秘书处登记。

经正式授权的签署人兹签署本《议定书》，以昭信守。

1999 年 3 月 26 日订于海牙，计一份，存放于联合国教科文组织的档案之中。经过确认的副本将分送《公约》各缔约国。

关于禁止和防止非法进出口文化财产和
非法转让其所有权的方法的公约[*]

（1970 年 11 月 17 日订于巴黎）

联合国教育、科学及文化组织于 1970 年 10 月 12 日至 11 月 14 日在巴黎召开第十六届大会，

忆及其第十四届大会通过的《国际文化合作原则宣言》所载规定的重要性。

考虑到各国间为科学、文化及教育目的而进行的文化财产交流增进了对人类文明的认识、丰富了各国人民的文化生活并激发了各国之间的相互尊重和了解，

考虑到文化财产实为构成文明和民族文化的一大基本要素，只有尽可能充分掌握有关其起源、历史和传统背景的知识，才能理解其真正价值。

考虑到各国有责任保护其领土上的文化财产免受偷盗、秘密发掘和非法出口的危险，

考虑到为避免这些危险，各国必须日益认识到其尊重本国及其他所有国家的文化遗产的道义责任。

考虑到博物馆、图书馆和档案馆作为文化机构应保证根据普遍公认的道义原则汇集其收藏品，

考虑到非法进出口文化财产和非法转让其所有权阻碍了各国之间的谅解，教科文组织的一部分职责就是通过向有关国家推荐这方面的各项国际公约以促进这一谅解，

＊ 本公约于 1972 年 4 月 24 日生效。1989 年 9 月 25 日中华人民共和国政府批准接受本公约，并于 1989 年 10 月 25 日交存接受书。本公约于 1990 年 1 月 25 日对我生效。

考虑到只有各国在国家和国际范围上进行组织，密切合作，才能有效保护文化遗产，

考虑到教科文组织大会在 1964 年就此通过了一项建议，

已收到关于禁止和防止非法进出口文化财产和非法转让其所有权的方法的各项进一步建议，这一问题业已作为第十九项议程项目列入本会议议程，

第十五届会议已决定就这一问题制订一项国际公约，

在 1970 年 11 月 14 日通过本公约。

第一条

为了本公约的目的，"文化财产"一词系指每个国家，根据宗教的或世俗的理由，明确指定为具有重要考古、史前史、历史、文学、艺术或科学价值的财产并属于下列各类者：

1. 动物群落、植物群落、矿物和解剖以及具有古生物学意义的物品的稀有收集品和标本；

2. 有关历史，包括科学、技术、军事及社会史、有关国家领袖、思想家、科学家、艺术家之生平以及有关国家重大事件的财产；

3. 考古发掘（包括正常的和秘密的）或考古发现的成果；

4. 业已肢解的艺术或历史古迹或考古遗址之构成部分；

5. 一百年以前的古物，如铭文、钱币和印章；

6. 具有人种学意义的文物；

7. 有艺术价值的财产，如：

（1）全部是手工完成的图画、绘画和绘图，不论其装帧框座如何，也不论所用的是何种材料（不包括工业设计图及手工装饰的工业产品）；

（2）用任何材料制成的雕塑艺术和雕刻的原作；

（3）版画、印片和平版画的原件；

（4）用任何材料组集或拼集的艺术品原件；

8. 稀有手稿和古版书籍，有特殊意义的（历史、艺术、科学、文学等）古书、文件和出版物，不论是单本的或整套的；

9. 邮票、印花税票及类似的票证，不论是单张的或成套的；

10. 档案，包括有声、照相和电影档案；

11. 一百年以前的家具物品和古乐器。

第二条

1. 本公约缔约国承认文化财产非法进出口和所有权非法转让是造成这类财产的原主国文化遗产枯竭的主要原因之一，并承认国际合作是保护各国文化财产免遭由此产生的各种危险的最有效方法之一。

2. 为此目的，缔约国承担利用现有手段，特别是通过消除其根源、制止现有做法和帮助给予必要的补偿来反对这种做法。

第三条

本公约缔约国违反本公约所列的规定而造成的文化财产之进出口或所有权转让均属非法。

第四条

本公约缔约国承认，为了本公约的宗旨，凡属以下各类财产均为每个缔约国的文化遗产的一部分：

1. 有关国家的国民的个人或集体天才所创造的文化财产和居住在该国领土境内的外国国民或无国籍人在该领土内创造的对有关国家具有重要意义的文化财产；

2. 在国家领土内发现的文化财产；

3. 经此类财产原主国主管当局的同意，由考古学、人种学或自然科学团体所获得的文化财产；

4. 经由自由达成协议实行交流的文化财产；

5. 经此类财产原主国主管当局的同意，作为赠送品而接收的或合法购置的文化财产。

第五条

为确保保护文化财产免于非法进出口和所有权的非法转让，本公约缔约国承担若尚未设立保护文化遗产的国家机构，可根据本国的情况，在其领土之内建立一个或一个以上的国家机构，配备足够人数的合格工作人员，以有效地行使下述职责：

1. 协助制订旨在切实保护文化遗产特别是防止重要文化财产的非法进出口和非法转让的法律和规章草案；

2. 根据全国受保护财产清册，制订并不断更新一份其出口将造成文化遗产的严重枯竭的重要的公共及私有文化财产的清单；

3. 促进发展或成立为保证文化财产的保存和展出所需之科学及技术机构（博物馆、图书馆、档案馆、实验室、工作室……）；

4. 组织对考古发掘的监督，确保在原地保存某些文化财产，并保护某些地区，供今后考古研究之用；

5. 为有关各方面（博物馆长、收藏家、古董商等）的利益，制订符合于本公约所规定道德原则的规章；并采取措施保证遵守这些规章；

6. 采取教育措施，鼓励并提高对各国文化遗产的尊重，并传播关于本公约规定的知识；

7. 注意对任何种类的文化财产的失踪进行适当宣传。

第六条

本公约缔约国承担：

1. 发放适当证件，出口国将在该证件中说明有关文化财产的出口已经过批准。根据规定出口的各种文化财产，均须附有此种证件；

2. 除非附有上述出口证件，禁止文化财产从本国领土出口；

3. 通过适当方法宣传这种禁止，特别要在可能出口或进口文化财产的人们中间进行宣传。

第七条

本公约缔约国承担：

1. 采取与本国立法相一致的必要措施防止本国领土内的博物馆及类似机构获取来源于另一缔约国并于本公约在有关国家生效后非法出口的文化财产。本公约对两国均已生效后，尽可能随时把自两国中的原主缔约国非法运出文化财产的建议通知该原主缔约国。

2.

（1）本公约对有关国家生效后，禁止进口从本公约另一缔约国的博物馆或宗教的或世俗的公共纪念馆或类似机构中窃取的文化财产，如果该项财产业已用文件形式列入该机构的财产清册；

（2）本公约对有关两个国家生效后，根据两国中的原主缔约国的要求，采取适当措施收回并归还进口的此类文化财产，但要求国须向不知情的买主或对该财产具有合法权利者给予公平的赔偿。要求收回和归还失物必须通过外交部门进行，提出要求一方应提供使确定其收回或归还失物的要求的必要文件及其他证据，费用自理。各方不得对遵照本条规定而归还的文化财产征收关税或其他费用。归还和运送文化财产过程中所需的一切费用均由提出要求一方负担。

第八条

本公约缔约国承担对触犯上述第六条（2）和第七条（2）所列的禁止规定负有责任者予以惩处或行政制裁。

第九条

本公约的任一缔约国在其文化遗产由于考古或人种学的材料遭受掠夺而处境危殆时得向蒙受影响的其他缔约国发出呼吁。在此情况下，本公约缔约国承担参与协调一致的国际努力，以确定并实施必要的具体措施，包括对有关的特定物资的进出口及国际贸易实行管制。在尚未达成协议之前，有关各国应在可能范围内采取临时性措施，以便制止对提出要求的国家的文化遗产造成不可弥补的损失。

第十条

本公约缔约国承担：

1. 通过教育、情报和防范手段，限制非法从本公约缔约国运出的文化财产的移动，并视各国情况，责成古董商保持一份记录，载明每项文化财产的来源、提供者的姓名与住址以及每项售出的物品的名称与价格，并须把此类财产可能禁止出口的情况告知该项文化财产的购买人，违者须受刑事或行政制裁。

2. 努力通过教育手段，使公众心目中认识到，并进一步理解文化财产的价值和偷盗、秘密发掘与非法出口对文化财产造成的威胁。

第十一条

一个国家直接或间接地由于被他国占领而被迫出口文化财产或转让其所有权应被视为非法。

第十二条

本公约缔约国应尊重由其负责国际关系的领土内的文化财产，并应采取一切适当措施禁止并防止在这些领土内非法进出口文化财产和非法转让其所有权。

第十三条

本公约缔约国还应在符合其本国法律的情况下承担：

1. 通过一切适当手段防止可能引起文化财产的非法进出口的这一类财产的所有权转让；

2. 保证本国的主管机关进行合作，使非法出口的文化财产尽早归还其合法所有者；

3. 受理合法所有者或其代表提出的关于找回失落的或失窃的文化财产的诉讼；

4. 承认本公约缔约国有不可取消的权利规定并宣布某些文化财产是不能让与的，因而据此也不能出口，若此类财产已经出口务须促使将这类财产归还给有关国家。

第十四条

为防止非法出口、履行本公约所规定的义务，本公约各缔约国应在可能范围内为其负责保护文化遗产的国家机关提供足够的预算并在必要时为此目的设立一项基金。

第十五条

在本公约对有关国家生效前，本公约之任何规定不应妨碍缔约国之间自行缔结有关归还从其原主领土上不论以何种理由搬走之文化财产的特别协定，或制止它们继续执行业已缔结的有关协定。

第十六条

本公约缔约国应在向联合国教育、科学及文化组织大会提交的定期报告中，提供它们已经通过的立法和行政规定和它们为实施本公约所采取的其他行动以及在此领域内取得的详尽经验的资料，报告的日期及方式由大会决定。

第十七条

1. 本公约缔约国可以向联合国教育、科学及文化组织请求给予技术援助，特别是有关：

（1）情报和教育；

（2）咨询和专家建议；

（3）协调和斡旋。

2. 联合国教育、科学及文化组织可以主动进行有关非法转移文化财产问题的研究并出版研究报告。

3. 为此，联合国教育、科学及文化组织可以请求任何非政府的主管组织予以合作。

4. 联合国教育、科学及文化组织可以主动向本公约缔约国提出有关本公约的实施的建议。

5. 经对本公约的实施有争议的两个以上的本公约缔约国的请求，联合国教科文组织得进行斡旋，使它们之间的争端得到解决。

第十八条

本公约以英文、法文、俄文和西班牙文制定，四种文本具有同等效力。

第十九条

1. 本公约须经联合国教育、科学及文化组织会员国按各国宪法程序批准或接受。

2. 批准书或接受书，应交存联合国教育、科学及文化组织总干事。

第二十条

1. 本公约应开放给非联合国教育、科学及文化组织成员但经本组织执行局邀请加入本公约的所有国家加入。

2. 加入书交存联合国教育、科学及文化组织总干事后，加入即行生效。

第二十一条

本公约在收到第 3 份批准书、接受书或加入书后的三个月开始生效，但这只对那些在该日或该日土前业已交存其各自的批准书、接受书或加入书的国家生效。对于任何其他国家，本公约则在其批准书、接受书或加入书交存后三个月开始生效。

第二十二条

本公约缔约国承认，本公约不仅适用于其本国领土，而且也适用于在国际关系上由其负责的一切领土；如有必要，缔约国须在批准、接受或加入之时或以前与这些领土的政府或其他主管当局进行磋商，以便保证本公约在这些领土的适用，并将本公约适用的领土通知联合国教育、科学及文化组织总干事，该通知在收到之日起 3 个月生效。

第二十三条

1. 本公约之每一缔约国可以代表本国或代表由其负责国际关系的任何领土退出本公约。

2. 退约须以书面文件通知，该退约书交存联合国教育、科学及文化组织总干事处。

3. 退约在收到退约通知书后 12 个月生效。

第二十四条

联合国教育、科学及文化组织总干事须将第十九条和二十条中规定的有关批准书、接受书和加入书的交存情况以及第二十二条和第二十三条分别规定的通知和退约告知本组织会员国、第二十条中所述的非本组织会员的国家以及联合国。

第二十五条

1. 本公约可经联合国教育、科学及文化组织大会予以修正。任何这样的修正只对修正公约的缔约国具有约束力。

2. 如大会通过一项全面或部分地修订本公约的新公约，则除非新公约另有规定，本公约在新的修订公约生效之日起停止一切批准、接受或加入。

第二十六条

经联合国教育、科学及文化组织总干事的要求，本公约应按照《联合国宪章》第一百零二条的规定在联合国秘书处登记。

1970 年 11 月 17 日订于巴黎。两个正式文本均有大会第十六届会议主席和联合国教育、科学及文化组织总干事的签名，将交存于联合国教育、科学及文化组织的档案库中。验证无误之副本将分送第十九条到第二十条所述之所有国家和联合国。

以上乃 1970 年 11 月 14 日在巴黎召开的联合国教育、科学及文化组织大会第十六届会议正式通过之公约的作准文本。

我们于 1970 年 11 月 17 日签字，以昭信守。

大会主席　　　　　　　　　　　　　　总干事

阿蒂利奥·德络罗·马伊尼　　　　　　勒内·马厄

濒危野生动植物种国际贸易公约[*]

（1973 年 3 月 3 日订于华盛顿）

缔约各国：

认识到，许多美丽的、种类繁多的野生动物和植物是地球自然系统中无可代替的一部分，为了我们这一代和今后世世代代，必须加以保护；

意识到，从美学、科学、文化、娱乐和经济观点看，野生动植物的价值都在日益增长；

认识到，各国人民和国家是，而且应该是本国野生动植物的最好保护者；

并且认识到，为了保护某些野生动物和植物物种不致由于国际贸易而遭到过度开发利用，进行国际合作是必要的；

确信，为此目的迫切需要采取适当措施。

同意下列各条款：

第一条 定义

除非内容另有所指，就本公约而言：

1. "物种"指任何的种、亚种，或其地理上隔离的种群；

2. "标本"指：

（1）任何活的或死的动物，或植物；

（2）如系动物，指附录一和附录二所列物种，或其任何可辨认的部分，或其衍生物和附录三所列物种及与附录三所指有关物种的任何可辨认的部分，或某衍生物；

（3）如系植物，指附录一所列物种，或其任何可辨认的部分，或其衍生

---

* 本公约于 1975 年 7 月 1 日生效。1981 年 1 月 8 日中华人民共和国政府向瑞士联邦政府交存加入书，同年 4 月 8 日对我生效。

物和附录二、附录三所列物种及与附录二、附录三所指有关物种的任何可辨认的部分，或其衍生物。

3. "贸易"指出口、再出口、进口和从海上引进；

4. "再出口"指原先进口的任何标本的出口；

5. "从海上引进"指从不属任何国家管辖的海域中取得的任何物种标本输入某个国家；

6. "科学机构"指依第九条所指定的全国性科学机构；

7. "管理机构"指依第九条所指定的全国性管理机构；

8. "成员国"指本公约对之生效的国家。

第二条　基本原则

（一）附录一应包括所有受到和可能受到贸易的影响而有灭绝危险的物种。这些物种的标本的贸易必须加以特别严格的管理，以防止进一步危害其生存，并且只有在特殊的情况下才能允许进行贸易。

（二）附录二应包括：

1. 所有那些目前虽未濒临灭绝，但如对其贸易不严加管理，以防止不利其生存的利用，就可能变成有灭绝危险的物种；

2. 为了使本款第 1 项中指明的某些物种标本的贸易能得到有效的控制，而必须加以管理的其他物种。

（三）附录三应包括任一成员国认为属其管辖范围内，应进行管理以防止或限制开发利用，而需要其他成员国合作控制贸易的物种。

（四）除遵守本公约各项规定外，各成员国均不应允许就附录一、附录二、附录三所列物种标本进行贸易。

第三条　附录一所列物种标本的贸易规定

（一）附录一所列物种标本的贸易，均应遵守本条各项规定。

（二）附录一所列物种的任何标本的出口，应事先获得并交验出口许可证。只有符合下列各项条件时，方可发给出口许可证：

1. 出口国的科学机构认为，此项出口不致危害该物种的生存；

2. 出口国的管理机构确认，该标本的获得并不违反本国有关保护野生动植物的法律；

3. 出口国的管理机构确认，任一出口的活标本会得到妥善装运，尽量减少伤亡、损害健康，或少遭虐待；

4. 出口国的管理机构确认，该标本的进口许可证已经发给。

（三）附录一所列物种的任何标本的进口，均应事先获得并交验进口许可证和出口许可证，或再出口证明书。只有符合下列各项条件时，方可发给进口许可证：

1. 进口国的科学机构认为，此项进口的意图不致危害有关物种的生存；

2. 进口国的科学机构确认，该活标本的接受者在笼舍安置和照管方面是得当的；

3. 进口国的管理机构确认，该标本的进口，不是以商业为根本目的。

（四）附录一所列物种的任何标本的再出口，均应事先获得并交验再出口证明书。只有符合下列各项条件时，方可发给再出口证明书：

1. 再出口国的管理机构确认，该标本系遵照本公约的规定进口到本国的；

2. 再出口国的管理机构确认，该项再出口的活标本会得到妥善装运，尽量减少伤亡、损害健康，或少遭虐待；

3. 再出口国的管理机构确认，任一活标本的进口许可证已经发给。

（五）从海上引进附录一所列物种的任何标本，应事先获得引进国管理机构发给的证明书。只有符合下列各项条件时，方可发给证明书：

1. 引进国的科学机构认为，此项引进不致危害有关物种的生存；

2. 引进国的管理机构确认，该活标本的接受者在笼舍安置和照管方面是得当的；

3. 引进国的管理机构确认，该标本的引进不是以商业为根本目的。

第四条　附录二所列物种标本的贸易规定

（一）附录二所列物种标本的贸易，均应遵守本条各项规定。

（二）附录二所列物种的任何标本的出口，应事先获得并交验出口许可证。只有符合下列各项条件时，方可发给出口许可证：

1. 出口国的科学机构认为，此项出口不致危害该物种的生存；

2. 出口国的管理机构确认，该标本的获得并不违反本国有关保护野生动植物的法律；

3. 出口国的管理机构确认，任一出口的活标本会得到妥善装运，尽量减少伤亡、损害健康，或少遭虐待。

（三）各成员国的科学机构应监督该国所发给的附录二所列物种标本的出口许可证及该物种标本出口的实际情况。当科学机构确定，此类物种标本的出口应受到限制，以便保持该物种在其分布区内的生态系中与它应有作用相一致的地位，或者大大超出该物种够格成为附录一所属范畴的标准时，该科学机构就应建议主管的管理机构采取适当措施，限制发给该物种标本出口许可证。

（四）附录二所列物种的任何标本的进口，应事先交验出口许可证或再出口证明书。

（五）附录二所列物种的任何标本的再出口，应事先获得并交验再出口证明书。只有符合下列各项条件时，方可发给再出口证明书。

1. 再出口国的管理机构确认，该标本的进口符合本公约各项规定；

2. 再出口国的管理机构确认，任一活标本会得到妥善装运，尽量减少伤亡、损害健康，或少遭虐待。

（六）从海上引进附录二所列物种的任何标本，应事先从引进国的管理机构获得发给的证明书。只有符合下列各项条件时，方可发给证明书：

1. 引进国的科学机构认为，此项引进不致危害有关物种的生存；

2. 引进国的管理机构确认，任一活标本会得到妥善处置，尽量减少伤亡、损害健康，或少遭虐待。

（七）本条第（六）款所提到的证明书，只有在科学机构与其他国家的科学机构或者必要时与国际科学机构进行磋商后，并在不超过一年的期限内将全部标本如期引进，才能签发。

第五条　附录三所列物种标本的贸易规定

（一）附录三所列物种标本的贸易，均应遵守本条各项规定。

（二）附录三所列物种的任何标本，从将该物种列入附录三的任何国家出口时，应事先获得并交验出口许可证。只有符合下列各项条件时，方可发给出口许可证：

1. 出口国的管理机构确认，该标本的获得并不违反该国保护野生动植物的法律；

2. 出口国的管理机构确认,任一活标本会得到妥善装运,尽量减少伤亡、损害健康,或少遭虐待。

(三)除本条第(四)款涉及的情况外,附录三所列物种的任何标本的进口,应事先交验原产地证明书。如该出口国已将该物种列入附录三,则应交验该国所发给的出口许可证。

(四)如系再出口,由再出口国的管理机构签发有关该标本曾在该国加工或正在进行再出口的证明书,以此向进口国证明有关该标本的再出口符合本公约的各项规定。

第六条 许可证和证明书

(一)根据第三条、第四条和第五条的各项规定签发的许可证和证明书必须符合本条各项规定。

(二)出口许可证应包括附录四规定的式样中所列的内容,出口许可证只用于出口,并自签发之日起半年内有效。

(三)每个出口许可证或证明书应载有本公约的名称、签发出口许可证或证明书的管理机构的名称和任何一种证明印鉴,以及管理机构编制的控制号码。

(四)管理机构发给的许可证或证明书的副本应清楚地注明其为副本,除经特许者外,该副本不得代替原本使用。

(五)交付每批标本,均应备有单独的许可证或证明书。

(六)任一标本的进口国管理机构,应注销并保存出口许可证或再出口证明书,以及有关该标本的进口许可证。

(七)在可行的适当地方,管理机构可在标本上盖上标记,以助识别。此类"标记"系指任何难以除去的印记、铅封或识别该标本的其他合适的办法,尽量防止无权发证者进行伪造。

第七条 豁免及与贸易有关的其他专门规定

(一)第三条、第四条和第五条的各项规定不适用于在成员国领土内受海关控制的标本的过境或转运。

(二)出口国或再出口国的管理机构确认,某一标本是在本公约的规定对其生效前获得的,并具有该管理机构为此签发的证明书。则第三条、第四条和第五条的各项规定不适用于该标本。

（三）第三条、第四条和第五条的各项规定不适用于作为个人或家庭财产的标本，但这项豁免不得用于下列情况：

1. 附录一所列物种的标本，是物主在其常住国以外获得并正在向常住国进口；

2. 附录二所列物种的标本：

（1）它们是物主在常住国以外的国家从野生状态中获得；

（2）它们正在向物主常住国进口；

（3）在野生状态中获得的这些标本出口前，该国应事先获得出口许可证。

但管理机构确认，这些物种标本是在本公约的规定对其生效前获得的，则不在此限。

（四）附录一所列的某一动物物种的标本，系为了商业目的而由人工饲养繁殖的，或附录一所列的某一植物物种的标本，系为了商业目的，而由人工培植的，均应视为附录二内所列的物种标本。

（五）当出口国管理机构确认，某一动物物种的任一标本是由人工饲养繁殖的，或某一植物物种的标本是由人工培植的，或确认它们是此类动物或植物的一部分，或是它们的衍生物，该管理机构出具的关于上述情况的证明书可以代替按第三条、第四条或第五条的各项规定所要求的许可证或证明书。

（六）第三条、第四条和第五条的各项规定不适用于在本国管理机构注册的科学家之间或科学机构之间进行非商业性的出借、馈赠或交换的植物标本或其他浸制的、干制的或埋置的博物馆标本，以及活的植物材料，但这些都必须附以管理机构出具的或批准的标签。

（七）任何国家的管理机构可不按照第三条、第四条和第五条的各项规定，允许用作巡回动物园、马戏团、动物展览、植物展览或其他巡回展览的标本，在没有许可证或证明书的情况下运送，但必须做到以下各点：

1. 出口者或进口者向管理机构登记有关该标本的全部详细情况；

2. 这些标本系属于本条第（二）款或第（五）款所规定的范围：

3. 管理机构已经确认，所有活的标本会得到妥善运输和照管，尽量减少伤亡、损害健康，或少遭虐待。

第八条 成员国应采取的措施

（一）成员国应采取相应措施执行本公约的规定，并禁止违反本公约规定的标本贸易，包括下列各项措施：

1. 处罚对此类标本的贸易，或者没收它们，或两种办法兼用；

2. 规定对此类标本进行没收或退还出口国。

（二）除本条第（一）款所规定的措施外，违反本公约规定措施的贸易标本，予以没收所用的费用，如成员国认为必要，可采取任何办法内部补偿。

（三）成员国应尽可能保证物种标本在贸易时尽快地通过一切必要的手续。为便利通行，成员国可指定一些进出口岸，以供对物种标本进行检验放行。各成员国还须保证所有活标本，在过境、扣留或装运期间，得到妥善照管，尽量减少伤亡、损害健康，或少遭虐待。

（四）在某一活标本由于本条第（一）款规定而被没收时：

1. 该标本应委托给没收国的管理机构代管；

2. 该管理机构经与出口国协商后，应将标本退还该出口国，费用由该出口国负担，或将其送往管理机构认为合适并且符合本公约宗旨的拯救中心，或类似地方；

3. 管理机构可以征询科学机构的意见，或者，在其认为需要时，与秘书处磋商以加快实现根据本款第 2 项所规定的措施，包括选择拯救中心或其他地方。

（五）本条第（四）款所指的拯救中心，是指由管理机构指定的某一机构，负责照管活标本，特别是没收的标本。

（六）各成员国应保存附录一、附录二、附录三所列物种标本的贸易记录，内容包括：

1. 出口者与进口者的姓名、地址；

2. 所发许可证或证明书的号码、种类，进行这种贸易的国家，标本的数量、类别，根据附录一、附录二、附录三所列物种的名称，如有要求，在可行的情况下，还包括标本的大小和性别。

（七）各成员国应提出执行本公约情况的定期报告，递交秘书处：

1. 包括本条第（六）款第 2 项所要求的情况摘要的年度报告；

2. 为执行本公约各项规定而采取的立法、规章和行政措施的双年度报告。

（八）本条第（七）款提到的情况，只要不违反有关成员国的法律，应予公布。

第九条 管理机构和科学机构

（一）各成员国应为本公约指定：

1. 有资格代表该成员国发给许可证或证明书的一个或若干个管理机构；

2. 一个或若干个科学机构。

（二）一国在将其批准、接受、核准或加入的文书交付保存时，应同时将授权与其他成员国和秘书处联系的管理机构的名称、地址通知保存国政府。

（三）根据本条规定所指派的单位名称，或授予的权限，如有任何改动，应由该成员国通知秘书处，以便转告其他成员国。

（四）本条第（二）款提及的任何管理机构，在秘书处或其他成员国的管理机构请求时，应将其图章、印记及其他用以核实许可证或证明书的标志的底样寄给对方。

第十条 与非公约成员国贸易

向一个非公约成员国出口或再出口，或从该国进口时，该国的权力机构所签发的类似文件，在实质上符合本公约对许可证和证明书的要求，就可代替任一成员国出具的文件而予接受。

第十一条 成员国大会

（一）在本公约生效两年后，秘书处应召集一次成员国大会。

（二）此后，秘书处至少每隔两年召集一次例会，除非全会另有决定，如有三分之一以上的成员国提出书面请求时，秘书处得随时召开特别会议。

（三）各成员国在例会或特别会议上，应检查本公约执行情况，并可：

1. 作出必要的规定，使秘书处能履行其职责；

2. 根据第十五条，考虑并通过附录一和附录二的修正案；

3. 检查附录一、附录二、附录三所列物种的恢复和保护情况的进展；

4. 接受并考虑秘书处，或任何成员国提出的任何报告；

5. 在适当的情况下，提出提高公约效力的建议。

（四）在每次例会上，各成员国可根据本条第（二）款的规定，确定下次例会召开的时间和地点。

（五）各成员国在任何一次会议上，均可确定和通过本次会议议事规则。

（六）联合国及其专门机构和国际原子能总署以及非公约成员国，可以观察员的身份参加大会的会议，但无表决权。

（七）凡属于如下各类在技术上有能力保护、保持或管理野生动植物的机构或组织，经通知秘书处愿以观察员身份参加大会者，应接受其参加会议，但有三分之一或以上成员国反对者例外：

1. 政府或非政府间的国际性机构或组织、国家政府机构和组织；

2. 为此目的所在国批准而设立的全国性非政府机构或组织。

观察员经过同意后，有权参加会议，但无表决权。

第十二条　秘书处

（一）在本公约生效后，由联合国环境规划署执行主任筹组一秘书处。在他认为合适的方式和范围内，可取得在技术上有能力保护、保持和管理野生动植物方面的政府间的或非政府的，国际的或国家的适当机构和组织的协助。

（二）秘书处的职责为：

1. 为成员国的会议作出安排并提供服务；

2. 履行根据本公约第十五条和第十六条的规定委托给秘书处的职责；

3. 根据成员国大会批准的计划，进行科学和技术研究，从而为执行本公约作出贡献，包括对活标本的妥善处置和装运的标准以及识别有关标本的方法；

4. 研究成员国提出的报告，如认为必要，则要求他们提供进一步的情况，以保证本公约的执行；

5. 提请成员国注意与本公约宗旨有关的任何事项；

6. 定期出版并向成员国分发附录一、附录二、附录三的最新版本，以及有助于识别这些附录中所列物种标本的任何情报；

7. 向成员国会议提出有关工作报告和执行本公约情况的年度报告，以及会议上可能要求提供的其他报告；

8. 为执行本公约的宗旨和规定而提出建议，包括科学或技术性质情报的交流；

9. 执行成员国委托秘书处的其他职责。

第十三条 国际措施

（一）秘书处根据其所获得的情报，认为附录一、附录二所列任一物种，由于该物种标本的贸易而正受到不利的影响，或本公约的规定没有被有效地执行时，秘书处应将这种情况通知有关的成员国，或有关的成员国所授权的管理机构。

（二）成员国在接到本条第（一）款所指的通知后，应在其法律允许范围内，尽快将有关事实通知秘书处，并提出适当补救措施。成员国认为需要调查时，可特别授权一人或若干人进行调查。

（三）成员国提供的情况，或根据本条第（二）款规定进行调查所得到的情况，将由下届成员国大会进行审议，大会可提出它认为合适的任何建议。

第十四条 对国内立法及各种国际公约的效力

（一）本公约的规定将不影响成员国有权采取以下措施：

1. 附录一、附录二、附录三所列物种标本的贸易、取得、占有和转运，在国内采取更加严格的措施或完全予以禁止；

2. 对附录一、附录二、附录三未列入的物种标本的贸易、取得、占有和转运，在国内采取限制或禁止的措施。

（二）本公约的规定，将不影响成员国在国内采取任何措施的规定，也不影响成员国由于签署了已生效或即将生效的涉及贸易、取得、占有或转运各物种标本其他方面的条约、公约或国际协议而承担的义务，包括有关海关、公共卫生、兽医或动植物检疫等方面的任何措施。

（三）本公约的规定不影响各国间已缔结或可能缔结的建立同盟或区域贸易协议的条约、公约或国际协定中所作的规定或承担的义务，上述同盟或区域贸易协议是用来建立或维持该同盟各成员国之间的共同对外关税管制或免除关税管制。

（四）本公约的缔约国，如果也是本公约生效时其他有效的条约、公约或国际协定的成员国，而且根据这些条约、公约和协定的规定，对附录二所列举的各种海洋物种应予保护，则应免除该国根据本公约的规定，对附录二所列举的，由在该国注册的船只捕获的，并符合上述其他条约、公约或国际协定的规定而进行捕获的各种物种标本进行贸易所承担的义务。

（五）尽管有第三条、第四条和第五条的规定，凡出口依本条第（四）款捕获的标本，只需要引进国的管理机构出具证明书，说明该标本是依照其他条约、公约或国际协定规定取得的。

（六）本公约不应妨碍根据联合国大会 2750C 字（XXV）号决议而召开的联合国海洋法会议从事编纂和发展海洋法，也不应妨碍任何国家在目前或将来就海洋法以及就沿岸国和船旗国的管辖权的性质和范围提出的主张和法律观点。

第十五条 附录一和附录二的修改

（一）下列规定适用于在成员国大会的会议上对附录一和附录二的修改事宜：

1. 任何成员国可就附录一或附录二的修改提出建议，供下次会议审议。所提修正案的文本至少应在会前一百五十天通知秘书处。秘书处应依据本条第（二）款第 2 项和第 3 项之规定，就修正案同其他成员国和有关机构进行磋商，并不迟于会前三十天向各成员国发出通知；

2. 修正案应经到会并参加投票的成员国三分之二多数通过。此处所谓"到会并参加投票的成员国"系指出席会议，并投了赞成票或反对票的成员国。弃权的成员国将不计入为通过修正案所需三分之二的总数内；

3. 在一次会议上通过的修正案，应在该次会议九十天后对所有成员国开始生效，但依据本条第（三）款提出保留的成员国除外。

（二）下列规定将适用于在成员国大会闭会期间，对附录一和附录二的修改事宜：

1. 任何成员国可在大会闭会期间按本款的规定，以邮政程序就附录一和附录二提出修改建议，要求审议；

2. 对各种海洋物种，秘书处在收到建议修正案文本后，应立即将修正案文本通知成员国。秘书处还应与业务上和该物种有关的政府间机构进行磋商，以便取得这些机构有可能提供的科学资料，并使与这些机构实施的保护措施协调一致。秘书处应尽快将此类机构所表示的观点和提供的资料，以及秘书处的调查结果和建议，通知成员国；

3. 对海洋物种以外的物种，秘书处应在收到建议的修正案文本后，立即将其通知成员国，并随后尽快将秘书处的建议通知成员国；

4. 任何成员国于秘书处根据本款第 2 或第 3 项的规定，将其建议通知成员国后的六十天内，应将其对所提的修正案的意见，连同有关的科学资料和情报送交秘书处；

5. 秘书处应将收到的答复连同它自己的建议，尽快通知成员国；

6. 秘书处依据本款第 5 项规定将上述答复和建议通知成员国后三十天内，如未收到对建议的修正案提出异议，修正案即应在随后九十天起，对所有成员国开始生效，但依据本条第（三）款提出保留的成员国除外；

7. 如秘书处收到任何成员国提出的异议，修正案即按本款第 8、第 9 和第 10 项的规定，以邮政通信方式交付表决；

8. 秘书处应将收到异议的通知事告知成员国；

9. 秘书处按本款第 8 项的规定发出通知后六十天内，从各方收到赞成、反对或弃权票必须占成员国总数一半以上，否则，修正案将提交成员国大会的下一次会议上进行审议；

10. 如收到成员国投票数已占一半，则修正案应由投赞成或反对票的成员国的三分之二多数通过；

11. 秘书处应将投票结果通知所有成员国；

12. 如修正案获得通过，则自秘书处发出修正案被接受的通知之日起后九十天，对各成员国开始生效。但按本条之第（三）款规定提出保留之成员国除外。

（三）在本条第（一）款第 3 项，或第（二）款第 12 项规定的九十天期间，任何成员国均可向公约保存国政府以书面通知形式，对修正案通知提出保留。在此保留撤销以前，进行有关该物种的贸易时，即不作为本公约的成员国对待。

第十六条　附录三及其修改

（一）按第二条第（三）款所述，任何成员国可随时向秘书处提出它认为属其管辖范围内，并由其管理的物种的名单。附录三应包括：提出将某些物种包括在内的成员国的名称、提出的物种的学名，以及按第一条第 2 项所述，与该物种相联系的有关动物或植物的任何部分或衍生物。

（二）根据本条第（一）款规定提出的每一份名单，都应由秘书处在收到该名单后尽快通知成员国。该名单作为附录三的一部分，在发出此项通知之日起的九十天后生效。在该名单发出后，任何成员国均可随时书面通知公约保存国政府，对任何物种，或其任何部分，或其衍生物持保留意见。在撤销此保留以前，进行有关该物种，或其一部分，或其衍生物的贸易时，该国即不作为本公约的成员国对待。

（三）提出应将某一物种列入附录三的成员国，可以随时通知秘书处撤销该物种，秘书处应将此事通知所有成员国，此项撤销应在秘书处发出通知之日起的三十天后生效。

（四）根据本条第（一）款的规定提出一份名单的任何成员国，应向秘书处提交一份适用于此类物种保护的所有国内法律和规章的抄本，并同时提交成员国对该法律规章的适当解释，或秘书处要求提供的解释。该成员国在上述物种被列入在附录三的期间内，应提交对上述法律和规章的任何修改或任何新的解释。

第十七条　公约之修改

（一）秘书处依至少三分之一成员国提出的书面要求，可召开成员国大会特别会议，审议和通过本公约的修正案。此项修正案应经到会并参加投票的成员国三分之二多数通过。此处所谓"到会并参加投票的成员国"系指出席会议并投了赞成票，或反对票的成员国。弃权的成员国将不计入为通过修正案所需三分之二的总数内。

（二）秘书处至少应在会前九十天将建议的修正案的案文通知所有成员国。

（三）自三分之二的成员国向公约保存国政府递交接受该项修正案之日起的六十天后，该项修正案即对接受的成员国开始生效。此后，在任何其他成员国递交接受该项修正案之日起的六十天后，该项修正案对该成员国开始生效。

第十八条　争议之解决

（一）如两个或两个以上成员国之间就本公约各项规定的解释或适用发生争议，则涉及争议的成员国应进行磋商。

（二）如果争议不能依本条第（一）款获得解决，经成员国相互同意，可将争议提交仲裁，特别是提交设在海牙的常设仲裁法院进行仲裁，提出争议的成员国应受仲裁决定之约束。

第十九条　签署

本公约于 1973 年 4 月 30 日以前在华盛顿开放签署，在此以后，则于 1974 年 12 月 31 日以前在伯尔尼开放签署。

第二十条　批准、接受、核准

本公约需经批准、接受或核准，批准、接受或核准本公约的文书应交存公约保存国瑞士联邦政府。

第二十一条　加入

本公约将无限期地开放加入，加入书应交公约保存国保存。

第二十二条　生效

（一）本公约自第十份批准、接受、核准或加入本公约的文书交存公约保存国政府九十天后开始生效。

（二）在第十份批准、接受、核准或加入本公约的文书交存以后，批准、接受、核准或加入本公约的国家，自向公约保存国政府交存批准、接受、核准或加入的文书之日起九十天后对该国生效。

第二十三条　保留

（一）对本公约的各项规定不得提出一般保留。但根据本条或第十五条和第十六条的规定，可提出特殊保留。

（二）任何一国在将其批准、接受、核准或加入本公约的文书交托保存的同时，可就下述具体事项提出保留。

1. 附录一、附录二或附录三中所列举的任何物种；

2. 附录三中所指的各物种的任何部分或其衍生物。

（三）成员国在未撤销其根据本条规定提出的保留前，在对该保留物种，或其一部分，或其衍生物进行贸易时，该国即不作为本公约的成员国对待。

第二十四条　废约

任何成员国均可随时以书面形式通知公约保存国政府废止本公约。废约自公约保存国政府收到书面通知之日起十二个月后生效。

第二十五条　保存国

（一）本公约正本以中、英、法、俄和西班牙文写成，各种文本都具有同等效力。正本应交存公约保存国政府，该政府应将核证无误的副本送致本公约的签字国，或加入本公约的国家。

（二）公约保存国政府应将批准、接受、核准或加入、本公约的生效和修改、表示保留和撤销保留以及废止的文书签署交存情况通知本公约所有签字国、加入国和秘书处。

（三）本公约生效后，公约保存国政府应立即将核证无误的文本根据联合国宪章第一百零二条，转送联合国秘书处登记和公布。

各全权代表受命在本公约上签字，以资证明。

《濒危野生动植物种国际贸易公约》第 11 条修正案[*]

（1979 年 6 月 22 日）

根据《濒危野生动植物种国际贸易公约》（1973 年 3 月于华盛顿）第 17 条规定，1979 年 6 月 22 日在波恩（德意志联邦共和国）召开了特别成员国大会。

下列成员国参加了会议：波茨瓦纳、加拿大、智利、哥斯达黎加、丹麦、厄瓜多尔、埃及、芬兰、法国、联邦德国、印度、肯尼亚、尼日利亚、挪威、巴拿马、塞内加尔、南非、瑞典、瑞士、英国、美国、苏联和扎伊尔。

由成员国三分之二多数成员国出席并表决，通过对公约的下述修正：

在第 11 条第三款第一项后面，增加"，并通过财务条款"。

《濒危野生动植物种国际贸易公约》
第 21 条的修正案[**]

（1983 年 4 月 30 日订于哈博罗纳）

（注：根据 1973 年 3 月 3 日在美国首都华盛顿签署的濒危野生动植物种国际贸易公约[***]第 17 条的规定，各缔约国于 1983 年 4 月 30 日在哈博罗纳（博茨瓦纳）举行了特别会议。

---

[*] 本修正案于 1987 年 4 月 13 日生效。中华人民共和国于 1997 年 12 月 5 日交存接受书。本修正案于 1998 年 2 月 3 日对我生效，并适用于香港、澳门。

[**] 中华人民共和国政府于 1988 年 7 月 7 日交存接受书。

[***] 本公约已于 1975 年 7 月 1 日生效，见《中华人民共和国多边条约集（第二集）》第 348 ～ 第 364 页，法律出版社 1987 年 8 月第一版。

下列国家出席了会议：

阿根廷、澳大利亚、奥地利、巴哈马、博茨瓦纳、巴西、加拿大、智利、中国、丹麦、芬兰、法国、冈比亚、德意志联邦共和国、圭亚那、印度、印度尼西亚、以色列、意大利、日本、肯尼亚、利比里亚、马达加斯加、马拉维、马来西亚、莫桑比克、尼泊尔、挪威、巴基斯坦、巴布亚新几内亚、巴拉圭、秘鲁、葡萄牙、卢旺达、圣·路西亚、塞内加尔、南非、苏丹、瑞典、瑞士、多哥、苏联、大不列颠和北爱尔兰联合王国、喀麦隆、美国、乌拉圭、委内瑞拉和赞比亚。）

会议以与会者 2/3 的多数票表决通过了《濒危野生动植物种国际贸易公约》第 21 条的修正案，在"保存国政府"后面加上下列五段：

1. 各主权国承认的区域经济联合组织可以加入公约。这些组织有权由其成员国转交给他们的与公约有关的国际协议进行谈判，缔结和执行工作。

2. 这些组织应在他们加入公约的文件上申明对《公约》管辖事宜的权限范围。如果对其权限范围作出的任何实质性的修改，应通知保存国政府。保存国政府应把各组织就《公约》规定的权限及他们所作的任何修改转发给各成员国。

3. 这些组织应在其权限范围内行使并履行《公约》对各组织的成员国所规定的权利和义务。在这样的情况下，该组织的成员国不得单独行使这类权利。

4. 各区域经济联合组织在其权限范围内投票的次数应与其《公约》成员国投票的次数相等。如果这些组织的成员国已经投过票，则不再享有投票权，反之，即可投票。

5. 本《公约》第 1 条第 H 款中所指的"国家"或"各国"或"缔约国一方"或"缔约国各方"都应看作包括有权参与谈判、缔结和执行国际协议的区域经济联合组织的"一方"。

关于被盗或者非法出口文物的公约[*]

（1995 年 6 月 24 日订于罗马）

本公约当事国

聚集在罗马，应意大利政府的邀请于 1995 年 6 月 7 日至 24 日参加有关通过"国际统一私法协会关于国际范围内归还被盗或者非法出口文物的公约草案"的外交会议，

确信保护文物遗产和文化交流对促进人民之间的理解的特殊重要性，以及传播文化对人类福祉和增进文明的特殊重要性，

深切关注在文物方面的非法交易以及由此引起的经常发生的无可挽回的损害，这些情况不仅对于这些物品本身及对于民族、部落、土著居民或者其他社团的文化遗产，并且对于全人类遗产造成了无可挽回的损害；更为关注由于对考古遗址的掠夺和由此而产生的无法弥补的考古学、历史学及科学资料的损失，

决定为了在有效地打击文物的非法交易方面做出贡献，应在缔约国之间采取重要措施，即在文物的返还和归还方面制定共同的、最低限度的法律规范，以期促进为所有各方的利益而保存和保护文物，

强调本公约旨在便利文物的返还和归还，并强调任何补救规定，如一些国家为进行有效的返还和归还所必需的补偿等规定，并不意味着应当适用于

---

　　* 本公约于 1998 年 7 月 1 日生效。中华人民共和国政府于 1997 年 5 月 7 日交存加入书，同时声明如下：1. 中国加入本公约不意味着承认发生在本公约以前的任何从中国盗走和非法出口文物的行为是合法的。中国保留收回本公约生效前被盗和非法出口的文物的权利；2. 根据公约第三条第五款的规定，中国关于返还被盗文物的申请受 75 年的时效限制，并保留将来根据法律规定延长时效限制的权利；3. 根据公约第八条向中国提出的对文物返还或者归还的请求，可以直接向中国法院提出或者通过中国文物行政主管机关转交中国法院。

　　本公约于 1998 年 7 月 1 日对我生效。

其他国家，

确认本公约未来各项规定的通过，决不是对发生在本公约生效前的任何种类的非法交易赋予合法性的认可，

意识到本公约不会通过自身对于因非法交易而产生的问题提供一项解决办法，而是由此启动一种促进国际文化合作、维护合法交易以及国家间的文化交流协议之适当作用的进程，

认识到实施本公约应当辅之以其他有效的保护文物措施，如逐步建立和使用注册登记制度、切实保护考古遗址和技术合作等，

承认各个机构为保护文化财产所做的工作，特别是 1970 年联合国教科文组织关于非法贩运的公约以及在私人部门所形成的行为守则。

兹达成如下协议：

第一章　适用范围和定义

第一条

本公约适用于如下国际性请求：

（a）返还被盗文物；

（b）归还因违反缔约国为保护其文化遗产之目的制定的文物出口法律而被移出该国领土的文物（以下简称"非法出口文物"）。

第二条

为本公约之目的，文物系指因宗教或者世俗的原因，具有考古、史前史、历史、文学、艺术或者科学方面重要性，并属于本公约附件所列分类之一的物品。

第二章　被盗文物的返还

第三条

1. 被盗文物的占有人应归还该被盗物。

2. 为本公约之目的，凡非法发掘或者合法发掘但非法持有的文物，应当视为被盗，只要符合发掘发生地国家的法律。

3. 任何关于返还被盗文物的请求，应自请求者知道该文物的所在地及该文物占有人的身份之时起，在三年期限内提出；并在任何情况下自被盗时起

五十年以内提出。

4. 但是，关于返还某一特定纪念地或者考古遗址组成部分的文物，或者属于公共收藏的文物的请求，则除请求者应自知道该文物的所在地及该文物的占有人身份之时起三年以内提出请求外，不受其他时效限制。

5. 尽管有前款的规定，任何缔约国可以声明一项请求应受 75 年的时效限制，或者受到该国法律所规定的更长时效的限制。在另一缔约国境内对从做出上述声明的缔约国纪念地、考古遗址或者公共收藏品中移走的文物提出返还请求，也应受上述时效的限制。

6. 前款所述声明应在签署、批准、接受、核准或者加入时做出。

7. 为本公约之目的，"公共收藏品"是由经过登记注册或者其他方式证明的文物组成，并且其所有者是下列之一：

（a）缔约国；

（b）缔约国的一个区域或者地方当局；

（c）缔约国的一个宗教机构；或

（d）为文化、教育或者科学之基本目的而在缔约国内建立的旨在服务于公共利益的机构。

8. 此外，对一缔约国境内属于一部落或者土著人社区所有的或者使用的，作为该社区传统或者祭祀用品的一部分的宗教文物或对该社区具有重要意义的文物提出返还要求，则应受适用于公共收藏品的时效限制。

第四条

1. 被要求归还被盗文物的占有人只要不知道也理应不知道该物品是被盗的，并且能证明自己在获得该物品时是慎重的，则在返还该文物时有权得到公正合理的补偿。

2. 在不损害前款所述占有人的补偿权利的情况下，只要符合提起请求的所在国法律，应做出合理的努力，促使向占有人移交文物的人或者任何此前的移交人支付此种补偿。

3. 在要求补偿时，请求人向占有人支付补偿不应损害该请求人向任何其他人获得此种补偿的权利。

4. 在确定占有人是否慎重时，应注意到获得物品的情况，包括当事各方的性质、支付的价格、占有人是否向通常可以接触到的被盗文物的登记机关进行咨询，他通常可以获得的其他有关信息和文件、占有人是否向可以接触到的机关进行咨询，或者采取一个正常人在此情况下应当采取的其他措施。

5. 占有人若以继承或者其他无偿方式从某人处获得文物，则不应享有优于此人的地位。

第三章 非法出口文物的归还

第五条

1. 缔约国可以请求另一缔约国法院或者其他主管机关命令归还从请求国领土出口的文物。

2. 为展览、研究或者修复等目的，根据请求国为保护其文化遗产之目的制定的文物出口法律而颁布的许可证，从请求国暂时出口却没有依照许可证条件予以归还的文物，应认定为已经非法出口。

3. 如果请求国证实从其境内移出文物严重地损害了下列一项或者多项利益，或者证实该文物对于请求国具有特殊的文化方面的重要性，被请求国的法院或者其他主管机关应命令归还非法出口的这一物品。上述利益系指：

（a）有关该物品或者其内容的实物保存；

（b）有关组合物品的完整性；

（c）有关诸如科学性或者历史性资料的保存；

（d）有关一部落或者土著人社区对传统或者宗教物品的使用。

4. 根据本条第1款做出的请求，应包括或者附有关于事实或者法律一类的资料，以有助于被请求国法院或者其他主管机关确定该请求是否符合第1款至第3款的要求。

5. 归还请求应在请求国知道文物所在地和占有人身份时起的三年之内提出。任何情况下，应自出口之日或者自根据本条第2款所述许可证规定该物品应被归还之日起五十年以内提出。

第六条

1. 被盗文物非法出口后获得该物品的占有人，如果在获得该物品时不知道或者理应不知道这一物品是非法出口的，则有权在归还该物时得到请求国公正、合理的补偿。

2. 在确定占有人是否已知道或者通常理应知道其文物属非法出口时，应考虑到获得物品的情况，包括缺少请求国法律所要求的出口许可证的情况。

3. 被要求归还文物的占有人经与请求国协商一致，可决定以下列方式之一代替补偿：

（a）保留对该物品的所有权；或

（b）有偿或者无偿地将所有权转让给他所选择的居住在请求国境内并提供了必要担保的人。

4. 根据本条归还文物的费用应由请求国承担，但不妨碍该国向其他人获取此种费用的权利。

5. 占有人若以继承或者其他无偿方式从某人处获得文物，则不应享有优于此人的地位。

第七条

1. 本章的规定不适用于下列情况：

（a）在要求归还文物时，该物品的出口已不再是非法的；或

（b）物品是在其创作者生前出口的，或者是在该创作者死后五十年以内出口的；

2. 尽管有前款（b）项的规定，本章的规定仍应适用于由部落或者土著人社区的成员为该社区之用而制作的文物，这种物品将要归还该社区。

第四章　一般规定

第八条

1. 第二章规定的要求和第三章规定的请求可以向文物所在地的缔约国法院或者其他主管机关提出，也可向根据其现行法律拥有管辖权的缔约国法院或者其他主管机关提出。

2. 当事人可以同意将争议提交任何法院或者其他主管机关，或者提交仲裁。

3. 即使当返还的要求或者归还的请求是向另一个缔约国法院或者其他主管机关提出的，仍可实施物品所在地缔约国法律许可的，包括保护性措施在内的任何临时性措施。

第九条

1. 本公约不妨碍缔约国适用在被盗或者非法出口文物的返还或者归还方面比本公约更为有利的规定。

2. 本条不得解释为创设了承认或者执行另一缔约国法院或者其他主管机关做出的违反本公约规定的裁决的义务。

第十条

1. 第二章的规定应仅适用于本公约对提出索还请求所在国生效后被盗的文物，但有以下条件：

（a）该物品是在本公约对一缔约国生效后从该国领土内被盗的；或者

（b）该物品在本公约对该缔约国生效后位于该国。

2. 第三章的规定应仅适用于本公约对请求国生效后以及对提出索还请求所在国生效后非法出口的文物。

3. 本公约不以任何方式证明发生在本公约生效以前的，或者根据本条第1款、第2款而被排除在外的任何性质的非法交易是合法的，也不限制国家或者其他人根据本公约框架外可援用的补救措施，对于本公约生效前被盗或者非法出口的文物提出返还或者归还请求的权利。

第五章　最后条款

第十一条

1. 本公约在国际统一私法协会通过关于国际范围内归还被盗或者非法出口文物公约的外交会议闭幕会议上开放签署，并且至 1996 年 6 月 30 日之前在罗马继续向所有国家开放签字。

2. 本公约须经签署国批准、接受或者核准。

3. 本公约对所有自该公约开放签署之日起未能签署的国家开放供加入。

4. 批准、接受、核准或者加入，须就此向保存国交存一份正式的文件。

第十二条

1. 本公约应自第五份批准、接受、核准或者加入的文件交存之日后第六个月的第一天起生效。

2. 在第五份批准、接受、核准或者加入的文件交存后，对于每一批准、接受、核准或者加入本公约的国家，本公约应自该国交存其批准、接受、核准或者加入的文件之日后第六个月的第一天起对其生效。

第十三条

1. 本公约不影响缔约国在法律上受其约束的,并且载有本公约所调整事项的规定的任何国际文书,但该国对这种国际文书做出相反声明的情况除外。

2. 任何缔约国可以与一个或者多个缔约国订立协定,以期在其相互关系中促进适用本公约。已经缔结这种协定的国家应向保存国送交一份协定文本。

3. 作为经济一体化组织或者区域性机构成员的缔约国,可以声明在其相互关系中将适用该组织或者机构的内部规定,因而在这些国家之间将不适用本公约中与前述规定的适用范围相同的规定。

第十四条

1. 如果缔约国拥有两个或者更多的领土单位,无论这些领土单位对本公约所处理的事项是否适用不同的法律体系,该国可以在签署或者交存其批准、接受、核准或加入的文件时,声明本公约扩展适用于其所有领土单位,或者仅适用于其中的一个或多个领土单位,并且可随时以另一声明取代此项声明。

2. 应向保存国通知这些声明,并且明确陈述本公约所适用的领土单位。

3. 如果本公约因根据本条所做的声明扩展适用于缔约国的一个或者多个领土单位,但不是其所有领土单位,则:

(a) 第一条中所提及的缔约国领土,应解释为系指该国的一个领土单位的区域;

(b) 缔约国或者接受请求国家的法院或者其他主管机关,应解释为系指该国的一个领土单位的法院或者其他主管机关;

(c) 第八条第 1 款中提及的文物所在地的缔约国,应解释为系指该国内物品所在地的领土单位;

(d) 第八条第 3 款中所提及的文物所在地的缔约国法律,应解释为系指该国的物品所在地的领土单位的法律;

(e) 第九条中所提及的缔约国,应解释为系指该国的一个领土单位。

4. 如果缔约国未根据本条第 1 款做出声明,则本公约适用于该国的全部领土单位。

第十五条

1. 在签署时根据本公约规定做出的声明，应在批准、接受或者核准时予以确认。

2. 声明和确认声明应以书面方式正式通知保存国。

3. 声明应在本公约对有关国家生效的同时产生效力。但是，保存国在公约对有关国家生效后收到正式声明的，则此项声明应向保存国交存之日后第六个月的第一天起生效。

4. 根据本公约规定做出声明的任何国家，可以在任何时候以书面方式向保存国正式通知撤销此项声明。此种撤销应在交存通知之日后第六个月的第一天起生效。

第十六条

1. 第一缔约国在签署、批准、接受、核准或者加入时，应声明一个国家根据第八条提出对文物返还或者归还的请求，可以按照下列一种或者数种程序向其提出：

（a）直接向做出声明国家的法院或者其他主管机关提出；

（b）通过该国指定的机关接受这种请求，并且将其转交该国的法院或者主管机关；

（c）通过外交或者领事途径。

2. 每一缔约国还可以指定根据第二章和第三章有权命令返还或者归还文物的法院或者其他机关。

3. 根据本条第 1 款、第 2 款做出的声明，可以在任何时候以一项新的声明予以修正。

4. 本条第 1 款至第 3 款的规定不影响缔约国之间可能存在的双边或者多边的有关民事和商事司法协助的规定。

第十七条

每一缔约国应在不迟于其交存批准、接受、核准或者加入文件之日后的六个月内，以本公约使用的一种正式语文向保存国提供该国有关文物出口的法律的书面资料，这种资料应在适当的时候经常予以更新。

第十八条

除本公约有明确授权之外，不允许做出保留。

第十九条

1. 本公约对当事国生效后，该国可以随时向保存国提交退出本公约的文件。

2. 退出应自向保存国交存退出文件之日后第六个月的第一天起发生效力。当退出文件中对退出的生效规定了更长的时间时，则应自向保存国交存后至这一更长时间结束时发生效力。

3. 即使已经退出本公约，本公约仍应适用于在退出发生效力之日前提出的将文物返还的请求或者是归还文物的请求。

第二十条

国际统一私法协会主席根据五个缔约国的请求，可以定期或者随时召开特别委员会，以便审查本公约的实际运作情况。

第二十一条

1. 本公约应交意大利共和国政府保存。

2. 意大利共和国政府应：

（a）向所有签署或者加入本公约的国家和国际统一私法协会的主席通知下列事项：

（ⅰ）每一项新的签署或者交存的批准、接受、核准或者加入的文件，并随附其日期；

（ⅱ）根据本公约做出的每一项声明；

（ⅲ）对声明的撤销；

（ⅳ）本公约生效的日期；

（ⅴ）第十二条所述协定；

（ⅵ）交存退出本公约的文件以及此项交存的日期和退出发生效力的日期；

（b）向所有签署、加入本公约的国家和国际统一私法协会的主席转交经审核无误的本公约文本；

（c）履行通常由保存国承担的其他职能。

下列全权代表经正式授权签署本公约，以昭信守。

本公约于 1995 年 6 月 24 日订于罗马，共一份，用英文和法文写成；两种文本同等作准。

附 件

（a）动物群落、植物群落、矿物和解剖以及具有古生物学意义的物品的稀有收集品和标本；

（b）有关历史、包括科学、技术、军事及社会史、有关国家领袖、思想家、科学家、艺术家之生平以及有关国家重大事件的财产；

（c）考古发掘（包括正常的和秘密的）或考古发现的成果；

（d）业已肢解的艺术或历史古迹或考古遗址之构成部分；

（e）一百年以上的古物，如铭文、钱币和印章；

（f）具有人种学意义的文物；

（g）有艺术价值的财产，如：

（ⅰ）全部是手工完成的图画、绘画和绘图，不论其装帧框座如何，也不论所用的是何种材料（不包括工业设计图及手工装饰的工业产品）；

（ⅱ）用任何材料制成的雕塑艺术和雕刻的原作；

（ⅲ）版画、印片和平版画的原件；

（ⅳ）用任何材料组集或拼集的艺术品原件；

（h）稀有手稿和有特殊意义的（历史、艺术、科学、文学等）古物、古书、文件和出版物，不论是单个的或整套的；

（i）邮票、印花税票及类似的佐证，不论是单张的或整套的；

（j）档案，包括有声、照相和电影档案；

（k）一百年以上的家具物品和古乐器。

打击跨国有组织犯罪公约

（联合国 2000 年通过，中国 2003 年 9 月 23 日批准）

第一条　宗旨

本公约的宗旨是促进合作，以便更有效地预防和打击跨国有组织犯罪。

第二条　术语的使用

在本公约中：

（a）"有组织犯罪集团"系指由三人或多人所组成的、在一定时期内存在的、为了实施一项或多项严重犯罪或根据本公约确立的犯罪以直接或间接获得金钱或其他物质利益而一致行动的有组织结构的集团；

（b）"严重犯罪"系指构成可受到最高刑至少四年的剥夺自由或更严厉处罚的犯罪的行为；

（c）"有组织结构的集团"系指并非为了立即实施一项犯罪而随意组成的集团，但不必要求确定成员职责，也不必要求成员的连续性或完善的组织结构；

（d）"财产"系指各种资产，不论其为物质的或非物质的、动产或不动产、有形的或无形的，以及证明对这些资产所有权或权益的法律文件或文书；

（e）"犯罪所得"系指直接或间接地通过犯罪而产生或获得的任何财产；

（f）"冻结"或"扣押"系指根据法院或其他主管当局的命令暂时禁止财产转移、转换、处置或移动或对之实行暂时性扣留或控制；

（g）"没收"，在适用情况下还包括"充公"，系指根据法院或其他主管当局的命令对财产实行永久剥夺；

（h）"上游犯罪"系指由其产生的所得可能成为本公约第 6 条所定义的犯罪的对象的任何犯罪；

（i）"控制下交付"系指在主管当局知情并由其进行监测的情况下允许

非法或可疑货物运出、通过或运入一国或多国领土的一种做法，其目的在于侦查某项犯罪并辨认参与该项犯罪的人员；

（j）"区域经济一体化组织"系指由某一区域的一些主权国家组成的组织，其成员国已将处理本公约范围内事务的权限转交该组织，而且该组织已按照其内部程序获得签署、批准、接受、核准或加入本公约的正式授权；本公约所述"缔约国"应在这类组织的权限范围内适用于这些组织。

第三条　适用范围

1. 本公约除非另有规定，应适用于对下述跨国的且涉及有组织犯罪集团的犯罪的预防、侦查和起诉：

（a）依照本公约第 5 条、第 6 条、第 8 条和第 23 条确立的犯罪；

（b）本公约第 2 条所界定的严重犯罪。

2. 就本条第 1 款而言，有下列情形之一的犯罪属跨国犯罪：

（a）在一个以上国家实施的犯罪；

（b）虽在一国实施，但其准备、筹划、指挥或控制的实质性部分发生在另一国的犯罪；

（c）犯罪在一国实施，但涉及在一个以上国家从事犯罪活动的有组织犯罪集团；或

（d）犯罪在一国实施，但对于另一国有重大影响。

第四条　保护主权

1. 在履行其根据本公约所承担的义务时，缔约国应恪守各国主权平等和领土完整原则和不干涉别国内政原则。

2. 本公约的任何规定均不赋予缔约国在另一国领土内行使管辖权和履行该另一国本国法律规定的专属于该国当局的职能的权利。

第五条　参加有组织犯罪集团行为的刑事定罪

1. 各缔约国均应采取必要的立法和其他措施，将下列故意行为规定为刑事犯罪：

（a）下列任何一种或两种有别于未遂或既遂的犯罪的行为：

（一）为直接或间接获得金钱或其他物质利益而与一人或多人约定实施严重犯罪，如果本国法律要求，还须有其中一名参与者为促进上述约定的实施的行为或涉及有组织犯罪集团；

（二）明知有组织犯罪集团的目标和一般犯罪活动或其实施有关犯罪的意图而积极参与下述活动的行为：

a. 有组织犯罪集团的犯罪活动；

b. 明知其本人的参与将有助于实现上述犯罪目标的该有组织犯罪集团的其他活动；

（b）组织、指挥、协助、教唆、便利或参谋实施涉及有组织犯罪集团的严重犯罪。

2. 本条第 1 款所指的明知、故意、目标、目的或约定可以从客观实际情况推定。

3. 其本国法律要求根据本条第 1 款（a）项目确立的犯罪须涉及有组织犯罪集团方可成立的缔约国，应确保其本国法律涵盖所有涉及有组织犯罪集团的严重犯罪。这些缔约国以及其法律要求根据本条第 1 款（a）项目确立的犯罪须有促进约定的实施的行为方可成立的缔约国，应在其签署本公约或交存其批准、接受、核准或加入本公约的文书时将此情况通知联合国秘书长。

第六条　洗钱行为的刑事定罪

1. 各缔约国均应依照其本国法律基本原则采取必要的立法及其他措施，将下列故意行为规定为刑事犯罪：

（a）明知财产为犯罪所得，为隐瞒或掩饰该财产的非法来源，或为协助任何参与实施上游犯罪者逃避其行为的法律后果而转换或转让财产；

明知财产为犯罪所得而隐瞒或掩饰该财产的真实性质、来源、所在地、处置、转移、所有权或有关的权利；

（b）在符合其本国法律制度基本概念的情况下：

在得到财产时，明知其为犯罪所得而仍获取、占有或使用；

参与、合伙或共谋实施，实施未遂，以及协助、教唆、便利和参谋实施本条所确立的任何犯罪。

2. 为实施或适用本条第 1 款：

（a）各缔约国均应寻求将本条第 1 款适用于范围最为广泛的上游犯罪；

（b）各缔约国均应将本公约第 2 条所界定的所有严重犯罪和根据本公约第 5 条、第 8 条和第 23 条确立的犯罪列为上游犯罪。缔约国立法中如果明确列出上游犯罪清单，则至少应在这类清单中列出与有组织犯罪集团有关的范围广泛的各种犯罪；

（c）就（b）项而言，上游犯罪应包括在有关缔约国刑事管辖权范围之内和之外发生的犯罪。但是，如果犯罪发生在一缔约国刑事管辖权范围以外，则只有该行为根据其发生时所在国本国法律为刑事犯罪，而且若发生在实施或适用本条的缔约国时根据该国法律也构成刑事犯罪时才构成上游犯罪；

（d）各缔约国均应向联合国秘书长提供其实施本条的法律以及这类法律随后的任何修改的副本或说明；

（e）如果缔约国本国法律基本原则要求，则可以规定本条第 1 款所列犯罪不适用于实施上游犯罪的人；

（f）本条第 1 款所规定的作为犯罪要素的明知、故意或目的可根据客观实际情况推定。

第七条 打击洗钱活动的措施

1. 各缔约国均应：

（a）在其力所能及的范围内，建立对银行和非银行金融机构及在适当情况下对其他特别易被用于洗钱的机构的综合性国内管理和监督制度，以便制止并查明各种形式的洗钱。这种制度应强调验证客户身份、保持记录和报告可疑的交易等项规定；

（b）在不影响本公约第 18 条和第 27 条的情况下，确保行政、管理、执法和其他负责打击洗钱的当局（本国法律许可时可包括司法当局）能够根据其本国法律规定的条件，在国家和国际一级开展合作和交换信息，并应为此目的考虑建立作为国家级中心的金融情报机构，以收集、分析和传播有关潜在的洗钱活动的信息。

2. 缔约国应考虑采取切实可行的措施调查和监督现金和有关流通票据出入本国国境的情况，但须有保障措施以确保情报的妥善使用且不致以任何方式妨碍合法资本的流动。这类措施可包括要求个人和企业报告大额现金和有关流通票据的跨境划拨。

3. 在建立本条所规定的国内管理和监督制度时，吁请缔约国在不影响本公约的任何其他条款的情况下将各种区域、区域间和多边组织的有关反洗钱倡议作为指南。

4. 缔约国应努力为打击洗钱而发展和促进司法、执法和金融管理当局间的全球、区域、分区域和双边合作。

第八条 腐败行为的刑事定罪

1. 各缔约国均应采取必要的立法和其他措施，将下列故意行为规定为刑事犯罪：

（a）直接或间接向公职人员许诺、提议给予或给予该公职人员或其他人员或实体不应有的好处，以使该公职人员在执行公务时作为或不作为；

（b）公职人员为其本人或其他人员或实体直接或间接索取或接受不应有的好处，以作为其在执行公务时作为或不作为的条件。

2. 各缔约国均应考虑采取必要的立法和其他措施，以便将本条第1款所述涉及外国公职人员或国际公务员的行为规定为刑事犯罪。各缔约国同样也应考虑将其他形式的腐败行为规定为刑事犯罪。

3. 各缔约国还应采取必要的措施，将作为共犯参与根据本条所确立的犯罪规定为刑事犯罪。

4. 本公约本条第1款和第9条中的"公职人员"，系指任职者任职地国法律所界定的且适用于该国刑法的公职人员或提供公共服务的人员。

第九条 反腐败措施

1. 除本公约第8条所列各项措施外，各缔约国均应在适当时并在符合其法律制度的情况下，采取立法、行政或其他有效措施，以促进公职人员廉洁奉公，并预防、调查和惩治腐败行为。

2. 各缔约国均应采取措施，确保本国当局在预防、调查和惩治公职人员腐败行为方面采取有效行动，包括使该当局具备适当的独立性，以免其行动受到不适当的影响。

第十条 法人责任

1. 各缔约国均应采取符合其法律原则的必要措施，确定法人参与涉及有组织犯罪集团的严重犯罪和实施根据本公约第5条、第6条、第8条和第23条确立的犯罪时应承担的责任。

2. 在不违反缔约国法律原则的情况下，法人责任可包括刑事、民事或行政责任。

3. 法人责任不应影响实施此种犯罪的自然人的刑事责任。

4. 各缔约国均应特别确保使根据本条负有责任的法人受到有效、适度和劝阻性的刑事或非刑事制裁，包括金钱制裁。

第十一条 起诉、判决和制裁

1. 各缔约国均应使根据本公约第 5 条、第 6 条、第 8 条和第 23 条确立的犯罪受到与其严重性相当的制裁。

2. 为因本公约所涵盖的犯罪起诉某人而行使本国法律规定的法律裁量权时，各缔约国均应努力确保针对这些犯罪的执法措施取得最大成效，并适当考虑到震慑此种犯罪的必要性。

3. 就根据本公约第 5 条、第 6 条、第 8 条和第 23 条确立的犯罪而言，各缔约国均应根据其本国法律并在适当考虑到被告方权利的情况下采取适当措施，力求确保所规定的与审判或上诉前释放的裁决有关的条件考虑到确保被告人在其后的刑事诉讼中出庭的需要。

4. 各缔约国均应确保其法院和其他有关当局在考虑早释或假释已被判定犯有本公约所涵盖的犯罪者的可能性时，顾及此种犯罪的严重性。

5. 各缔约国均应在适当情况下在其本国法律中对于本公约所涵盖的任何犯罪规定一个较长的追诉时效期限，并在被指控犯罪的人逃避司法处置时规定更长的期限。

6. 本公约的任何规定，概不影响根据本公约确立的犯罪和适用的法律辩护理由或决定行为合法性的其他法律原则只应由缔约国本国法律加以阐明，而且此种犯罪应根据该法律予以起诉和处罚的原则。

第十二条 没收和扣押

1. 缔约国应在本国法律制度的范围内尽最大可能采取必要措施，以便能够没收：

（a）来自本公约所涵盖的犯罪所得或价值与其相当的财产；

（b）用于或拟用于本公约所涵盖的犯罪的财产、设备或其他工具。

2. 缔约国应采取必要措施，辨认、追查、冻结或扣押本条第 1 款所述任何物品，以便最终予以没收。

3. 如果犯罪所得已经部分或全部转变或转化为其他财产，则应对此类财产适用本条所述措施。

4. 如果犯罪所得已与从合法来源获得的财产相混合，则应在不影响冻结权或扣押权的情况下没收这类财产，没收价值可达混合于其中的犯罪所得的估计价值。

5. 对于来自犯罪所得、来自由犯罪所得转变或转化而成的财产或已与犯罪所得相混合的财产所产生的收入或其他利益，也应适用本条所述措施，其方式和程度与处置犯罪所得相同。

6. 为本公约本条和第 13 条的目的，各缔约国均应使其法院或其他主管当局有权下令提供或扣押银行、财务或商务记录。缔约国不得以银行保密为由拒绝按照本款规定采取行动。

7. 缔约国可考虑要求由犯罪的人证明应予没收的涉嫌犯罪所得或其他财产的合法来源，但此种要求应符合其本国法律原则和司法及其他程序的性质。

8. 不得对本条规定作损害善意第三人权利的解释。

9. 本条任何规定均不得影响本条所述措施应根据缔约国本国法律规定予以确定和实施的原则。

第十三条　没收事宜的国际合作

1. 缔约国在收到对本公约所涵盖的一项犯罪拥有管辖权的另一缔约国关于没收本公约第 12 条第 1 款所述的、位于被请求国领土内的犯罪所得、财产、设备或其他工具的请求后，应在本国国内法律制度的范围内尽最大可能：

（a）将此种请求提交其主管当局，以便取得没收令并在取得没收令时予以执行；或

（b）将请求缔约国领土内的法院根据本公约第 12 条第 1 款签发的没收令提交主管当局，以便按请求的范围予以执行，只要该没收令涉及第 12 条第 1 款所述的、位于被请求缔约国领土内的犯罪所得、财产、设备或其他工具。

2. 对本公约所涵盖的一项犯罪拥有管辖权的另一缔约国提出请求后，被请求缔约国应采取措施，辨认、追查和冻结或扣押本公约第 12 条第 1 款所述犯罪所得、财产、设备或其他工具，以便由请求缔约国或根据本条第 1 款所述请求由被请求缔约国下令最终予以没收。

3. 本公约第 18 条的规定可经适当变通适用于本条。除第 18 条第 15 款规定提供的资料以外，根据本条所提出的请求还应包括：

（a）与本条第 1 款（a）项有关的请求，应有关于拟予没收的财产的说明以及关于请求缔约国所依据的事实的充分陈述，以便被请求缔约国能够根据本国法律取得没收令；

（b）与本条第 1 款（b）项有关的请求，应有请求缔约国据以签发请求的、法律上可接受的没收令副本、事实陈述和关于请求执行没收令的范围的资料；

（c）与本条第 2 款有关的请求，应有请求缔约国所依据的事实陈述以及对请求采取的行动的说明。

4. 被请求缔约国根据本条第 1 和第 2 款作出的决定或采取的行动，应符合并遵循其本国法律及程序规则的规定或可能约束其与请求缔约国关系的任何双边或多边条约、协定或安排的规定。

5. 各缔约国均应向联合国秘书长提供有关实施本条的任何法律和法规以及这类法律和法规随后的任何修改的副本或说明。

6. 如果某一缔约国以存在有关条约作为采取本条第 1 款和第 2 款所述措施的条件，则该缔约国应将本公约视为必要而充分的条约依据。

7. 如果请求中所涉犯罪并非本公约所涵盖的犯罪，缔约国可拒绝提供本条所规定的合作。

8. 不得对本条规定作损害善意第三人权利的解释。

9. 缔约国应考虑缔结双边或多边条约、协定或安排，以增强根据本条开展的国际合作的有效性。

第十四条 没收的犯罪所得或财产的处置

1. 缔约国依照本公约第 12 条或第 13 条第 1 款没收的犯罪所得或财产应由该缔约国根据其本国法律和行政程序予以处置。

2. 根据本公约第 13 条的规定应另一缔约国请求采取行动的缔约国，应在本国法律许可的范围内，根据请求优先考虑将没收的犯罪所得或财产交还请求缔约国，以便其对犯罪被害人进行赔偿，或者将这类犯罪所得或财产归还合法所有人。

3. 一缔约国应另一缔约国请求按照本公约第 12 条和第 13 条规定采取行动时，可特别考虑就下述事项缔结协定或安排：

（a）将与这类犯罪所得或财产价值相当的款项，或变卖这类犯罪所得或财产所获款项，或这类款项的一部分捐给根据本公约第 30 条第 2 款（c）项所指定的帐户和专门从事打击有组织犯罪工作的政府间机构；

（b）根据本国法律或行政程序，经常地或逐案地与其他缔约国分享这类犯罪所得或财产或变卖这类犯罪所得或财产所获款项。

第十五条　管辖权

1. 各缔约国在下列情况下应采取必要措施，以确立对根据本公约第 5 条、第 6 条、第 8 条和第 23 条确立犯罪的管辖权：

（a）犯罪发生在该缔约国领域内；或者

（b）犯罪发生在犯罪时悬挂该缔约国国旗的船只或已根据该缔约国法律注册的航空器内。

2. 在不违反本公约第 4 条规定的情况下，缔约国在下列情况下还可对任何此种犯罪确立其管辖权：

（a）犯罪系针对该缔约国国民；

（b）犯罪者为该缔约国国民或在其境内有惯常居所的无国籍人；或者

（c）该犯罪系：

发生在本国领域以外的、根据本公约第 5 条第 1 款确立的犯罪，目的是在本国领域内实施严重犯罪；

发生在本国领域以外的、根据本公约第 6 条第 1 款（b）项目确立的犯罪，目的是在其领域内进行本公约第 6 条第 1 款（a）项目或（b）项目确立的犯罪。

3. 为了本公约第 16 条第 10 款的目的，各缔约国应采取必要措施，在被指控人在其领域内而其仅因该人系其本国国民而不予引渡时，确立其对本公约所涵盖的犯罪的管辖权。

4. 各缔约国还可采取必要措施，在被指控人在其领域内而其不引渡该人时确立其对本公约所涵盖的犯罪的管辖权。

5. 如果根据本条第 1 款或第 2 款行使其管辖权的缔约国被告知或通过其他途径获悉另一个或数个缔约国正在对同一行为进行侦查、起诉或审判程序，这些国家的主管当局应酌情相互磋商，以便协调行动。

6. 在不影响一般国际法准则的情况下，本公约不排除缔约国行使其依据本国法律确立的任何刑事管辖权。

第十六条　引渡

1. 本条应适用于本公约所涵盖的犯罪，或第 3 条第 1 款（a）项或（b）项所述犯罪涉及有组织犯罪集团且被请求引渡人位于被请求缔约国境内的情况，条件是引渡请求所依据的犯罪是按请求缔约国和被请求缔约国本国法律均应受到处罚的犯罪。

2. 如果引渡请求包括几项独立的严重犯罪，其中某些犯罪不在本条范围之内，被请求缔约国也可对这些犯罪适用本条的规定。

3. 本条适用的各项犯罪均应视为缔约国之间现行的任何引渡条约中的可引渡的犯罪。各缔约国承诺将此种犯罪作为可引渡的犯罪列入它们之间拟缔结的每一项引渡条约。

4. 以订有条约为引渡条件的缔约国如接到未与之订有引渡条约的另一缔约国的引渡请求，可将本公约视为对本条所适用的任何犯罪予以引渡的法律依据。

5. 以订有条约为引渡条件的缔约国应：

（a）在交存本公约批准书、接受书、核准书或加入书时通知联合国秘书长，说明其是否将把本公约作为与本公约其他缔约国进行引渡合作的法律依据；

（b）如其不以本公约作为引渡合作的法律依据，则在适当情况下寻求与本公约其他缔约国缔结引渡条约，以执行本条规定。

6. 不以订有条约为引渡条件的缔约国应承认本条所适用的犯罪为它们之间可相互引渡的犯罪。

7. 引渡应符合被请求缔约国本国法律或适用的引渡条约所规定的条件，其中特别包括关于引渡的最低限度刑罚要求和被请求缔约国可据以拒绝引渡的理由等条件。

8. 对于本条所适用的任何犯罪，缔约国应在符合本国法律的情况下，努力加快引渡程序并简化与之有关的证据要求。

9. 在不违背本国法律及其引渡条约规定的情况下，被请求缔约国可在认定情况必要而且紧迫时，应请求缔约国的请求，拘留其境内的被请求引渡人或采取其他适当措施，以确保该人在进行引渡程序时在场。

10. 被指控人所在的缔约国如果仅以罪犯系本国国民为由不就本条所适用的犯罪将其引渡，则有义务在要求引渡的缔约国提出请求时，将该案提交给其主管当局以便起诉，而不得有任何不应有的延误。这些当局应以与根据本国法律针对性质严重的其他任何犯罪所采用的方式相同的方式作出决定和进行诉讼程序。有关缔约国应相互合作，特别是在程序和证据方面，以确保这类起诉的效果。

11. 如果缔约国本国法律规定，允许引渡或移交其国民须以该人将被送还本国，就引渡或移交请求所涉审判、诉讼中作出的判决服刑为条件，且该缔约国和寻求引渡该人的缔约国也同意这一选择以及可能认为适宜的其他条件，则此种有条件引渡或移交即足以解除该缔约国根据本条第10款所承担的义务。

12. 如为执行判决而提出的引渡请求由于被请求引渡人为被请求缔约国的国民而遭到拒绝，被请求国应在其本国法律允许并且符合该法律的要求的情况下，根据请求国的请求，考虑执行按请求国本国法律作出的判刑或剩余刑期。

13. 在对任何人就本条所适用的犯罪进行诉讼时，应确保其在诉讼的所有阶段受到公平待遇，包括享有其所在国本国法律所提供的一切权利和保障。

14. 如果被请求缔约国有充分理由认为提出该请求是为了以某人的性别、种族、宗教、国籍、族裔或政治观点为由对其进行起诉或处罚，或按该请求行事将使该人的地位因上述任一原因而受到损害，则不得对本公约的任何规定作规定了被请求国的引渡义务的解释。

15. 缔约国不得仅以犯罪也被视为涉及财政事项为由而拒绝引渡。

16. 被请求缔约国在拒绝引渡前应在适当情况下与请求缔约国磋商，以使其有充分机会陈述自己的意见和介绍与其指控有关的资料。

17. 各缔约国均应寻求缔结双边和多边协定或安排，以执行引渡或加强引渡的有效性。

第十七条　被判刑人员的移交

缔约国可考虑缔结双边或多边协定或安排，将因犯有本公约所涉犯罪而被判监禁或其他形式剥夺自由的人员移交其本国服满刑期。

第十八条　司法协助

1. 缔约国应在对第3条规定的本公约所涵盖的犯罪进行的侦查、起诉和审判程序中相互提供最大程度的司法协助；在请求缔约国有合理理由怀疑第3条第1款（a）项或（b）项所述犯罪具有跨国性时，包括怀疑此种犯罪的被害人、证人、犯罪所得、工具或证据位于被请求缔约国而且该项犯罪涉及一有组织犯罪集团时，还应对等地相互给予类似协助。

2. 对于请求缔约国根据本公约第 10 条可能追究法人责任的犯罪所进行的侦查、起诉和审判程序，应当根据被请求缔约国的有关的法律、条约、协定和安排，尽可能充分地提供司法协助。

3. 可为下列任何目的请求依据本条给予司法协助：

（a）向个人获取证据或陈述；

（b）送达司法文书；

（c）执行搜查和扣押并实行冻结；

（d）检查物品和场所；

（e）提供资料、物证以及鉴定结论；

（f）提供有关文件和记录的原件或经核证的副本，其中包括政府、银行、财务、公司或营业记录；

（g）为取证目的而辨认或追查犯罪所得、财产、工具或其他物品；

（h）为有关人员自愿在请求缔约国出庭提供方便；

（i）不违反被请求缔约国本国法律的任何其他形式的协助。

4. 缔约国主管当局如认为与刑事事项有关的资料可能有助于另一国主管当局进行或顺利完成调查和刑事诉讼程序，或可促成其根据本公约提出请求，则在不影响本国法律的情况下，可无须事先请求而向该另一国主管当局提供这类资料。

5. 根据本条第 4 款提供这类资料，不应影响提供资料的主管当局本国所进行的调查和刑事诉讼程序。接收资料的主管当局应遵守对资料保密的要求，即使是暂时保密的要求，或对资料使用的限制。但是，这不应妨碍接收缔约国在其诉讼中披露可证明被控告人无罪或罪轻的资料。在这种情况下，接收缔约国应在披露前通知提供缔约国，而且如果提供缔约国要求，还应与其磋商。如果在例外情况下不可能事先通知，接收缔约国应毫不迟延地将披露一事通告提供缔约国。

6. 本条各项规定概不影响任何其他规范或将要规范整个或部分司法协助问题的双边或多边条约所规定的义务。

7. 如果有关缔约国无司法协助条约的约束，则本条第 9 至 29 款应适用于根据本条提出的请求。如果有关缔约国有这类条约的约束，则适用条约的相应条款，除非这些缔约国同意代之以适用本条第9至29款。大力鼓励缔约国在这几款有助于合作时予以适用。

8. 缔约国不得以银行保密为由拒绝提供本条所规定的司法协助。

9. 缔约国可以并非双重犯罪为由拒绝提供本条所规定的司法协助。但是，被请求缔约国可在其认为适当时在其斟酌决定的范围内提供协助，而不论该行为按被请求缔约国本国法律是否构成犯罪。

10. 在一缔约国境内羁押或服刑的人，如果被要求到另一缔约国进行辨认、作证或提供其他协助，以便为就与本公约所涵盖的犯罪有关的侦查、起诉或审判程序取得证据，在满足以下条件的情况下，可予移送：

（a）该人在知情后自由表示同意；

（b）双方缔约国主管当局同意，但须符合这些缔约国认为适当的条件。

11. 就本条第10款而言：

（a）该人被移送前往的缔约国应有权力和义务羁押被移送人，除非移送缔约国另有要求或授权；

（b）该人被移送前往的缔约国应毫不迟延地履行义务，按照双方缔约国主管当局事先达成的协议或其他协议，将该人交还移送缔约国羁押；

（c）该人被移送前往的缔约国不得要求移送缔约国为该人的交还启动引渡程序；

（d）该人在被移送前往的国家的羁押时间应折抵在移送缔约国执行的刑期。

12. 除非按照本条第10款和第11款移送该人的缔约国同意，无论该人国籍为何，均不得因其在离开移送国国境前的作为、不作为或定罪而在被移送前往的国家境内使其受到起诉、羁押、处罚或对其人身自由实行任何其他限制。

13. 各缔约国均应指定一中心当局，使其负责和有权接收司法协助请求并执行请求或将请求转交主管当局执行。如缔约国有实行单独司法协助制度的特区或领土，可另指定一个对该特区或领土具有同样职能的中心当局。中心当局应确保所收到的请求的迅速而妥善执行或转交。中心当局在将请求转交某一主管当局执行时，应鼓励该主管当局迅速而妥善地执行请求。各缔约国应在交存本公约批准书、接受书、核准书或加入书时将为此目的指定的中心当局通知联合国秘书长。司法协助请求以及与之有关的任何联系文件均应递交缔约国指定的中心当局。此项规定不得损害缔约国要求通过外交渠道以及在紧急和可能的情况下经有关缔约国同意通过国际刑事警察组织向其传递这种请求和联系文件的权利。

14. 请求应以被请求缔约国能接受的语文以书面形式提出，或在可能情况下以能够生成书面记录的任何形式提出，但须能使该缔约国鉴定其真伪。各缔约国应在其交存本公约批准书、接受书、核准书或加入书时将其所能接受的语文通知联合国秘书长。在紧急情况下，如经有关缔约国同意，请求可以口头方式提出，但应立即加以书面确认。

15. 司法协助请求书应载有：

（a）提出请求的当局；

（b）请求所涉的侦查、起诉或审判程序的事由和性质，以及进行此项侦查、起诉或审判程序的当局的名称和职能；

（c）有关事实的概述，但为送达司法文书提出的请求例外；

（d）对请求协助的事项和请求缔约国希望遵循的特定程序细节的说明；

（e）可能时，任何有关人员的身份、所在地和国籍；

（f）索取证据、资料或要求采取行动的目的。

16. 被请求缔约国可要求提供按照其本国法律执行该请求所必需或有助于执行该请求的补充资料。

17. 请求应根据被请求缔约国本国法律执行。在不违反被请求缔约国本国法律的情况下，如有可能，应遵循请求书中列明的程序执行。

18. 当在某一缔约国境内的某人需作为证人或鉴定人接受另一缔约国司法当局询问，且该人不可能或不宜到请求国出庭，则前一个缔约国可应另一缔约国的请求，在可能且符合本国法律基本原则的情况下，允许以电视会议方式进行询问，缔约国可商定由请求缔约国司法当局进行询问且询问时应有被请求缔约国司法当局在场。

19. 未经被请求缔约国事先同意，请求缔约国不得将被请求缔约国提供的资料或证据转交或用于请求书所述以外的侦查、起诉或审判程序。本款规定不妨碍请求缔约国在其诉讼中披露可证明被告人无罪或罪轻的资料或证据。就后一种情形而言，请求缔约国应在披露之前通知被请求缔约国，并依请求与被请求缔约国磋商。如在例外情况下不可能事先通知时，请求缔约国应毫不迟延地将披露一事通告被请求缔约国。

20. 请求缔约国可要求被请求缔约国对其提出的请求及其内容保密，但为执行请求所必需时除外。如果被请求缔约国不能遵守保密要求，应立即通知请求缔约国。

21. 在下列情况下可拒绝提供司法协助：

（a）请求未按本条的规定提出；

（b）被请求缔约国认为执行请求可能损害其主权、安全、公共秩序或其他基本利益；

（c）假如被请求缔约国当局依其管辖权对任何类似犯罪进行侦查、起诉或审判程序时，其本国法律将会禁止其对此类犯罪采取被请求的行动；

（d）同意此项请求将违反被请求国关于司法协助的法律制度。

22. 缔约国不得仅以犯罪又被视为涉及财政事项为由拒绝司法协助请求。

23. 拒绝司法协助时应说明理由。

24. 被请求缔约国应尽快执行司法协助请求，并应尽可能充分地考虑到请求缔约国提出的、最好在请求中说明了理由的任何最后期限。被请求缔约国应依请求缔约国的合理要求就其处理请求的进展情况作出答复。请求国应在其不再需要被请求国提供所寻求的协助时迅速通知被请求缔约国。

25. 被请求缔约国可以司法协助妨碍正在进行的侦查、起诉或审判为由而暂缓进行。

26. 在根据本条第21款拒绝某项请求或根据本条第25款暂缓执行请求事项之前，被请求缔约国应与请求缔约国协商，以考虑是否可在其认为必要的条件下给予协助。请求缔约国如果接受附有条件限制的协助，则应遵守有关的条件。

27. 在不影响本条第12款的适用的情况下，应请求缔约国请求而同意到请求缔约国就某项诉讼作证或为某项侦查、起诉或审判程序提供协助的证人、鉴定人或其他人员，不应因其离开被请求缔约国领土之前的作为、不作为或定罪而在请求缔约国领土内被起诉、羁押、处罚，或在人身自由方面受到任何其他限制。如该证人、鉴定人或其他人员已得到司法当局不再需要其到场的正式通知，在自通知之日起连续十五天内或在缔约国所商定的任何期限内，有机会离开但仍自愿留在请求缔约国境内，或在离境后又自愿返回，则此项安全保障即不再有效。

28. 除非有关缔约国另有协议，执行请求的一般费用应由被请求缔约国承担。如执行请求需要或将需要支付巨额或特殊性质的费用，则应由有关缔约国进行协商，以确定执行该请求的条件以及承担费用的办法。

29. 被请求缔约国：

（a）应向请求缔约国提供其所拥有的根据其本国法律可向公众公开的政府记录、文件或资料的副本；

（b）可自行斟酌决定全部或部分地或按其认为适当的条件向请求缔约国提供其所拥有的根据其本国法律不向公众公开的任何政府记录、文件或资料的副本。

30. 缔约国应视需要考虑缔结有助于实现本条目的、具体实施或加强本条规定的双边或多边协定或安排的可能性。

第十九条 联合调查

缔约国应考虑缔结双边或多边协定或安排，以便有关主管当局可据以就涉及一国或多国刑事侦查、起诉或审判程序事由的事宜建立联合调查机构。如无这类协定或安排，则可在个案基础上商定进行这类联合调查。有关缔约国应确保拟在其境内进行该项调查的缔约国的主权受到充分尊重。

第二十条 特殊侦查手段

1. 各缔约国均应在其本国法律基本原则许可的情况下，视可能并根据本国法律所规定的条件采取必要措施，允许其主管当局在其境内适当使用控制下交付并在其认为适当的情况下使用其他特殊侦查手段，如电子或其他形式的监视和特工行动，以有效地打击有组织犯罪。

2. 为侦查本公约所涵盖的犯罪，鼓励缔约国在必要时为在国际一级合作时使用这类特殊侦查手段而缔结适当的双边或多边协定或安排。此类协定或安排的缔结和实施应充分遵循各国主权平等原则，执行时应严格遵守这类协定或安排的条件。

3. 在无本条第2款所列协定或安排的情况下，关于在国际一级使用这种特殊侦查手段的决定，应在个案基础上作出，必要时还可考虑到有关缔约国就行使管辖权所达成的财务安排或谅解。

4. 经各有关缔约国同意，关于在国际一级使用控制下交付的决定，可包括诸如拦截货物后允许其原封不动地或将其全部或部分取出替换后继续运送之类的办法。

第二十一条　刑事诉讼的移交

缔约国如认为相互移交诉讼有利于正当司法，特别是在涉及数国管辖权时，为了使起诉集中，应考虑相互移交诉讼的可能性，以便对本公约所涵盖的某项犯罪进行刑事诉讼。

第二十二条　建立犯罪记录

各缔约国均可采取必要的立法或其他措施，按其认为适宜的条件并为其认为适宜的目的，考虑到另一个国家以前对被指控人作出的任何有罪判决，以便在涉及本公约所涵盖的犯罪的刑事诉讼中加以利用。

第二十三条　妨害司法的刑事定罪

各缔约国均应采取必要的立法和其他措施，将下列故意行为规定为刑事犯罪：

（a）在涉及本公约所涵盖的犯罪的诉讼中使用暴力、威胁或恐吓，或许诺、提议给予或给予不应有的好处，以诱使提供虚假证言或干扰证言或证据的提供；

（b）使用暴力、威胁或恐吓，干扰司法或执法人员针对本公约所涵盖的犯罪执行公务。本项规定概不应影响缔约国制定保护其他类别公职人员的立法的权利。

第二十四条　保护证人

1. 各缔约国均应在其力所能及的范围内采取适当的措施，为刑事诉讼中就本公约所涵盖的犯罪作证的证人并酌情为其亲属及其他与其关系密切者提供有效的保护，使其免遭可能的报复或恐吓。

2. 在不影响被告人的权利包括正当程序权的情况下，本条第1款所述措施可包括：

（a）制定向此种人提供人身保护的程序，例如，在必要和可行的情况下将其转移，并在适当情况下允许不披露或限制披露有关其身份和下落的情况；

（b）规定可允许以确保证人安全的方式作证的证据规则，例如，允许借助于诸如视像连接之类的通信技术或其他适当手段提供证言。

3. 缔约国应考虑与其他国家订立有关转移本条第 1 款所述人员的安排。

4. 本条的规定也应适用于作为证人的被害人。

第二十五条　帮助和保护被害人

1. 各缔约国均应在其力所能及的范围内采取适当的措施，以便向本公约所涵盖的犯罪的被害人提供帮助和保护，尤其是在其受到报复威胁或恐吓的情况下。

2. 各缔约国均应制定适当的程序，使本公约所涵盖的犯罪的被害人有机会获得赔偿和补偿。

3. 各缔约国均应在符合其本国法律的情况下，在对犯罪的人提起的刑事诉讼的适当阶段，以不损害被告人权利的方式使被害人的意见和关切得到表达和考虑。

第二十六条　加强与执法当局合作的措施

1. 各缔约国均应采取适当措施，鼓励参与或曾参与有组织犯罪集团的个人：

（a）为主管当局的侦查和取证提供有用信息，例如：

有组织犯罪集团的身份、性质、组成情况、结构、所在地或活动；

与其他有组织犯罪集团之间的联系，包括国际联系；

有组织犯罪集团所实施或可能实施的犯罪；

（b）为主管当局提供可能有助于剥夺有组织犯罪集团的资源或犯罪所得的切实而具体的帮助。

2. 对于在本公约所涵盖的任何犯罪的侦查或起诉中提供了实质性配合的被指控者，各缔约国均应考虑规定在适当情况下减轻处罚的可能性。

3. 对于本公约所涵盖的犯罪的侦查或起诉中予以实质性配合者，各缔约国均应考虑根据其本国法律基本原则规定允许免予起诉的可能性。

4. 应按本公约第 24 条的规定为此类人员提供保护。

5. 如果本条第 1 款所述的、位于一缔约国的人员能给予另一缔约国主管当局以实质性配合，有关缔约国可考虑根据其本国法律订立关于由对方缔约国提供本条第 2 款和第 3 款所列待遇的协定或安排。

第二十七条　执法合作

1. 缔约国应在符合本国法律和行政管理制度的情况下相互密切合作，以加强打击本公约所涵盖的犯罪的执法行动的有效性。各缔约国尤其应采取有效措施，以便：

（a）加强并在必要时建立各国主管当局、机构和部门之间的联系渠道，以促进安全、迅速地交换有关本公约所涵盖犯罪的各个方面的情报，有关缔约国认为适当时还可包括与其他犯罪活动的联系的有关情报；

（b）同其他缔约国合作，就以下与本公约所涵盖的犯罪有关的事项进行调查：

涉嫌这类犯罪的人的身份、行踪和活动，或其他有关人员的所在地点；

来自这类犯罪的犯罪所得或财产的去向；

用于或企图用于实施这类犯罪的财产、设备或其他工具的去向；

（c）在适当情况下提供必要数目或数量的物品以供分析或调查之用；

（d）促进各缔约国主管当局、机构和部门之间的有效协调，并加强人员和其他专家的交流，包括根据有关缔约国之间的双边协定和安排派出联络官员；

（e）与其他缔约国交换关于有组织犯罪集团采用的具体手段和方法的资料，视情况包括关于路线和交通工具，利用假身份、经变造或伪造的证件或其他掩盖其活动的手段的资料；

（f）交换情报并协调为尽早查明本公约所涵盖的犯罪而酌情采取的行政和其他措施。

2. 为实施本公约，缔约国应考虑订立关于其执法机构间直接合作的双边或多边协定或安排，并在已有这类协定或安排的情况下考虑对其进行修正。如果有关缔约国之间尚未订立这类协定或安排，缔约国可考虑以本公约为基础，进行针对本公约所涵盖的任何犯罪的相互执法合作。缔约国应在适当情况下充分利用各种协定或安排，包括国际或区域组织，以加强缔约国执法机构之间的合作。

3. 缔约国应努力在力所能及的范围内开展合作，以便对借助现代技术实施的跨国有组织犯罪作出反应。

第二十八条 收集、交流和分析关于有组织犯罪的性质的资料

1. 各缔约国均应考虑在同科技和学术界协商的情况下，分析其领域内的有组织犯罪的趋势、活动环境以及所涉及的专业团体和技术。

2. 缔约国应考虑相互并通过国际和区域组织研究和分享与有组织犯罪活动有关的分析性专门知识。为此目的，应酌情制定和适用共同的定义、标准和方法。

3. 各缔约国均应考虑对其打击有组织犯罪的政策和实际措施进行监测，并对这些政策和措施的有效性和效果进行评估。

第二十九条 培训和技术援助

1. 各缔约国均应在必要时为其执法人员，包括检察官、进行调查的法官和海关人员及其他负责预防、侦查和控制本公约所涵盖的犯罪的人员开展、拟订或改进具体的培训方案。这类方案可包括人员借调和交流。这类方案应在本国法律所允许的范围内特别针对以下方面：

（a）预防、侦查和控制本公约所涵盖的犯罪的方法；

（b）涉嫌参与本公约所涵盖的犯罪的人所使用的路线和手段，包括在过境国使用的路线和手段，以及适当的对策；

（c）对违禁品走向的监测；

（d）侦查和监测犯罪所得、财产、设备或其他工具的去向和用于转移、隐瞒或掩饰此种犯罪所得、财产、设备或其他工具的手法，以及用以打击洗钱和其他金融犯罪的方法；

（e）收集证据；

（f）自由贸易区和自由港中的控制手段；

（g）现代化执法设备和技术，包括电子监视、控制下交付和特工行动；

（h）打击借助于计算机、电信网络或其他形式现代技术所实施的跨国有组织犯罪的方法；

（i）保护被害人和证人的方法。

2. 缔约国应相互协助，规划并实施旨在分享本条第 1 款所提及领域专门知识的研究和培训方案，并应为此目的酌情利用区域和国际会议和研讨会，促进对共同关心的问题，包括过境国的特殊问题和需要的合作和讨论。

3. 缔约国应促进有助于引渡和司法协助的培训和技术援助。这种培训和技术援助可包括对中心当局或负有相关职责的机构的人员进行语言培训、开展借调和交流。

4. 在有双边和多边协定的情况下，缔约国应加强必要的努力，在国际组织和区域组织的范围内以及其他有关的双边和多边协定或安排的范围内，最大限度地开展业务及培训活动。

第三十条 其他措施：通过经济发展和技术援助执行公约

1. 缔约国应通过国际合作采取有助于最大限度优化本公约执行的措施，同时应考虑到有组织犯罪对社会，尤其是对可持续发展的消极影响。

2. 缔约国应相互协调并同国际和区域组织协调，尽可能作出具体努力：

（a）加强其同发展中国家在各级的合作，以提高发展中国家预防和打击跨国有组织犯罪的能力；

（b）加强财政和物质援助，支持发展中国家同跨国有组织犯罪作有效斗争的努力，并帮助它们顺利执行本公约；

（c）向发展中国家和经济转型期国家提供技术援助，以协助它们满足在执行本公约方面的需要。为此，缔约国应努力向联合国筹资机制中为此目的专门指定的帐户提供充分的经常性自愿捐款。缔约国还可根据其本国法律和本公约规定，特别考虑向上述帐户捐出根据本公约规定没收的犯罪所得或财产中一定比例的金钱或相应的价值；

（d）根据本条规定视情况鼓励和争取其他国家和金融机构与其一道共同努力，特别是向发展中国家提供更多的培训方案和现代化设备，以协助它们实现本公约的各项目标。

3. 这些措施应尽量不影响现有对外援助承诺或其他多边、区域或国际一级的财政合作安排。

4. 缔约国可缔结关于物资和后勤援助的双边或多边协议或安排，同时考虑到为使本公约所规定的国际合作方式行之有效和预防、侦查与控制跨国有组织犯罪所必需的各种财政安排。

第三十一条 预防

1. 缔约国应努力开发和评估各种旨在预防跨国有组织犯罪的国家项目，并制订和促进这方面的最佳做法和政策。

2. 缔约国应根据其本国法律基本原则，利用适当的立法、行政或其他措施努力减少有组织犯罪集团在利用犯罪所得参与合法市场方面的现有或未来机会。这些措施应着重于：

（a）加强执法机构或检察官同包括企业界在内的有关私人实体之间的

合作；

（b）促进制定各种旨在维护公共和有关私人实体廉洁性的标准和程序，以及有关职业，特别是律师、公证人、税务顾问和会计师的行为准则；

（c）防止有组织犯罪集团对公共当局实行的招标程序以及公共当局为商业活动所提供的补贴和许可证作不正当利用；

（d）防止有组织犯罪集团对法人作不正当利用，这类措施可包括：

建立关于法人的建立、管理和筹资中所涉法人和自然人的公共记录；

宣布有可能通过法院命令或任何适宜手段，在一段合理的期间内剥夺被判定犯有本公约所涵盖的犯罪的人担任在其管辖范围内成立的法人的主管的资格；

建立关于被剥夺担任法人主管资格的人的国家记录；

与其他缔约国主管当局交流本款（d）项目和目所述记录中所载的资料。

3. 缔约国应努力促进被判犯有本公约所涵盖的犯罪的人重新融入社会。

4. 缔约国应努力定期评价现有有关法律文书和行政管理办法，以发现其中易被有组织犯罪集团作不正当利用之处。

5. 缔约国应努力提高公众对跨国有组织犯罪的存在、原因和严重性及其所构成的威胁的认识。可在适当情况下通过大众传播媒介传播信息，其中应包括促进公众参与预防和打击这类犯罪的措施。

6. 各缔约国均应将可协助其他缔约国制订预防跨国有组织犯罪的措施的一个或多个当局的名称和地址通知联合国秘书长。

7. 缔约国应酌情彼此合作和同有关国际和区域组织合作，以促进和制订本条所述措施，其办法包括参与各种旨在预防跨国有组织犯罪的国际项目，例如改善环境，以使处于社会边缘地位的群体不易受跨国有组织犯罪行动的影响。

第三十二条　公约缔约方会议

1. 兹设立本公约缔约方会议，以提高缔约国打击跨国有组织犯罪的能力，并促进和审查公约的实施。

2. 联合国秘书长应在不晚于本公约生效之后一年的时间内召集缔约方会议。缔约方会议应通过议事规则和关于开展本条第 3 款和第 4 款所列活动的规则（包括关于支付这些活动费用的规则）。

3. 缔约方会议应议定实现本条第 1 款所述各项目标的机制，其中包括：

（a）促进缔约国按照本公约第 29 条、第 30 条和第 31 条所开展的活动，其办法包括鼓励调动自愿捐助；

（b）促进缔约国间交流关于跨国有组织犯罪的模式和趋势以及同其作斗争的成功做法的信息；

（c）同有关国际和区域组织和非政府组织开展合作；

（d）定期审查本公约的执行情况；

（e）为改进本公约及其实施而提出建议。

4. 为了本条第 3 款（d）项和（e）项的目的，缔约方会议应通过缔约国提供的资料和缔约方会议可能建立的补充审查机制，对缔约国为实施公约所采取的措施以及实施过程中所遇到的困难获得必要的了解。

5. 各缔约国均应按照缔约方会议的要求，向其提供有关本国实施本公约的方案、计划和做法以及立法和行政措施的资料。

第三十三条　秘书处

1. 联合国秘书长应为公约缔约方会议提供必要的秘书处服务。

2. 秘书处应：

（a）协助缔约方会议开展本公约第 32 条所列各项活动，并为各届缔约方会议作出安排和提供必要的服务；

（b）依请求协助缔约国向缔约方会议提交本公约第 32 条第 5 款提及的资料；

（c）确保与其他有关国际和区域组织秘书处的必要协调。

第三十四条　公约的实施

1. 各缔约国均应根据其本国法律制度基本原则采取必要的措施，包括立法和行政措施，以切实履行其根据本公约所承担的义务。

2. 各缔约国均应在本国法律中将根据本公约第 5 条、第 6 条、第 8 条和第 23 条确立的犯罪规定为犯罪，而不论其是否如本公约第 3 条第 1 款所述具有跨国性或是否涉及有组织犯罪集团，但本公约第 5 条要求涉及有组织犯罪集团的情况除外。

3. 为预防和打击跨国有组织犯罪，各缔约国均可采取比本公约的规定更为严格或严厉的措施。

第三十五条　争端的解决

1. 缔约国应努力通过谈判解决与本公约的解释或适用有关的争端。

2. 两个或两个以上缔约国对于本公约的解释或适用发生任何争端，在合理时间内不能通过谈判解决的，应按其中一方请求交付仲裁。如果自请求交付仲裁之日起六个月后这些缔约国不能就仲裁安排达成协议，则其中任何一方均可根据《国际法院规约》请求将争端提交国际法院。

3. 各缔约国在签署、批准、接受、核准或加入本公约时，均可声明不受本条第 2 款的约束。其他缔约国对于作出此种保留的任何缔约国，不应受本条第 2 款的约束。

4. 凡根据本条第 3 款作出保留的缔约国，均可随时通知联合国秘书长撤销该项保留。

第三十六条　签署、批准、接受、核准和加入

1. 本公约自 2000 年 12 月 12 日至 15 日在意大利巴勒莫开放供各国签署，随后直至 2002 年 12 月 12 日在纽约联合国总部开放供各国签署。

2. 本公约还应开放供区域经济一体化组织签署，条件是该组织至少有一个成员国已按照本条第 1 款规定签署本公约。

3. 本公约须经批准、接受或核准。批准书、接受书或核准书应交存联合国秘书长。如果某一区域经济一体化组织至少有一个成员国已交存批准书、接受书或核准书，该组织可照样办理。该组织应在该项批准书、接受书或核准书中宣布其在本公约管辖事项方面的权限范围。该组织还应将其权限范围的任何有关变动情况通知保存人。

4. 任何国家或任何至少已有一个成员国加入本公约的区域经济一体化组织均可加入本公约。加入书应交存联合国秘书长。区域经济一体化组织加入本公约时应宣布其在本公约管辖事项方面的权限范围。该组织还应将其权限范围的任何有关变动情况通知保存人。

第三十七条　同议定书的关系

1. 本公约可由一项或多项议定书予以补充。

2. 只有成为本公约缔约方的国家或区域经济一体化组织方可成为议定书缔约方。

3. 本公约缔约方不受议定书约束，除非其已根据议定书规定成为议定书缔约方。

4. 本公约的任何议定书均应结合本公约予以解释，并考虑到该议定书的宗旨。

第三十八条　生效

1. 本公约应自第四十份批准书、接受书、核准书或加入书交存联合国秘书长之日后第九十天起生效。为本款的目的，区域经济一体化组织交存的任何文书均不得在该组织成员国所交存文书以外另行计算。

2. 对于在第四十份批准书、接受书、核准书或加入书交存后批准、接受、核准或加入公约的国家或区域经济一体化组织，本公约应自该国或组织交存有关文书之日后第三十天起生效。

第三十九条　修正

1. 缔约国可在本公约生效已满五年后提出修正案并将其送交联合国秘书长。秘书长应立即将所提修正案转发缔约国和缔约方会议，以进行审议并作出决定。缔约方会议应尽力就每项修正案达成协商一致。如果已为达成协商一致作出一切努力而仍未达成一致意见，作为最后手段，该修正案须有出席缔约方会议并参加表决的缔约国的三分之二多数票方可通过。

2. 区域经济一体化组织对属于其权限的事项依本条行使表决权时，其票数相当于其作为本公约缔约国的成员国数目。如果这些组织的成员国行使表决权，则这些组织便不得行使表决权，反之亦然。

3. 根据本条第 1 款通过的修正案，须经缔约国批准、接受或核准。

4. 根据本条第 1 款通过的修正案，应自缔约国向联合国秘书长交存一份批准、接受或核准该修正案的文书之日起九十天之后对该缔约国生效。

5. 修正案一经生效，即对已表示同意受其约束的缔约国具有约束力。其他缔约国则仍受本公约原条款和其以前批准、接受或核准的任何修正案的约束。

第四十条　退约

1. 缔约国可书面通知联合国秘书长退出本公约。此项退约应自秘书长收到上述通知之日起一年后生效。

2. 区域经济一体化组织在其所有成员国均已退出本公约时即不再为本公约缔约方。

3. 根据本条第 1 款规定退出本公约，即自然退出其任何议定书。

第四十一条　保存人和语文

1. 联合国秘书长应为本公约指定保存人。

2. 本公约原件应交存联合国秘书长，公约的阿拉伯文、中文、英文、法文、俄文和西班牙文文本同为作准文本。

兹由经各自政府正式授权的下列署名全权代表签署本公约，以昭信守。

关于贩运文化财产及其他相关犯罪的
预防犯罪和刑事司法对策国际准则

（联合国大会第六十九届会议第 69/196 号决议，2014 年 12 月 18 日）

导　言

1. 拟定《关于贩运文化财产及其他相关犯罪的预防犯罪和刑事司法对策国际准则》，是承认这类犯罪具有刑事性质并且对人类文化遗产造成毁灭性后果。依照大会第 66/180 号和 68/186 号决议以及经济及社会理事会第 2010/19 号决议，联合国毒品和犯罪问题办公室与会员国协商，并酌情与联合国教育、科学及文化组织、国际刑事警察组织（刑警组织）及其他主管国际组织密切合作，拟订了准则草案。

2. 由世界各国对准则主题事项有关各领域享有专长的 20 名专家组成的专家组 2011 年 11 月 21 至 23 日举行的非正式会议审议了准则第一稿，这些专家包括了刑警组织、联合国教育、科学及文化组织和国际统一私法协会的代表。在有关如何改进草案的宝贵意见和建议的基础上，已将第二稿提交2012 年 6 月 27 至 29 日举行的保护文化财产免遭贩运问题不限成员名额政府间专家组第二次会议并在该次会议上就此展开了讨论。考虑到由秘书处编拟的会员国关于准则草案的评述意见汇编，专家组于 2014 年 1 月 15 至 17 日举行的第三次会议审议并修订了准则，以期予以最后审定。

3. 《准则》以保护文化财产免遭贩运问题所涉预防犯罪和刑事司法诸方面为基础，同时考虑到对一些国家在处理贩运文化财产问题上现行做法和举措的审议以及从分析以下国际法律文书中得出的原则和规范：《联合国打击跨国有组织犯罪公约》《联合国反腐败公约》《关于发生武装冲突时保护文化财产的公约》及其第一和第二议定书、1949 年 8 月 12 日的《日内瓦公约》

关于保护国际武装冲突受难者的附加议定书、《关于禁止和防止非法进出口文化财产和非法转移其所有权的方法的公约》、国际统一私法协会通过的《关于被盗或非法出口文物的公约》和《关于保护水下文化遗产的公约》。

4. 这套非约束性准则可供会员国在拟订并加强旨在预防和打击所有情形下贩运文化财产及相关犯罪的预防犯罪和刑事司法政策、战略、立法和合作机制时加以考虑。拟订这些政策、战略、立法和机制，是因为大会和经济及社会理事会在其决议中震惊地注意到有组织犯罪集团日益参与一切形式和方面的文化财产贩运及相关犯罪，因而需要推动共同打击犯罪的国际合作。

5. 《准则》的目的是为各国政策制定者提供参考，以此作为在关于贩运文化财产及相关犯罪问题的预防犯罪和刑事司法对策方面酌情与联合国教育、科学及文化组织及其他主管国际组织协同开展能力建设的工具。在由政府间专家组最后审定并提交给预防犯罪和刑事司法委员会的准则的基础上，同时考虑到载有准则 2012 年 4 月文本的技术背景文件以及会员国发表的评述意见，委员会可以请秘书处酌情开发一种协助实施《准则》的实用援助工具。

6. 《准则》包含四个章节：

（a）第一章载有关于预防犯罪战略的准则（包括信息和数据收集、文化机构和私营部门的作用、对文化财产市场、进出口和考古遗址的监测以及教育和公共认识）；

（b）第二章载有关于刑事司法政策的准则（包括遵照并实施相关国际条约、对具体有害行为的刑事定罪或确立行政犯罪、公司责任、扣押和没收以及侦查措施）；

（c）第三章载有关于国际合作的准则（包括与管辖权依据、引渡、扣押和没收、执法机关和侦查机关之间的合作以及文化财产的返还、归还和遣还有关的事项）；

（d）第四章载有关于准则适用范围的一项准则。

一、预防战略

A. 信息和数据收集

准则 1. 为了保护文化财产免遭贩运，各国应当考虑酌情建立并完善文化财产目录或数据库。绝不能因为在这类目录中对文化财产未作登记而将其排除在为免遭贩运和相关犯罪而对其加以保护的范围之外。

准则 2. 凡本国立法许可，各国应考虑将相关文化财产视为已在颁布了关于本国所有权或国家所有权法律的国家的正式目录中办理过登记，前提是享有所有权的国家已公开发布这方面的正式声明。

准则 3. 各国应考虑：

（a）引入或改进有关文化财产进出口情况的统计数字；

（b）在切实可行时引入或改进针对文化财产的行政和刑事犯罪的统计数字；

（c）酌情建立或改进关于贩运文化财产和相关犯罪及关于被贩运、非法进出口、被盗、被掠夺、非法挖掘或非法交易或遗失的文化财产的国家数据库；

（d）引入得以举报互联网上可疑交易或销售的相关机制；

（e）通过由联合国毒品和犯罪问题办公室进行的关于犯罪趋势和刑事司法系统运作情况的调查与刑警组织被盗艺术作品数据库及通过其他相关组织而协助开展关于贩运文化财产及相关犯罪的国际数据收集；

（f）对联合国教育、科学及文化组织的各国文化遗产相关法律和条例数据库作出贡献。

准则 4. 各国应当为协调与保护文化财产免遭贩运及相关犯罪有关的活动而酌情考虑设立国家中央主管机关或赋权现有主管机关，并（或）为此设立其他机制。

B. 文化机构和私营部门的作用

准则 5. 各国应当考虑鼓励文化机构和私营部门采纳行为守则并传播有关文化财产收购政策的最佳做法。

准则 6. 各国应当鼓励文化机构和私营部门向执法机构举报贩运文化财产可疑案件。

准则 7. 各国应当考虑与相关国际组织合作，推动并支持向文化机构和私营部门提供关于文化财产条例的培训，包括关于文化财产收购规则的培训。

准则 8. 各国应当酌情鼓励互联网提供商及网上拍卖商和销售商合作预防文化财产贩运，包括为此采用具体行为守则。

C. 监测

准则 9. 各国应当根据相关国际文书考虑引入并实施适当的进出口管制程

序，例如文化财产进出口证书。

准则 10. 各国应当考虑对文化财产市场包括互联网上的市场创建并实施监测措施。

准则 11. 各国应当凡有可能则对考古遗址创设并实施研究、测绘和监视方案，以保护这些遗址免遭掠夺、秘密挖掘和贩运。

D. 教育和公共认识

准则 12. 各国应当考虑支持并推动开展公共认识活动，包括借助媒体，以便在公众当中倡导一种关切文化遗产贩运的文化，从而达到保护文化财产免遭掠夺和贩运的目的。

二、刑事司法政策

A. 国际法律文本

准则 13. 各国应当考虑根据与文化财产贩运及相关犯罪有关的现行适用国际文书，特别是《有组织犯罪公约》，通过立法将贩运文化财产及相关犯罪规定为刑事犯罪。

准则 14. 在双边合作中，各国可考虑利用关于防止侵犯各民族动产形式文化遗产罪行的示范条约。

B. 刑事罪和行政罪

准则 15. 各国应当考虑在必要时为刑法之目的而界定包括可移动和不可移动文化财产在内的"文化财产"的概念。

准则 16. 各国应当考虑规定以下行为属于严重刑事犯罪：

（a）贩运文化财产；

（b）非法进出口文化财产；

（c）盗窃文化财产（或者考虑将涉及文化财产的普通盗窃罪升格为严重犯罪）；

（d）掠夺考古和文化遗址和（或）进行非法挖掘；

（e）图谋贩运文化财产或参加有组织犯罪集团贩运文化财产以及相关犯罪；

（f）对被贩运文化财产进行《有组织犯罪公约》第 6 条所述及的洗钱。

准则 17. 各国应当考虑在本国刑法中设定与贩运文化财产有关的其他犯罪，例如损毁或破坏文化财产，或者以故意规避法律地位的方式收购被贩运文化财产。

准则 18. 各国应当考虑酌情设定关于举报贩运文化财产和侵犯文化财产相关犯罪可疑案件的义务，以及报告对考古遗址、考古发现或其他相关文物的发现的义务，已经设定这些义务的国家应当将未履行这些义务规定为刑事犯罪。

准则 19. 各国应当考虑以不违背其基本法律原则的方式规定，可以根据客观实情，包括相关文化财产何时在向公众开放的数据库中登记为文化财产，推定涉案人知道一物体是已报告的被贩运、被非法进出口、被盗、被掠夺、被非法挖掘或被非法交易的物体。

C. 刑事和行政制裁

准则 20. 各国应当考虑对上述刑事犯罪规定适度、有效并且具有警戒性的制裁。

准则 21. 各国可考虑对某些选定的刑事犯罪采用监禁式制裁，以便达到《有组织犯罪公约》第 2（b）条就"严重犯罪"而要求的标准。

准则 22. 各国应当考虑凡有可能就应以禁止从业、取消从业资格和吊销从业执照补充刑事和行政制裁。

D. 公司责任

准则 23. 各国应当考虑对上述犯罪设定或扩大公司或法人所负（刑事、行政或民事性质的）责任。

准则 24. 各国应当考虑对贩运文化财产的公司犯罪及相关犯罪给予适度、有效并且具有警戒性的制裁，包括予以罚款、禁止从业或取消从业资格、吊销从业执照、取消津贴（包括凡有可能取消免税或政府补贴）。

E. 扣押和没收

准则 25. 各国应当考虑对被贩运的文化财产以及与这类贩运有关的犯罪所得实行刑事侦查、搜查、扣押和没收，并确保其返还、归还或遣还。

准则 26. 各国应当考虑以不违背其法律基本原则的方式规定，可以要求被指称的犯罪人、所有人或持有人（如有不同）证明可因贩运或相关犯罪而被扣押或被没收的文化财产的合法来源。

准则 27. 各国应当考虑对犯罪所得或此种所得的等值财产实行没收。

准则 28. 各国可以考虑用被没收的经济资产支付追回行动和其他预防措

施的费用。

F. 侦查

准则 29. 各国应当考虑设置专门执法机关或单位，并就文化财产贩运及相关犯罪向海关官员、执法人员和公共检察官提供专门培训。

准则 30. 各国应当考虑在国家和国际层面加强执法机构之间的协调，以便增加文化财产贩运活动及相关犯罪的破获几率。

准则 31. 各国可以考虑在侦查上述犯罪尤其是与有组织犯罪有关的此类犯罪时，允许本国主管机关在本国领土范围内适当使用控制下交付手段及其他特别侦查手段，如电子或其他形式的监视和秘密行动，并允许法院采信由此而获得的证据。

三、合作

A. 管辖权

准则 32. 各国应当以与《联合国宪章》和《有组织犯罪公约》所规定的国家主权平等、领土完整及不干涉其他国家内政的原则相一致的方式，考虑确立其对在本国领土范围内实施的或本国国民在本国领土之外实施的上述刑事犯罪的管辖权。

B. 刑事事项司法合作

准则 33. 尚未加入现有国际法律文书特别是《有组织犯罪公约》的国家应当考虑加入，并以这些文书作为就文化财产贩运及相关犯罪开展刑事事项国际合作的依据。

准则 34. 各国应当考虑在与上述犯罪有关的侦查、起诉和司法程序方面相互尽可能提供最为广泛的司法协助，目的也是为了提高程序效力和速度。

准则 35. 各国应当对联合国教育、科学及文化组织国家文化遗产法数据库及任何其他相关数据库作出贡献并定期加以更新。

C. 引渡

准则 36. 各国应当考虑把准则 16 列举的侵犯文化财产犯罪规定为可引渡犯罪。在使用引渡程序的情况下，各国还应当考虑凡有可能即采取并适用临时措施，以便为归还目的而保全所指称犯罪所涉及的文化财产。

准则 37. 各国应当考虑提高对文化财产贩运及相关犯罪在被视为可予引渡的犯罪时进行引渡的效力和速度。

准则 38. 各国应当考虑在寻求引渡的国家提出请求时，把纯粹基于国籍而拒绝引渡的案件提交主管机关考虑加以起诉。

D. 扣押和没收事宜的国际合作

准则 39. 各国应当考虑开展合作，查明、追踪、扣押和没收被贩运、非法进出口、被盗、被掠夺、非法挖掘、非法交易或遗失的文化财产。

准则 40. 各国可考虑建立相关机制，以便能够将没收的金融资产捐助给从事打击跨国有组织犯罪包括贩运文化财产及相关犯罪的国际机构或政府间机构。

E. 执法机构与侦查机构之间的国际合作

准则 41. 各国应当考虑加强文化财产贩运及相关犯罪的信息交流，为此可以共享或相互连通文化财产目录以及被贩运、非法进出口、被盗、被掠夺、非法挖掘、非法交易或遗失的文化财产的数据库，并且（或者）对此种国际目录和数据库作出贡献。

准则 42. 各国应当酌情考虑在国际司法合作的框架内加强交流关于对贩运文化财产及相关犯罪的以往定罪和当前调查的信息。

准则 43. 各国应当考虑订立双边或多边协议或安排，以便针对贩运文化财产及相关犯罪建立联合侦查小组。

准则 44. 各国应当考虑相互协助规划和实施针对执法人员的专门培训方案。

准则 45. 各国应当考虑加强或建立执法机构之间的专用通信渠道。

F. 返还、归还和遣还

准则 46. 各国应当考虑为加强刑事事项国际合作而采取适当措施，为返还、归还和遣还之目的而追回被贩运、非法进出口、被盗、被掠夺、被非法挖掘或非法交易的文化财产。

准则 47. 各国应当酌情从程序上考虑享有所有权的国家关于本国所有权或国家所有权的规定，以便利公共文化财产的返还、归还或遣还。

四、适用范围

准则 48. 各国应当考虑在上述各项公约及其他相关国际文书的框架内在任何情形下适用《准则》，其中包括助长文化财产贩运及相关犯罪的特殊情形。

关于禁止和防止非法进出口文化财产和
非法转让其所有权的方法的公约操作指南

简　介

1. 文化遗产不仅是每个民族也是全人类的无价的、不可替代的遗产。由于盗窃、损坏、盗掘、非法转移或贸易而丧失宝贵和独一无二的文化遗产，导致世界各国和各民族文化遗产的枯竭，侵犯了文化和发展的基本人权。

2. 为了尽可能确保对其文化遗产进行保护，防止非法进出口和所有权转让，联合国教科文组织成员国于 1970 年 11 月 14 日在联合国教科文组织大会第十六届会议上通过了《关于禁止和防止非法进出口文化财产和非法转让其所有权的方法的公约》（以下简称"1970 年公约"或"公约"）。1970 年公约在制止和逆转文化遗产因损坏、盗窃、盗掘、非法转让和贸易而受破坏方面，向前迈进了一步。公约提出希望，为了保护世界所有国家和人民的利益，为了所有人能够接受更好的教育，应对文化遗产和传统进行充分保护。然而，缔约国数量增长缓慢，公约缺乏有效的实施。此外，令人担忧的发展趋势，如劫掠和盗掘考古与古生物遗址及相关网络销售愈演愈烈，对保护文化遗产发出了新的挑战。与此同时，在过去几十年间，人们加强合作保护文化遗产的方法和态度不断改进，对于打击文化财产非法贩运，使更高形式的理解和国际合作成为可能。迄今为止，已有超过 125 个教科文组织成员国成为公约缔约国，因此可以认为公约已获得国际社会普遍接受。然而，为了提高其接受度，加强缔约国对公约的实施，需要进一步努力。

3. 1970 年公约缔约国首次会议于 2003 年 10 月召开，审议公约有效实施的相关问题（CLT－2003/CONF/207/5）。根据 187EX/43 号决定，考虑到 1970 年公约通过 40 周年纪念会议上的讨论，联合国教科文组织执行局召开了缔约国第二次会议，深入审议缔约国为完善公约实施所采取的措施效果，评估其尤其对于文化财产贩运新趋势的有效性，并思考确保其有效和定期适用及后续跟进的可能方式。

4. 缔约国第二次会议于 2012 年 6 月召开。会上，缔约国会议决定每两年召开一次会议。缔约国会议通过了其《议事规则》。缔约国会议还决定设立 1970 年公约缔约国会议附属委员会（以下简称"附属委员会"），支持强化公约实施，每年召开一次会议。

5. 缔约国第二次会议召开后，联合国教科文组织执行局同意于 2013 年召开缔约国特别会议，负责附属委员会设立事宜（190EX190/43）。在 2013 年 7 月 1 日召开的特别会议上，正式选任附属委员会。附属委员会于 2013 年 7 月 2 至 3 日召开第一次会议，通过其《议事规则》。

6. 根据其《议事规则》第 14.6 条规定，附属委员会的职责如下：

——促进公约中规定的公约目的的实现；

——审议公约缔约国向联合国教科文组织大会提交的国家报告；

——交流最佳实践，起草并向缔约国会议提交有助于公约实施的建议和指南；

——确定公约实施过程会产生的问题领域，包括有关保护和归还文化财产等问题；

——针对打击非法贩运文化财产的能力建设措施，发起并维持与促进文化财产归还原属国或返还非法占有文化财产政府间委员会（以下简称"ICPRCP"）的协调工作；

——向缔约国会议报告其已开展的活动。

7. 根据授权，并致力于全面支持实现打击文化财产非法贩运的更高形式的理解和国际合作，附属委员会提交了联合国教科文组织 1970 年公约缔约国实施操作指南，供 2015 年召开的公约缔约国第三次会议通过。本指南随后可由缔约国会议根据附属委员会建议或自行进行修订。

指南目的

8.《联合国教科文组织 1970 年公约操作指南》（以下简称"操作指南"），旨在加强和促进公约实施，最大限度地减少与公约解释争议有关的风险和诉讼，从而有利于国际间理解。公约于1970年11月14日由联合国教科文组织大会通过。建立在不断改善共同理解和经验的基础上，操作指南旨在协助缔约国实施公约各项规定，包括学习缔约国最佳实践，加强公约有效实施，并通过加强国际合作确定进一步实现公约目标的途径和方法。

公约目的

9. 公约中约定了相互责任和义务，其目的在于使国际社会能够保护文化财产免受损害、盗窃、盗掘、非法进出口和转让所有权以及贩运，落实防范措施，提高对其重要性的认识，建立获取文化财产的道德和伦理规范，在公约缔约国间提供促进追回和归还被盗、盗掘或非法出口的文化财产的便利平台，并促进国际合作与援助。

10. 公约序言宣称，各国间为科学、文化及教育之目的而进行的文化财产交流增进了对人类文明的认识，丰富了各国人民的文化生活，激发了各国之间的相互尊重和了解；文化财产实为构成文明和民族文化的一大基本要素，只有尽可能充分掌握关于其起源、历史和传统背景的知识，才能理解其真正价值；各国有责任保护其领土上的文化财产免受破坏、盗窃、盗掘和非法出口的危险；为避免这些危险，各国必须日益认识到其尊重本国及其他所有国家的文化遗产的道义责任；博物馆、图书馆和档案馆作为文化机构，应保证根据普遍公认的道义原则汇集其收藏品；非法进出口文化财产和非法转让其所有权阻碍了各国之间的谅解，教科文组织的一部分职责就是通过向有关国家推荐这方面的各项国际公约以促进这一谅解；只有各国在国家和国际范围内进行组织，密切合作，才能有效保护文化遗产。这些约定的普遍原则应指导公约条款的解释。

公约中对文化财产的定义（第1条）

11. 在起草1970年公约时，联合国教科文组织成员国总结道，所有缔约国为了公约的目的最好对文化财产适用统一的定义，这样才能充分解决文化财产进出口的问题。因此，第1条规定，为了本公约的目的，"文化财产"指每个国家，根据宗教的或世俗的理由，明确指定为具有重要考古、史前史、历史、文学、艺术或科学价值的财产并属于下列各类者。

12. 鼓励缔约国随时更新该定义。在公约第 1 条列举的文化财产类别中，就其具体命名而言，有三类提出了特殊挑战，具体如下：

◎考古和古生物盗掘的结果：对于考古和古生物盗掘的发现，各国无法提供任何具体的详细目录。为了避免具体确定具有考古或古生物意义文物的问题，实践证明，一个有用的方法是明确主张国家对未发现文物的所有权，这样缔约国便可要求根据 1970 年公约归还和/或求助于任何其他相关手段。这对于尚未挖掘的考古遗址而言尤其重要：此类遗址中未被发现的每件文物，对于保存文化遗产、理解和掌握该考古遗址的完整意义和来龙去脉非常重要。因此，缔约国在根据该等特征确定受其国内法保护的文化财产时，鼓励其遵循最佳实践，鼓励所有缔约国为公约的目的承认这一主权主张。

业已肢解的艺术或历史古迹或考古遗址之构成部分：对从艺术或历史古迹或考古遗址中分离或肢解但尚未被清点的文物的具体命名，也提出了严峻的挑战。缔约国受邀对该等易于被劫掠的文物类别进行定义。

具有人种学意义的文物和属于土著社群的文物：针对在节日或仪式习俗和传统等方面具有特殊人类意义且具有人种学意义的文物贩运逐渐增加，这引起了特殊关注。缔约国受邀分类制定并适当更新该等重要文物，支持与非法贩运做斗争。另一个备受关注的问题是土著社群文物的归还。此类文物的缺失，剥夺了土著社群文化延续、教育儿童和尊重传统所必不可少的重要文化元素。所有文化中具有精神重要性的文物，也是受到日益关注的话题。例如，尽管人类遗骸并不必然被 1970 年公约所涵盖，但许多土著社群社区仍对源自其社群的、在其祖国进行传统埋葬和其他仪式的人类遗骸的归还感受强烈。

该等归还不视为根据 1970 年公约而发生，因为公约使用了"文化财产"一词，大多数土著社群不接受人类遗骸可被视为"财产"一说。鼓励缔约国充分考虑该点，从而在必要时制定立法，鉴于丧葬习俗对该等社群重要性的人类学知识，根据 2007 年《联合国土著人民权利宣言》和《保护土著人民遗产的原则和指南》（1993 年起草、2000 年修订）的原则，规定归还与埋葬有关的墓葬文物，遵从该等社群的意愿。

公约的基本原则（第 2、3 条）

13. 第 2 条和第 3 条规定了公约的基本原则。第一项原则是承认"文化财产非法进出口和所有权非法转让"是"造成这类财产的原属国文化遗产枯竭的主要原因之一",且"国际合作是保护各国文化财产免遭由此产生的各种危险的最有效方法之一"。第二项原则是,缔约国要庄严承诺利用现有手段,特别是通过消除其根源、制止现有做法和帮助给予必要的补偿,打击这些行为。

14. 文化财产贩运有多方面原因。愚昧和道德水平低下是其根源,因此教育和提高认识的重要作用不可忽视。考虑到在许多情况下,实质上不可能对所有相关文化遗产采取详尽的人身安全和监视措施,特别是涉及考古和古生物遗址时,缺乏保护文化遗产的能力是许多国家的重大弱点,必须尽可能予以纠正。此外,必须对市场进行有力监管。要实施严格高效的机制,加强进出口网点的执法和海关监管,教育并利用司法机构的能动性对文化遗产进行有效保护。此外,贸易交流信息应向有关缔约国完全开放供其随时查看,使其更好地面对非法贩运。只要需求仍然旺盛,就会产生提供任何商品的动机。考古和古生物文物的贸易不仅贬低了该等文物的无价性,还会产生鼓励劫掠的诱因。与上述内容直接相关,应进一步注意的是,市场上充斥了当代生产的文物,其售价之高,可与真正的考古文物价格相较。这种情况可能会进一步刺激劫掠和贩运。这些方面应予以特别注意。

15. 盗掘考古遗址是非法贩运领域最有害的行为之一。盗掘考古遗址所造成的破坏远远超出盗窃重要考古文物所造成的损失,因为它破坏了考古遗迹的完整性意义和遗址的考古背景,剥夺了世界各国和人民了解并从其不可替代的文化遗产中学习的机会。这一有害行为应予以完全制止。

16. 追回并向原属国归还被盗、盗掘和非法出口的文化财产,仍是首要任务。应尽全力,以公平的方式,对世界上受影响的国家和人民给予其所要求的这一补偿。

17. 为了在所有该等方面有所推进,鼓励缔约国通过适当立法和全力执法,以及通过教育和提高认识、能力建设和加强国际合作,进一步促进公约基本原则的有效实施。

遗产与国家之间的联系(第4条)

18. 第4条(a)至(e)规定了可构成一国文化遗产一部分的文化财产的类别,无论其由国家所有或由个人所有。公约缔约国应认识到该等类别文化财产和相关国家之间的联系；该等类别文化财产包括：有关国家的国民、居住在该国领土境内的外国国民或无国籍人个人或"集体智慧"所创造的文化财产；在国家领土内发现的文化财产；经此类财产原属国主管部门的同意，由考古学、人种学或自然科学团体所获得的文化财产；经由自由达成协议实行交流的文化财产；经此类财产原属国主管部门的同意，作为赠送品而接收的或合法购置的文化财产。

19. 公约并未试图在一个以上的国家认为某一文化财产属于其文化遗产一部分的情况下确定优先顺序。对该等财产相互抵触的主张，如其无法通过国家或其相关机构间的谈判或特别协定予以解决（见下文第 113～115 段），其应通过法庭外解决机制，如调解（见下文第 104 段）或斡旋，或通过仲裁予以解决。通过司法解决文化方面的该等分歧的传统并不强烈。各国实践表明，应优先选择能够考虑到法律、文化、历史和其他相关因素的机制。鼓励缔约国用尽公约提供的所有方案后再进入仲裁或诉讼程序。鼓励缔约国开展合作，通过借展，出于科学、文化和教育等目的的临时交流，临时展览，联合研究和修复活动等各种形式，确保建立适当安排机制，使相关利益国家能够以共存的方式实现其利益。

保护文化遗产的国家服务机构（第5、13〔a，b〕及14条）

20. 为确保公约有效实施，第 5 条要求缔约国根据本国情况设立一个或多个保护文化遗产的国家服务机构，配备足够人员和经费，履行下列职能：

——协助起草立法（第 5〔a〕条；下文第 24～32 段）；

——制定并更新一份其出口将造成本国文化遗产严重枯竭的重要文化财产清单（第 5〔b〕条，下文第 33～38 段）；

——促进发展或成立为保证文化财产的保存和展示所需之科学及技术机构（第 5〔c〕条，下文第 39～41 段）；

——组织对考古发掘的监督，确保在原地保存某些文化财产（第 5〔d〕条，下文第 42～48 段）；

——制定"符合本公约所规定的道德原则"的规章，并采取措施保证遵守这些规章（第 5〔e〕条，下文第 49～51 段）；

——采取教育措施，鼓励对所有国家文化遗产的尊重，并传播关于本公约原则的知识（第5〔f〕条，下文第52～53段）；

——安排对文化财产的流失进行适当宣传（第5〔g〕条，下文第54～55段）。

21. 缔约国还应确保，其国家服务机构足以承担受委托的其他职能，如第13（a、b）条所规定的职能：

——防止可能促使文化财产非法进出口的这一类财产的所有权转让；

——保证本国主管部门之间进行合作，促进非法出口的文化财产归还其合法所有者。

22. 在这种情况下，因为以往的经验已经证明了其有效性，因此还鼓励缔约国建立"专门的警察和海关单位"或"执法机构"，如检察官或专家小组，专门从事艺术犯罪调查，与缔约国政府不同部门和级别的所有相关部门持续合作，致力于保护文化财产和追回被盗文化财产。各缔约国应促进与不同国家设立的该等机构进行合作，以及与联合国毒品和犯罪问题办公室（UNODC）、国际刑警组织（INTERPOL）和世界海关组织（WCO）之间的合作，鼓励缔约国就所有用以禁止和防止非法进出口和文化财产转移相关的手段和方法的良好实践和技术支持进行交流（如可能），特别要关注打击盗掘考古遗址。鼓励缔约国加强警务活动，防止非法挖掘或研究考古、古生物和水下遗址，根据特定情况，利用适当的物理和技术措施进行监视。缔约国还应促进警察和执法经验的交流，同时应考虑到在特定行业有多年实践的专门机构的相关调查经验。

23. 第14条规定，各缔约国应在可能范围内，为其负责保护文化遗产的国家服务机构提供足够的预算。在必要时应为此目的设立一项基金。鼓励缔约国确保其国家服务机构充分支撑赋予其的所有职能。还鼓励缔约国加强国际合作，以支持其国家层面的努力。

立法（第5〔a〕条）

24. 第5（a）条要求缔约国通过适当立法保护文化遗产，特别是防止文化财产的非法进出口和所有权非法转让。缔约国可针对该等立法的制定，寻求联合国教科文组织协助或征求其建议。鼓励缔约国定期审查其立法，以确保其纳入相关国际法律框架和最佳实践。

25. 在履行保护文化遗产的义务时，数个国家已制定了关于特定文化财产的国家所有权的明确法律，即使该等文化财产并未正式被发现或因其他原因仍未予以登记。规定国家所有权的法律构成了针对劫掠的第一道屏障，并应防止针对无正式登记的文化财产的洗钱行为和国际交易。

26. 如果未经相关国家作为合法所有者对将相关文化财产带离该国领土表示明确同意，国际社会不将其视为盗窃公共财产，规定国家所有权的法律就无法实现其保护目的，或促进文化财产归还。因此，当一国宣布对某项文化财产拥有所有权，根据公约精神，鼓励缔约国把文化财产非法带离失去财产国的领土的行为视为盗窃公共财产，如果要收回财产，则有必要证明其所有权。

27. 在该情况下，重要的一点是，应忆及，在联合国教科文组织1956年《关于国际考古发掘原则的建议书》和联合国经济及社会理事会2008/23号关于国家需要对考古地下土域主张所有权的决议通过后，且根据促进文化财产归还原属国或返还非法占有文化财产政府间委员会（ICPRCP）在其2010年召开的第16次会议的要求，联合国教科文组织和国际统一私法协会秘书处召集了一组来自世界各个不同地区的专家，授权其起草妥善解决该问题的文本。该文件已完成，并在促进文化财产归还原属国或返还非法占有文化财产政府间委员会（ICPRCP）于2011年召开的第17次会议上通过。

28. 该等示范条款旨在帮助相关国家国内立法机构建立文化遗产保护的立法框架，通过有效立法确立并承认国家对未发掘文物的所有权，以促进被非法带离的文化财产的归还，并确保法院充分了解国外相关法律规定。该示范条款及其解释准则列入附件一。

29. 因此，各缔约国可酌情考虑本国情况，在其立法中适用由联合国教科文组织/国际统一私法协会工作组起草，并经联合国教科文组织/促进文化财产归还原属国或返还非法占有文化财产政府间委员会（ICPRCP）于2011年通过的关于国家所有权的六项示范条款。

30. 鼓励缔约国亦考虑成为1995年《国际统一私法协会关于被盗或非法出口文物的公约》的缔约国。对1970年公约进行补充的重要条款包括，有义务归还被盗文化财产，尽职查核来源的明确检验，以及归还非法出口文化财产的具体规定。

31. 重要的是，应对所有相关国家立法进行适当宣传，使收藏家、交易商、博物馆和其他与文化财产流动有关的利益相关者，充分意识到他们应遵守的具体国家规定。为了确保尽可能地宣传文化财产保护的相关法律/规则及其知名度，联合国教科文组织已开发了国家文化遗产法规数据库，可方便和自由的访问（以下简称"联合国教科文组织数据库"）。这一创新工具的开发在 2003 年联合国教科文组织大会上获得批准，并在促进文化财产归还原属国或返还非法占有文化财产政府间委员会（ICPRCP）于 2005 年召开的第 13 次会议上启动。

32. 联合国教科文组织数据库包括：各类国家标准制定工具和相关资料，负责文化保护的国家部门的有关信息，以及致力于文化遗产保护的国家官方网址。鼓励缔约国向联合国教科文组织秘书处提供所有相关立法，包括其进出口法律及刑事和行政处罚法律，这些法律应翻译成联合国教科文组织组织工作语言（即英文或发文），供其列入联合国教科文组织数据库，特别是要保持更新。

财产清册、不可让与性和国家所有权（第 5〔b〕条）

33. 保护缔约国文化财产免受非法进出口和所有权转移的关键是，根据受保护文化财产的国家清单，制定并不断更新其出口将构成该国文化财产枯竭的重要公共和私人文化财产清单。

34. 这些清单可包括：通过个体描述或按类别确定的文化财产，考虑到在制定和确认该等受保护文化财产清单时，缔约国应牢记第 1 条定义的文化财产具体特点，特别是关于盗掘的考古遗址和就其具体命名提出特殊挑战的其他文化财产（见上文第 12 段）。

35. 缔约国拥有不可剥夺的权利，可对特定文化财产进行分类并宣布其不可剥夺性，并制定关于文化财产所有权的国家法律。根据公约精神，除非有相反证据，为本公约生效后返还之目的，鼓励缔约国将形成一国文化遗产一部分的文化财产视为属于相关所有者国家的官方清单。有必要基于现有方法和数据库制定统一的方法，确保将该等清单完全并入现有用于追踪丢失和被盗文物的国际程序，以支持对公约的全面遵守和实施。该统一的方法不但可以向考古和古生物遗址发现的和博物馆展示或存放的每一项文物，还可向某一缔约国主张的源自盗掘的各类文物，授予唯一的标识号，这类文物可通过区域和年代或任何其他适当的考古或古生物参考标准进行归类。

36. 对于博物馆和宗教或世俗公共纪念馆或类似机构的可移动文化财产，包括合法挖掘的考古遗址和具有人种学意义的文物，也建议使用文物标识号标准。文物标识号标准有利于对丢失和被盗文物的基本信息的快速传播。该标准规定了八个关键标识要素，其与照片一起，使对文物的识别和追踪变得更为简单。如缔约国不具有大量文化财产清单，且需要快速对其进行说明以利用文物追踪的国际程序，则鼓励其使用文物标识号标准。也可提出其他适当方法，促进对现有用于追踪丢失和被盗文物的国际程序的使用，以支持对公约的全面遵守和实施。若缔约国的社区，由于宗教或其他理由不愿拍摄用于神圣仪式的文物，则鼓励缔约国讨论这一问题，以期改进宗教文物的追回工作。

37. 为了便利海关官员开展涉及文物进口的工作，当务之急是其应掌握有关其他缔约国受保护文化财产和出口禁令的详细信息。这可通过两种方式实现：对于登记在册的的受保护文化财产而言，通过逐项记载的清单核查；对于无法逐项记载的受保护文化财产而言，通过带有尽可能详细的描述性解释的分类清单核查。该等清单应随时可供其他缔约国海关和其他有关主管部门和实体获取。

38. 联合国教科文组织数据库应该是呼吁海关对进口实施监管的首选参考，因为该数据库向其提供了关于控制出口和非法出口等问题的立法定义，以及哪些问题需要与出口国当局讨论。因此，立法语言浅显易懂也很重要。鼓励国家遗产服务部门在全国范围内以及向其他缔约国公布其受保护文化财产，以促进合作。

专家机构（第5〔c〕条）

39. 根据第5（c）条，缔约国承诺促进发展或成立为保证文化财产的保存和展示所需之科学及技术机构（博物馆、图书馆、档案馆、实验室、研讨班等）。

40. 鼓励缔约国在情况允许的情况下，建立国家专门机构或在必要时安排接触位于其本国之外的专家机构。这些机构应人员配备充分，资金充足并置备好相应的基础设施，包括安全基础设施。

41. 还鼓励缔约国合作发展或建立科学和技术机构，包括培训研讨班、能力建设计划和基础设施项目，并通过培训、实习和出版研究等方式分享与文化财产保护有关的科学和技术专业知识。

考古和保护区（第 5〔d〕条）

42. 鼓励缔约国通过立法和其他具体措施（如有必要），保护具有考古价值的遗址，包括其可移动文物。关于立法，应遵循"立法"部分相关规定（见上文第 24～32 段）。

43. 应根据联合国教科文组织 1956 年《关于国际考古发掘原则的建议书》中规定的原则，酌情开展具体活动以保护考古遗产。该建议书中的下列原则与防止盗掘有关：

——考古研究的目的在于从历史、艺术或科学的角度看待公众利益。除在联合国教科文组织 1968 年《关于保护公共或私人工程危及的文化财产的建议书》中规定的特殊情况下，并采取该建议书第 8 条规定的预防和纠正措施外，不得出于其他目的进行挖掘。

——应将保护扩展至属于特定时期或达到法律所确定最低年限的所有文物。

——每一缔约国应使考古勘探和发掘获得主管部门事先批准。

——应该只批准由具有资格的考古学家所代表的机构或提供无懈可击的科学、道德和财政担保以保证将根据合同条款完成挖掘的个人进行挖掘。

——合同应规定对在工作过程中和完成工作时对出土文物进行守卫、维护、修复和保存。

——应要求发掘者或发现者及随后的持有人申报其所发现具有考古特征的任何移动或不可移动文物。

——在工作工程中挖掘的任何文物应立即进行拍照、登记并保存在安全的结构中。

44. 鼓励缔约国在适用规则和现有机制的框架内，出于包括预防目的在内的各种目的，开展考古地表调查，并完善国家考古遗址目录。

45. 还鼓励缔约国制定关于探地分析法使用的规定，如金属探测器的使用。鼓励各国酌情禁止出于盗掘考古遗址的目的擅自使用该等设备。

46. 还鼓励直接受影响的国家认真保护考古遗址，鼓励所有缔约国对参与对该等遗址进行盗窃和盗掘的任何人采取制裁措施。

47. 缔约国应承认，属于当地社群的个人或群体参与未经授权的遗址挖掘和劫掠，不能孤立于该等社群所处的更大社会经济条件进行考虑。在保护已知考古遗址免受未经授权的挖掘和劫掠时，缔约国应鼓励当地社群以适当的方式合作保护文化遗产。鼓励缔约国提高当地社群对保护文化遗产重要性的意识，通过文化旅游等方式向其强调该等保护的潜在长期经济利益，以及参与未经批准的挖掘活动所带来的短期有限经济效益。

48. 鼓励缔约国制定保护水下考古遗迹免受劫掠和非法贩运的具体方法，包括向主管部门报告发现以及对打捞和意外发现的管理。鼓励缔约国在为此提供技术能力方面进行合作。

符合公约规定的道德原则的规章（第5〔e〕条）

49. 根据第5（e）条规定，缔约国承诺建立国家服务机构，作为其职能之一，为有关各方面（博物馆馆长、收藏家、古董商等）的利益，制定符合本公约所规定道德原则的规章；并采取措施保证遵守该等规章。

50. 该等规章可在国家、区域、国际或专业层面制定。人类学家、考古学家、拍卖商、博物馆馆长、交易商、修复人员和从事文物工作的所有工作人员都必须遵守基于道德原则的该等规章，拒绝为来源有瑕疵或可疑的文物提供服务，并在被要求提供该等服务时向相关主管部门报告该等文物。有关获得物的待制定规章，应同样适用于收藏家、交易商、博物馆馆长和其他参与文化财产交易的人，不使任一团体处于不利地位或享受豁免。此外，该等规章应在国际范围内实施标准化，以确保其效果最大化。

51. 应鼓励缔约国使用国家或国际机构制定的道德规范。这些规范包括促进文化财产归还原属国或返还非法占有文化财产政府间委员会（ICPRCP）于1999年通过的《文物商职业道德国际准则》。该准则包含1970年公约和随后的1995年《国际统一私法协会关于被盗或非法出口文物的公约》中制定的原则。该准则还考虑到了各国家准则、《艺术品交易商联合会准则》（CINOA）和《国际博物馆协会职业道德准则》（ICOM）的经验。鼓励缔约国通过施加强制措施和向承诺遵守规定的交易商提供税收优惠等激励方式，确保所有交易商遵守本准则。鼓励缔约国监测该等工作成效，并继续为博物馆馆长、收藏家、古董商和其他相关人员的利益，根据本公约规定的道德原则制定、加强和实施适当的规则。

教育（第5〔f〕及10条）

52. 根据第10条，缔约国应采取所有适当措施，通过教育、提高认识、资讯和防范手段，防止非法从本公约缔约国运出的文化财产的流动。特别是，应利用教育手段和意识提高来帮助当地社群和广大公众重视文化遗产的价值，盗窃、盗掘和非法贩运对其造成的威胁，以及其与文化认同和当地社群和人类历史的关系。

53. 根据第5（f）条规定，保护文化遗产的国家机构应采取教育措施，激发和培养对各国文化遗产的尊重，并传播关于本公约的知识。特别是，鼓励缔约国加强国家内部、与合作机构、与其他国家公众的教育措施，这包括与初级、中级和高级教育机构和终生学习计划进行充分协调，将文化遗产问题的教育和研究纳入其课程中；针对法官、检察官、海关官员、警察、博物馆、交易商和其他有关人员的意识提高、能力建设和培训项目；大众媒体、博物馆、图书馆和其他宣传活动。

宣传流失文物（第5〔g〕条）

54. 根据第5（g）条规定，负责文化遗产保护的国家机构应对文化财产的流失进行适当宣传。通过大众传播的宣传可以帮助提高调查力度，使文物无法实现交易，并能直接导致其追回。认识到这一情况，缔约国应公布文化财产被盗和其他形式的非法行为，并利用大众媒体宣传丢失和被盗文物。

55. 鼓励缔约国支持和使用数据库和已建立的其他机制，在国际间共享有关被盗艺术品的信息，包括国际刑警组织被盗艺术品数据库。还鼓励缔约国向涉及文化财产保护的所有利益相关方传播国际博物馆协会的红色名单，特别是警察和海关部门。

禁止和预防非法进出口文化财产和转让其所有权
（第6、7〔a，b (i)〕、8、10〔a〕及13〔a〕条）

出口证书（第6〔a、b〕条）

56. 根据第6（a）条，缔约国承诺引入适当的证件，出口国将在该证件中说明有关文化财产的出口已经批准，根据规定出口的各种文化财产，均须附有此种证书；根据第6（b）条，缔约国还承诺，除非附有上述出口证书，否则禁止文化财产从本国领土出口。海关应在进出口时均检查出口证书。

57. 该证书是由出口国签发的证明其已授权文物出口的官方文件。该文件对于有效控制必不可少，其意味着一国文化遗产保护机构和涉及受保护文化财产的移动的所有国家的海关之间的合作，包括过境国。适用进口证书的缔约国应仅向拥有出口证书的文物发放进口证书。仅持有进口证书但没有相应的出口证书的，不应被视为诚信证据或证明其具有所有权。

58. 为了确保出口证书能够实现其预期目的，根据公约精神，缔约国应禁止虽适用本公约但不具有该等出口证书的文化财产进入其领土。因此，禁止不具有出口证书的文化产品出口，将使另一缔约国进口该文化产品属违法行为，因为该文化财产并未从受影响国家合法出口。

59. 出口证书应至少包含以下信息：所有者姓名（如适当）、文物照片、文物描述、尺寸、特点、出口证书的有效期、目的地国和有关主管部门签字。签发出口证书的缔约国应针对该等证书保留可查找的记录，如在国外进口过程中发现存在伪造或未经许可变更的情况，应联系签发国确认该许可是否真实准确。为了避免伪造，鼓励缔约国向其他国家相关部门提供其出口证书的样本，并在可行的情况下向其他缔约国有关部门发送出口证书副本。鼓励相关国家建立适当的沟通渠道。

60. 根据立法构成一国部分文化遗产的所有文物，如出现在另一国艺术品市场，且是在公约于双方国家生效后从前者领土出口并进口至后者领土，必须具有原属国签发的出口证书。在这种情况下，对该等没有出口证书的文物进行的出口将被视为非法，且可作为向原属国主管部门报告的依据。

61. 缔约国还可引入关于临时出口证书的特别规定。该等临时出口证书可用于展览和归还、专门研究机构进行研究或保护或修复等任何其他目的。出口如违反临时出口证书规定的条件，应被视为非法出口。

62. 鼓励缔约国特别关注出口证书的签发、形式和安全性，并确保海关、遗产管理人员和警察之间紧密联系，以保证对其的控制和可靠性。文物出口证书样表（附件二）由联合国教科文组织和世界海关组织秘书处共同制定，是打击文化财产非法贩运的有用操作工具。其尤其适用于日益频繁的文物跨境活动，对于执法机构和海关非常有用，使其能够更有效地打击文化财产贩运行为。鼓励缔约国使用或调整出口证书样表，并考虑临时出口证书是否适合其保护方案。如有需要，可对出口证书样表进行改进。

禁止进口被盗文化财产（第7〔b〕〔i〕条）

63. 根据第7（b）（i）条规定，缔约国承诺，本公约在相关国家实施后，禁止进口从本公约另一缔约国博物馆或宗教或世俗的公共遗迹或类似机构盗窃的文化财产，前提是该等财产被登记属于该机构的文物。

对于该项禁止规定，有两点需要重点考虑：

首先，显然，对该禁止规定的实施，可通过原属国签发出口证书的强制性要求得以促进，这样才能使对任何文化财产的进口合法（见上文第 56～62 段）。此外，鼓励缔约国按要求开展合作，特别是通过其海关，并根据最佳实践认真修改所有有关规定，以确保在所有入境点能够实施有效进口管制的最佳实践，以保护文物和防止走私。另外，为协助各缔约国有效实施该禁止规定，重要的是要将所有已知的盗窃行为和针对文化财产的其他形式的非法行为，及时公布并上报相关执法机构以及国际刑警组织。

其次，这一禁止规定应考虑到第 1 条所规定的文化财产的具体特点，特别是关于被盗掘的考古遗址和就其具体命名提出特殊挑战的其他文化财产（见上文第 12 段）。在这种情况下，缔约国对特定文化财产分类并宣布因其具有不可分割性所以不得出口的权利，应得到充分尊重（如第 13（d）条规定）。

惩罚和行政处罚（第 6〔b〕、7〔b〕及 8 条）

64. 根据第 8 条，缔约国承诺对任何违反公约第 6（b）条和 7（b）条中的禁止规定的责任人，施加惩罚或行政处罚。在任何该等情况下，如无法向本公约适用的文化财产主管部门提供合法出口的证明文件，应根据相关国家法定程序，由该等部门留置该等文化财产，并归还相关缔约国。

65. 由于该公约并未明确规定适用哪类制裁，鼓励各缔约国酌情在其国内立法中引入针对实施公约禁止行为的人采取的具体刑事或行政处罚。此外，鼓励缔约国通过引入对犯罪者实施刑事制裁的方法，惩罚违反本公约的文化财产犯罪行为。上述国家立法应纳入联合国教科文组织数据库并及时更新。

66. 鼓励同时为 1970 年公约和《联合国反跨国组织犯罪公约》的缔约国，依照《联合国反跨国组织犯罪公约》第 2 条规定，将有关贩运文化财产的犯罪列为严重犯罪行为，特别是纳入相关惩罚规定。

67. 由于其对制定和加强预防犯罪和刑事司法政策、战略、立法和合作机制的相关性，为了在所有情况下防止和打击贩运文化财产行为和相关犯罪，在实施 1970 年公约时，鼓励缔约国适当考虑，向联合国大会提交的《关于打击文化财产非法贩运的犯罪预防与刑事司法对策国际指南》。这一指南是由联合国毒品和犯罪问题办公室（UNODC）促成的政府间进程实施后形成的。这一进程是该办公室与成员国协商并与联合国教科文组织、国际统一私法协会和其他相关国际组织密切合作的产物。

网络销售

68. 1970年公约起草之时，互联网还没有成为销售渠道。利用互联网销售或走私被盗、盗掘及非法进出口的文物呈现指数级增长，正成为人们密切关注的问题，对文化遗产构成巨大威胁。

69. 对互联网上出现的关于受保护文化财产的广告要约，一些缔约国不能充分组织监管并迅速跟进。多数国家的文化行政部门缺乏足够的资源对互联网上出现的要约进行持续核查。而且，该类网站对文化财产所做的宣传有时间段的限制，有时只保留几个小时，因而对所有权归属国追踪文化财产，采取必要行动构成阻碍。此外，一些网站在文化财产销售中仅发挥中介机构的作用，由此并未占有在售文化财产，也无法证实对此类文化财产所应具备相关文件的有效性。有必要探索在世界范围内筛选网站的途径和方法，确定销售受1970年公约保护的文物的要约，创建警示体系，每天将有关信息发送给有关国家。鼓励国家有关部门争取所有互联网运营商的支持，促进公众监督（对特定文化感兴趣的专家或个人），使其对互联网上的文物要约保持警惕，当出现新的国家文物或以本地地址销售的外国文物时，通知行政部门。文化行政部门应立即对此类通知进行审查；如有必要，邀请（大学、博物馆、图书馆和其他机构）专家，验证在售文物的性质和重要性。上述所有措施中，应特别注意排查网络拍卖。有证据证明在售商品确系国家文物的，国家有关部门应进行起诉，并执行1970年公约和国家法律的所有相关规定。

70. 继国际刑警组织专家组关于被盗文化财产问题的第三次年度会议（2006年3月7日至8日，国际刑警组织总秘书处）通过的建议后，国际刑警组织、联合国教科文组织和国际博物馆协会已制定了打击日趋严重的网上非法出售文物行为的基本措施清单。鼓励缔约国将基本措施作为工具纳入自己国家背景中。目前制定的基本措施包含于附件三。为通过与促进文化财产归还原属国或返还非法占有文化财产政府间委员会（ICPRCP）协调从而确保公约的有效实施，需要考虑使基本措施不断提高的方法和手段，或探索打击通过互联网进行非法销售文化财产的其他方式。

拍卖销售

71. 声称遭受非法贩运的文化财产，其拍卖销售极大地影响了归还请求未得到满足的许多国家的文化遗产，有时被用作非法转移非法来源文化财产的一种手段。鼓励拍卖国特别注意这类销售，其中包括适当时通过引入国家立法，以确保所涉的文化财产已按通过合法签发的出口证书文件合法进口，通知对此有任何疑问的财产原属国，并采取适当临时措施。此外，根据受影响国家的请求，拟进行受保护文化财产的拍卖时，应邀请联合国教科文组织总干事考虑发布关于该商业活动的公开声明，强调这种做法对保护世界文化遗产的负面影响。

防止可能促进非法进口或出口的所有权转移，通过登记册及建立符合道德原则的规则控制贸易（第13〔a〕、10〔a〕、7〔a〕及5〔e〕条）

72. 虽然这是1969年《关于禁止和防止非法进出口及所有权转移（SCH/MD/3）的初步报告》所述的该公约的基本目标，但公约本身并没有关于此种转移可能会推动文化财产的非法进口或出口的相关信息。但是，值得回顾的是，1969年报告指出，缺少对出售文物的来源信息、供应商的名称和地址、出售文物的说明和价格，以及缺少向买方提供的关于文物可能存在的出口禁止信息，很可能会成为可能促进文化财产非法贩运的交易。根据第10（a）条，本公约的缔约国保证（如果对每一国家均适当的话），责成古董商保存记录该等基本信息的登记册，否则会受到刑事或行政制裁。通过保护文化遗产的国家服务机构控制该登记册，将有可能跟进文物，并可能会探查到丢失或被盗之后消失的文物。

73. 1969年公约文本初稿的起草者还指出："重要的是，针对文物收购制定的新规则将把收藏家和交易商置于与博物馆馆长同样的地位；否则，将限制博物馆在文化财产中的非法贸易利益。"鼓励缔约国确保对收藏者和交易商的规定与博物馆或其他类似机构遵守的规定相同，无论是立法规则还是道德规则，特别是关于文化财产来源的规定。

74. 根据第7（a）条，缔约国承诺采取与国家立法一致的必要措施，以防止在其领土内的博物馆和类似机构获得原属另一缔约国且系本公约在有关国家生效后非法出口的文化财产，并在任何可能的时候，将关于本公约在两国生效之后从该国非法移出的文化财产的出售要约，通知作为公约缔约方的原属国。

75. 为了鼓励公共机构取得文化财产而建立税收激励机制、利益或政府补贴的缔约国，应采取适当措施，确保这些措施不会无意中方便私人收藏及机构后续取得已成为公约条款所定义的非法活动标的材料。

76. 根据第 5（e）条，缔约国亦需建立道德准则，并确保博物馆馆长、收藏家、交易商和其他行为人遵守该等道德准则。

77. 因此，鼓励缔约国通过有效的政策和法规加强对交易商和博物馆活动的监管，并使用一切适当方法防止非法交易。

78. 鼓励缔约国寻求进一步可能的途径，以防止可能促进非法进出口的所有权转移。例如，可制定具体规定，确保原属国主张的或受不可让与性的法律约束的考古文物之类的文化财产，不得通过购买转让，或从公共博物馆和机构让与私人收藏家、博物馆、机构或企业。

79. 还鼓励缔约国对文化财产领域非法活动的规模和性质进行研究，并与海关开展风险分析，以防止文化财产的非法进出口，并在各缔约国之间交流信息和最佳做法。

80. 还鼓励各国进一步利用一切现有控制措施，对可能造成文物转移并随后出口的市场和展会实施控制，并为确保本公约目的的实现而加强必要的管制。

81. 文化财产的真正价值在一定程度上仍然无法识别。对众多种类的文化财产日益增长的需求与对其的贩卖之间存在的因果关系，和这一事实已经分离；而且由于缺乏对贩卖造成的不利后果缺乏认识，结果是，这一事实阻碍了为保护所付出的努力。因此，亦可实施不同的教育策略，以减少对考古和古生物学文物的劫掠、贩卖和需求，如在博物馆和展览中开展教育，对盗掘、非法贸易和盗窃对遗产造成的损害进行解释。关于返还，鼓励缔约国通过适当的国家法律和政策框架，确保公共或私人博物馆及其他文化机构，不因为其他目的而展示或保存没有明确来源和原属地信息的进口文化财产。文化财产的风格和审美特质永远不能弥补其背景的损失。

追回和归还文化财产方面的合作
（第 7〔b〕〔ii〕、13〔b、c、d〕及 15 条）

82. 根据第 7（b）（ii）条，缔约国保证，应原属缔约国的要求，采取适当的步骤追回并归还本公约在两个相关国家均生效之后所进口的任何被盗文化财产，但前提是，请求国应向无辜购买者或对该财产拥有有效所有权之人支付公平赔偿。追回和归还请求应通过外交机构进行，并应由请求国提供确立相应主张所必要的文件和其他证据并支付相关费用。

83. 另外，根据第 13（b、c、d）条，缔约国已承诺按各国法律确保各国的主管部门配合协助将非法出口的文化财产尽早返还给其合法所有人；承认由合法所有人提起的或代表合法所有人就丢失或被盗的文化财产提起的追回行动；并承认本公约各缔约国对某些文化财产进行分类并宣布其不可剥夺因而不得出口的不可撤销权，且如该财产已出口则协助由相关国收回该财产。

84. 此外，第 15 条规定，本公约中的任何内容均不得阻止本公约的缔约国相互之间缔结特殊协定，或继续执行本公约对相关国家生效之前已签订的、关于无论因何原因而从其所属区域移出的文化财产的返还协议。

85. 上述条文表明，尽管已做出禁止和防止努力，但各缔约国应在非法进口、出口或所有权转移后，寻求返还、追回和归还。需要澄清下列问题：

——缔约国的请求

——确定主张的证据

——公正补偿和尽职调查

——为尽早返还开展合作

——受理找回流失或被盗文化财产的诉讼

——1970 年公约不溯及既往、公约生效和索赔的解决

——促进文化财产归还原属国或返还非法占有文化财产政府间委员会（ICPRCP）

缔约国的请求（第 7〔b〕〔ii〕条）

86. 根据第 7（b）（ii）条，缔约国对追回文化财产并使之根据 1970 年公约条款归还的请求，应通过外交机构提出。这并不影响可能有助于根据刑事法律诉讼过程中可能会使用的其他相关法律文书或任何其他国际法律援助

程序，追回或归还的其他任何追索权。在此方面，各缔约国应考虑在涉及文化财产犯罪的侦查、起诉和司法程序中，在可能的范围内，相互提供最广泛的法律援助，同时为了确保程序的有效性和快速性。应鼓励主管部门之间自发地提供信息。

确定主张的证据（第 7〔b〕〔ii〕条）

87. 此外，根据第 7（b）（ii）条，应对追回和归还请求提供确立相应主张所必要的文件其他证据，但由提出请求的缔约国支付费用。在此方面，各缔约国应牢记，第 1 条所定义的、受到请求国保护的文化财产的具体特点，特别是关于在其具体名称方面和财产清单的含义方面带来特殊挑战的被盗掘考古和古生物遗址及其他文化财产（见第 12 段、24～30 段、33～35 段、37 段、100～103 段、108 段）。

88. 关于禁止第 7（b）（i）条中所规定的进口被盗文化财产并本着第 2 条的精神做出的考虑，亦与缔约国的追回和归还请求完全相关（见上文第 63 段）。

89. 缔约国应当牢记，没有相应的出口证书则禁止出口文化财产的意义。此等文物的进口应被视为非法，因为其并非是从受影响的国家合法出口。因此，如为本公约对相关两国均生效之后进口的文物，其所有人或持有人并未提供必要的出口证明，则对于已从考古和古生物遗址盗掘的文物，或在其具体名称方面带来特殊挑战的文物，缔约国应能够提出对此等文物的请求。

90. 当一国已根据公约精神颁布国家对特定文化财产拥有所有权的法律，则鼓励缔约国，为追回和归还的目的，适当考虑该等法律。

91. 缔约国可支持其追回和归还非法挖掘或虽合法挖掘但非法保留在另一公约缔约国的文化财产的请求，但其应具备合理的科学报告、科学分析结果或专家对非法挖掘财产来源的评估。考虑到对可追溯的证据开展研究存在困难，强烈鼓励缔约国考虑将公认的科学研究和分析作为证据。

92. 此外，共享其考古遗迹位于多个国家的特定文化的缔约国，鼓励其考虑联合追回行动。鼓励所有缔约国积极考虑这样的合作努力。鼓励共享某一特定文化的请求国就追回的文化财产达成适当协议，考虑如借展、财产交流等解决方案。

公正补偿和尽职调查（第 7〔b〕〔ii〕条）

93. 补偿问题是其方法有重大发展的领域之一。1970 年公约规定（第 7

［b］［ii］条），"请求国须向无辜买主或对该财产具有合法权利者给予公平的补偿。"此后的发展已证明，许多国家进一步理解了返还文化财产的相关性。他们也意识到，原属国对付款获得其视为由其所有的文物这一要求表示不满，且其中大部分都无法为文物的归还支付大笔资金。此外，各国现在更加深刻地认识到文化事务在其外交关系中的重要性。最近实践表明，公约的补偿规定较少获得应用。有些缔约国已提出保留意见，包括免除其他缔约国支付正当补偿。同样要注意到，补偿问题未在1970年公约第9条中提及，许多国家尚未在非法进口文物的背景下提出该问题。

94. 根据公约精神，缔约国在评估购买者无辜性和所有权有效性时，应使用尽职调查标准。为此，鼓励寻求补偿的缔约国适用最近的最佳做法，包括国际统一私法协会的尽职调查标准。1995年《国际统一私法协会关于被盗或非法出口文物的公约》第4.1条规定，被要求归还被盗文物的拥有者只要不知道、也理应不知道该文物是被盗的，并且能证明其在获得该文物时进行了尽职调查的，则在返还该文物时有权得到公正合理的补偿。

为尽早返还开展合作（第13〔b〕条）

95. 根据第13（b）条，缔约国承诺，在符合本国法律的情况下，保证本国的主管部门进行合作，使非法出口的文化财产尽早归还其合法所有者。

96. 在此背景下，并考虑到第13（d）条的规定，缔约国，包括那些已颁布国家所有权法律的国家，被剥夺文化财产并试图收回时，鼓励缔约国诉诸并用尽一切可使用的手段，提供最充分的合作。为了尽快同意将被盗公共财产返还其合法所有者的请求，该等合作应包括在适当情况下深入理解请求国的所有权法律。此外，由于文化财产劫掠的秘密性质，鼓励缔约国考虑被剥夺财产的国家实际上不可能提供有关该国所有文化财产被盗的具体数据。因此，鼓励缔约国尽可能尝试促进国家所有的文化财产的返还，即使被劫掠的地点不明。

97. 如不可能提供有关国家所有文化财产被盗的文件和证据，在不影响上述考量事项的情况下，鼓励缔约国探索通过外交渠道就快速受理和处理相关返还请求达成协议的可能性。

98. 如与返还有关的国家有负责文化遗产保护的专门执法单位，该单位应在国际合作中发挥重要作用，特别是通过国际刑警组织国家中心局。

受理找回流失或被盗文化财产的诉讼（第 13〔c〕条）

99. 根据第 13（c）条，在符合其本国法律的情况下，缔约国应受理合法所有者或其代表提出的关于找回流失或被盗文化财产的诉讼。如在缔约国无法获得该等诉讼，本条要求该缔约国制定该等程序。因此，鼓励缔约国核实在其国家法律系统中是否存在流失或被盗文化财产所有者可获得的法律程序，如没有该等程序，应制定该等程序。相关信息应及时纳入联合国教科文组织数据库并保持更新。

1970 年公约不溯及既往、公约生效和索赔的解决（第 17 条）

100.《维也纳条约法公约》第 28 条中所体现的国际公法的一般规则并没有规定条约的溯及适用。1970 年公约的条款于 1972 年 4 月 24 日生效，即批准、接受或正式加入的第三份文件交存日之后的三个月后。对于其他签署国而言，该公约于批准、接受或正式加入文件交存之后的三个月生效。

101. 根据 1970 年公约条款，特别是第七条，缔约国仅可在本公约在两个相关国均生效后，方可对进口到另一缔约国的任何非法出口、非法转移或被盗的文化财产寻求追回和返还。

102. 然而，公约并未以任何方式使本公约生效之前已发生的任何性质的任何非法交易合法化，也并未限制一国或其他人为了返还或归还在本公约生效之前被盗或非法出口的文物，而根据特定程序或在本公约框架以外可获得的法律救济之下，提出主张的任何权利。

103. 对于本公约对任何相关缔约国生效之前进口到另一缔约国的非法出口、非法转移或被盗的文化财产物品，鼓励缔约国将所有相关情况考虑在内，根据公约的精神和原则找到双方都能接受的协定。缔约国还可请求秘书处提供技术援助，尤其是斡旋援助，以帮助达到各缔约国相互都能接受的解决方案。

促进文化财产归还原属国或返还非法占有文化财产政府间委员会（ICPRCP）

104. 如 1970 年联合国教科文组织公约或任何双边或多边协定均不适用，且双边磋商失败或暂停，则教科文组织成员国可向 ICPRCP 提交请求，要求归还或返还其认为是错误移出的"在联合国教科文组织的成员国或准成员国人民看来，对自己极具重大精神价值和文化遗产价值，且是由于殖民占领或外国侵占或是由于非法占有而丢失的"（ICPRCP 制定法第 3〔2〕条）文化财产。为解决文化财产方面的纠纷，各国亦可使用 ICPRCP 在其 2010 年第 16 次会议上通过《调解与仲裁程序规则》。

考古和人种学材料的劫掠（第 9 条）

105. 根据第 9 条，其文化遗产处于遭受考古或人种学材料掠夺之危险中的本公约的任何缔约国，可向受影响的其他缔约国发出呼吁。在这些情况下，本公约的缔约国保证参与国际共同努力，以确定并采取必要的具体措施，包括在相关具体材料中进行进出口和国际贸易控制。在协议期间，各相关国应在可行的范围内采取临时措施，以避免对请求国的文化遗产造成无法弥补的伤害。应同样的要求，联合国教科文组织和所有相关合作伙伴国亦可对该等国际协同努力做出贡献。

106. 需要注意的是，某个缔约国呼吁另一缔约国提供援助，并不需要签订双边或多边协定。此种特殊协定并不以任何方式作为履行公约项下所产生义务的前提条件，但可能会在根据第 9 条提出协助请求后订立。鼓励缔约国、联合国教科文组织及所有相关合作伙伴国用一切可能的手段对其文化财产处于危险之中的缔约国的呼吁做出迅速反应。特别是，缔约国应在可行的范围内采取临时措施，以防止对请求国的文化遗产造成无法弥补的伤害。该义务应充分纳入国家法律和最佳做法中。相关资料应纳入联合国教科文组织的数据库。

107. 在适用第 9 条时，缔约国应酌情将类别清单视为代表另一缔约国的受保护文化遗产。一个分类或有代表性的清单描述了一般类型的文化遗产，而非特定文物。类别清单对描述通常是盗掘中发现的、被贩卖的、因此在其原属国并无记录的文物种类特别有用。

108. 作为配套措施，且在不影响上述内容的前提下，可达成双边或多边协定，以基于对受掠夺的缔约国具体情况的更好理解，刺激更为有效和更为广泛的协作响应，并为了提高能力建设、培训和现场保护而增加支持以及金融和技术援助。有必要探索途径和手段，加强实施第 9 条中的国际合作。

109. 鼓励缔约国充分利用第 9 条，应对各缔约国考古遗址盗掘或自然灾害或冲突所带来的挑战。

占领（第 11 条）

110. 公约第 11 条规定，由受到外国力量占领一国而直接或间接引起的强迫出口或转移文化财产所有权的行为，应视为非法。执行公约的规定时，各缔约国必须适用这一原则，且根据各自国家的法律制度如有需要，缔约国应在其立法中明确此义务。相关信息应纳入联合国教科文组织数据库。

111. 如适当，应根据 1954 年海牙公约、其第一次和第二次议定书并由通过第二次议定书设立的委员会做出努力，寻求协同合作。

特殊协定（第 15 条）

112. 根据第 15 条，1970 年公约并未阻止各国就无论因何种原因造成的被移出文化财产的返还而相互缔结特别协定，或阻止各国继续执行在公约通过前已确立的协定。影响文化遗产的犯罪日益全球化，呼吁更强大和更系统的区域内合作和区域间合作。

113. 鼓励缔约国将 1970 年联合国教科文组织公约、1995 年国际统一私法协会公约、2001 年《保护水下文化遗产公约》和 2000 年《联合国打击跨国有组织犯罪公约》中所制定的最高保护级别纳入双边或区域协定中，以确保这些协定体现出对缔约国文物的最佳保护。

114. 如上文第 101 段所述，可缔结双边或多边协定，以加强为实施第 9 条规定而进行的国际合作。

缔约国报告（第 16 条）

115. 缔约国必须向联合国教科文组织大会提交报告，说明他们为实施公约而通过的立法和行政规定以及采取的其他行动，包括在这一领域取得经验的详细情况。

116. 定期报告对不同的国家制度处理非法贩运问题的方式有关的信息交换颇有价值，并可以协助其他缔约国执行公约条款。定期报告还在加强公约实施的可信度方面起着重要作用。

117. 关于 1970 年公约执行情况的报告每隔四年必须提交一次。为协助国家主管部门，联合国教科文组织会员国可使用一套简化而实用的问卷，以确保其报告包含涉及批准进程和1970年公约的法律和操作执行方面的足够准确的信息。

118. 为促进对信息的评估，缔约国应提交英文或法文报告。只要有可能，鼓励缔约国提交两种语言的报告。须将这些报告以电子和纸质形式发送至：

Secretariat of the 1970 Convention

7，place de Fontenoy

75352 Paris 07 SP

France

邮箱：convention1970@ unesco. org

1970 公约秘书处和附属委员会秘书处（第17条）

119. 1970 年公约秘书处是由联合国教科文组织总干事任命并由教科文组织的文化事务部提供人员的。秘书处与缔约国、缔约国会议及缔约国会议附属委员会合作并向其提供协助。秘书处在打击文化和考古财产的非法贩运中，与联合国教科文组织的其他部门和驻外办事处及其他国际伙伴密切合作。

120. 鼓励缔约国在公约实施中从秘书处寻求建议和协助，尤其是涉及信息和培训、咨询和专家意见、协调和斡旋方面时。

121. 除其他贡献外，秘书处还可在了解到盗掘行为以及非法进口、出口并转移文化财产时，通过创建需遵循的标准程序协助缔约国。这些标准程序包括立即将所涉及的事件和文化财产公布于联合国教科文组织网站上。秘书处亦可为了防止贩运文化财产（如拍卖行、电子商务）而通过创建与艺术市场直接沟通的机制协助缔约国。如有必要，缔约国可要求秘书处提供技术援助，以对追回和归还文化财产的请求报告提供支持。

122. 如对公约的执行有争议的至少两个缔约国提出请求，秘书处可延长斡旋，以在两国之间达成和解。该等斡旋可包括技术援助、协商、检查尽职调查等。如仅为请求支持的国家之一，则秘书处将向该国提供援助，并且可向其他缔约国发出书面请求，要求其默许或拒绝秘书处为解决争端而行使斡旋。秘书处的斡旋亦会被带入承担与拍卖行和电子商务赞助商实施本公约的争议中。在打击各种文化财产的非法贩运中，其亦会寻求加强与艺术市场的对话合作，特别要关注对考古学和人种学具有重要意义的文物。

123. 秘书处的主要任务是：

——组织法定会议；

——在实施 1970 公约时向缔约国提供法律和技术援助；

——通过宣传和斡旋、政策和预期对话和论坛组织，向缔约国、专业人士和大众传播信息，并通过能力建设计划组织（地区或国家）推动 1970 年公约实施；

——与伙伴组织合作；

——应有关国家的请求，在发生自然灾害或冲突造成的紧急情况时，协助保存可移动文化遗产。

124. 秘书处可主动或由委员会倡议：

——就非法的文化财产交易相关问题进行研究并公布；

——呼吁受联合国教科文组织和缔约国认可的任何主管非政府组织的合作；

——就实施公约向缔约国提出建议。

1970 年公约缔约国（第 20 及 24 条）

125. 鼓励联合国教科文组织成员国成为本公约的缔约国。批准/接受和正式加入的示范文件参见附件四。

126. 请总干事强调有关新批准/接受和加入的信息，积极推动公约的广泛参与。

保留意见

127. "保留意见"是指一国在签署、批准、接受、核准或加入条约时所作的单方面声明，不论措辞或名称如何，该声明旨在在其适用于该国时排除或修订条约某些条款的法律效力（1969 年《维也纳条约法公约》（第 2〔d〕条）。

128. 鼓励已对公约提出保留意见的缔约国撤销任何种类的保留意见。

打击文化财产非法贩运中的合作伙伴

129. 打击文化财产非法贩运的合作伙伴，可以是对文物保护有兴趣、有参与并且有适当的能力和专业知识，且被联合国教科文组织正式确认为具有适当专业技能及成功经验的政府间组织和非政府组织。这些合作伙伴包括国际刑警组织、国际统一私法协会、联合国毒品和犯罪问题办公室、世界海关组织和国际博物馆协会。关于五个合作伙伴及其与1970年公约的具体联系的相关信息，参见附件五。

130. 在打击文化和考古财产非法贩运及打击考古遗址盗掘中，邀请缔约国在实施1970年公约时尽可能使用所有国际伙伴提供的工具。

131. 其他合作伙伴可包括地方、区域或国际组织，如国际古迹遗址理事会、国际文物保护与修复研究中心、欧洲刑警组织以及国家专门警察和海关机构。

与文化财产保护有关的公约

132. 1970 公约与联合国教科文组织其他文化公约、《国际统一私法协会关于被盗或非法出口文物的公约》以及《联合国打击跨国有组织犯罪公约》有重要的互补关系。关于这些公约及其与1970年公约的特定联系，参见附件六。

133. 鼓励缔约国积极加强这些文书的协同作用，支持打击非法贩运文化财产和考古和古生物遗址盗掘的斗争。

提议附件清单

附件一 关于未发现文物的国家所有权示范条款

附件二 教科文组织——世界海关组织文物出口证书样表

附件三 互联网上出售文物的基本措施

附件四 批准/接受和加入公约的示范文书

附件五 打击非法贩运文化财产的合作伙伴

附件六 其他公约与1970年公约的联系

附件文本略。